교 감 역 주

순암집

6

순암번역총서 06

교감역주 순암집 6

1판 1쇄 인쇄 2020년 8월 24일
1판 1쇄 발행 2020년 8월 31일

지은이 | 안정복
역 주 | 이상하
편집인 | 순암 안정복 선생 기념사업회

펴낸곳 | 성균관대학교 출판부
등 록 | 1975년 5월 21일 제1975-9호
주 소 | 03063 서울특별시 종로구 성균관로 25-2
전 화 | 02)760-1252~4 팩스 | 02)762-7452
홈페이지 | http://press.skku.edu

ⓒ 2020, 순암 안정복 선생 기념사업회

ISBN 979-11-5550-382-9 94150
     979-11-5550-193-3 (세트)

값 30,000원

교 감 역 주

순암집 6

안정복 지음

이상하 역주

성균관대학교 출판부 순암 안정복 선생 기념사업회

일러두기

1 이 책은 국립중앙도서관(國立中央圖書館) 소장 『순암집(順菴集)』을 대본으로 삼았다.

2 원문은 현대문 문장부호로 표점하고, 역문의 아래에 두었다.

3 주석은 원문에 각주로 달고 한글을 병기하지 않았으며, 오자로 판단된 글자는 교감하여 각주로 밝혔다.

4 인명과 같은 짧은 주석은 역문에 간주로 달았다.

5 운문은 원문을 병기하였다.

6 이 책에 사용한 부호는 아래와 같다.

( ) : 번역문과 음이 같은 한자를 묶는다.

〔 〕 : 번역문과 뜻은 같으나 음이 다른 한자를 묶는다.

" " : 대화 등의 인용문을 묶는다.

' ' : 재인용이나 강조 어구를 묶는다.

『 』 : 각주에서 출전을 밝힌다.

애사 哀詞

순암집 21권

묘갈 墓碣

순암집 22권

묘지 墓誌

순암집 23권

묘지 墓誌

순암집 24권

묘지 墓誌

축문 祝文

제문 祭文

애사 哀詞

1. 제례에 대한 고사

祭禮告辭 정축년(1757, 46세)

삼가 생각건대, 제사의 예(禮)는 사당(祠堂)이 무겁고 원야(原野)가 가볍습니다. 설날, 한식(寒食), 단오(端午), 추석(秋夕)에 산소에서 제사지내는 것이 동방의 옛 풍습이지만 예(禮)에는 본래 근거할 바가 없습니다. 오늘날 사람들은 도리어 이러한 명절 제사를 융숭하게 지내고 사당의 제향(祭享)은 올리지 않으니, 이는 가볍고 무거움의 차서를 잃어 예(禮)의 본의에 매우 어긋난 것입니다.

삼가 예경(禮經)을 상고하고 아울러 국속(國俗)을 채택하여서, 양(陽)이 생겨나는 날인 동지(冬至)와 음(陰)이 생겨나는 날인 하지(夏至)에는 사당에서 제향을 모시고, 풀이 돋아나는 때인 한식과 곡식이 익는 때인 추석에는 산소에서 제사를 올림으로써, 네 계절에 번갈아 사당과 산소에서 제전(祭奠)을 올리고자 합니다. 이는 천도(天道)를 상고해 보아도 본받은 바가 있고 인사(人事)에 살펴보아도 어긋남이 없습니다. 이제 막 변통하는 때에 모호하게 행할 수 없습니다. 그래서 이제 설날 아침 차례지내는 때에 감히 폐거(廢擧)하는 연유를 고하옵니다.

竊惟祭祀之禮, 祠廟爲重, 原野爲輕. 正朝·寒食·端午·秋夕上墓, 卽東方舊俗而禮無所據. 今人反致隆於此而廢廟中之享, 輕重失序, 深乖禮意. 謹考禮經, 兼採國俗, 冬至陽生·夏至陰生之日, 而薦于祠堂, 寒食草生·秋夕物成之時, 而奠掃墳墓, 錯擧四時, 分薦祠墓, 稽諸天道而有象, 求之人事而不悖. 變通之初, 不可昧然行之, 故玆仍元朝薦獻之時, 敢告廢擧之由.

2. 십대조 안동판관부군의 묘소에 고하는 글

告十代祖安東判官府君墓文 신묘년(1771, 60세)

삼가 생각건대 우리 선조께서는
높은 문벌의 집안에 태어나셨으니
사간공의 손자요
익헌공의 부친이라
선조의 유업을 잘 이었고
후손에게 넉넉한 가업 남기셨으며
또한 어진 배필이 있었으니
부덕(婦德)이 실로 훌륭하였습니다
대대로 잠영이 이어져온 것은
모두 보우해 주신 은덕이었건만
이 세대가 아득히 멀어져
제사도 올리지 못하였습니다
인적 없는 적막한 산에
잡초만 우거져 황폐하니
산소가 어딘지 분간할 수 없고
상석만 외로이 남아 있습니다

지나가는 사람들도 탄식하거늘

저희 후손이야 말할 나위 있으리까

산소를 정성 드려 보수하는 일을

해가 지나도록 마치지 못했으니

쇠락한 종족의 남은 후손이

일을 주밀하게 못했기 때문입니다

이제 비로소 봉축을 완성하였으니

감격의 눈물이 줄줄 흘러내립니다

공경히 한 잔 술을 부어 올리고

그 연유를 고하옵니다

부디 흠향하소서

恭惟我祖 高門華譜思簡之孫 翼憲之父

趾美先業 垂裕後昆 亦有賢配 陰德實存

歷世簪纓 莫非餘庥 世代云遠 禋祀未脩

寂寞空山 草卉蕪穢 塋域莫辨 象設徒在

行路咨嗟 矧爾後嗣 脩補之誠 閱歲未已

衰宗殘裔 事爲未周 今始封築 感淚橫流

敬奠一酌 以告厥由 尙饗

3. 외원조 복천군 시호 장간인 권공의 묘에 고하는 글

告外遠祖福川君諡莊簡權公墓文 신묘년(1771, 60세)

아! 공의 훈업(勳業)과 덕망은 간책(簡冊)에 찬연히 빛나 동인(東人)들이 우러러 앙모(仰慕)하고 있으니, 하물며 자손의 대열에 있는 자야 그 흥감(興感)이 어떠하겠습니까.

정복(鼎福)의 십대조(十代祖)이신 판관부군(判官府君)은 바로 공의 사위이신데 돌아가신 후에 묘소가 또한 공의 묘소 곁에 있으니, 생전에 자애로 돌보아주신 두터운 정을 또한 상상하여 알 수 있습니다.

이제 판관부군의 묘소를 수축(修築)할 즈음에 조상의 한 기운이 후손에게 나뉘어 이어지는 것은 친가와 외가의 다름이 없기에 추모의 마음을 억제하지 못하옵니다.

이에 정록(鼎祿)을 대신 보내어 술잔을 올리오니, 부디 영령께서는 강림하시어 보잘것없는 정성을 살펴주소서. 삼가 술과 과실을 차려 공건히 고하옵니다. 감히 고합니다.

嗚呼! 公之勳業德望, 彪炳簡策, 爲東人之所瞻仰, 則況在子孫之列者, 其所興感, 爲如何哉! 鼎福之十代祖判官府君, 卽公之壻, 而歿後衣冠之藏, 亦在公墓之側, 其平生慈愛眷厚之情, 亦可想知也. 今修判官府君墓, 一氣所分, 無間內外, 不勝追慕之意. 玆令鼎祿代奠一酌, 伏乞尊靈降監微誠. 謹以酒果, 用伸虔告. 敢告.

4. 만안당 이공-후정-을 함평서원에 춘추로 향사드리는 축문
晚安堂李公-后定-咸平書院春秋丁享祝文

맑은 지조로 몸을 가다듬고
곧은 도리로 임금을 섬겼도다
남기신 풍도가 늠름하시니
백세토록 길이 향기로우리라

清操勵身 直道事君 遺風凜然 百世播芬

5. 대봉 양공-희지-에 대한 상향 축문

大峯楊公-熙止-常享祝文 병오년(1786, 75세)

하악의 간기를 받은 분으로
한 시대의 우뚝한 위인이로다
향기로운 유풍과 드높은 절의는
사대부의 본보기가 되도다

河嶽間氣[1] 一代偉人 馨風俊節 儀式衿紳

---

1 河嶽間氣 : 강산의 정기를 받아 태어난 세상에 드문 영걸이라는 말이다. 河嶽
은 黃河와 五嶽의 합칭으로 강산을 뜻한다. 맹자가 "오백 년 만에 반드시 왕자
(王者)가 태어나는데 그 사이에 반드시 세상에 이름난 인물이 있다.〔五百年必
有王者興, 其間有名世者.〕"라고 하였다. 『孟子 公孫丑上』

6. 완계서원에 동계 권공-도-를 봉안하는 글
浣溪書院東溪權公-濤-²奉安文 기유년(1789, 78세)

아름다워라 선생은

아름다운 덕을 타고나셨으니

충성스럽고 효성스러우셨으며

재주와 식견을 갖추셨습니다

유문(儒門)에서 공부하여

일찍부터 칭찬을 받으셨고

석전(石田)의 문하에 나아가

도의로써 서로 탁마하셨습니다

드디어 과거에 합격하여

장차 큰 일을 할 듯하였건만

세상이 혼란한 때를 만나

　　-아래에 네 글자가 빠져 있다.-

간흉이 나라의 권력을 잡아

그 권세가 기염을 토하니

강우 일대의 선비들이

---

2 東溪權公-濤- : 원문에는 濤자가 缺字로 되어 있는데 교감하여 채워 넣었다.
權濤(1575~1644)는 자는 靜甫이고 호는 東溪이며, 본관은 安東이다. 鄭逑·
張顯光의 문인이다. 1601년(선조34) 진사시에 합격하여 홍문관 부수찬, 사간
원 대사간 등을 지냈다. 저서로『桐溪集』이 있다.

휩쓸려 가듯이 복종하였지만
공은 홀로 서서 두려워하지 않고
노적(老賊)이라는 말로 지목하셨지요
늠름하기가 빙상(氷霜)과 같고
우뚝하기가 지주(砥柱)와 같았으니
이로 말미암아 단성 사람들이
잘못된 길에 빠지지 않을 수 있었습니다
반정(反正)한 때에 이르러
조정의 반열에 들어가서서
규찰하는 간관(諫官)의 자리를 맡고
삼사(三司)를 요직을 두루 거치셨지요
전례(典禮)를 논의한 소장은
사림들 사이에 두루 전송되었고
뇌물 받는 일을 지적한 소장에는
탐욕스러운 재상이 무릎을 꿇었지요
승정원과 대사간의 자리에 있다가
물러나는 것을 영광으로 여기셨으니
그 맑은 명성과 곧은 절개는
저 북두성과 같이 우뚝하였습니다
벼슬길에서 출처와 진퇴는
오직 의리를 따랐으며
시종 공부에 힘을 쓰시오
오직 학문에만 뜻을 두셨지요
전라감사로 부임하셨을 때

바닷가로 귀양 가셨을 때
곳에 따라 가르침을 베푸시니
선비들이 줄지어 문하에 들어왔지요
더구나 이 두릉(杜陵) 땅은
선생께서 머무셨던 고을이라
후생 인도에 열성을 다하여
일찍이 서당을 설치하셨습니다
월과로 학생을 시험하는 법과
날마다 글을 읽히는 공부는
이천(伊川)의 남긴 가르침이요
호문(湖門)의 유풍이었지요
그 유적이 남아 있는 곳에
보답의 제사를 올려야 하기에
도천서원에 배향한 지가
이미 거의 120년이 되었습니다
강성(江城)의 옛 사당에
사액(賜額)이 새롭게 걸리니
주객이 이에 나뉘게 된지라
마땅히 서원을 따로 세워야겠고
또한 조정의 명이 있어
다시 세울 것을 허락하였습니다
완계(浣溪)의 옛 터에 짓기로
많은 사람들의 의론이 모아졌기에
새로 우뚝한 사당을 짓고

이제 제향을 모시게 되니

경건히 제사를 지낼 때

선비들이 모여 제사를 돕습니다

양양(洋洋)하게 위에 왕림하셔

어렴풋이 영령(英靈)을 접하는 듯하니

우리 사문 크게 넓히는 것이

영구하여 끝이 없으리라

猗歟先生 天賦懿德 曰忠曰孝 有才有識

受業儒門³ 夙蒙褒嘉 繼遊石田⁴ 道義相磨

名通桂籍 若將有爲 値世昏亂-下四字缺-

奸凶⁵秉國 勢焰薰灼 江右一帶 靡然服役

獨立不懼 目以老賊 懍懍氷霜 屹屹砥柱

由是丹人 賴免詿誤 逮至改玉 入踐右螭

繩愆糾謬 歷敭三司 典禮之疏 士林傳說

刺賄之章 墨相屈膝 銀臺諫長 以退爲榮

淸名直節 星斗崢嶸 出處進退 惟義之行

終始典學 志存蛾述⁶ 湖邑佩符 海縣泣玞

3　儒門 : 寒岡 鄭逑의 문하를 가리킨다.

4　石田 : 旅軒 張顯光을 가리킨다.

5　奸凶 : 萊庵 鄭仁弘을 가리킨다.

6　蛾述 : 『禮記』「學記」에 "개미 새끼는 수시로 흙을 물어 나르는 일을 익힌다.
〔蛾子時術之.〕"라 한 데서 온 말이다. 개미 새끼가 수시로 흙을 물어 나르는

隨處設敎 衿紳成列 矧玆杜陵 杖屨之鄕

不倦誘掖 曾設齋堂 月課之法 日將之工

伊川遺訓 湖門[7]餘風 遺迹所存 禮當報事

合祀道川[8] 已幾十紀 江城舊祠 賜額新揭

主客斯判 院宇宜別 亦有朝命 許令改建

浣溪舊址 允叶衆願 新廟翼翼 籩豆有踐

肅恭將事 多士駿奔 洋洋如在 怳接淸芬

熙我文猷 其永無垠

일을 익혀서 마침내 큰 둑을 만드는 것처럼 학문을 연마함을 뜻한다.

7 湖門 : 大山 李象靖(1711~1781)의 문하를 말한다. 그가 살던 마을이 蘇湖里
  이므로 이렇게 부른 것이다.

8 道川 : 원래는 道川祠였는데 임진왜란 때 소실되었다가 1612년(광해군4)에
  중건되었고, 1787년(정조11)에 道川書院으로 賜額을 받았다. 그 후에 權濤를
  추가로 배향하였다.

7. 상향 축문

常享祝文

행실은 충효를 온전히 갖추었고
도는 체용에 모두 맞았어라
후학을 깨우치고 보우하시니
백세토록 높이 받드오리다

行全忠孝 道適體用 啓佑後學 百世尊奉

8. 함안 광릉자 안공-택-의 사우에 상향하는 축문

咸安廣陵子安公-宅-祠宇常享祝文 경술년(1790, 79세)

높은 관직을 하찮게 보아
안빈낙도의 삶을 사셨어라
끼쳐주신 아름다운 영향은
후인을 깨우치고 보우하도다

銖視軒冕 樂道安貧 流風遺韻 啓佑後人

9. 봉산서원에 동원 정공-호선-을 봉안하는 글

鳳山書院東園丁公-好善-[9]奉安文 신해년(1791, 80세)

아름다워라 동원공께서는

혁혁한 문벌의 자손으로서

선대의 유업을 잘 이으셨으니

정기가 한 몸에 모였어라

심신을 갈고 닦아서

가정과 나라에서 실천하니

그 효성과 충성은

늘 사람들의 본보기가 되었지요

평생토록 공부한 것은

오직 진실에 있었으니

존귀해도 자만하지도 않고

궁색해도 뜻이 꺾이지 않으셨지요

일찍이 혼조(昏朝 광해군) 때에

인륜의 도리가 무너지려 할 즈음

세교를 부지하여 세우는 일

----

9 東園丁公-好善- : 丁好善(1571~16331)은 자는 士優이고 호는 東園이며, 본
관은 羅州이다. 1601년(선조34) 문과에 급제하였고 벼슬이 홍문관 典翰을
지냈다.

그 책임을 그 누가 맡았던가요
직간하는 소장을 과감히 올려
간신을 배척하여 강상을 부지하니
간사한 자들은 눈을 휘둥그레 뜨고
조정 관료들은 두려워하였습니다
비록 왕이 살펴주지는 않았으나
인륜이 다시 밝아지게 되었지요
성주께서 반정하신 후에
교지를 내려 포창하시니
들어가 조정에 있을 때는
의기가 안색에 나타나고
외직에 나아가 다스리고 나면
백성들이 모두 사당에 모셨지요
더구나 이 이사벌은
옛날의 동향이라
도의로 강마한 벗으로
이에 우창이 있었으니
당시에 주고받았던 편지가
구비(口碑)로 전송되고 있습니다
향안에 이름을 기록한 것은
의귀하고자 하는 뜻이라
유풍이 아직 민멸하지 않았으니
어찌 감히 등한히 보리오
사람들은 다 같이 덕을 숭상하니

예로 보아 제사로 보답해야 하는데
공론이 다 같이 모아짐에
사람들이 일제히 일어났습니다
저 봉산을 바라보니
실로 문간공을 배향한 곳이라
삼가 생각건대 문간공은
이 고장의 선진으로
문장과 도덕이
세상에 으뜸이셨으니
여기에서 제사를 모시니
선비들이 경모합니다
후래에 제현들을
동서로 배향하니
세대의 선후가 있고
서열의 차서가 있습니다
이제 공을 함께 올려
좌위에 배향하게 된지라
길일을 택하여 영령을 모시고
공경히 제수를 진설하오니
부디 우리 후인들을
백세토록 길이 보우하소서

猗歟東園 赫葉華宗 趾美先業 正氣所鍾
修之身心 行于家國 曰孝曰忠 動爲人則

平生用工 惟在眞實 貴不充絀 窮不摧折

曾在昏朝 彝倫將斁 扶植世教 孰任其負

抗疏直諫 斥邪扶綱 羣姦睢盱 具僚懼怚

雖不見省 人紀復明 聖主改玉 賜教褒旋

入而在朝 義形于色 出而莅外 民皆尸祝

矧伊沙伐 昔日桐鄕[10] 道義鏃礪 粤有愚蒼[11]

郵筒往復 人口有碑 錄名鄕案[12] 意存依歸

遺風未泯 其敢等視 人同尙德 禮合報祀

公論攸同 士林齊起 睠彼鳳山 實享文簡

恭惟文簡 玆土先進 文章道德 爲世冠冕

俎豆于此 多士傾慕 後來諸賢 東西躋祔

世有先後 序列有次 今公同陞 享于左位

涓吉妥靈 式陳明薦 啓佑後人 百世無斁

---

10 桐鄕 : 생전에 수령으로 부임했던 고을을 뜻한다. 漢나라 때 大司農을 지냈던 朱邑이 젊은 시절에 嗇夫로 있으면서 善政을 베푼 적이 있었는데, 후에 죽으면서 아들에게 자신을 桐鄕에다 묻어 달라고 유언하였다. 아들이 그 고을에 가서 장례를 치르니, 고을 백성들이 그를 사모하여 발 벗고 나서서 무덤을 쓰고 사당을 세워 제사지냈다는 고사에서 유래하였다. 『漢書 권89 循吏傳 朱邑』

11 愚蒼 : 영남의 名儒인 愚伏 鄭經世(1563~1633)와 蒼雪齋 權斗經(1654~1725)의 병칭이다.

12 鄕案 : 고을 출생 士族의 성명·본관·내력 등을 기록한 名簿이다. 鄕錄이라고도 한다.

제문 祭文

10. 장인께 올리는 제문

祭外舅文 병인년(1746, 35세)

아아, 슬프도다!

삼가 생각건대 우리 공은

하늘로부터 진실한 덕을 받았고

높은 행실이 세상에 우뚝하셨지요

성품은 너그럽고 소탈하며

조행은 곧고 굳세었으니

말과 행실이 일치하고

안과 밖이 모두 바르셨습니다

겉모습을 꾸미지 않았어도

절로 수양한 것과 같았으니

사람들이 그 덕을 우러르고

가정은 그 행실에 감화하였습니다

효성과 우애가 아울러 지극하여

천성에서 우러난 것이었으니

아우를 친애한다는 맹자의 가르침과

효자는 복을 받는다는 『시경(詩經)』의 노래를

가슴에 새겨 잃지 아니하여

옛 성현에 부끄럽지 아니하셨습니다

그 숨은 덕행이 은연중 드러나

고을에서 성명을 조정에 올렸건만

명리를 몸 더럽히는 것처럼 보아

담박하여 세상에 욕심이 없었습니다

저 서호의 한 모퉁이는

실로 아름다운 곳이라

초야에 묻혀 야인의 차림으로

한가로이 노닐며 은거하셨지요

건괘 초구와 고괘 상구라

이 이치로 길이 자신을 지키시니

경박한 사나이도 돈후해지고

게으른 자는 공경을 일으켰습니다

아아, 나 소자는

일찍이 사위가 되었는데

스스로 사위 되기에 부끄러웠고

공은 실로 훌륭한 장인이셨습니다

새가 알을 품듯이 저를 감싸주고

배척하여 물리치지 않으셨으니

그 말없는 가르침에

마음속에 절로 경계하고 각성했으니

그 충신과 독경을

마음에 새겨 흠모하였습니다

아아, 이제는 그만입니다

만사가 구름처럼 흩어져 버렸으니

선(善)은 어디에서 볼 것이며

학업은 누구에게 배우겠습니까

소자는 운명이 기구하여

중도에 괴질에 걸려

처가에 머물러 지낸 것이

을유년부터 병술년까지였는데

따뜻한 온정으로 보살펴주신

그 사랑은 골육과도 같았으니

그 은혜 뼈속에 깊이 새겨

늘 잊지 못하고 있었습니다

광주(廣州)에 와서 살면서부터

처가와 거리가 아득히 멀어져

찾아가 뵙기가 어려운데다

자주 안부를 살피지도 못했으니

이별은 많고 만남은 적었기에

근심스런 마음 안타까워하였습니다

가정이 한가한 틈에

일 년에 한 번씩은 가서 뵙고

봄날 낮에 적막한 집에서

가을 밤에 고요한 방에서

허물없이 회포를 풀곤 했는데

저를 지나치게 허여해주셨습니다

돌아보건대 미천한 이 몸은

제 수명 다 살지 못할 듯했는데

늘 장인의 풍모를 우러러 보면

정신과 기운이 맑고 또렷했기에

내 생각에 장수를 누리시기를

노자(老子)나 팽조(彭祖) 같으리라 기대했건만

어이 생각했으랴 한 번의 질환이

갑자기 깊은 병이 되고 말 줄을

갑자기 부음을 받고서

꿈인가 생시인가 깜짝 놀랐습니다

서쪽을 바라보며 길게 통곡하노라니

창자가 끊어질 듯하고 눈물이 흘렀습니다

하늘이 앙화를 계속 내려서

어린 며느리도 불행히 죽었으니

덕문이 거듭 재앙을 당한 것을 보면

하늘의 이치는 실로 알기 어렵습니다

착한 사람은 복(福)으로 보답하여

조물주의 일이 어긋나지 않을 것이니

옥수처럼 훌륭한 자손에게

여경이 장래에 있을 것입니다

저 직산(稷山)의 묘소를 바라보니

실로 공이 잡아놓은 터라

선영을 떠나지 아니했으니

그 효심이 더욱 빛납니다

초상을 당하여 장사지낼 때까지

저는 병들어 가보지도 못했으니

임종에 은덕을 저버린 것이 부끄러워

물속과 함정에 빠진 것 같은 심정입니다

이제 와 곡하고 절하노라니

바람과 이슬도 쓸쓸하고 차가운데

옛날을 돌이켜 생각하면

슬픔으로 목이 멥니다

공경히 술 한 잔을 올리오니

바라건대 흠향하소서

아아, 슬프도다!

嗚呼哀哉 恭惟我公 稟天實德 邁俗高行

薄夫斯敦 儒者起敬 嗟余小子 早歲委娉

壇宇坦夷 操履堅勁 言行一致 表裏交正

不脩邊幅 自歸磨鋥 人仰其德 家化其政

孝友兼至 本乎天性 親愛孟訓[13] 錫類詩詠[14]

服膺勿失 不媿往聖 幽光潛發 鄕擧名姓

---

13 親愛孟訓 : 맹자가 "자신은 천자가 되고 아우가 필부가 된다면 아우를 친애했다고 할 수 있겠는가?[身爲天子, 弟爲匹夫, 可謂親愛之乎?]"라 하였다. 『孟子 萬章上』

14 錫類詩詠 : 『詩經』「大雅 旣醉」에 "효자가 다하지 않으니 길이 너에게 복을 주리로다.[孝子不匱 永錫爾類]"라 하였다.

聲利若浼 澹泊無競 西湖之隅 寔惟佳境

山巾野服 婆娑游沫 乾初蠱上¹⁵ 此理永靖

無言之敎 心自戒警 忠信篤敬 矢心欽景¹⁶

自慙玉潤¹⁷ 公實氷鏡¹⁸ 如卵以翼 不斥而屛

今焉已矣 萬事雲迸 善從何觀 業從何請

小子命舛 中嬰奇病 留滯甥舘 自乙至丙

煦濡撫摩 骨肉恩倖 銘感次骨 每懷耿耿

自寓廣陵 道里紆敻 旣難造謁 又罕伻偵

別多會少 憂心恂恂 家庭乘暇 歲一來省

---

15 乾初蠱上 : 『周易』 「乾卦 初九」에 "못에 잠겨 있는 용이니 쓰지 말아야 한다.〔潛龍勿用.〕"라고 하였고, 『周易』 「蠱卦 上九」에 "王侯를 섬기지 않고 그 일을 고상하게 하도다.〔上九, 不事王侯, 高尙其事.〕"라 하였다. 이는 군자가 때를 만나지 못해 초야에 묻혀 隱士의 삶을 사는 것을 뜻한다.

16 忠信……欽景 : 장인의 가르침을 가슴에 새겨 잊지 않았다는 말이다. 孔子가 "말이 忠信하며 행실이 篤敬하면 비록 오랑캐의 나라에서도 자신의 뜻이 행해 질 수 있겠지만, 말이 충신하지 못하고 행실이 독경하지 못하면 자기가 사는 고을에서인들 뜻이 행해질 수 있겠는가. 일어서면 충신과 독경이 눈앞에 드러나는 것을 볼 수 있고, 수레에 있으면 충신과 독경이 멍에에 기대 있음을 볼 수 있어야 하니, 그런 다음에야 뜻이 행해질 수 있는 것이다.〔言忠信, 行篤敬, 雖蠻貊之邦行矣. 言不忠信, 行不篤敬, 雖州里行乎哉? 立則見其參於前也, 在輿則見其倚於衡也, 夫然後行.〕"라고 하자, 자장이 이 말씀을 큰 띠에 썼다는 고사를 인용하였다. 『論語 衛靈公』

17 玉潤 : 사위를 뜻하는 말이다. 晉나라 樂廣(악광)과 그의 사위 衛玠를 두고, 당시 사람들이 "장인은 얼음처럼 청결하고, 사위는 옥돌처럼 溫潤하다.〔婦公 氷淸, 女婿玉潤.〕"라 한 데서 유래하였다. 『晉書 권36 衛玠列傳』

18 氷鏡 : 氷淸과 같은 말로 장인을 뜻한다. 韻에 맞추기 위해 鏡 자를 썼을 뿐이다.

春堂晝寂 秋房夜靜 忘形托懷 期許太盛

顧此賤質 恐難究竟 常瞻德容 神氣脩整

竊期遐籌 老彭與幷 何意一疾 遽爾爲眚

遄承訃書 眞夢疑瞪 西望長慟 腸摧涕鯁

天未悔禍 穎婦不幸 德門荐罹 理實難評

福以善應 不差化柄 燦燦珠樹[19] 裕後餘慶[20]

瞻彼稷圻 式公所命 不離先兆 孝思愈炳

自喪及襄 病未躬騁 慼負幽明 心如溺穽

今來哭拜 風露凄冷 撫念疇昔 悲思塡哽

恭薦洞酌 庶幾來饗 嗚呼哀哉

---

19 珠樹 : 玉樹와 같은 말로 훌륭한 자손에 뜻한다. 晉나라 때 名士 謝安이 자제
들에게 "왜 사람들은 모두 자기의 자제가 출중하기를 바라는가?"라고 묻자,
조카 謝玄이 "이는 마치 芝蘭과 玉樹가 자기 집 뜰에 자라기를 바라는 것과
같습니다."라 한 데서 온 말이다. 『晉書 권79 謝玄傳』

20 餘慶 : 『周易』「坤卦 文言」에 "선을 쌓은 집안에는 반드시 남은 경사가 있다.
〔積善之家, 必有餘慶.〕"라고 한 데서 온 말로 자손이 번창함을 뜻한다.

11. 성호선생께 올리는 제문

祭星湖先生文 계미년(1763, 52세)

아아, 슬픕니다! 선생이 이렇게 세상을 떠나셨단 말입니까. 강의(剛毅)하고 독실함은 선생의 뜻이요, 정대하고 광명함은 선생의 덕이요, 정심(精深)하고 굉박(宏搏)함은 선생의 학문이며, 화풍(和風)·경운(景雲)은 선생의 기상이요, 추월(秋月)·빙호(氷壺)는 선생의 흉금(胸襟)입니다. 이제 다시 볼 수 없게 되었으니, 장차 누구를 의지하오리까. 아아, 슬픕니다!

嗚呼哀哉! 先生而至是耶? 剛毅篤實, 先生之志也; 正大光明, 先生之德也; 精深宏博, 先生之學也; 和風景雲[21], 其氣像也; 秋月氷壺[22], 其襟懷也. 今不可以復見, 將何所而依歸耶? 嗚呼哀哉!

그 도(道)를 말하면 옛 성인(聖人)을 이어 후학을 열어줄 만했고,

---

21 和風景雲 : 온화한 바람과 상서로운 구름으로 매우 높은 인품을 비유한 말이다. 『近思錄』 권14 「觀聖賢類」에 "공자는 하늘과 땅이요, 안자는 온화한 봄바람이요, 상서러운 구름이다.〔仲尼, 天地也; 顔子, 和風景雲也.〕"라 하였고, 朱熹의 「六先生畫像贊」 '明道先生'에 程顥의 인품을 형용하여 "상서로운 해와 상서로운 구름이요, 온화한 바람과 단비로다.〔瑞日祥雲, 和風甘雨.〕"라 하였다.

22 秋月氷壺 : 朱熹가 스승 延平 李侗(통)의 인품을 형용하여 '氷壺秋月'이라 하였다. 이는 얼음으로 만든 호리병에 맑은 가을 달이 비친 것처럼 맑고 깨끗하다는 말로 고결한 정신을 비유한 것이다. 『朱子大全 권87 祭延平李先生文』

그 나머지를 미루면 백성들을 보호하고 임금을 존숭할 만했건만, 도리어 곤궁하게 살며 재능을 세상에 펼치지 못했으니, 이것이 실로 천리(天理)를 알기 어려운 점입니다. 선생의 입장에서 보면 비록 하늘의 뜬구름처럼 덧없는 것이겠지마는 우리들의 입장에서 말하자면 어찌 하늘에 호소하고자 하지만 호소할 길이 없는 것이 아니겠습니까.

語其道, 可以繼往而開來[23], 推其餘, 足以庇民而尊主, 顧厄窮而無施, 寔天理之難究. 自先生而視之, 雖若太虛之浮雲, 在吾黨而言之, 寧欲籲天而無因.

아아! 소자가 문하(門下)에 이름을 의탁한 지 18년의 세월 동안 용안(容顔)을 뵌 적은 비록 드물었지만 손수 편지로 가르침을 주신 것은 잦았습니다. 『소학』·『시경(詩經)』·『예기(禮記)』같은 책들로써 권면하시는 한편 재능을 감추고 실질에 힘쓰는 공부로써 당부하시어 비록 부지런히 인도해 주셨습니다. 그러나 소자는 아직도 어리석음을 깨우치지 못하였으니, 은혜는 깊고 의리는 무겁기에 자신을 반성하며 두려워합니다.

嗚呼! 小子托名門下, 十有八年, 承顔雖罕, 手教頻煩, 勉以『小學』·『詩』·

---

23 繼往而開來 : 朱熹의 「中庸章句序」에서 공자의 덕을 찬양하면서 "지나간 성인을 잇고 후세에 올 학자를 열어 준 것은 그 공이 도리어 요순보다도 나은 점이 있다.〔繼往聖 開來學 其功反有賢於堯舜者〕"라 한 데서 온 말이다.

『禮』之書, 戒以韜晦務實之工, 雖勤誘掖, 尙未發蒙. 恩深義重, 兢惕撫躬.

『동사강목(東史綱目)』을 편집할 때에는 숨은 뜻을 다 드러내 지도
해주셨으니, 착란(錯亂)하여 확정하지 못한 강역(疆域)들과 은회
(隱晦)하여 분명하지 않은 의리(義理)들은 모두 선생님의 가르침을
받아 밝힌 것들입니다.

　그리고 『사설(僿說)』로 말하자면, 과분하게 저에게 검토를 맡기셨
으니 지부해함(地負海涵)과도 같이 방대한 내용에 온갖 이치가 다
모인 저술이라, 비록 수정하고 산삭(刪削)하라는 분부를 받았으나
저의 좁은 소견으로 어떻게 하늘과 바다처럼 깊고 넓은 경지를 엿보
고 헤아릴 수 있겠습니까. 『사설』을 장정하여 10권을 만들어 장차
보내 드리려 하던 차에 제가 올린 편지가 미처 도달하기도 전에 부음
을 받았으니, 선생님의 유편(遺編)을 안고서 슬픔이 더하였습니다.

逮夫『東史』之編摩, 指導無有其餘蘊, 疆場之錯亂而未定者·義理之隱晦而
未暢者, 靡不奉承其成訓. 至若『僿說』, 謬蒙屬托, 地負海涵, 義理藪宅, 雖
以刊汰爲敎, 管蠡之見, 顧何能窺測天海之深廣也哉! 粧成十卷, 擬將納上,
書未達而承訃, 抱遺編而增傷.

아아! 못난 소자는 위생(衛生)의 방도를 몰라 10년 동안 괴질에 걸
려 피가 막히고 화기(火氣)가 치받쳐 선생님을 찾아뵙지 못한 지 12
년이 넘었습니다. 만약 이 병증(病症)이 조금 나으면 삼가 선생님을
다시 한 번 찾아뵐 수 있으리라 여겼더니, 어이하여 내 소원이 이뤄
지기도 전에 문득 들보가 꺾이고 태산이 무너졌단 말입니까! 아득

한 천지에 저의 회포는 어찌 끝이 있겠습니까. 아아, 슬픕니다!

嗚呼! 小子無狀, 攝生昧方, 十載奇疾, 血壅火張, 杖屨之曠, 逾一紀餘. 若此症之小歇, 庶函丈之復陪. 何所願之未遂, 奄樑摧而山頹?[24] 悠悠天地, 予懷曷已? 嗚呼哀哉!

사생(死生)과 소장(消長)은 결국 하나의 이치로 귀결되는 법입니다. 세상이 싫어 구름을 타고 오르면 상제(上帝)의 고향에 이를 수가 있으니, 병학(甁鶴)을 타고 하늘로 올라가는 것은-선생께서 지난날 보내주신 편지에, "꿈에 병(甁)이 학(鶴)으로 변하기에 그 학을 타고 공중으로 날아올라 시원스럽게 유람하였다."라 하였기 때문에 이를 인용하여 오당(吾黨)의 고사(故事)로 삼은 것이다.- 선생님께서는 즐거운 일이겠지만, 남기신 책을 어루만지며 울부짖노라니 소자의 슬픔은 더욱 간절해집니다. 아아, 슬픕니다!

死生消息, 理歸一致, 厭世乘雲, 帝鄉可至, 馭甁鶴而上征,-先生前日書有"夢有缾化鶴, 騎而騰空遊覽快活"云, 故此引用, 爲吾黨故事.- 在先生爲快樂, 撫遺牘而號呼, 益增小子之痛迫. 嗚呼哀哉!

------

24 樑摧而山頹 : 孔子가 자신이 별세할 꿈을 꾸고 아침에 일찍 일어나 뒷짐을 지고 지팡이를 짚고 문 앞에서 한가로이 거닐며 노래하기를 "태산이 무너지겠구나. 들보가 부러지겠구나. 철인이 죽게 되겠구나.〔泰山其頹乎! 樑木其壞乎! 哲人其萎乎!〕"라 하였다는 고사를 인용한 것으로 스승이나 큰 학자의 죽음을 의미한다. 『禮記 檀弓上』

선생님께서 병석에 계실 때 가서 보살펴드리지 못하였고 선생님께서 돌아가셨을 때에도 가서 염습(殮襲)하지도 못하였으니, 비록 병 때문이라고 하지만 죽어서도 여한이 될 것입니다. 흰 두건에 수질(首絰)을 쓰서 조금이나마 정성을 보이고 자식을 시켜 대신 분상(奔喪)하게 하니, 비통한 심정을 어찌 견딜 수 있겠습니까. 정신이 흐려 문장이 되지 못하고 말에 조리가 없습니다. 존령(尊靈)이 계신다면 부디 굽어 살피소서. 아아, 슬픕니다! 흠향하소서.

先生之病, 而不得躬自扶將, 先生之殤, 而不得與聞含斂, 雖疾使然, 死有餘憾. 素巾加絰, 少暴微忱, 替兒奔赴, 悲懷曷任! 荒衰不文, 辭失倫脊, 尊靈有存, 尙其鑑格. 嗚呼哀哉! 尙饗.

12. 다시 성호선생께 올리는 제문

復祭星湖先生文 갑신년(1764, 53세)

계미년(1763, 영조39) 12월 17일 기해(己亥)에 우리 여흥(驪興) 이선생(李先生)께서 성호(星湖)의 정침(正寢)에서 돌아가시고 이듬해 갑신년 2월 27일 기유(己酉)에 장사를 지내게 되었다. 그 문인(門人) 한산(漢山) 안정복(安鼎福)이 병든 몸이라 장사에 참여하지 못하고 하루 전인 무신(戊申)에 아들 경증(景曾)을 보내 삼가 간소한 제수를 올리고 곡하며 고하옵니다.

歲癸未十二月十七日己亥, 我驪興李先生易簀于星湖之正寢, 粵明年甲申二月二十七日己酉而葬. 其門人漢山安鼎福病未奔赴, 前一日戊申, 遣其子景曾, 謹以隻鷄[25]之奠, 哭而告之曰:

아아! 선생님은
규벽과 같은 아름다운 자질로
잠영의 가문에서 태어나셨으니

---

25 隻鷄 : 한 마리 닭이란 말로, 먼 곳으로 조문할 때 가지고 가는 조촐한 제수를 뜻한다. 後漢 때 高士인 徐穉가 黃瓊의 죽음을 조문할 때 식량을 싸 짊어지고 한 마리의 닭과 솜에 적신 술을 가지고 멀리 江夏로 가서 제수를 차려 놓고 곡을 한 다음 이름을 말하지도 않고 돌아왔다는 고사에서 온 말이다. 綿鷄 또는 鷄絮라고도 한다. 『後漢書 권53 徐穉傳』

문헌이 이어져 온 집안이요

가학 또한 남아 있었습니다

두 분 형제 다 걸출하여

해와 별같이 빛났으니

도의를 갈고 닦은 것이

어린 시절부터였습니다

도는 체용을 다 갖추었고

학문은 천인의 이치 관통했으니

산림에서 덕성을 함양한 것이

거의 80여 년이었습니다

기자(箕子)의 교화 이미 멀어졌으니

성인의 학문을 누가 밝히리오

선생님께서 도통(道統)을 이어받으니

산림(山林)이 맹주로 추대하였습니다

생각건대 우리의 도(道)는

본래 하늘에서 나온 것이라

끊어지지 않고 실올처럼 이어져

성현이 주고받아 왔습니다

중화(中華)의 적통으로 말하면

주문공(朱文公)에서 그쳤는데

하늘이 우리나라를 돌보시어

오도가 동방으로 오게 되었지요

퇴계(退溪) 이선생(李先生)께서

남쪽 지방에서 떨쳐 일어나시니

공자를 시조로 주자를 종주로 삼아

바른 궤도에 어긋나지 않았습니다

경술년에는 도통을 바로잡았으니

도리가 어긋난 것이 아니었습니다

신유년은 어떤 해인가

큰 철인이 거듭 태어나신 해입니다-퇴계선생이 신유년에 태어나셨고 성

호선생도 신유년에 나셨기 때문에 이렇게 말한 것이다.-

전후의 두 선생님이 도가 같은 것은

실로 하늘의 뜻이거늘

어이하여 하늘이 보우하지 않아

이렇게 세상을 떠나셨단 말입니까

아아, 슬픕니다 !

삼가 생각건대, 우리 학문은

경전에 깃들어 있거늘

백가가 마구 일어나 날뛰어

본뜻을 알기 어려워졌는데

오롯이 앉아 고요히 연구하여

은미한 이치를 찾아 밝혀서

털끝만한 것도 반드시 분석하고

겨자씨만한 것도 빠뜨리지 않으시어

많은 전적들을 두루 탐구하여

기어이 뜻을 밝히고야 말았습니다

학문에는 자득을 중요히 여기고

의방(依倣)하는 것을 부끄럽게 여겨서

복잡한 학설을 잘 정리해 분석하여
봄날에 얼음 녹듯 이치가 풀렸습니다
높은 안목으로 밝혀낸 곳은
귀신이 탄복할 정도였고
이치를 연구한 오묘한 경지는
천고에 짝할 이 드물었으니
어리석은 선비들이 이를 의심한다면
남기신 저술에서 증명할 수 있네
아아, 슬픕니다!
이미 문(文)으로써 학식을 넓히고
자신에 돌이켜 간약(簡約)한 데로 나아가
마음의 미세한 곳에까지 살피고
선악의 기미를 환히 아셨습니다
악을 버리고 선에 나아가니
증자(曾子)의 지킴과 자로(子路)의 용맹이라
마음이 통창하고 기상이 쇄락하여
경(敬)과 의(義)를 함께 지키셨습니다
함양(涵養)의 공부가 깊고 두터우매
영화(英華)가 밖으로 드러나 빛났으니
용모는 곤륜산의 봉황새와 같고
기상은 하늘을 나는 붕새 같았습니다
온갖 사물의 변화에 수응하는 것이
언제나 법도에 다 맞았으며
내면과 외면을 아울러 모두 바로잡는 공부를

수레의 바퀴와 새의 날개처럼 병진하였습니다
지난 성인의 학문을 잇고 후학을 열어준 공은
옛 성현에 비해 손색이 없건만
세상이 권세와 지위만 좇으니
누가 그 말을 믿어주겠습니까
아아, 슬픕니다!
체(體)가 이미 서자
용(用)이 두루 갖추어졌으니
치평(治平)의 큰 사업은
평소에 익히 강구한 것이었습니다
고금의 이치를 두루 참작하고 소통하여
막히지도 않고 얽매이지도 않았으니
선생의 학문을 미루어 나가면
태평시대를 이룰 수 있을 것입니다
지금은 말세의 운세에 이르고
우리나라 백성들이 복이 없어
선생의 덕을 알아주는 사람이 드물기에
재능을 감추고 초야에 은거하셨습니다
호산(湖山)에서 한가로이 소요하며
그저 학문을 즐기며 사니
시골 늙은이들은 자리를 다투고
마을 늙은이들과 허물없이 사귀었지요
은사(隱士)의 수수한 옷차림으로
  -여기는 원문이 누락되었다.-

시대를 걱정하는 일념은
잊은 적이 없으셨습니다
아아, 슬픕니다!
여사로 예에 노닐어
글이 이루어지면 도가 담겨 있었고
안으로 오로지 이치를 탐구하며
간간이 시문을 지으시면
화락한 대아와 같은 문장이요
광대한 원기가 가득한지라
살과 골격이 고루 적당하고
문채와 정신이 아울러 지극했지요
시가와 악부 등의 작품들이
다 오묘한 경지에 이르렀으니
참으로 우리 선생께서는
어쩌면 그리도 재주가 높으셨는지요
이는 실로 하늘이 내려준 바
세상에서 보기 드문 것이며
모든 재능을 두루 다 갖추어
모든 일에 다 조예가 깊으셨습니다
세상 사람들이 좁은 소견으로 엿보고
제각기 한 가지 장점만 칭찬하였으니
뉘라서 알리오 큰 선비는
본래 두루 다 능통한 줄을
아아, 슬픕니다!

이 재주와 이 덕을

끝내 시행하지 못하셨으니

선생께서 세상을 떠나심에

오도는 참으로 끝났습니다

공자는 쇠미한 주나라를 탄식하셨고

주자는 남송(南宋)에서 곤액을 당하셨으니

성현이 외롭게 때를 만나지 못하는 것은

옛날이나 지금이나 마찬가지입니다

이는 태허공의 뜬구름과 같은 것이니

선생께야 도리어 무슨 손익이 있으리오

도(道)가 커서 세상이 받아들이지 못했으니

동문제자들이 애통히 여기는 바입니다

아아, 슬픕니다!

저는 몽매한 사람이라

학문의 방향을 알지 못하다가

나이 서른이 넘어서야

비로소 선생을 찾아뵈었습니다

병인년부터 무인년에 이르기까지

일 년에 한 번씩 찾아뵈었는데

그 동안 삼 년 사이에

선생님을 모신 것은 나흘이었지요

얼굴을 뵌 것은 비록 드물었으나

자상한 말씀으로 가르침을 주셔서

학문의 큰 길을 보여 주셨건만

저의 자질이 노둔함을 어이하리오
선생님의 아들 순수는
높은 재능을 갖춘 좋은 인재요
연배도 저와 비슷하기에
종유하고픈 바람 간절했습니다
신미년 그 해에
어이하여 세상을 떠났단 말입니까
선생님은 자식을 슬픔이 깊어
그만 건강을 해치시고 말았습니다
저는 당시 이 때 관직에 매인 몸
휴가를 얻어 와서 선생님을 뵈었는데
작별할 때에 선생님께서 손을 잡고
눈물을 흘리며 연연해 하셨지요
소자에게 무슨 좋은 점이 있길래
이토록 과분한 사랑을 입었는지
눈물을 닦으며 떠나온 후로
선생님 은혜가 뼛속에 사무쳤습니다
이 때로부터 이후로는
세상일에 많이 얽매인 탓에
다시 선생님을 찾아뵙지 못하고
이어 병폐한 사람이 되었습니다
그래서 선생님을 모시지 못한 지
13년이란 세월이 흘렀으니
편지만 자주 왕래할 뿐

직접 가르침을 받지는 못했으니
날마다 서쪽하늘 구름을 바라보며
그리움에 눈물을 흘리기도 했습니다
스스로 생각건대 용렬한 저는
기운은 가볍고 뜻은 약하니
인욕은 쉽게 발동하고
천리는 늘 은닉하였습니다
선생님을 모시고 말씀을 들어
저의 단점을 보완하려니 했건만
이제는 그만입니다
가슴이 무너지는 것 같습니다
아아, 슬픕니다!
지난 해 초여름에
보내신 편지를 삼가 받아보니
깊은 슬픔이 있다고 하셨는데
이 편지가 절필이 되고 말았군요
너무도 놀라고 탄식하여
근심으로 어쩔 줄 모르면서
신명이 보호해 주기를
저 푸른 하늘에 빌었습니다
절기가 지나도록 병이 낫지 않기에
하늘의 보살핌을 입기를 바랐건만
목가가 조짐을 보이더니
대운이 그만 다하고 말았습니다

상서로운 해는 빛이 어두워졌고
상서로운 구름은 채색을 잃었으니
평생토록 우러러 의지한 스승님이
하루아침에 우리를 버리고 가셨습니다
사문이 이제 땅에 떨어지고 말았으니
장차 누가 사문을 일으켜 세우리오
후학들은 의지할 곳 잃었으니
장차 누가 가르침을 주겠습니까
이아, 슬픕니다!
예전에 보내신 편지에서
"꿈속에서 몸소 병학(瓶鶴)을 타고
거침없이 마음껏 날아
드넓은 하늘을 두루 노닐었다." 하시기에
매우 유쾌하셨으리라 여겼는데
이제 뜻밖에 부음을 받고 보니
철인이 세상을 떠날 터이기에
그 조짐 미리 알려준 것이었구려
선생님은 평소 생활이 근검하여
은연중에 집안의 법도가 되었고
손수 사례를 편찬하시면서
가난한 이를 기준으로 삼으셨고
초상과 장사의 모든 절차를
평소 유언으로 분부해 두셨는데
성실한 마음을 중요히 여기시고

과시하는 겉치레는 아주 없애서
명정과 염습의 이불을 종이로 만들되
사람들의 비난은 아랑곳하지 않으셨으니
내 마음에 편안하면 그만이지
남이 알아주길 바라지 않으셨습니다
아아, 슬픕니다!
해와 달이 머물지 않아
장지로 떠날 날이 다가와
상여를 이미 꾸며 놓고
상여줄도 이미 매었습니다
저는 병들어 방에 누운 터라
장지에 가보지도 못하고
다시 아들을 대신 보내어
감히 영결을 고하옵니다
변변찮은 제수를 올리는 것은
비록 고인의 일을 본받지만
무덤 가에 시묘했던 정성은
공문(孔門)의 제자에 부끄럽습니다
병든 몸이 시일을 끌어
곧바로 죽지만 않는다면
기필코 원양과 더불어
좌우로 손을 잡고 갈 것입니다
음성과 모습이 영영 사라졌으니
저는 장차 누구를 의지하오리까

이 제문을 쓰노라니

슬픔으로 가슴이 미어집니다

아아, 슬픕니다!

부디 흠향하소서

嗚呼先生　奎璧令質　簪纓高門　文獻之傳

家學有存　塤篪迭唱　炳煥日星　琢磨道義

粤自妙齡　道備體用　學貫天人　德養山林

餘八十春　箕化已邈　聖學誰明　道統之傳

山林推盟　曰惟此道　原出於天　不絶如縉

聖授賢傳　中華嫡統　止于文公　天眷我邦

吾道其東　退陶李子　奮起南服　祖孔宗朱

不爽軌躅　庚戌捄道²⁶　此理不迕²⁷　白鷄何歲

元哲重降－退溪辛酉生，先生亦辛酉生故云．－

前後一揆　寔有天意　云胡無命　而至於是

嗚呼哀哉　恭惟此學　寓于經傳　百家騰躍

辭義難見　兀坐靜究　索隱闡微　毫釐必析

纖芥不遺　旁探子史　參合乃已　貴乎自得

依樣是愧　絲理髮櫛　氷釋春瀜　隻眼所矚

26　庚戌捄道：경술년(1610, 광해군2)에 士林에서 소위 五賢이라 일컫는 金宏
弼·鄭汝昌·趙光祖·李彦迪·李滉에 文廟에 配享된 사실을 가리킨다.

27　迕：저본에는 迕자로 되어 있는데, 『星湖全書』에 의거하여 고쳤다.

鬼哭神恫 窮格之妙 千古罕匹 昧士疑焉

簏書可質 嗚呼哀哉 旣博以文 反躬造約[28]

原心秒忽 晰幾善惡 去彼就此 曾守[29]由勇[30]

明通灑落 敬義夾拱 養深積厚 英華外燦

容停崑羽 氣逸霄翰 酬酢萬變 動合規度

表裏交正 輪翼幷趣 繼開[31]之功 不愧前賢

世趨勢位 孰信台言 嗚呼哀哉 體旣立矣

用無不周 治平大業 素所經籌 酌古通今

不泥不拘 推其緖餘 至治可圖 世運末降

東民無福 知德者鮮 卷懷屛伏 逍遙湖山

其樂只且 野老爭席[32] 村翁爾予 挐藋綴杜-下四字缺-

---

28 旣博……造約 : 顔淵이 孔子를 두고 말하기를, "선생님께서 나를 文으로 넓혀 주고 禮로써 요약하여 주셨다.〔博我以文 約我以禮〕"라고 한 대목을 인용하였다. 『論語 子罕』

29 曾守 : 맹자가 "맹시사의 지킴은 氣이니 또 증자의 지킴이 요약됨만 못하다.〔孟施舍之守氣 又不如曾子之守約也〕"라 한 데서 인용하였다. 朱熹의 注에 의하면, 지킴이 요약된다는 것은 자신에 돌이켜보아 이치를 따르는 것이니, 밖으로 博學만 추구하지 않고 근본적인 이치를 알아서 그 요체를 실천하는 것이다. 『孟子集註 公孫丑上』

30 由勇 : 由는 子路의 이름으로 평소 용맹을 좋아한다는 평판이 있었는데, 여기서는 악을 버리는 용맹을 말한다. 맹자가 "자로는 남이 자기에게 과오가 있음을 말해주면 기뻐하였다.〔子路, 人告之以有過, 則喜.〕"라 하였다. 『孟子 公孫丑上』

31 繼開 : 주 23)'繼往而開來' 참조.

32 爭席 : 좋은 자리에 서로 앉으려고 다툰다는 말로 예절에 구애받지 않고 허물

憂時一念 未嘗忘爾 嗚呼哀哉 餘事遊藝[33]

文成貫道 內專義理 間以詞藻 春春大雅

浩浩元氣 肉骨幷稱[34] 風神兼至 歌詩樂府

咸臻其妙 允矣吾師 何才之卲 寔天所命

曠世難覯 不器多能 事事咸造 俗人窺管

各稱一善 誰識鴻儒 本無可選 嗚呼哀哉

之才之德 竟未獲施 殉身以歿 吾道誠非

孔歎衰周 朱阨南渡 聖賢踽踽 古今一路

太虛浮雲 顧何損益 道大難容 同門痛畫

嗚呼哀哉 福也顓蒙 學未知方 年踰三十

없이 어울리는 것을 뜻한다. 춘추시대 陽子居라는 사람이 처음에는 禮貌를
갖추어 엄격한 위엄을 보이니 사람들이 그를 두려워하다가 그가 老子의 가르
침을 받고 소탈한 모습을 보이자 사람들이 그와 좋은 자리를 서로 다툴 정도로
허물없이 대했다는 고사에서 온 말이다. 『莊子 寓言』

33 遊藝 : 공자가 "도에 뜻을 두며, 덕에 근거하며, 인에 의지하며, 예에 노닐어야
한다.〔志於道, 據於德, 依於仁, 遊於藝〕"라 한 데서 온 말인데, 여기서는 文藝
를 익혔다는 뜻이다. 『論語 述而』

34 肉骨幷稱 : 韓幹(701~761)은 중국 唐나라 때 화가로 특히 말 그림을 잘 그리
기로 이름났다. 蘇軾의 시 「이백시가 소장한 한간의 말 그림에 쓴 자유의
시에 차운하다〔次韻子由書李伯時所藏韓幹馬〕」에 "한간은 살만 그리고 뼈는
그리지 못하였거니, 하물며 실상은 없고 속절없이 외형만 그림으로 남겨 두었
음에랴.〔幹唯畫肉不畫骨 而況失實空留皮〕"라 하였고, 趙說(열)은 한간의 말
그림에 題한 시에서 "골육이 고루 적당하고 肥瘠이 알맞다.〔肉骨兼勻稱肥瘠〕"
라 하였다. 여기서는 성호 이익의 글을 뼈와 살이 고루 적당한 말에 비긴
것이다.

始拜門墻 自丙至戊 歲一趨往 三歲之內

四日函丈 承顏雖罕 誨厲諄實 指示周行

其奈魯質 令胤醇叟³⁵ 高才令器 年紀遜亞

云何不淑 痛深西河 遂致嚆攝 意切附驥³⁶

協洽之年 時縻俗役 請告來覿 臨別握手

揮涕戀戀 小子何有 過蒙厚眷 掩淚辭退

恩遇銘骨 自玆以往 世故多掣 更未摳衣

因以病廢 阻奉几杖 十有三載 書蹟徒煩

謦欬莫攀 日望西雲 感淚或潸 自念庸愚

氣輕志弱 人欲易肆 天理長息 庶奉話言

以補顓劓 今其已矣 心焉如墜 嗚呼哀哉

去歲初夏 伏承手畢 謂有深痛 此是絶筆

驚歎震剝 憂心皇皇 神明扶護 恃彼穹蒼

閱序彌留 冀蒙天休 木稼³⁷告兆 大運斯遒

---

35 醇叟 : 李孟休(1713~1751)의 자이다. 성호 이익의 아들로 벼슬이 禮曹正郎에 이르렀고, 『春官志』를 편찬하였다.

36 附驥 : 파리가 천리마의 꼬리에 붙으면 천리를 갈 수 있다는 뜻이다. 『史記』 권61 「伯夷列傳」에 "顏淵이 비록 학문에 독실했으나 孔子라는 천리마의 꼬리에 붙어서 간 덕분에 그 행실이 더욱 드러났다.〔顏淵雖篤學, 附驥尾而行益顯.〕"한 데서 온 말이다.

37 木稼 : 木介라고도 한다. 추위가 심하여 나무에 얼음이 얼어붙어 갑옷의 형상을 이룬 것으로 賢人이 죽을 조짐이라 한다. 우리말로는 상고대라고 한다. 宋나라 王安石이 지은 韓琦의 만사에 "목가가 생기자 고관이 두려워 떨었다는 말 들었는데 산이 무너진 오늘 철인이 죽었도다.〔木稼曾聞達官怕 山頹今見哲

瑞日淪光　祥雲掩彩　百年依仰　一朝見背

斯文墜地　將誰使擧　後學失所　將誰使語

嗚呼哀哉　前書諭夢　躬騎瓶鶴　尻輪浩蕩

周遊寥廓　謂甚快樂　今忽承訃　哲人之萎

兆眹先告　居備勤儉　隱若成法　手編四禮

以貧爲則　喪庇葬節　治命已具　務存誠信

絶彼夸詡　紙銘楮衾　不撓衆譏　我心安焉

非欲人晞　嗚呼哀哉　日月不居　卽遠有期

柳車旣餙　繐綌又施　病伏私室　不能臨穴

復遣迷豚　敢告永訣　炙鷄[38]之奠　雖效古人

築室[39]之誠　有愧孔門　庶延貞疾　不卽死滅

期與元陽[40]　左右提挈　音容永閟　余將疇托

執辭以寫　悲塡胸臆　嗚呼哀哉　尙饗

人萎〕"라 하였다.

38　炙鷄 : 주 25) '隻鷄' 참조.

39　築室 : 제자가 스승의 무덤 가에서 집을 짓고 侍墓하는 것이다. 孔子가 세상을
떠나시자 3년이 지난 뒤 문인들이 짐을 챙겨 돌아갔지만, 子貢은 다시 돌아와
무덤 곁에 집을 짓고서 홀로 3년을 거처한 다음에 돌아갔다〔子貢反, 築室於
場, 獨居三年然後歸.〕는 고사에서 온 말이다. 『孟子 滕文公上』

40　元陽 : 星湖 李瀷의 손자이고 李孟休의 아들인 李九煥의 자이다.

13. 이모에 대한 제문

祭姨母文 무자년(1768, 57세)

아아, 슬픕니다!
지난해 팔월에
선비께서 세상을 버리셨으니
어머님이 없으면 누구를 믿으리까
이모님이 계셨기에
어머님처럼 모시며
종신토록 의지하려 했건만
이모님은 기다려 주지 않고
갑자기 저를 버리고 돌아가셨습니다
기필하기 어려운 것은 일이고
저버리기 쉬운 것은 마음이니
슬픔이 마음과 뼈에 사무쳐
실로 견디기 어렵습니다
아아, 슬픕니다!
선비의 병이 위독할 때
이모님이 와 보시고
구호하는 방도를
써보지 않은 게 없었건만
끝내 어머님이 숨을 거두시니
슬픔으로 목숨을 잃을 뻔 했고

무덤에 부장하는 물건은

반드시 정성껏 구비하셨지요

아아, 슬픕니다!

소자가 운명이 기구하여

몸이 기이한 질병에 걸린 터라

선비의 초상에 곡읍할 즈음

목숨을 잃을까 염려하시어

좋은 말로 타일러 마음 달래

살 길을 지시해 주셨으니

오늘까지 제가 살아 있는 것은

모두 이모님의 은덕입니다

아아, 슬픕니다!

조카들 중에서

소자가 가장 나이가 많기에

이모님은 저를 보시기를

의지할 만한 사람처럼 여기셨건만

소자가 불초하여

마음에 잊은 듯이 소홀하였으니

감히 이모님을 잊은 것이 아니라

질병이 깊어 경황이 없었습니다

아아, 슬픕니다!

이모님의 덕은

규문에서 으뜸이건만

하늘이 착한 사람에게 복을 준다는

이 이치는 어긋난 경우가 많습니다
일찍이 과부가 되어 자식도 없고
가난하여 8년 동안 미음을 먹었지만
곧은 지조와 지극한 행실은
귀신에 물어도 틀림없을 것입니다
이때 이모님의 시어머님이
살아 계셨는데 봉양할 사람은 없고
게다가 아버지 없이 남은 자식은
나이가 아직 장성하지 못했기에
그 동안의 생각을 돌려서
비로소 집안일을 돌보셨습니다
기한에 시달리며 곤궁한 형편에도
힘을 다해 시어머님 섬기고 자식 기르고
시댁의 친척들과 화목하게 지내며
은혜와 의리를 아울러 베풀었기에
사람들이 다들 칭송하여
부덕(婦德)에 어긋남이 없다 하였지요
사람들이 자기 어버이에 대해서는
말할 때면 반드시 사사로운 정을 두는데
그 중에도 부인들의 성품은
특히 이러한 점이 더 심하건만
오직 우리 이모님은
안과 밖이 다르지 않았습니다
이모님의 자애와

이종형의 효성은

지극히 진실한 마음이라

조금도 겉모습으로 꾸미지 않았지요

저는 이모님이 친정 부모에 대해

한 번도 말하는 것을 듣지 못했기에

평소 그 인품에 감탄하여

더욱 지성스레 앙모하였습니다

아아, 슬픕니다!

이종형은 자식도 없어 외로운 몸

게다가 고질병마저 앓고 있는 터에

이런 큰 상(喪)을 당하였으니

목숨 잃지 않는다고 보장할 수 없습니다

접때 이종형이 보내온 편지에

반드시 죽겠다고만 말하였으니

이모님이 지하에서 아신다면

이를 차마 보실 수 있겠습니까

아아, 슬픕니다!

지난겨울에 돌림병이 돌아

경향 각지에 전염되었는데

이모님이 이 때 병에 걸려

한 철이 지나도 낫지 않기에

이 하찮은 감기쯤이야

곧 낫는다고 생각했는데

어찌 생각이나 했겠습니까 부음이

갑자기 상차(喪次)에 이를 줄을
아아, 슬픕니다!
병환 중에는 가서 간호하지 못했고
염습할 때도 가서 보지 못하였거늘
상여가 나갈 날이 다가오는데
장지에도 가보지 못하옵니다
소자가 앓고 있는 병은
이모님도 비록 아시지만
소자의 애통한 심정은
필경 끝이 없을 것입니다
사람의 일로 미루어 보면
귀신의 일도도 혹 같을 터이니
돌아가서 외할머니를
곁에서 다정히 모시고서
단란하게 모여 담소하시는 것이
세상에 계실 때와 같으신지요
소자는 도무지 알 수 없으니
슬픔과 괴로움만 더욱 간절합니다
아아, 슬픕니다!
한강은 유유히 흘러가는데
무덤은 매우 평안하시리
상여로 모셔 부장(祔葬)하니
영원토록 안녕하실 것입니다
변변찮은 제수와 한 잔 술을

대신 올리고 멀리서 곡하오니
영령은 혹 아시거든
이 심정을 굽어 살피소서
아아, 슬픕니다!
부디 흠향하소서

嗚呼慟哉　去歲八月　先妣捐背　無母何恃
有從母在　事之如母　殁身仰依　從母不待
遽棄我歸　難必者事　易負者心　痛纏心骨
實難堪任　嗚呼痛哉　先妣病篤　從母來視
救護之道　無所不至　竟致不淑　哀毀幾殞
附身之物　躬必誠信　嗚呼痛哉　小子命薄
身罹奇疾　攀擗之際　慮致殞絕　寬譬曉諭
指示生路　保有今日　莫非恩造　嗚呼痛哉
諸侄之中　小子年長　從母視之　如有可仗
小子不肖　忽焉如忘　非敢忘之　疾憂遑遑
嗚呼痛哉　從母之德　可冠閨閫　天道福善
此理多舛　早寡無子　八年饘粥　貞操至行
鬼神可質　惟時尊姑　在堂無養　又有遺孤
年未及壯　翻然回思　始理家事　飢寒困阨
事育兼至　睦嫻姙恤　恩義幷施　衆口稱頌
咸曰無差　人於私親　語必及私　婦人之性
尤有甚焉　惟我從母　表裏坦然　從母之慈
和兄之孝　至誠無間　罔或以貌　余以私親

一未有聞　平日感歎　仰德采勤　嗚呼痛哉

和兄窮獨　且抱沈痾　罹此巨創　不保無他

頃日有書　但言必死　從母有知　胡寧忍此

嗚呼痛哉　客冬輪疾　京外染傳　從母愆和

閱序沈綿　謂此微感　-一字缺-當有喜　豈意凶音

遽到苫次　嗚呼痛哉　疾病不扶　殯殮不視

卽遠有期　又違臨窆　小子之病　從母雖知

小子之痛　窮竟無涯　推以人事　鬼道或同

歸侍王母　一左一右　笑語團歡　如在世否

小子罔知　益切痛苦　嗚呼痛哉　漢水澐澐

夢阡孔安　載引載祔　永世無艱　隻鷄單觴

代奠遙哭　靈或有知　鑑此衷曲　嗚呼痛哉　尙饗

14. 소남 윤장-동규-에게 올리는 제문

祭邵南尹丈-東奎-文 계사년(1773, 62세)

우리 성상께서 즉위한 지 50년째 되는 계사년 8월 7일에 소남(邵南) 윤선생(尹先生)이 정침에서 세상을 떠났고, 이듬해 3월 갑오에 인천(仁川)의 선영(先塋)에 반장(返葬)하게 되었다. 동문(同門)의 후학 안정복은 병든 몸이라 가서 문상하지 못하고 삼가 향촉(香燭)과 포(脯), 과실 등의 제물을 마련하여 아들 경증(景曾)으로 하여금 대신 올리게 하여 곡(哭)합니다.

我聖上卽位之五十年癸巳八月初七日, 邵南尹先生觀化于龍山之正寢, 越三月甲午, 返竁于仁川之先塋. 同門後學安鼎福病未奔赴, 謹具香燭脯果之需, 令迷豚景曾代奠而哭之曰:

아아, 애통합니다! 기억하건대 과거 병인년에 내가 처음으로 성호선생을 뵈었을 때 선생께서 당시의 학문하는 선비들을 말씀하시면서 공에 대해 이야기해 마지않으셨고, 이어서 윤화정(尹和靖)에 대해 제자들이 쓴 찬(贊)을 외우면서 말씀하시기를,

"'육경(六經)의 글이 귀에 익숙하고 마음에 터득되어 자기의 말을 외우는 것 같았다.'라고 하였으니, 지금의 윤자(尹子)도 옛날의 윤씨와 같다."

라 하셨으며, 이어서 순수(醇叟 이맹휴(李孟休))가 말하기를,

"염계(濂溪)의 흉금(胸襟)과 명도(明道)의 기상(氣像)만 소남장

(邵南丈)은 많이 못하지는 않을 것이다."

라 하였으니, 내가 공을 안 것은 실로 이 때부터였습니다.

翌歲拜公, 一覿心醉, 敬慕遂篤. 自是以後, 造候雖罕, 書疏頻煩, 微而天人
性命之原, 著而典禮史傳之繁, 以至象數之盤錯·疆域之分合, 靡不講貫.
若夫零句碎義, 微文末節, 亦皆披剔幽隱, 發露無餘. 其所以導愚而牖蒙者,
三十年如一日. 而鼎福或以一得有所稟質, 卽賜印可, 無所吝滯. 公之知我
愛我, 可謂深且切矣.

이듬해에 공을 뵈었는데, 한번 보고 심취하여 더욱 돈독히 공경하
고 사모하였습니다. 이후로 찾아가서 뵌 적은 비록 드물었으나 편
지를 자주 왕래하여, 은미(隱微)한 천인성명(天人性命)의 근원과
드러난 전례사전(典禮史傳)의 번다한 사례로부터 복잡하고 어려운
상수(象數) 및 역사상 분합(分合)을 거듭해 온 강역(疆域)의 문제
에 이르기까지 강명(講明)하지 않은 것이 없었으며, 하찮은 문구
(文句)와 이치, 미문(微文)·말절(末節) 같은 것도 숨겨진 뜻을 다
파헤쳐 남김없이 드러냈습니다. 우매한 나를 인도하여 깨우쳐 준
것이 30년 동안 하루 같았습니다. 내가 혹 소견이 있어 질문하면 즉
시 인정해주어 조금도 인색하지 않았으니, 공이 나를 알아주고 사
랑하여 준 것이 깊고도 절실하였다고 할 수 있을 것입니다.

嗚呼痛哉! 記昔丙寅之歲, 鼎福始謁星湖先生. 先生語當世學問之士, 語公
不休, 因誦「和靖贊」,[41]曰: "'六經之編, 耳順心得, 如誦己言.' 今之尹子, 亦
古之尹子." 繼而醇叟曰: "濂溪胸襟[42], 明道氣像[43], 邵南丈庶不多讓." 鼎福

之知公, 實始于此.

올 봄에 편지 한 통을 보내와『계몽도서해의(啓蒙圖書解義)』가 반고(班固)의『한서(漢書)』「예문지(藝文志)」와 양웅(楊雄)의『태현경(太玄經)』에 근본하고 있다는 것을 논하고, 또 시초(蓍草)를 뽑는 법〔揲蓍法〕과 채침(蔡沈)이 풀이한 홍범(洪範)의 뜻을 말하면서 제가(諸家)의 설을 절충하여 하나로 통일하였는데, 그 말이 1천 자나 될 정도로 길게 이어졌습니다. 내가 이 편지를 읽어보고는 감격하고 기뻐서 다시 답장을 보내 여쭙고자 하다가 그럭저럭 여름, 가을을 지나고 말았습니다.

8월 10일에 이르러 한사응(韓士凝)이 편지를 보내왔는데 공의 부고(訃告)가 그 안에 들어 있었습니다. 놀라 울부짖으며 슬픈 마음을 스스로 진정하지 못하다가 마침내 아들과 더불어 가숙(家塾)에 신위(神位)를 차려놓고 멀리 서쪽을 바라보며 길게 통곡하노라니 눈물이 하염없이 흐릅니다. 아아, 애통합니다!

진사(辰巳)의 해를 만나 철인(哲人)이 세상을 떠나셨으니 나를 알

---

41 和靖贊 : 화정은 程子의 문인인 尹焞의 호이다. 화정찬은 그 문인이 자신의 스승을 贊한 글이다.

42 濂溪胸襟 : 宋나라 黃庭堅이 周敦頤의 인품을 형용하여 '光風霽月'이라 하였다. 이는 비가 갠 뒤 맑은 風月로 고결한 인품을 형용한 것이다.

43 明道氣像 : 北宋 때 朱光庭이 明道 程顥를 汝 땅에서 뵙고 돌아와 "나는 봄바람 속에서 한 달 동안 앉아 있었다."라 하였다. 이를 成語로 座上春風이라 한다.『近思錄 권14』

아주고 나를 사랑해 줄 사람이 다시 누가 있겠습니까. 오호라, 오호
라, 통곡하고 통곡합니다.

今春一書論『啓蒙圖書解義』, 本於班『志』・楊『玄』, 又言撰著之法・蔡範之
義, 折衷諸說, 會歸一統, 而其言纚纚千言. 鼎福奉讀感喜, 更欲稟復而因循
夏秋. 至于八月之旬, 韓士凝書來而訃書在中. 驚號悲怛, 不能自定, 遂與迷
豚, 設位家塾, 西望長慟, 有淚無從. 嗚呼痛哉! 歲値龍蛇**44**, 哲人萎矣. 知
我愛我, 更有誰矣? 嗚呼嗚呼! 慟哭慟哭.

우리 성호선생은 학문이 끊어진 후에 태어나셔서 멀리 정주(程朱)
를 사모하고 가까이 도산(陶山)을 사숙하여 육경(六經)의 유지(遺
旨)를 뽑아내어 전유(前儒)들이 밝히지 못한 것을 밝혔으니, 하늘
의 이치를 통달한 학문과 고금의 사적을 꿰뚫은 식견은 동방(東方)
이 있은 이래로 보기 드문 것이었습니다.

  공은 일찍이 그 문하에 들어가 직접 친자(親炙)하고 스승의 가르침
을 돈독히 믿고 복응(服膺)하여 실천하기를 게을리 하지 않았습니다.
그리하여 인의(仁義)를 점차 연마하여 도덕(道德)이 온전히 수립되
었습니다. 만년(晚年)에 이르러서는 조행(操行)이 더욱 견고하여 비
록 누추한 초가집에서 궁핍하여도 안빈낙도(安貧樂道)의 삶을 바꾸

---

44 歲値龍蛇 : 賢人이 죽을 때를 뜻한다. 龍蛇는 辰巳와 같다. 後漢 때 학자 鄭玄
이 어느 날 공자가 "일어나라, 일어나라, 금년의 太歲는 辰에 있고, 내년의
태세는 巳에 있다.〔起起! 今年歲在辰, 來年歲在巳.〕"라 하는 꿈을 꾸고서 병
이 깊어져서 죽었다는 고사에서 온 말이다.『後漢書 권35 鄭玄傳』

지 않았고, 비록 혼탁한 세상에 섞여 살아도 그 지조를 바꾸지 않았습니다. 만약 옛사람에게 비기면 실로 공문(孔門)의 안자(顔子)와 동한(東漢) 시대의 행실이 독실했던 선비들에게도 손색이 없을 것입니다.

惟我星湖先生, 生于絕學之餘, 羹墻洛建, 私淑陶山, 抽六經之遺旨, 發前儒之未發, 通天之學, 貫古之識, 自有東方以來, 未之多見. 而公早歲摳衣, 親炙益切, 篤信師訓, 佩服不懈, 仁漸義磨, 道立德全. 逮夫晩歲, 操履愈堅, 雖窮餓于蔀屋之下而不改其樂, 雖混處于波蕩之世而不易其操. 若方古人, 實無愧於孔門顔氏之子 · 東漢篤行之士[45]矣.

공은 곤궁하여 필부(匹夫)에 그치고 이렇다 할 명위(名位)가 없었으나 소문을 듣고 종유(從遊)한 후진(後進)이 없지 않았습니다. 구이지학(口耳之學)을 숭상하고 실천이 없는 사람을 보면, 공은 반드시 일상생활 중의 상도(常道)에 힘쓰라고 타일렀으며, 또 새로운 뜻을 찾아내는 데만 힘쓰고 옛 학설에 어긋난 주장을 하는 사람을 보면, 반드시 선유(先儒)들이 이미 해놓은 가르침을 따르라고 훈계하였습니다. 공의 학문은 없어서는 안 될 포백(布帛)이나 속숙(粟菽)과 같아 백세(百世)에 전하여도 폐단이 없을 만한 것이었습니다. 성호선생은 지식으로 나아가 고명(高明)하고 광대(廣大)한 지경에 이

---

45 東漢篤行之士 : 篤行은 행실에 독실한 것이다. 『漢書』 권58 「公孫弘等傳贊」에 "한나라가 인재를 얻은 것이 이에 성대했으니, 儒雅로는 공손홍 · 동중서 · 아관이요, 篤行으로는 석건 · 석경이다.〔漢之得人, 於茲爲盛. 儒雅則公孫弘 · 董仲舒 · 兒寬; 篤行則石建 · 石慶.〕"라 하였다.

르렀고, 공은 행실로 힘써서 빛나고 독실한 경지에 이르기를 기약하였습니다. 선생의 문하에 공을 얻음으로 해서 도(道)가 더욱 밝아졌으니, 지극하고 성대하도다!

公窮爲匹夫, 無名位之可言, 而後進之聞風從遊者, 不無其人. 若見其尙口耳而欠實踐, 則必諭以勉日用之常道; 若見其務新義而違舊說, 則必戒以遵先儒之成訓. 公之學, 如布帛菽粟**46**之不可闕, 可以傳百世而無弊矣. 先生以知造而至於高明廣大之域, 公以行勉而期于光輝篤實之地. 先生之門, 得公而道益明, 摯乎盛矣!

아아, 옛날의 군자는 벼슬하여 도를 행하면 임금을 높이고 백성을 보호할 수 있었고, 만약 도를 행하지 못하면 재능을 거두고 물러나 일신(一身)이라도 선하게 지키면서 스스로 즐거워할 뿐이었습니다. 도가 세상에 행해지고 행해지지 못하는 것은 실로 세운(世運)이 어떠한지에 달린 것이지 진실로 자신과는 상관없는 것이다. 따라서 자신이 즐거워하는 바는 이로써 경중(經重)을 삼지 않으니, 도리어 무슨 유감이 있으리오.

嗚呼! 古之君子, 達而行道, 則足以尊主庇民, 如其不行, 卷懷獨善以自樂

---

46 布帛菽粟 : 朱熹의 「六先生畫像贊」 '利川先生'에 "布帛과 같은 문장이요, 菽粟과 같은 맛이로다.〔布帛之文 菽粟之味〕"라 한 데서 온 말로 浮華한 글이 아니라 인간의 삶에 필요한 도리를 서술한 글이란 뜻이다.

而已. 行與不行, 實繫於世運之推欽, 而固無與於我, 則我之所樂, 不以此而 輕重, 抑何憾焉?

아아, 선생의 도(道)는 공이 그 종지(宗旨)를 얻었고 가학(家學)의 연원은 경협(景協)에 이르러 성대(盛大)합니다. 나 같은 사람은 천성이 비루하고 우매한데다 병들어 쓸모없는 몸이라 오직 그 사이에 끼어서 이루어 놓은 저술이나 보며 즐기려 하였는데, 공이 이제 세상을 떠나고 말았습니다. 맹세코 경협 및 후배 한두 사람과 더불어 선생의 유문(遺文)을 보존하고 만년(晩年)의 절개를 더욱 굳게 가다듬어 이승에서 과실(過失)을 고치고 수신(修身)함으로써 우리 선생과 공이 기대하던 지극한 뜻을 저버림이 없고자 합니다. 그러나 병이 이 뜻을 구속하고 일은 마음과 어긋나서 허물과 후회는 산같이 쌓이고 지극한 도(道)는 궁구하기 어렵습니다. 오직 공은 이런 나를 가련히 여기고 굽어 살피시고 저승에서의 만남이 만약 인간세상과 같으면, 선생님께 이러한 뜻을 말씀드려 은연중에 도와주시기 바랍니다. 제문을 봉하여 대신 고하게 하니, 비통한 심정 더욱 간절합니다. 공의 영령이 계시거든 이 작은 정성을 굽어 살피소서.

嗚呼! 先生之道, 公得其宗, 而家學淵源, 至景協而盛矣. 如鼎福者, 資性鄙闇, 加以癃廢, 唯願左右其間, 樂觀成法, 而公今已矣, 誓與景協及一二後輩, 保守先生之遺文, 益勵桑楡之晚節, 庶於此生修身補過, 以無負我先生及公期許之至意. 而病拘其志, 事與心違, 尤悔山積, 至道莫究. 惟公憐而監之, 泉臺會合, 若如人世, 函丈之間, 告以此意, 冀有以陰輔之也. 緘辭替告, 悲慟愈切. 想公如在, 鑑此微衷.

15. 숙인 창녕성씨에 대한 제문

祭淑人昌寧成氏文 을미년(1775, 64세)

금일은 을미년(1775, 영조51) 3월 1일 무신이다. 지아비 정복이 삼가 숙인(淑人) 창녕성씨의 영령에 고하며 곡(哭)하오.

今日是乙未三月戊申朔也. 夫鼎福謹告于淑人昌寧成氏之靈而哭之曰:

숙인이 죽은 지 이미 석 달이 지났구려. 이미 석 달이 지났는데도 숙인이 죽었다고 믿어지지 않는구려. 밖에서 돌아오면 목소리가 들리는 듯하고 배가 고프면 밥 달라 하고 싶고 병들면 간호해 달라 하고 싶고 집안에 의논할 일이 있으면 문득 상의하고 싶은 생각들이 일어났다가 그쳤다 한다오. 47년 동안 동고동락하며 금슬 좋게 살아온 부부의 의리가 이제 그만 끝났구려. 아아, 애통하오!

淑人之亡, 今已三月矣. 今已三月而猶不知其爲死也. 自外而入, 有若聲音之相聞, 饑而有求食之意, 病而有求安之念, 家務之商量者, 忽若有相議之心, 輒起旋止. 四十七年, 同甘苦共悲歡, 如鼓瑟琴之義, 至此已矣. 嗚呼痛哉!

이제 숙인이 정녕 죽었구려. 숙인은 예전에 나와 함께 우리 부모를 섬길 때 늘 맛있는 음식이 부족할까 걱정하다가 갑자기 풍수(風樹)의 슬픔을 당하여 잘 봉양하고자 하던 소원을 이루지 못하고 말았지요. 이제 숙인이 이제 돌아갔으니 지하에서 친정 부모님과 시부모님을 만나 친정 부모님은 저녁에 뵙고 시부모님은 아침에 뵈면서 평소처럼 기쁘게 모시며 단란하게 지내는 것이 인간 세상에 살 때와 다름없는지요. 만약 그렇다면 숙인의 죽음은 불행이라 할 수 없고, 이 아직도 죽지 못하여 숙인과 더불어 그 즐거움을 함께 누리지 못하는 자가 과연 슬프다 할 것이오. 아아, 애통하오!

今淑人定死矣. 淑人昔與我共事吾親, 恒以甘旨之不充爲憂, 遠纏風樹之痛, 未遂善養之願. 淑人今歸矣, 下從父母舅姑于泉下, 其能夕乎父母, 朝于舅姑, 承歡如平日, 而團聚之樂, 與人世無間耶? 若然則淑人之死, 不可謂不幸, 而顧此遲遲不死, 不與淑人同此樂者, 果可悲矣. 嗚呼痛哉!

이제 애도하는 마음을 인하여 지난날을 생각해 보려 하오. 숙인의 효성스럽고 근신(謹愼)한 행실은 천성에서 우러나온 것으로 우리 집안에 들어온 이후로 부덕(婦德)에 어긋난 일이 없었기에 시부모가 사랑하고 집안사람들이 좋아하였지요. 공경으로 시부모를 섬겨 잠시도 나태한 적이 없었고, 시부모 앞에서 뜻을 거스르는 안색을 보이거나 주제넘은 행동을 한 적은 한 번 없었으니, 이렇게 하는 것이 젊어서부터 늙을 때까지 하루 같았지요. 병환이 있으면 음식을 장만하는 일 이외에 약 달이는 등의 일에 이르기까지 모든 일을 몸소 하고 남에게 맡기지 않았지요. 우리 집은 매우 가난하고 식구는 많은데다 제사도 많고 손님도 많아 해마다 들어오는 수입으로는 그 절반도 충당할 수가 없거늘, 숙인은 마음과 힘을 다해 어려운 살림을 꾸려 성의를 다하고서야 말았지요. 병이 위독할 때에도 제삿날이 되면 비록 몸소 제기(祭器)를 잡지는 못해라도 한밤중까지 잠자리에 들지 않고 제수를 살폈으니, 선조(先祖)를 향모하는 정성이 남보다 뛰어나지 않았다면 어찌 이와 같이 할 수 있었겠소.

今因哀悼之心, 追念疇昔之事, 淑人孝謹之行, 根于天性, 入門以後, 未有違德. 舅姑愛之, 室家宜之. 敬恭承奉, 不敢暫懈, 咈逆之色, 違越之事, 未嘗一施於舅姑之前, 自少至老如一日. 若其有疾, 則食物之外, 至於藥餌調煎之類, 躬自行之, 不以委人. 我家貧甚, 人口衆多, 而祭祀之繁重·賓客之浩煩, 歲入不能供其半, 淑人殫竭心力, 左右拮据, 要以盡吾誠而止焉. 及其疾病危困之時, 若當享祀之辰, 雖不能躬執籩笪, 而達宵不寐, 照察物品. 其非向先之誠有過人者, 能如是乎?

숙인은 성품이 유순하고 겸손하여 하는 일은 오직 음식을 만드는 일만을 스스로 맡았으니 『시경(詩經)』에서 "잘못하는 일도 없고 잘하는 일도 없는지라, 오직 술과 음식만을 알아서 한다."라 한 것이 숙인을 두고 한 말일 테지요. 나는 성격은 강하고 급하여 부모님의 앞에서도 혹 온화한 안색을 짓지 않을 때가 있었는데, 그럴 때마다 숙인은 반드시 경계하기를,

"저는 듣건대 옛날의 효자는 기색을 부드럽게 하고 용모를 유순하게 한다고 하였지 굳세고 꼿꼿한 기색으로 부모를 섬긴다는 말은 듣지 못하였습니다. 진실로 이와 같지 못하다면 학문이 무슨 귀할 것이 있겠소?"

라 하였지요. 내가 타고난 병통을 비록 과감하게 고치지는 못했으나 마음속 깊이 흠복(欽服)했었다오. 다만 내가 소활(疏闊)한 성격이라 자상하지 못해 숙인에게 한 마디도 칭찬해 준 적이 없었기에

숙인이 늘 자기를 알아주지 않는다고 하였으나, 내가 어찌 숙인을 알지 못했을 것이며 숙인이 몰라준다고 나를 탓한 것 또한 어찌 또한 참말이었겠소.

淑人性度柔順謙下, 爲事惟以中饋自任, 『詩』所謂: "無非無儀, 惟酒食是議[47]"者, 其惟淑人乎? 我性勁急, 雖在父母之前, 或欠愉惋之色, 則淑人必戒之曰: "吾聞古之孝子, 有柔色婉容, 未聞以勁直之氣事親. 苟不如是, 何貴乎學?" 我之胎疾, 雖未能勇革, 心焉欽服, 盖已深矣. 但余踈迂少曲折, 其於淑人, 未嘗以一言相假, 淑人每以不知己爲言, 然我豈不知? 而淑人之以不知爲尤者, 亦豈實語哉?

아아! 나는 몸이 약하여 젊을 때부터 병치레가 잦다가 만년에는 괴질에 걸려 증세가 발작할 때는 경각 사이에도 목숨을 보장하기가 어려웠지요. 그럴 때면 숙인은 노심초사하여 밥도 먹지 않고 잠도 자지 않았으며 옷도 벗을 겨를이 없고 신도 신을 겨를이 없었으니, 이렇게 하기를 늙도록 조금도 게을리 하지 않았지요. 내가 지금까지 살아 있는 것은 숙인의 힘이라오. 이는 비록 아내 된 사람이면

---

47 無非……是議 : 非는 잘못하는 것이고, 儀는 잘하는 것이다. 『詩經』「小雅 斯干」에 "여자를 낳아서는, 방바닥에 잠재우고, 포대기로 덮어 주며, 길쌈 도구를 갖고 놀게 하니, 잘못하는 일도 없고 잘하는 일도 없는지라, 오직 술과 음식만을 알아서 하여, 부모님께 걱정을 끼치지 않으리라.〔乃生女子, 載寢之地. 載衣之裼, 載弄之瓦. 無非無儀, 唯酒食是議, 無父母詒罹.〕"라 하였다. 즉 여자는 順從을 도리로 삼아 여자가 할 일만 해야 한다는 말이다.

으레 하는 일이지만, 숙인이 성심을 다한 것은 남들의 미칠 바가 아니었지요. 이제 나만 홀로 살아남고 숙인은 세상을 떠났으니 이 은혜를 어찌 잊을 수가 있겠소.

噫! 余孱質自少善病, 晩嬰奇疾, 疾症之動, 頃刻難保. 淑人憂勞焦煎, 當食不食, 當寢不寢, 衣不暇解, 足不暇履, 不以老而少懈. 使我保有今日, 淑人之力也. 此雖家人之常事, 而淑人之殫誠盡意, 非人所及也. 今我獨存, 淑人歸矣, 此恩其可忘哉!

지금도 한스러운 것은 우리 집이 가난한 탓에 숙인이 하루도 몸을 편안하게 쉬지 못했던 것이라오. 지게미와 쌀겨조차 배불리 먹지 못하였고 겨울에는 솜옷이 없고 여름에는 갈포(葛布)가 없었으며 풀을 포개어 자리로 깔고 치마를 잘라 이불로 삼았으니, 이는 남들은 견디지 못하는 바였지요. 그러나 내가 혹 위로하면,
"남들보다 살림을 못해서 그런 것이오."
라고 대답했지요. 숙인은 부지런하고 검소하며 조금도 게으르지 않아 숨을 거두는 날에 이르러서도 오히려 집안일을 잊지 못했으니, 어찌 살림하는 것이 남들보다 못하여 그러했겠소. 숙인의 겸손하여 자신을 낮추는 부덕(婦德)을 여기에서 더욱 잘 알 수 있다오.

所可恨者, 緣吾窮貧, 使淑人不得一日安其身, 糟糠不厭, 冬無絮夏無葛, 疊草而席, 折裙而被. 人所不堪, 而我或慰之, 則對之以克家之不及人. 淑人之勒勒勤儉不懈, 至于屬纊之日, 而尙猶眷眷, 則豈克家之不及人而然耶? 淑人謙下之德, 於此尤可見矣.

6, 7년 전부터 숙인의 병증(病症)은 줄곧 나타났으니, 설사와 체기(滯氣)의 증후가 실로 늙은이들에게 으레 있는 정도가 아니었지요. 그 병증의 원인을 따져보면 실로 궁핍하게 사느라 굶주리고 고생한 데서 연유한 것이라오. 그런데도 끝내 좋은 약을 써서 원기를 보충해 주지 못한 채 그럭저럭 세월만 보내다가 지난해에 이르러 병세가 더욱 악화되어 결국 이 지경에 이르고 말았으니, 어찌 종신토록 잊지 못할 한이 아니겠소. 지난 겨울 이후로 내가 숙인의 병세가 더 이상 손 쓸 수 없다는 것을 알고 장례 준비를 하고자 하던 차에 숙인이 손수 짠 명주가 있다는 말을 듣고 그것을 쓰려고 하였더니 숙인이 극력 말렸지요. 아마도 숙인의 생각은 훗날 나를 위해서 쓰게 하려는 것이었을 테지요. 병중에 있으면서도 나를 향하는 마음이 이토록 지극하였으니, 비록 작은 일이지만 나도 모르게 마음이 아프다오.

六七年來, 淑人病情, 信有源委. 泄痢之候・隔滯之症, 實非老境所宜. 究厥所祟, 寔由於居窮飢困. 而終不能用以大劑, 補其眞元, 荏苒年歲, 至于去年, 病勢添重, 以至于斯. 此豈非終天之恨哉! 去冬以後, 我知病勢之無可爲也. 欲治送終之具, 而聞有淑人手線繭紬, 將欲用之, 淑人力止之, 盖其意爲我他日地也. 雖在疾病之中, 向我之意, 若是至焉. 事雖瑣細, 不覺心痛.

임진년(1772, 영조48) 이후로 내가 두 번 소명을 받고 조정에 나아갔는데, 숙인이 경계하기를,

"세상길은 많이 험난하니 직도(直道)로는 용납되기 어렵습니다. 염려하건대 당신은 천성이 소활(疎闊)하여 남을 너무 잘 믿으니,

말세에 처신하는 도리가 아닐 듯합니다. 우리 집안은 본래 선비의 집안이라 높은 벼슬을 모르고 살아왔으니, 농사에나 힘써서 조석의 끼니나 이어가면 그만입니다. 이제는 봉양할 부모님도 안 계시는데 벼슬하여 무엇 하겠습니까?"

라 하였으니, 어찌 세속의 용렬한 아낙네가 말할 수 있는 것이리까! 아아, 애통하오! 순박하고 근신(謹愼)한 자품과 단아하고 정결(貞潔)한 지조와 그 겸손한 덕을 이제는 다시 볼 수 없구려. 내 평생에 가볍게 남을 허여하지 않았으니, 어찌 숙인에 대해 지나치게 칭찬하는 말을 하겠소? 아아, 애통하오!

壬辰以後, 我再被召赴, 淑人戒之曰:"世路多巇, 直道難容. 第念丈夫天性踈闊, 信人太過. 恐非處末世之道也. 吾家儒素, 不知軒冕之貴, 不如服田力穡, 以救朝晡之資, 斯已可矣. 今則致養無所, 仕宦何爲?"此豈俗間庸婦所能道哉! 嗚呼痛哉! 淳謹之質・端潔之操・謙下之德, 今不得復覩矣. 我平生不輕許人, 豈於淑人爲溢美之辭? 嗚呼痛哉!

숙인은 이제 혈육(血肉)의 몸뚱이를 벗어나 태허(太虛)의 이기(二氣 음양(陰陽)) 중에서 걸림 없이 노닐 터이니, 나의 이 말을 듣고서 나를 불쌍하고 가련히 여기시오? 아니면 천명(天命)을 알지 못한다고 웃고 계시오? 아들 하나는 의지할 데 없이 외롭고 딸 하나는 아직 시집도 못 갔으니, 이는 내 마음에도 아픈데 숙인도 혹 마음이 아프신지요?

이제 초하루 전(奠)을 드리는 차제에 사람을 시켜 이 제문을 받아 쓰게 하여 고하노니, 영령이 아시거든 이 충심을 살펴주구려. 아아,

애통하오! 부디 흠향하오.

淑人今已蟬蛻于血肉軀殼之中, 浩蕩于太虛二氣之間. 聞我此言, 其或矜而
憐之耶? 抑或笑其不知命耶? 是未可知也. 一子筭子, 一女未奔, 此我心之
所痛, 淑人亦或傷心否乎? 今因朔奠, 呼寫伸告, 靈若有知, 鑑此衷曲. 嗚呼
痛哉! 尙饗.

16. 정군현-혁동-에 대한 제문

祭鄭君顯-赫東-文 병신년(1776, 65세)

아아! 군현이 갑자기 나를 버리고 죽었단 말인가? 나를 버린 것은 그렇다 하더라도 자네의 부친은 노년인데 부축해 줄 사람도 없고, 자네 어머니의 삼년상도 아직 끝나지 않았는데 상식(上食)을 맡길 사람이 없으니, 이런데도 과연 차마 죽었단 말인가? 자네는 늘 맛있는 음식이 부족한 것을 걱정하고 힘써 어버이의 뜻을 받드는 것으로써 효(孝)를 삼더니, 이제 큰 슬픔을 아버지께 끼치고 과부와 아비 잃은 자식이 날마다 어버이 곁에서 울부짖게 하였으니, 이것이 과연 어버이의 뜻을 받드는 도리란 말인가?

안자(顔子)는 성인인데도 부모보다 먼저 죽었으니, 어찌 뜻을 봉양하는 도리를 알지 못했겠는가. 품부(稟賦)에 후박(厚薄)이 있고 수요(壽夭)에 지속(遲速)이 있는 것은 천지의 큰 조화가 몰아가는 바라 인력으로 어찌할 수 없는 것이지.

嗚呼! 君顯遽棄我而死耶? 棄我尙可, 尊公臨年, 而扶將無人, 慈服未闋, 而饋奠靡託, 是果忍而死耶? 君常以甘旨之不充爲憂, 而務以養志[48]爲孝, 今

---

48 養志 : 어버이의 뜻을 봉양하는 것으로, 진정한 효도를 뜻한다. 曾子가 그 아버지 曾晳을 봉양할 때 반드시 술과 고기를 밥상에 올렸으며, 상을 치울 때 증석에게 "누구에게 주시겠습니까?"라고 여쭈고, 증석이 "남은 것이 있느냐?"라고 물으면 반드시 "있습니다."라고 대답하였는데, 이에 대해 맹자가

貽大慽于尊公, 而嫠孤之日號慟於親側, 是果養志之道耶? 顔子聖而死先於 父, 豈不知養志之道乎? 稟賦有厚薄, 壽夭有遲速, 大化所驅, 難容人力.

아아! 사생(死生)을 주관하는 것은 하늘이며 천도(天道)는 선한 사람에게 복을 주고 인자(仁者)는 반드시 장수하는 법이다. 그런데 어찌하여 자고로 선량한 사람은 흔히 곤궁하고 곤궁한 사람은 많이 요절하는가. 그 이치가 모호하여 실로 추측하기 어렵구나. 인생백년(人生百年)이라 사람은 누구나 죽게 마련이니, 죽고 사는 것은 슬퍼하거나 기뻐할 것이 없다. 그렇지만 인사(人事)로써 말한다면 죽음을 슬퍼할 만한 것이 몇 가지 있으니, 늙은 부모를 두고 죽는 것이 슬퍼할 만하며, 뜻을 이루지 못하고 죽는 것이 슬퍼할 만하며, 선조의 유업(遺業)을 떨치지 못하고 죽는 것이 슬퍼할 만하다네. 자네는 이 몇 가지에 다 해당하거늘 그대가 갑자기 죽었으니 죽음은 실로 자네가 슬퍼할 바이지만, 산 사람의 마음도 더욱 그 슬픔을 이길 수 없구나.

噫嘻! 主死生者天, 而天道福善, 仁者必壽.[49] 何自古良善多窮, 窮者多夭. 其理洞洌, 實難推測. 人生百年, 終須一死, 其死其生, 不足悲喜. 然而以人事而言, 則死之可悲, 有數說焉. 親老而死, 可悲也; 有志未就而死, 可悲

뜻을 봉양한 것이라 하였다. 『孟子 離婁上』

49 仁者必壽 : 孔子가 "智者는 물을 좋아하고 仁者는 산을 좋아하며, 智者는 움직이고 仁者는 고요하며, 智者는 즐거워하고 仁者는 장수한다.〔知者樂水, 仁者樂山. 知者動, 仁者靜; 知者樂, 仁者壽.〕"라 하였다. 『論語 雍也』

也; 先業未振而死, 可悲也. 君具此數者而君遽死, 死實君之所悲, 而生者
之心, 尤不勝其悲也.

아아! 자네는 내 친구의 아들이라 내가 이 고을에 산 지 41년이고
자네의 나이가 37세이니, 자네가 태어나서부터 방긋방긋 웃고 말을
배우고 글자를 배울 때까지 모습을 내가 다 알고 있네. 자네를 내
무릎에 올려놓고 머리를 쓰다듬으며 마음으로 늘 사랑하였고 휴옹
(休翁)의 제사를 의탁할 데가 있게 되었다고 매우 기뻐하였지.

嗚呼! 君故人之子, 余居此鄕四十一年, 而君年三十七, 則自君始生, 至孩
笑學語學字, 余皆知之. 加膝撫頂, 心常愛重, 深喜休翁[50]之祀有托.

내가 병든 후로부터 여러 해 동안 자네를 보지 못했지. 병자년에 자
네가 관례를 하고 나를 찾아왔는데, 그 용모와 언동(言動)이 어릴
때와는 훨씬 달라져 있었네. 이에 고인(古人)의 위기지학(爲己之
學)을 말해 주었더니, 자네가 즐겨 들어 마지않았네. 이때부터 이후
로 20여 년 동안 뜰 앞의 이끼가 돋아날 틈이 없도록 자네가 자주
내 집에 왔었는데, 이제는 그만이로다! 자네의 반듯하고 깨끗한 행
실과 바르고 올곧은 조행(操行)과 나태하지 않은 공부를 장차 이 세

---

50 休翁 : 조선조 문신 鄭弘翼(1571~1626)을 가리킨다. 그는 자는 翼之이고,
다른 호는 休翁菴·休軒이다. 1617년(광해군9) 仁穆大妃를 폐위하는 소위
廢母論을 극력 반대하다가 진도·종성·광양 등지에 유배되었다. 시호는 忠
貞이다.

상에 어떻게 다시 볼 수 있으리오? 아아, 애통하도다!

自余病廢, 不見君累歲, 歲丙子, 君冠而來見. 見其氣貌言動, 又非幼稚時比
也. 遂語以古人爲己之學, 君樂聞之不已. 自是以後, 二十餘年, 庭前之苔,
爲君踏破, 無暇生矣, 今焉已矣. 修潔之行・端飭之操・不怠之學, 將何以
復見於斯世耶? 嗚呼慟哉!

자네가 죽은 후로는 내가 더욱 의지할 데 없게 되었으니, 책을 읽다
가 의심스러운 곳이 있은들 누구에게 물으며, 상자에 저술이 가득
한들 누구와 서로 강마(講磨)할 것이며, 봄 동산에 꽃이 피면 누구
와 함께 구경하며, 가을날 고요한 밤에 누구와 더불어 얘기하리오?
물가와 숲 속에서 구름을 보고 달빛 아래 걷던 것이 다 묵은 자취가
되고 말았으니, 어이 차마 나로 하여금 죽지 못하고 이 같은 유한(遺
恨)을 품은 채 드러내어 풀 곳도 없게 하느냐. 아아, 애통하도다!

自君死後, 我益無倚, 讀書有疑, 誰與相問? 著述盈籠, 誰與相劘? 花發春
山, 誰與同賞? 夜靜秋堂, 誰與共話? 水邊林下, 看雲步月, 皆成陳跡, 忍使
我不死, 抱此遺恨而無所於發耶? 嗚呼痛哉!

자네는 본래 오랜 고질이 있었지. 올 봄에 두 차례 찾아왔을 때 보
니, 상복을 입는 모습이 초췌하기에 몹시 걱정하였으나, 음식을 먹
는 것이 평상시와 같고 정신력이 줄지 않았기에 믿고 두려워하지
않았었네. 그런데 어찌 객증(客症)이 겹쳐 갑자기 이 지경에 이를
줄 생각이나 했겠는가. 병이 들었을 때에도 가서 살펴보지도 못하

고 죽은 후에는 가서 조문하지도 못한 채 오직 용경(龍卿)과 서로 손을 잡고 한 번 곡했을 따름이었네.

君素有源委之疾, 今歲春夏, 再度來見, 纍然衰服之中, 形氣凋悴, 深以爲憂, 但其飮啗不異, 神精無損, 恃以無慮. 豈意客症闖發, 奄忽至此耶? 病未躬診, 歿未憑屍, 惟與龍卿相持一哭而已矣.

자네가 죽은 지 이미 한 달 열흘이 지났는데도 끝내 가서 곡하지도 못하고 아들을 잃은 자네 부친의 슬픔을 조문하지도 못하였네. 나의 괴질(怪疾)은 자네도 아는 바이지. 자네가 나를 보고 내가 자네를 보는 것이 친 골육과 다름이 없었건만, 사생(死生)이 갈려 영결하는 즈음에 끝내 한 번 가서 크게 곡하여 가슴속에 얽힌 이 슬픈 회포를 풀지 못했으니, 죽기 전에는 이 한이 어찌 끝이 있겠는가. 그러나 나도 살 날이 많지 않으니 오래지 않아 그대를 따라갈 것일세. 다만 죽은 사람들이 만나는 것도 인간 세상과 같은지 알 수 없으니, 이것이 슬플 뿐일세. 사람을 시켜 대신 한 잔 술을 올리니, 부디 흠향하시게. 아아, 애통하도다!

君之歿, 已浹月而旬, 竟未趨哭且唁尊公西河之慟. 余之奇疾, 君所知也. 君視我我視君, 無間於骨肉, 而當死生永訣之際, 終不能一聲大哭以攄纏胸之悲懷. 未死之前, 此恨何已? 然而余亦餘景不遠, 幾何而不與君相從也. 但未知死者之會合, 亦如人世否也. 是可悲也. 代奠一酌, 庶幾歆格. 嗚呼慟哉!

17. 죽은 아들에 대한 제문

祭亡子文 정유년(1777, 66세)

정유년(1777, 정조1) 3월 27일 계사(癸巳)에 고(故) 성균관 생원 안경증(安景曾)이 그 아비의 임소(任所)인 목천현(木川縣) 관아에서 죽어 5월 7일 신미(辛未)에 광주(廣州) 덕곡(德谷)의 선영에 반장(返葬)하게 되었다. 하루 전날인 경오(庚午)에 그 아비가 제수를 차려놓고 곡하노라.

維歲次丁酉三月二十七日癸巳, 故成均生員安景曾觀化于木川縣衙其父之任所, 將以五月初七日辛未, 返靷于廣州德谷之先塋. 前一日庚午, 其父奠而哭之曰:

부자(父子) 사이의 지정(至情)은 간격이 없는 법이니, 어찌 글을 지어 애도할 필요가 있으리오. 부자 사이에는 한 기운이 서로 이어져 있으니, 비록 유명(幽明)의 길이 다르고 생사의 형체가 다를지라도 지의(旨意)가 있으면 절로 서로 느껴 통하게 마련이다. 이런 까닭에 아비가 자식을 제사하고 자식이 아버지를 제사하는 글이 옛날에도 많지 않았으니, 대개 그 지극한 정을 언어와 문자로 표현할 수 없기 때문이다. 그러나 이제 네가 죽어 돌아가는데 내가 상여를 따라가지 못하여 너만 홀로 돌아가게 하니, 어찌 한마디 말이 없을 수 있겠느냐. 아아, 애통하도다!

至情無間, 何用文爲? 父子之親, 一氣相仍, 雖幽明路殊, 生死形異, 旨意所存, 自相感通. 是以父祭子子祭父之文, 古不多見. 盖其至情所在, 不可以言語文字而爲之也. 然而今汝之死歸, 我未隨喪而使汝獨歸, 則烏可無一言乎? 嗚呼痛哉!

너의 아름다운 문학과 효순(孝順)한 성품은 이 아비만 인정한 것이 아니고 향당(鄕黨)의 벗들이 다 칭찬한 바였다. 너는 어릴 때부터 일찍이 자제(子弟)로서 허물이 없었고 아울러 단정하고 검칙(檢飭)하는 행실과 겸손하고 근신(謹愼)한 지조를 지녔으면서도 재능을 감추고 숨겨서 터럭만큼도 남 앞에 자랑하는 뜻이 없어, 안연(顔淵)처럼 있으면서도 없는 듯이 하고 가득 차 있으면서도 비어 있는 듯이 하였으니, 이는 나는 높이 인정하는 바이고 남들은 알지 못하는 바이다. 너의 자품(姿品)으로 말하면 인(仁)에 가깝고 그 성정(性情)은 정(靜)에 가까우니, 인(仁)하고 정(靜)한 사람이 반드시 장수(長壽)하는 것은 천리가 본디 그러한 것이거늘, 이제 네가 이렇게 세상을 떠났으니 하늘의 뜻은 실로 알기 어렵다. 이는 다 네 아비의 업장(業障) 때문이 아니겠느냐. 아아, 애통하도다! 어이하리요, 어이하리요!

惟汝文學之懿・孝順之性, 非惟其父許之, 鄕黨諸友之所稱. 自汝孩提以後, 未嘗有子弟之過, 兼以端飭之行・謙謹之操, 而韜晦隱約, 無一毫加人之意, 以有爲無, 以實爲虛.[51] 此余之所貴, 而人所不知者也. 語其姿禀則近乎仁, 語其性情則近乎靜. 仁靜之必壽[52], 天理之固然. 而今汝至此, 天實難諶. 莫非汝父業障之所關耶? 嗚呼痛哉! 奈何奈何!

풍수설(風水說)은 비록 믿을 수 없지만, 선산(先山)에는 남은 묘혈(墓穴) 터가 없고 마침 내가 외읍(外邑)의 수령으로 나와 있는데 네가 이곳에서 죽었기 때문에 처음에는 이 고을에 장지(葬地)를 잡으려고 명당을 찾으려 하였다. 그러나 고향을 그리워하는 마음은 고금이 다 같은지라 너로 하여금 고향으로 돌아가 묻히게 하노니, 너의 혼령도 돌아가면 필시 기뻐하리라.

堪輿之說, 雖不可信, 先山更無餘穴, 適余來守外邑, 而汝又死焉, 故初將卜兆於此土, 欲求眠牛之地, 而首丘之懷, 古今同然, 使汝歸葬. 魂兮歸去, 亦必有喜.

나는 이 고을을 맡아 있고 게다가 질병마저 있어 너와 함께 돌아가지 못하고 곡하며 한 잔 술을 올리니, 이 애통한 심정이야 어찌 한량이 있겠느냐. 남은 회포가 천 갈래 만 갈래이나 굳이 말하지 않아도 네가 알겠지. 부디 흠향하여라.

余有官守而兼以疾病, 不得與汝同歸, 哭奠一觴, 此慟曷已! 餘懷千萬, 不待言諭. 尙饗.

---

51 以有……爲虛 : 曾子가 "능하면서 능하지 못한 사람에게 묻고 학식이 많으면서 학식이 적은 사람에게 물으며 있어도 없는 듯하고 가득 차 있어도 빈 것처럼 한다.〔以能問於不能 以多問於寡 有若無 實若虛〕"라 하였는데 이는 孔子의 수제자인 顔淵의 겸허한 덕을 일컫은 것이라 한다. 『論語 泰伯』

52 仁靜之必壽 : 주 49) ‘仁者必壽’ 참조.

18. 사직단에서 기우제를 지내는 글

社稷祈雨祭文 정유년(1777, 66세)

모(某)가 외람되게 재주도 없는 몸으로 분수에 넘치게 이 고을을 맡고 있어 밤낮으로 두려워하며 고을 잘 다스릴 방도를 알지 못하고 있었습니다. 게다가 가뭄을 당하여 보리와 밀은 이미 손해를 입고 모내기는 할 기약조차 없으며 온 들판은 거의 메말라 백성들이 애타게 비를 기다리며 도로에서 울부짖고 있습니다. 대저 우양(雨暘)의 기후가 순조롭지 않은 것은 실로 정령(政令)이 합당치 못한 데서 연유하니, 이는 모두 수령이 못나서 이와 같은 큰 재앙을 초래한 것입니다.

某猥以不才, 濫守玆土, 夙宵兢惕, 罔知攸濟, 而又値亢旱, 二麥旣損, 移秧無期, 上坪下坪, 幾盡龜坼, 小民喁喁, 呼號道路. 大抵雨暘之不若, 實由於政令之乖當. 此莫非某爲宰無狀, 致此大戾也.

생각건대 사직(社稷)의 신은 토지와 곡식을 주관합니다. 이 백성이 토지가 아니면 무엇을 의지하며 곡식이 아니면 어떻게 살겠습니까? 사람과 귀신은 간격이 없어 절로 서로 보우하는 법이며, 천지의 큰 덕은 살리는 것이니 만물을 살리는 것으로 마음을 삼습니다. 이 고을의 사(社)와 직(稷)은 맡은 바가 비록 한 고을 안에 지나지 않지만, 우러러 받들어 살아가는 수만 명 백성의 목숨은 오직 이 사직을 의지합니다. 만일 올해에 곡식이 익지 않는다면 백성들이 어떻게 살겠으며, 신에게 제사 드리는 일을 장차 어떻게 할 수 있겠습니까?

竊惟社稷之神, 主土主穀, 惟此民人, 非土何依? 非穀何生? 人神無間, 自相保佑. 天地之大德曰生, 惟以生物爲心. 邑社邑稷所掌, 雖不過一境之內, 而屢萬民命之仰戴而生者, 惟社稷是賴. 假使年穀不登, 則民何以生? 而享神之節, 將何以爲之哉?

엎드려 비옵건대, 신명께서는 상천(上天)의 지극히 어진 마음을 본받고 죄 없는 생민(生民)들의 정상을 불쌍히 여기시어 하루 속히 단비를 내려 흉년을 뒤집어 풍년이 들게 하소서. 만약 이 수령에게 허물이 있으면 스스로 벌을 받을 터이니 백성들과는 무관합니다. 감히 희생(犧牲)과 폐백을 가지고 우러러 작은 정성을 드리옵니다.

伏乞神明體上天至仁之心, 愍生民無辜之情, 速賜甘霈, 反歉爲豊. 至若守宰之有罪, 則自當論罰, 無關於百姓. 敢將牲幣, 仰伸微忱.

19. 상왕산에서 기우제를 지내는 글

象王山祈雨祭文 정유년(1777, 66세)

생각건대, 이 흑성산은

이 고을의 진산(鎭山)이니

그 이름이 지리지에 기록되어

일찍부터 신령함이 드러났습니다

구름을 일으키고 비를 내려

만물을 적시고 백성에 은택 끼쳤나니

예로부터 지금에 이르기까지

비 내리는 은택이 어긋난 적이 없었습니다

간혹 비를 아낀 적이 있었던 것은

혹 사람의 잘못에 연유한 것이었으며

우양의 기후가 때에 맞지 않았던 것은

고을 수령이 초래한 것이었습니다

바야흐로 이 농사철에

온 들판이 말라 쩍쩍 갈라졌으니

불쌍한 우리 백성들은

하늘을 우러러 두려워하고 있습니다

도랑들은 모두 물이 말라서

곡식 씨를 심을 수가 없으며

보리와 밀은 이미 마르고

가을 곡식도 상해를 입었습니다

어제 사직에 고하였으나

사직이 응답하지 않으시니

신명이 신령스럽지 않아서가 아니라

각각 능한 일이 따로 있기 때문입니다

구름을 일으켜 비를 내리는 권력은

오로지 산신령께 있는 것이니

위로 하늘에 호소하고

아래로 민생을 불쌍히 여기시어

비를 내리는 권병을 움직여

이 백성들에게 은택을 베푸소서

허물은 실로 수령인 내게 있으니

백성들이야 무슨 죄가 있겠습니까

세찬 소낙비를 흠뻑 내려

은택을 사방에 끼쳐주시면

어찌 우리 고을 백성 뿐이리오

온 나라의 경사일 것입니다

우러를수록 더욱 높으시니

예를 다하고 정성을 다하나이다

曰惟黑城　鎭茲百里　名標地誌　夙著靈異

興雲作雨　潤物澤民　亘古亘今　罔愆霈恩

間有慳閟　或由人事　雨暘不時　職司攸致

方茲農月　四野龜坼　哀我萬民　瞻天雀息

溝澮乾涸　種不入土　二麥旣枯　秋穀亦蠹

昨告社稷　社稷不應　非神不靈　各有所能

雲雨之權　專藉山靈　上訴玄宰　俯矜民生

運其化柄　惠此元元　咎實在我　民何辜焉

霈然三尺　澤及四境　豈但吾民　邦國之慶

仰之彌高　盡禮盡誠

20. 작성산에서 기우제를 지내는 글

鵲城山祈雨祭文 정유년(1777, 66세)

삼가 생각건대, 이 산은 위례(慰禮)로부터 나와 부여씨(夫餘氏 백제) 이후로 이름이 지리지(地理誌)에 실리고 국가의 사전(祀典)에 실렸으니, 실로 신령하고 빼어난 기운이 모인 곳이라 백성들이 우러러보는 바입니다. 볕을 내기도 하고 비를 내리기도 하여 화육(化育)의 권병을 잡고서 수천 년을 지나 오늘에 이르렀습니다.

竊惟玆山, 出自慰禮, 自夫餘氏以後, 名揭地乘, 著在祀典, 實靈秀之會而民人之所瞻也. 曰暘曰雨, 操化育之柄, 歷千百年而至于今矣.

근자에 한발(旱魃)의 재앙으로 보리는 이미 말라 여물지 못하고 벼는 모내기도 못하는지라 백성들이 근심에 잠긴 채 호소할 곳이 없었습니다. 주상께서 이 백성들을 불쌍히 여겨 자신을 죄책하는 교지를 내리시니, 방백(方伯)들이 명을 받아 구례(舊例)를 거행하였습니다. 이에 고을을 맡은 수령은 기우제(祈雨祭)를 지내라는 명을 받들어 엄숙히 희생(犧牲)과 폐백을 가지고 종일토록 호소하였습니다. 사직(社稷)에 호소하자 약간의 비를 주었고 다음으로 흑성산(黑城山)에 빌자 구름만 끼고 비는 내리지 않았습니다.

近以旱魃爲災, 麥旣枯而不實, 稻又不得以種, 民生嗷嗷, 籲告無所. 主上悶念, 責躬有敎: 方伯申命, 修擧舊例. 守土之臣, 駿奔承命, 肅將牲幣, 鎭日呼訴. 訴于社稷, 畧施一犁, 次及黑城, 密雲不雨.

천명(天命)을 받들어 조화의 권세를 맡은 자는 신(神)입니다. 하늘은 만물을 살리는 것으로써 마음을 삼거늘 어이하여 이 백성으로 하여금 굶어죽어 시신이 구학(溝壑)에 뒹굴게 하려 하겠으며, 신 또한 어찌 천명을 어기고 사심으로 여탈(予奪)의 권한을 부리겠습니까. 재이(灾異)가 오는 것은 반드시 그것을 초래한 원인이 있는 법입니다. 실로 제가 재주도 부족하고 덕도 없어 제대로 봉직(奉職)하지 못하여 천지의 신기(神祇)께 사랑을 받지 못했기 때문에 무고한 백성들이 아울러 그 화(禍)를 당한 것이니 어찌 원통하지 않겠습니까.

奉天命而主化權者, 神也. 天以生物爲心, 豈欲使斯民顚連於溝壑, 而神亦豈有違天命而私予奪於其間也哉! 灾異之來, 必有感召之因. 良由某才蔑德薄, 奉職無狀, 無以媚上下之神祇, 無辜之民, 幷受其禍, 豈不寃哉!

엎드려 비오니, 밝으신 신께서는 이 지극한 심정을 헤아려 살피시어 정령(政令)이 불편하여 이와 같은 재앙을 부르게 된 것이라면 죄책은 저의 일신에 그치시고 속히 단비를 내려 이 백성들에게 은혜를 베푸소서.

제가 비루한 자신을 헤아리지 못하고 문득 변변찮은 제수를 갖추어 사람을 보내 산 아래에서 정성을 올리게 하옵니다. 동쪽을 바라보며 머리를 조아리면서 간절히 기구(祈求)하는 지극한 마음을 이길 길이 없습니다. 삼가 고하나이다.

伏乞明神諒此至情, 政令之不便, 致此災釐, 則罪止于某之一身, 速賜甘霈,

惠此元元. 某不揣鄙謬, 輒具菲薄, 遣人致虔于山門之下. 東望叩頭, 無任祈

懇迫切之至. 謹告.

21. 취암산에서 비를 비는 제문

鷲巖山祈雨祭文 정유년(1777, 66세)

천지가 개벽할 때

산악이 늘어서 우뚝 솟았으니

저마다 그 지역의 진산이 되어

백성들의 우러러 보는 바 되었습니다

구름을 일으키고 비를 내려

천지의 화육을 도왔으니

진실로 그 신령한 일을 못한다면

뉘라서 그 책무를 맡겠습니까

근자에 하늘이 견책을 내려

한발이 기승을 부리니

하천과 못이 다 마르고

들판은 맨땅이 갈라졌습니다

농사 지을 때가 점점 늦어져

파종할 시기를 놓쳤으니

애달픈 우리 백성들은

하늘을 잃고 누구를 의지하리오

호소하는 백성들이 불쌍하여

몸둘 바 모르고 불안하지만

하늘에 호소할 길이 없어

사직에 기도하였더니

약간의 단비를 내려주었습니다

비록 신령의 혜택을 입었으나

헤아리건대 이 한 번 내린 비로

어찌 농사에 넉넉하다 하겠습니까

다시 희생과 폐백을 갖추어

분주히 여러 큰 산에 제사를 지냈고

다음으로 상왕산에 제사를 지내고

다음으로 작성산에 제사를 지냈건만

비가 올 조짐은 아득하고

뜨거운 해만 여전히 빛나고 있습니다

저의 정사가 옳지 못하니

신이 어찌 가만히 있겠습니까

생각건대 이 취암산은

또한 신령한 산으로 이름났으니

감히 거듭 경건히 고하여

신의 은혜를 입길 바라옵니다

아, 우리 산신령께서는

하늘이 부여한 소임을 유념하시어

위로는 천문에 호소하고

아래로는 후토를 굽어 살펴

우레의 신을 호령하고

번개의 신을 지휘하여

속히 흡족한 단비를 내려

은택이 두루 사방에 흘러

논마다 도랑에 물이 그득하고
백곡이 쑥쑥 자라게 하소서
양식이 부족할 걱정이 없으면
이것이 누구의 덕택이겠습니까
작은 정성을 다 기울이노니
부디 와 흠향하소서

天地開闢 山岳列峙 各主境土 爲民之紀
吐納雲雨 參贊化育 苟失神功 誰任其責
近有天譴 旱魃爲虐 川澤渴涸 田野赤圻
農時漸晩 播種愆期 哀我民斯 失天何依
悶此嗷嗷 踽踽未寧 籲天無堦 禱于社庭
一犂甘澤 縱蒙神惠 揆此滂沛 豈曰有裕
再整牲幣 奔走羣望 次及象王 次及鵲城
雨意杳然 呆呆如前 時政失宜 神豈愁然
惟此鷲巖 亦著靈異 敢伸虔告 冀蒙神惠
咨我山靈 特念所付 上訴天門 下鑑后土
搊駕雷公 指揮電母[53] 夬賜霖雨 膏澤旁流
溝塍滔滔 百穀由由 艱食無憂 是誰之德 罄竭微衷 庶幾來格

---

53 搊駕……電母 : 宋나라 蘇軾의 「次韻章傳道喜雨」에 "상산의 산신은 참으로
영명하고 맹렬하여, 천둥을 지휘해 타고 번개를 호령하네.〔常山山神信英烈
搊駕雷公訶電母〕"라 한 것을 인용하였다.

22. 중구봉에서 비를 비는 제문

重九峯祈雨祭文 정유년(1777, 66세)

엎드려 생각건대, 천지의 조화를 도와 삼재(三才)에 참여하는 것은 사람이며, 생성(生成)의 권병(權柄)을 쥐고서 만물을 육성하는 것은 신입니다. 인도(人道)는 양(陽)을 주관하고 신도(神道)는 음(陰)을 주관하여 서로 의지하고 보호하면서 천명(天命)을 받들어 오직 백성을 사랑하고 만물을 아끼는 것으로 마음을 삼습니다.

伏以贊天地之化而參爲三才者, 人也; 操生成之柄而亭毒萬物者, 神也. 人道主陽而神道主陰, 自相依保, 奉承天命, 惟以仁民愛物爲心.

지금 한발이 기승을 부려서 하지(夏至)가 지나도록 비가 내리지 않으니, 백성들로 말하면 장차 굶어서 다 죽게 될 지경이요, 곡물로 말하면 타고 말라서 다 없어질 지경입니다. 백성도 없고 곡물도 없으면 신은 장차 누구를 의지하며, 천명을 받든다는 뜻은 과연 어디에 있겠습니까?

今玆之旱節逾夏至, 雨澤不降. 以民言之, 民將飢餓而盡劉矣; 以物言之, 物將焦枯而盡銷矣. 無民無物, 神將何依? 而奉承天命之意, 果安在哉?

생각건대, 중구봉은 산의 체세(體勢)로 말하면 상왕산·작성산·취암산 세 산에 못 미치지만, 이 고을 중앙에 자리하고 있으니 도회

(都會)의 땅이고 여염(閭閻)을 감싸고 있으니 고을 사람들이 우러러보는 바입니다. 백성들이 의지하는 곳에 신도 의지하는 법이니, 이것이 바로 이 봉우리가 국가의 사전(祀典)에 들고 고을 백성들이 높이 받드는 곳이 된 까닭입니다.

竊惟重九峯, 以巖巒之體勢言之, 雖不及於象‧鵲‧鷲三山, 而居一境之中, 爲都會之地, 包有閭閻, 爲邑中人民之所瞻仰. 民之所歸, 神亦依焉, 此茲峯之所以入于祀典而爲邑民崇奉之地也.

백성이 원하는 바가 있으면 신은 반드시 따라주는 법입니다. 지금 한발의 재앙 때문에 이 달 15일부터 사직에 고했으나 사직은 영험이 없고, 세 산에 고했으나 세 산도 응답하지 않았으니, 이로써 말하면 신과 사람이 서로 의지한다는 뜻은 말할 것조차 없습니다. 만약 지금의 정사가 좋지 못해 그렇다고 한다면 그 죄는 수령인 저에게 있습니다. 수령의 못났다는 이유로 무고한 생민(生民)들로 하여금 이와 같은 화독(禍毒)을 입게 한다면 실로 상벌(賞罰)의 권도(權度)를 잃어버린 것이니, 생민들이 어찌 원통하지 않겠습니까?

民有所願, 神必從之, 今以魃災, 自今月十五日以後, 告于社稷, 社稷無靈, 告于三山, 三山不應. 由此言之, 神人相與之義, 無可言矣. 若以時政之不善而言之, 則罪在守宰. 以守宰之不肖, 而使無辜之生民, 罹此禍毒, 實失賞罰之權. 而爲生民者, 豈不冤乎?

엎드려 빌건대, 산신령께서는 이 간절한 마음을 굽어보시고 속히 단비를 내려 메말라가는 벼 싹을 소생시키고 붉게 갈라진 땅을 흠뻑 적셔 주소서. 위 논 아래 논을 막론하고 모든 논에 모내기를 하고 높은 밭 낮은 밭을 막론하고 모든 밭에 곡식이 여물면 신과 사람이 서로 의지하는 뜻에 맞다 할 것이고 천명을 받드는 뜻도 지극하고 극진하다 할 것입니다. 삼가 변변찮은 제수를 갖추어 경건히 산상(山上)에 고하오니 산신께서 영험하시거든 이 작은 정성을 굽어 살피소서.

伏乞山靈鑑此至懇, 速賜甘霈, 使槁枯之苗得蘇, 使赤坼之地潤滑, 無論上平下平, 皆得移秧, 高田低田, 畢盡穰熟, 則可謂得神人相與之意, 而奉承天命之義, 至矣盡矣. 謹具菲薄, 虔告山上. 惟神有靈, 俯矚微忱.

23. 죽은 아들의 소상 때 제문

祭亡子小祥文 무술년(1778, 67세)

무술년 3월 신유삭(辛酉朔) 27일 정해는 곧 망자(亡子) 성균관 생원 경증(景曾)의 소상(小祥) 기일(忌日)이다. 그 아비가 현재 목천현 감(木川縣監)을 맡고서 병들어 관아(官衙)에 누워 있는 터라 달려 가 곡하지 못하고 포(脯)와 한 잔의 술을 가지고서 사람을 시켜 영 연(靈筵)의 앞에 고하노라.

維歲戊戌三月辛酉朔二十七日丁亥, 卽亡子成均生員景曾之小祥忌日也. 其 父時任木川縣監, 病伏官衙, 不能奔哭, 以脡脯單酌之奠, 使人告于靈筵之 前曰:

아아, 애통하도다! 아들로서 아비에 곡하는 것은 이치의 상도(常 道)이니 곡하는 것이 마땅하거니와, 아비로서 아들에 곡하는 것은 이치의 변괴(變怪)이니 곡하지 않는 것이 또한 마땅하다. 지난 해 오늘 네가 죽을 때 내가 한번 곡하였고, 5월 7일에 너를 고향 산으 로 반장(返葬)할 때 또 한번 곡하고 보냈다. 그 후로 지금까지 한 번도 곡하지 못하였으니, 곡하지 않았다 해도 될 것이다.

嗚呼痛哉! 以子哭父, 理之常也, 其哭也宜; 以父哭子, 理之變也, 其不哭也 亦宜. 前年是日, 汝死而余一哭, 五月七日, 汝靷返故山, 余又一哭而送之. 自後至今, 不能一哭, 則謂之不哭, 可也.

아아! 천륜의 지극한 정으로 어찌 이렇게 할 수 있단 말인가! 곡하지 않는 곡이 곡을 하는 것보다 더 깊은 슬픔이 있다. 만약 한 번 곡하여 이 슬픔을 풀 수 있다면 한 번 두 번 내지 천 번 만 번 곡하여 기운이 다하도록 곡하더라도 어렵지 않을 것이다. 그래도 이 슬픔을 풀 수는 없기에 한갓 때때로 마음속으로 애통해하며 탄식할 따름이다. 만약 한 번 울어서 이 슬픔을 풀 수 있다면 한 줄기 두 줄기 내지 천 줄기, 만 줄기 눈물을 흘려서 눈물이 말라 피를 흘리더라도 꺼리지 않을 것이다. 그래도 이 슬픔을 풀 수는 없기에 한갓 때때로 가슴을 어루만지며 눈물을 훔칠 따름이다.

嗚呼! 天鍾至情, 豈容如是? 不哭之哭, 有甚於哭. 若能一哭而洩此哀, 則雖一聲二聲, 至于千聲萬聲, 氣竭而哭之不難, 而不足以洩此哀, 徒有時隱痛而吁嘆而已; 若能一泣而洩此哀, 則雖一行二行, 至于千行萬行, 淚盡而繼血不憚, 而不足以洩此哀, 徒有時撫胸而掩淚而已.

아, 마음껏 슬퍼한들 너에게 아무 이익이 없고 나에게 손실만 있을 따름이니, 앞으로는 슬픔을 끊고 막아서 마음을 목석(木石)처럼 만들어 모쪼록 잊어버려야겠다. 네가 만약 앎이 있다면 너도 필시 내가 이렇게 하는 것으로 위안을 삼으리라. 아, 너의 처는 나의 며느리이고 너의 자식은 나의 손자이다. 네가 이미 버리고 세상을 떠났으니, 앞으로 내가 보호하고 가르쳐서 너의 혼령이 근심하지 않게 할 것이다. 이것이 내가 이 세상에 하루라도 살아 있는 동안의 책임이다.

嗚呼! 任情傷悼, 無益於汝而有損於我, 則其將割哀塞悲, 木石爲心而忘之
爲貴. 汝若有知, 亦必以爲慰矣. 嗚呼! 汝妻吾婦, 汝子吾孫, 汝旣棄而歸
矣, 吾將扶護而敎誨之, 使汝之魂無所憂慽, 是吾在世一日之責也.

아아! 잊어버리고 싶어도 끝내 잊어버릴 수 없는 것은 너의 효순(孝
順)한 행실, 단정한 지조, 근신(謹愼)한 덕성, 수미(粹美)한 자태인
데 매양 생각날 때마다 다시 보고 싶어도 볼 수 없으니, 이 어찌 잊
을 수 있겠느냐? 말은 다함이 있어도 뜻은 다함이 없으니, 눈물을
훔치며 글을 지어 사람을 시켜 대신 곡하고 고하게 한다. 바라건대,
혼령은 부디 흠향하고 오늘 나의 슬픈 심정을 헤아리라.

嗚呼! 雖欲忘之而終不可忘者, 每想汝孝順之行·端勑之操·謙謹之德·粹
美之姿, 雖欲復見而不可得, 是豈可忘者乎? 言有盡而意無窮, 掩泣搆文,
替哭以告. 靈庶幾饗, 諒我此日之慟.

24. 오천 황공-종해-의 묘소에 드리는 제문

祭淺黃公-宗海-墓文 무술년(1778, 67세)

정복이 어렸을 때에 가숙(家塾)의 책 상자에서 선생의 문집을 꺼내 읽고 선생의 학문을 알고서 일찍부터 사모하고 공경하였습니다. 뜻밖에 조정의 임명을 받들고 이 고을에 부임하니, 이 고을은 실로 선생께서 사셨던 곳이며 묘소도 이 고을에 있습니다. 의당 곧바로 찾아가 성묘하여 우러러 존모(尊慕)하는 정성을 달래야 했을 터이나 질병을 앓고 초상을 치른 나머지 정력이 소진하여 머뭇거리고 지체하다가 벌써 두 해나 지나버렸으니, 선(善)을 향모하는 정성이 나태하여 허물이 실로 많습니다.

鼎福幼時於家塾書廚, 讀先生之集, 知先生之學, 慕嚮之夙矣. 匪意濫膺朝命, 來玆土, 此實先生杖屨之鄕, 而衣冠之藏, 亦在于此. 宜卽展拜, 以慰瞻仰之誠, 而疾憂喪威之餘, 精力摧弊, 荏苒玩揭, 歲幾再周. 向善誠怠, 愆尤實多.

선생은 한강(寒岡) 정선생(鄭先生)의 문하에서 수업하였고 정선생은 퇴계(退溪) 이자(李子)의 문하에서 수업하였으니, 이는 미수(眉叟) 허선생(許先生)이 찬술한 선생의 묘갈문(墓碣文)에 자세히 말하였습니다. 연원(淵源)의 유래가 저와 같고 학술의 바름이 또 이와 같으니, 후학의 존경과 사모가 오랜 세월이 흘러도 변하지 않는 것이 당연합니다. 시례(詩禮)로써 자신을 가다듬고 문규(門規)로써 종족을 화목하게 하였으며 동약(洞約)을 지어 시속(時俗)의 모범을 삼았으니 선생의 명체적용(明體適用)의 학문과 수기치인(修己治人)의 도(道)가 이에 갖추어졌습니다. 아아, 성대합니다!

先生受業於寒岡鄭先生，鄭先生受業於退陶李子，眉叟許先生撰先生墓碣，言之詳矣. 淵源之來旣如彼，學術之正又如此. 宜後學之尊慕愈久不替也. 禮詩勅身，門規睦族，洞約範俗. 先生明體適用[54]之學·修己治人之道，於斯備矣. 於乎盛哉!

아! 산천은 옛날 그대로요, 인사(人事)도 예전과 같건만 한스럽게도 선생 같은 이가 다시 나와서 선생의 유업을 이어 받는 이가 없습니다. 이런 까닭에 선비들은 추향(趨向)이 바르지 못하고 인심은 날로 그릇된 길로 가고 있습니다. 제가 이 고을 수령을 맡고 있으니 의당 풍속을 변화시키는 권병을 잡고 있는데도, 덕은 얕고 재주는 낮으며 나이는 많고 뜻은 시들어 한갓 지난 옛일을 느껴워하고 오늘의 시속을 슬퍼하는 탄식만 간절할 따름입니다. 아아, 어찌하리오!

噫! 山川依舊，人士猶昔，而恨無有如先生者出而繼修先生之業，故士趨失

---

54 明體適用 : 體에 밝고 用에 적합하다는 뜻으로, 經史를 박람하고 時務에 통달한 것을 말한다. 『近思錄』권10의 註에 "胡安定이 학자를 가르칠 때 經史에 통달하고 時務를 익혀서 名體適用하도록 했기 때문에 그의 門人들이 모두 稽古와 愛民을 일삼았으니, 계고는 爲政의 법이요, 애민은 위정의 근본이다." 라 하였다.

正, 人心日訛. 某身爲邑宰, 宜有轉移之權, 而德薄才劣, 年老志弊, 徒切感古傷今之歎而已. 嗚呼奈何!

사직(辭職)을 청하고 해임되어 곧 향리로 돌아갈 즈음에 슬픔을 이길 수 없습니다. 이에 간곡한 정성을 드러내오니, 존령(尊靈)께서는 부디 굽어 살피소서.

呈告得遞, 卽當決歸, 不勝悵惘. 玆暴誠懇, 伏惟尊靈, 庶幾鑑格.

25. 권시암-암-에 대한 제문

祭權尸庵-巖-文 경자년(1780, 69세)

아아! 너그럽고 어진 덕과 우뚝하고 큰 기국(器局)과 부지런하고 효우(孝友)한 행실과 빛나는 문화(文華)의 아름다움은 옛사람에게 서 찾아도 보기 어려운데, 형은 홀로 이 많은 장점을 다 가졌습니 다. 병들어 쓸모없는 나 같은 사람이 다행히 좋은 벗을 얻어서 믿고 의지하였더니, 누가 하늘이 선한 사람을 돕지 아니하여 갑자기 이에 이렇게 세상을 떠날 줄 생각이나 했겠습니까? 아아, 애통합니다!

嗚呼! 休休寬仁之德, 磊磊奇偉之器, 孜孜孝友之行, 燁燁文華之懿, 求之 古人而難得. 兄獨有此衆美. 雖以余癃廢之質, 幸得良友, 恃以爲倚. 誰謂天 不佑善, 而今遽至此耶? 嗚呼痛哉!

형과 사귄 것은 지난 병자년이었는데, 지금까지의 25년 동안 해마 다 어김없이 누차 찾아와서 나의 안부를 묻고 나의 위태한 병세를 염려하고 나의 병약한 몸을 불쌍히 여겨 나를 근심하고 돌보아 주 는 것이 더없이 지극하였습니다. 그 두터운 정을 가슴에 새기고 느 꺼워하며 평소에 늘 한숨을 내쉬곤 하였는데, 지금 이후로는 누가 다시 나를 살펴보아 주겠습니까.

與兄結交, 粵在丙子, 至于今二十五年之間, 歲必屢枉, 問我生死, 念我之危 厲, 憐我之羸憊, 憂我恤我, 無所不至. 銘感厚情, 居常興唱. 從今以後, 誰

우리가 서로 만날 때는 세속의 의례적인 말은 한 마디도 하지 아니
하고 반드시 고금의 일을 토론하고 경서와 역사를 이것저것 얘기하
면서 밤을 지새우곤 했지요. 간혹 무릎을 어루만지며 초택(楚澤 굴
원(屈原))의 「원유부(遠遊賦)」를 읊기도 하고 손바닥을 치며 칠원
(漆園 장자(莊子))의 「촉루장(髑髏章)」을 외면서 말하기를,

"사람의 지극한 즐거움은 저 흰 구름을 타고 상제의 고을에 이르는
데 있으니, 무엇하러 굳이 혈육으로 된 이 육신에 연연하고 기욕(嗜
慾)의 세상에서 다투리오?"

라 하였으니, 아아, 이는 형이 장난삼아 한 말이었습니다. 그러나
이는 또한 맑은 선비로 하여금 탄식하게 하고 게으른 자로 하여금
격앙(激昂)하게 하기에 충분하였으니, 나처럼 혼매한 자도 천 길이
나 높은 산 위에 올라 옷의 먼지를 털고 뱃속의 더러운 찌꺼기를 한
바탕 씻어 버리고 싶었습니다. 세상에 사는 맛을 달게 여기고 국촉
하게 아등바등 애쓰는 자들이 어찌 형의 헤아릴 수조차 있겠습니까?

當其相逢之際, 未嘗發一俗例語, 必揚榷今古, 出入經史, 暑竟夜分而未已.
或撫膝而詠楚澤遠遊之賦[55], 抵掌而誦柒園髑髏之章[56]曰: "人之至樂, 果在

---

55 楚澤遠遊之賦 : 楚澤은 전국시대 楚나라 沼澤이니, 초나라 땅에 雲夢澤 등
七澤이 있기 때문에 붙여진 이름이다. 屈原이 찬축되어 초택의 汨羅水에 투신
하여 죽었다. 굴원이 지은 『楚辭』에 「遠遊」가 있다.

56 柒園髑髏之章 : 칠원은 전국시대에 柒園吏를 지낸 莊周를 가리킨다. 髑髏는

於乘彼白雲, 至于帝鄕, 何必顧戀於血肉之殼, 紛爭於嗜慾之場耶?"噫! 是
兄戲言也. 然而亦足使淸士咨嗟, 懶夫激昂. 昏愚如我者, 思欲振衣千仞岡,
洗滌滫濁之肚膓. 彼甘豢世昧, 局促而蟄蟄者, 何足以槪量乎哉!

아아! 삶은 잠시 머무르는 것이고 죽음은 돌아가는 것이라는 이치
를 형은 알았고, 살아서는 천리를 따르고 죽어서는 편안하다는 진
리를 형은 알고 있었습니다. 형이 이제 운주의 원기(元氣)로 돌아가
배회하고 태소(太素 하늘)와 이웃이 되었으니, 하계(下界)를 돌아보
면서 하나의 작은 티끌 속에서 은원(恩怨)을 맺고 쟁탈하느라 몽매
하여 죽음도 두려워하지 않는 인간들을 형은 필시 측은히 여겨 슬
피 탄식할 것입니다. 그렇다면 하늘이 준 본성을 보존하고 온전히
돌아가서 하늘을 우러러 보고 땅을 굽어보아도 부끄러울 게 없기로
는 형 같은 사람이 없을 터이니, 형의 죽음은 실로 축하할 일이지
슬퍼할 일이 아닙니다. 하물며 사람들에게 두루 흡족하게 은혜를
끼쳐 이웃 사람들이 다 슬퍼하며, 다섯 아들이 가문을 이어받아 선
대(先代)의 아름다운 미덕을 뒤따라 실행하고 있음에랴.

해골이다. 莊子가 楚나라로 가던 중 길 가에 뒹구는 해골을 보았는데, 그
날 밤 꿈 속에서 해골이 나타나 말하기를 "죽으면 위로 임금도 없고, 아래로
신하도 없으며, 또한 네 계절의 변화도 없이 편안히 천지와 수명을 같이하니,
비록 남면하는 제왕의 즐거움이라도 이보다는 못할 것이다.〔死無君於上, 無
臣於下, 亦無四時之事, 從然以天地爲春秋. 雖南面王樂, 不能過也.〕"라 하였
다. 『莊子 至樂』

嗚呼! 生寄死歸, 兄知其理, 存順歿寧[57], 兄識其眞. 兄今返元氣而徜徉, 與太素而爲鄰. 回視下界, 一微塵內, 恩怨爭欤, 而瞖不畏死者, 兄必惻然而痛呻之矣. 然則保天衷而全歸[58], 俯仰少怍者, 無如兄矣. 兄之死實可賀而不足嘆也. 況乎恩周惠洽, 哀動鄕鄰, 五子傳家, 趾美行仁者耶?

이런 까닭에 내가 감히 세속의 연연(戀戀)하고 슬퍼하는 말로 우러러 형의 혼령을 모욕하지 못하는 것입니다. 다만 죽은 이가 앎이 있는지 없는지는 알 수 없지만 산 사람은 앎이 있으니, 죽기 전에 외롭게 홀로 지내며 다시는 나를 알아주는 이가 없을 것입니다. 이것이 제 마음이 슬프고 아픈 까닭입니다.

是以, 余不敢以世俗拘攣悲疢之辭, 仰浼兄之靈神. 但死者之有知無知, 不可知, 而生者有知, 則未死之前, 踽踽孤蹤, 無復有知我者. 此私心之愴辛者也.

아아! 백발의 이 몸과 청산에 묻힌 형은 이제 서로 만날 기약이 없습니다. 누가 형을 불렀기에 이토록 갑자기 돌아가셨습니까? 해묵은 책 상자를 열어놓고 형의 편지를 읽노라니 슬프기만 할 뿐입니

57　存順歿寧 : 橫渠 張載의 「西銘」에 "살아서는 내 하늘에 순응해 섬기고 죽어서는 내 편안하다.〔存吾順事, 沒吾寧也.〕"라 하였다. 『古文眞寶後集 권10』

58　全歸 : 曾子의 제자인 樂正子春이 "부모가 온전하게 낳아 주셨거든 자식이 온전히 보전하여 돌아가야 효라 이를 수 있고, 그 육체를 훼손하지 않으며 그 몸을 욕되게 하지 않아야 온전하다고 할 수 있다.〔父母全而生之, 子全而歸之, 可謂孝矣. 不虧其體, 不辱其身, 可謂全矣.〕"라 한 데서 온 말이다. 『禮記 祭義』

다. 한 잔 술을 대신 올리게 하고 이제 영결(永訣)하노라니, 진정하
지 못한 이 마음은 형의 죽음이 아직도 믿기지 않습니다. 소리와 기
운의 감응(感應)은 죽은 이나 산 사람이나 같을 터이니, 혼령은 모르
지 않거든 부디 굽어 살피소서. 아아, 애통합니다! 부디 흠향하오.

嗚呼! 白首靑山, 相見無期. 有誰相喚, 胡遽其歸? 展閱舊篋, 執書徒悲. 一
酌代奠, 萬古長辭, 未定之懷, 兄死尙疑. 聲氣之感, 幽明同歧. 英靈不昧,
庶其監玆. 嗚呼痛哉! 尙饗.

26. 손서 남-영-에 대한 제문

祭南甥-泳-文 병오년(1786, 75세)

병오년 10월 모일 간지(干支)에 순암 노인은 아우를 시켜 대신 주과(酒果)를 올리고 손서 남군(南君) 사함(士涵)의 영령에 곡하노라.

維歲丙午十月某日干支, 順菴老人使舍弟借奠酒果, 哭告于孫甥南君士涵之靈曰:

아아, 애통하도다! 유명(幽明)이 비록 다르나 자네는 응당 나를 알 터이니 나는 순암 노인일세. 자네가 살아 있을 때에는 반드시 '순암! 순암!' 하였으니 자네가 틀림없이 나를 알리라. 자네가 병들고 죽고 땅 속에 묻히게 되었으니 내 어찌 영결(永訣)하는 한 마디 말이 없겠는가. 그렇지만 노인이 병폐(病廢)한 지 오래고 대신 보낼 자손들도 용무(冗務)를 벗어나지 못하여 아직도 분곡(奔哭)하지 못하였으니, 이것이 어찌 인정이겠는가. 나의 아우도 자네가 나를 보는 것과 다름없이 여기는 사람이니, 자제가 죽었다는 소식을 듣고 반드시 한번 가서 곡하고 싶어 하면서도 하지 못하다가 이제 비로소 결의(決意)하여 가니, 이는 내가 가는 것과 마찬가지일세. 아아, 애통하도다!

嗚呼痛哉! 幽顯雖殊, 君應知我, 我是順菴老人也. 君生時必曰順菴順菴, 則君之知我, 無疑矣. 君之病且死, 且葬矣, 我豈無一言相訣, 而老人之病廢, 久矣. 子孫之替行者, 亦以冗故之未脫, 尙未得奔哭, 則是豈人情也哉! 余之舍弟, 亦君之無異視我者也. 聞君之歿, 必欲一哭而不得, 今始決意進去, 是猶余往也.

아아, 애통하도다! 자네는 세상을 버리고 떠나는 것이 어쩌면 그리도 빠른가. 자네의 노친(老親)이 살아계시고 처자들도 살아 있거늘 누가 불렀기에 그렇게 빨리 가는가? 자네의 강인하고 과감한 입지(立志)와 인자하고 진실한 품성으로 보면, 그 수명이 반드시 이에 그치지 않을 터인데, 겨우 서른세 살에 이르러 마쳤으니, 이는 세운(世運)에 관계된 바이고 천리(天理)를 알기 어려운 점일세. 아니면 인사에 미진한 바가 있거나 조섭을 잘못하였거나 약을 제대로 쓰지 못하여 이 지경에 이른 것인가? 아아, 애통하도다!

嗚呼痛哉! 君之棄此世而去, 何其速也? 君之老親在焉, 妻子在焉, 則有誰相招, 何歸之速耶? 以君立志之剛果・禀性之慈諒, 其壽必不止此, 而至於三十三而終焉, 則世運所關, 天理難諶. 抑或人事之有所未盡, 將攝之失宜, 藥餌之失當, 而至於斯耶? 嗚呼痛哉!

자네의 비석에 새길 글은 내가 지은 것이다. 대략 자네의 언행을 서술한 다음 나의 비통한 심정을 기술하였는데, 자네는 아는가 모르는가? 자네의 장인은 나의 외아들인데, 내가 자식을 잃은 지 이미 십 년이 지났네. 자네도 춘부장(春府丈)의 외아들인데, 이렇듯 역리(逆理)의 참척(慘慽)을 끼쳤으니, 외롭고 외로운 이 세상에 의지할 데 없이 고독한 모습은 나나 춘부장이나 마찬가지라네. 자네는 어이 차마 이런 차마하지 못할 일을 하였는가. 생각하면 오장이 찢어지고 말을 하려면 목이 멘다. 아아, 애통하도다! 바라건대 와서 부디 흠향하라.

君之幽堂之文, 余所撰也. 略舒君言行, 且道我悲苦之辭, 君其知耶否耶? 君之聘君則余之獨子也, 余失獨子, 今已十年矣. 君亦春府丈之獨子, 而又貽此逆理之慽, 則踽踽此世, 窮獨無依之狀, 余與春府丈一也. 君何忍爲此不忍爲之事也? 思之腸裂, 言之哽塞. 嗚呼痛哉! 庶幾歆格.

27. 농와공에 대한 제문

祭聾窩文 정미년(1787, 76세)

우리 농와공(聾窩公)이 세상을 떠났기에 한산(漢山) 안정복(安鼎
福)이 대렴(大斂)하는 날 병든 몸을 이끌고 와서 몇 줄의 글과 한
잔 술을 올리고 시신을 어루만지며 세 번 곡하고 돌아왔습니다. 그
러나 아직도 공이 세상을 떠났다는 게 믿기지 않아서 나를 찾아 올
것만 같고 서찰로 안부를 물어올 것만 같은데, 지금까지 몇 달 동안
적막하여 아무런 소식이 없습니다. 이제 태봉(胎峯) 석수암(石秀巖)
의 선영에 안장한다 하니, 바로 정미년 3월 3일 신미입니다. 공이 이
제 정녕 죽은 것이기에 하루 전 경오일에 집안의 조카 경연(景淵)을
시켜 간소한 제물을 대신해서 영전에 올리고 영결(永訣)합니다.

我聾窩公之亡, 漢山安鼎福力疾奔赴于大斂之日, 操數行文, 奠一杯酒, 撫
屍哭三聲而歸. 然猶疑其不亡, 或意杖屨之臨顧, 又意書尺之問訊, 而寂今
數月無所得. 今聞永窆于胎峯石秀巖之先塋, 卽丁未歲之三月三日辛未也. 公
今定死矣. 玆以前一日庚午, 使家侄景淵, 以菲薄之具替奠于柩前而告訣曰:

내가 총각 때부터 공의 이름을 익히 듣고 한 번 만나고 싶었으나 만
나지 못하다가 정사년에야 비로소 공을 만나 서로 반기며 기뻐하였
습니다. 그 후 8년이 지나 갑자년에 공이 가까운 이웃으로 이사 와
서 살면서 열흘이 멀다하고 서로 오고간 것이 10년이었습니다. 계
유년에 공이 호우(湖右)로 이사를 갔기 때문에 끊임없이 서로 방문

하는 즐거움이 비록 전과 같지는 못했지만, 때때로 편지가 와서 마치 얼굴을 마주하여 얘기하는 것과 같았고, 간혹 북쪽으로 오는 길에 내 집에 여러 날을 머물며 정담을 나누었기에 혹 오래 만나지 못하기도 했지만 만나면 또한 반가웠습니다. 경자년에 공이 선산 아래로 이사 와서 여생을 마치기로 작정하니, 이에 우리 두 늙은이가 서로 의지하여 평생을 보내기로 기약하였습니다. 공은 건강하여 병이 없고 나는 병들어 폐인과 같기에 공이 늘 나를 염려하며 나보고 먼저 죽을 것이라 하였건만, 이치란 믿기 어려운 것이라 공이 나보다 먼저 가버렸으니, 이 무슨 일입니까, 이 무슨 일입니까.

余自丱角, 慣聞公名, 思欲一見而不得, 昔在丁巳, 始識公面而相見歡如也. 後八年甲子, 公來卜于近鄰, 公來我往, 履舃交錯, 未嘗有旬日之間者十年. 癸酉, 公移湖右, 源源之樂, 雖不如前, 而有時書疏翩翩, 如得面晤, 或於行旆北至, 留款累日, 雖間濶之或久, 亦合并之可喜. 庚子, 公搬歸楸下, 爲畢命之計. 於是而二老相依, 百年爲期. 公健無疾, 我病癃廢, 公每念我, 謂我先歸, 理有難諶, 公先于我, 是何事耶? 是何事耶?

공이 이제 죽었으니 죽음이 즐겁다는 것을 알 만합니다. 공이 아는지 모르는지는 비록 알 수 없으나, 어둡고 막막한 저승에서 고해(苦海)의 온갖 괴로움을 알지 못할 터이니, 누가 사는 것이 즐겁고 죽는 것이 괴롭다고 하리오. 공과 나는 다 팔순에 가까우니 인간 세상의 수명이 이만하면 족합니다. 그러나 애통한 생각을 버리기 어려운 것은 공이 돌아간 뒤로 심신이 아득하고 형적(形迹)이 외로운 것이니, 글을 짓고 술을 마시는 자리에 누구와 함께 즐기며, 예절(禮

節)의 의심스러운 곳을 누구와 더불어 토론하며, 세상을 경륜할 방략을 누구와 더불어 계획하며, 임금을 근심하고 국사를 걱정하는 심정을 누구와 더불어 감개(感慨)하며, 봄 산에 꽃이 필 때나 가을밤이 고요할 때 누구와 함께 지팡이 짚고 나가 감상하며 누구와 함께 등잔을 켜놓고 시를 읊으리오. 이 모든 것이 이제는 그만이구려. 아아, 애통하도다!

公今死矣, 則可知死之爲樂矣. 有知無知, 雖不可知, 而冥冥漠漠, 不知苦海萬端生受. 誰謂生之樂而死之苦乎? 公與我俱迫八旬, 人世之壽, 斯已足矣. 所可慟念而難舍者, 自公歸後, 心神惘惘, 形迹踽踽. 文酒之席, 誰與諧笑? 禮節之疑, 誰與談討? 經世之畧, 誰與劈畫? 憂天恤緯, 誰與感慨? 春山花發, 秋堂夜靜, 投筇剔燈, 誰與賞詠? 已矣已矣, 嗚呼痛哉

부탁하신 글은 내가 감히 잊지 못하는데 공의 아들이 또 나에게 공의 묘지(墓誌)를 청하니, 질병이 이어져 정신이 혼매하여 망우(亡友)의 아름다운 행실을 제대로 드러내지 못할까 두려울 뿐입니다. 아아, 애통하도다! 혼령은 반드시 알 것이니 삼가 작은 정성을 살피소서. 부디 흠향하소서.

所託文字, 余不敢忘, 胤哀輩又請公誌于余, 而疾病連仍, 精神迷昧, 不能發揚亡友之懿行是懼耳. 嗚呼痛哉! 靈必有知, 庶鑑微誠. 尙饗.

28. 권숙겸-익언-을 제사하는 글

祭權叔謙-益彦-文 정미년(1787, 76세)

아아, 애통하도다! 자네는 어이하여 나를 버리고 먼저 돌아갔는가? 나이로 보면 자네가 나보다 28세나 어리고, 신체로 보면 자네는 건강하여 병이 없고 나는 몸이 약하여 병이 깊었거늘, 어이하여 젊고 건강하여 병이 없는 사람이 먼저 죽고, 늙고 병이 깊어 조석으로 죽기를 구하는 사람이 도리어 자네를 곡하게 한단 말인가! 아아, 애통하도다!

嗚呼痛哉! 君何以棄我而先歸耶? 以其年則君少我二十八歲, 以其質則君强健無疾, 而我孱質癃廢. 如之何使少而强健無疾者先死, 而老而癃疾朝夕求死之人, 反哭君耶? 嗚呼痛哉!

5월 6일에 자네의 외삼촌 경신(景新)이 자네의 처소로부터 와서 자네가 며칠 뒤에 올 것이라고 하기에 날마다 기다리느라 거의 눈이 빠질 지경이었네. 그러던 차에 긴 장마가 한 달 동안이나 이어져 인편이 끊어졌는데, 6월 2일 석양에 자네 집의 종이 와서 자네가 병들었다는 소식을 전하였고 이튿날 아침에 부고(訃告)가 잇따라 이르렀네. 서쪽을 바라보고 길게 호곡(號哭)하며 눈물을 흘리니, 참통(慘痛)한 심정이 골육의 정이나 다름없었네. 아아! 이 무슨 일인가! 이 무슨 일인가! 아아, 애통하도다!

五月初六日, 君舅氏景新來自君所, 謂言君數日後當來, 故逐日企佇, 望眼幾穿, 因而長霖浹月, 便使阻絶, 六月初二日夕, 貴奚來傳病報, 翌朝訃書繼至. 西望長號, 涕淚迸流, 慘痛之懷, 無異於骨肉之情. 嗚呼嗚呼! 此何事此何事耶? 嗚呼痛哉!

사람이 서로를 아는 데는 마음을 아는 것이 귀중하니, 옛사람이 나이를 잊고 사귀었던 것은 실로 마음을 알았기 때문이었네. 이제 자네가 죽었는데 내가 어찌 한 마디 말로써 곡하지 않을 수 있겠는가. 나는 본래 글을 잘하지 못하니, 무릇 지구(知舊)의 상(喪)에 감히 글로써 곡하지 않았던 것은 과연 글을 잘하지 못하기 때문이었네. 그러나 세후(歲後)에 농와(聾窩)의 상(喪)에 부득불 글로써 곡하였으니, 이제 자네의 상에 만약 글로써 곡하지 않는다면 누가 자네와 나의 사이가 정의(情誼)가 깊고 돈독한 망년지교(忘年之交)임을 알겠는가? 글을 잘하고 못하고는 논할 것이 없네. 아아, 애통하도다!

人之相知, 貴在知心, 古人忘年之交, 實由於知心. 今君死矣, 烏得無一言而哭之哉! 余素不文, 凡於知舊之喪, 不敢以文哭之者, 果是不文而然也. 然而歲後聾窩之喪, 不得不以文哭之, 今於君之喪, 若不以文哭之, 則誰知君與我忘年情誼之深篤耶? 文不文, 不須論也. 嗚呼痛哉!

대상국(大相國)의 깊은 인(仁)과 후한 덕은 능히 백세를 향유할 수 있을 터이거늘, 이제 그 혈윤(血胤)으로 자네 부자(父子)가 있다가 자네가 갑자기 세상을 떠나고 어린 자식만 남았으니, 그 아이를 누가 보호할 것이며 누가 교육할 것인가? 옛사람이 이른바 하늘은 믿기 어렵다는 말이 과연 이와 같은가! 아아, 애통하도다!

大相國之深仁厚德, 宜能享有百世, 而今其血胤, 惟君父子, 君已遽歸, 稚子存焉. 誰將補護, 誰將敎導乎? 古謂天難諶斯, 果如是耶? 嗚呼痛哉!

내가 실로 못난 몸으로 늙어도 죽지 못하고 병들어도 죽지 못하여 이 세상에 오래 머물러 허물이 날로 쌓였네. 근래에 학술의 갈래가 나뉘면서 후진(後進)들에게 미움을 받은 것이 많았는데, 자네가 반드시 그때마다 가리고 보호해 주며 혹시라도 내 몸에 해가 있을까 걱정하였지. 이는 실로 내가 자초한 것이지만 나를 사랑하고 나를 믿어 주는 자네의 마음이 깊고도 독실하지 않았다면 어찌 이와 같이 할 수 있었겠는가? 내가 늘 자네를 해상(海上)의 냄새를 좇는 사람에게 비했었지. 그런데 지금 이후로는 다시 나를 알아주는 이가 없고, 다시 나의 단점을 지켜 주고 나의 어리석고 잘못된 점을 용서해 주는 이가 없을 터이니, 외롭고 외로운 늙은 몸이 장차 누구를 의지하리오. 지팡이 없는 장님과 길을 잃은 말이 갈팡질팡 헤매며 멈출 줄 모르는 것과 다를 바 없으니, 어이하리오! 어이하리오! 아아, 애통하도다!

余實不似, 老而不死, 病而不死, 久住此世, 過咎日積. 邇來學術岐貳, 見忤於後進者多矣. 君必隨事掩護, 恐或有害於余身. 此實余之自取, 而君之愛我許我之心, 非深且篤, 豈如是哉! 余常以君比之海上逐臭之人⁵⁹ 而從今以後, 無復有知我者矣, 無復有護我之短而恕我之昏謬者矣. 踽踽老蹤, 將何倚毗? 無異無筇之瞽・失路之馬, 倀倀焉靡所底止, 奈何奈何! 嗚呼痛哉

더욱 애통한 점으로 말하자면, 훤칠한 용모와 유아(儒雅)한 자질과 인후(仁厚)한 성품과 정신(貞愼)한 지조는, 이 세상 어디에서 자네 같은 사람을 다시 볼 수 있겠는가. 자네가 죽은 지 한 달이 지났건만 내 마음의 슬픔은 끝내 다하지 않네. 이미 널을 어루만지며 곡하지도 못했고 장지(葬地)에 가서 영결(永訣)하지도 못했으니, 끝없는 이 한은 반드시 죽은 뒤에나 끝날 것일세. 나도 조만간 세상을 떠날 사람이라 오래지 않아 지하에서 서로 만날 터이니, 그 때 이승에서처럼 즐겁게 즐길 수 있을는지. 아아, 애통하도다!

尤可痛者, 秀偉之容, 儒雅之質, 仁厚之性, 貞愼之操, 環顧斯世, 於何而復見如君者乎? 君之死, 月已閱矣, 而在心之慟, 終不能已. 旣不能撫柩一哭, 又不能臨穴一訣, 悠悠此恨, 必將死而後已. 余亦朝暮間人, 非久當相從於泉下, 未知能如人世之樂否? 嗚呼痛哉!

무릇 사람이 조곡(弔哭)하는 글에는 반드시 눈앞의 정경(情境)을 말하는 법이네. 지금 자네의 노친이 살아 계시고 어린 아이는 아직 장성하지 못해 집안일을 의탁할 곳이 없으니, 이는 실로 인정(人情)으로도 신리(神理)로도 잊을 수 없는 것일세. 그런데도 지금 자네의 죽음을 곡하는 글에 이를 감히 말하지 않는 것은 대개 인생의 운명

---

59 海上逐臭之人 : 어떤 사람이 몸에서 고약한 냄새가 나서 가족 친지와 함께 살지 못하고 바닷가에서 살았는데, 바닷가에 그 냄새를 좋아하는 사람이 있어서 밤낮으로 그를 따라다니며 곁을 떠나지 않았다는 고사에 온 말로 여기서는 자신처럼 못난 사람을 좋아하는 사람이란 말이다. 『呂氏春秋 遇合』

과 수요(壽夭)는 하늘로부터 타고난 것이라 사람이 어찌할 수 없는 것이기 때문일세. 그래서 번거롭게 이런 정경을 말하여 자네의 마음을 흔들지 않는 것일세. 다행히 만어정(晚漁亭) 부자(父子)가 생존해 계시니 이를 믿고 위안을 삼을 뿐이네. 아아, 애통하도다! 부디 강림하여 이 슬픈 심정을 헤아려주시게. 부디 흠향하시게.

凡人弔哭之文, 必以目前情境言之. 今君鶴髮在堂, 稚子未成, 家事無託, 此實人情神理之所不可忘者. 而今於哭君之文, 不敢擧論者, 蓋以人生命分壽夭, 由天而不容人爲. 玆不煩告以撓君心, 而有晚漁亭父子存焉, 以是恃而爲慰耳. 嗚呼痛哉! 庶幾降鑑, 諒此哀衷. 尙饗.

29. 안 좌랑 정진-경점-을 제사하는 글

祭安佐郎正進-景漸-文 기유년(1789, 78세)

기유년(1789, 정조13) 5월 17일 계유(癸酉)에 고(故) 좌랑 취변재
(聚辨齋) 안군(安君) 정진(正進)이 밀성(密城 밀양) 성만(星巒)의
자택에서 운명하였다. 종인(宗人) 불쇠옹(不衰翁) 아무개는 멀리
천리 밖에 있는데다가 병든 몸이라 분상(奔喪)하여 곡할 수 없기에
부음을 듣고 침문(寢門) 밖에서 곡할 따름이었다. 이 해 12월에 아
우 정록(鼎祿)이 일이 있어 영남으로 가기에 그로 시켜 영전에 곡하
고 고하게 하노라.

己酉五月十七日癸酉, 故佐郎聚辨齋安君正進以疾終于密城之星巒正寢. 宗
人不衰翁某遠在千里, 加以癃廢, 不能匍匐而往哭, 則聞其喪而哭于寢門之
外而已. 是年十二月, 家弟鼎祿以事踰嶺, 使之哭告于靈几之前曰:

아아, 애통하도다! 나를 알아주는 사람은 자네였는데, 자네가 이
렇게 세상을 떠났단 말인가. 지난 신유년 자네가 향시(鄕試)에 합
격하고 내 집에 와서 머물렀는데, 당시 나이가 겨우 약관(弱冠)이
었지. 그 온아(溫雅)하고 화락한 모습과 공손하고 근신(謹愼)한
용모를 보면, 금옥(金玉)과 같은 사람이라 할만 했고, 아울러 문장
이 통창(通暢)하고 지조가 개결(介潔)하여 보는 사람마다 사랑하
고 좋아하지 않는 이가 없었으니, 내가 자네를 사랑함은 당연하였
네. 그런데 자네가 나를 사랑한 것 또한 내가 자네를 사랑한 것만

못지않았으니 자네는 나의 어떤 점을 보고 나를 그렇게 몹시 사랑하였는가.

嗚呼痛哉! 知我者君, 而君至於斯耶? 愛我者君, 而君至於斯耶? 粤歲辛酉, 君發解而來寓我家, 年纔弱冠. 觀其溫雅豈弟之姿·謙恭謹勅之容, 可謂金玉其人, 而兼之以文辭通達·志操耿潔, 人之見之者, 亦莫不愛之好之, 則我之愛君固也. 而君之愛我, 亦不下於我之愛君, 則君何所見而愛我之甚也.

이 때 이후로 자네가 서울에 와서 머물기를 자주 하였네. 나이가 들수록 공부가 더욱 독실해지고 공부가 독실해질수록 학업이 더욱 깊어졌으며 옛적에 통달한 것이 더욱 순숙(純熟)해지고 전에 깨끗했던 것이 더욱 견고해져서 엄연히 덕(德)을 이룬 군자의 기상이 있었네. 전후로 30년 동안 내가 조령을 넘어 남쪽으로 가면 자네 집을 내 집으로 여기고 자네가 조령을 넘어 북쪽으로 오면 내 집을 자네 집으로 여겼으니 정의(情誼)가 긴밀하고 독실하였네. 그리고 기질과 담론도 절로 서로 맞았으니, 이에 자네를 알기로는 나만한 사람이 없고 나를 알기로는 자네만한 사람이 없었네.

自玆以往, 君之來遊京洛間者數矣. 觀其年愈富而工愈篤, 工愈篤而學愈就, 昔之通達者, 益之以純熟, 前之耿潔者, 加之以堅確, 儼然有成德氣像. 而前後三十年間, 踰嶺而南, 則以其家爲家, 踰嶺而北, 則以我家爲家, 情之密也, 誼之篤也. 而其於聲氣臭味之間·言笑咳唾之際, 亦自有泝然相合犁然相契者, 則於是乎知君者莫如我也, 知我者莫如君也.

내가 신묘년에 벼슬길에 나간 뒤로 늙은 몸으로 미관말직에서 동료들과 함께 근무하다보니 자네가 한강(漢江)과 영산(靈山) 사이를 찾아오는 때가 점점 드물어졌은즉, 자네를 보지 못한 것이 지금까지 16년이 되었네. 그러나 16년 동안 인편이 있으면 편지를 보내고 편지를 보내면 안부를 물었으니, 편지 가득 정의가 넘쳐 손으로 잡을 수 있을 듯하였고 경서(經書)와 예(禮)를 묻느라 주고받은 편지가 상자에 가득하였네. 그런데 어찌 올 봄의 편지가 바로 영결(永訣)하는 말이 되어 이제 다시는 세상에서 나를 알아주고 나를 사랑해줄 사람이 없게 될 줄 알았겠는가! 아아, 애통하도다!

及乎辛卯釋褐之後, 潦倒微官, 旅進旅退. 君之足跡, 漸稀於漢水靈山之間, 則自我不見, 今且十六年于玆矣. 然而十六年之間, 有便則有書, 有書則有問, 滿幅情意, 藹然可掬, 而其於經禮之間, 往復之說, 盈箱溢篋矣. 豈意今春赫蹏, 便作千古之訣, 而世間更無知我愛我之人矣. 嗚呼痛哉!

자네가 죽은 뒤로 사림(士林)이 실망하고 우리 도(道)가 의탁할 데가 없어졌으니, 마음의 아픔은 다만 종친(宗親)의 사정(私情) 때문만은 아니네. 자네가 살았을 때 이미 나를 알았으니 죽어서도 나의 마음을 알 것일세. 아아, 애통하도다! 나도 자네를 따라 지하로 갈 날이 얼마나 남았겠는가? 가는 인편(人便)이 바쁘고 마음은 급하다보니 할 말은 많지만 글로 다 표현하지 못하네. 혼령은 알거든 부디 흠향할지어다. 아아, 애통하도다!

自君之歾, 士林失望, 吾道無託, 在心之痛, 不但爲宗親之私情而已. 君生旣知我, 則死亦知我心矣. 嗚呼痛哉! 我亦在世亦復幾日而從君於地下乎? 便忙意迫, 情溢辭縮. 不昧者靈, 庶幾歆格. 嗚呼痛哉!

애사 哀詞

30. 황득보에 대한 애사

黃得甫哀詞 기묘년(1759, 48세)

성호선생은 학문이 끊어진 뒤에 도를 강론하셨으나 곤궁하여 높은
자리에 오르지 못했기에 사람들을 훈자(薰炙)할 만한 세위(勢位)와
명성이 없었다. 그러므로 성인(聖人)의 경전(經典)에 뜻이 독실하
고 빈천(貧賤)을 마음에 편히 여기는 자가 아니고는 선생을 찾아오
는 이가 드물어, 문하에 들어온 선비는 겨우 몇 사람이었는데, 황군
(黃君) 득보(得甫)가 그 중 한 사람이다.

星湖先生講道於絶學之餘, 而窮而在下, 無勢位聲光之薰炙人者, 故非志篤
墳典而心安貧賤者, 鮮有歸焉, 及門之士數人, 而黃君得甫其一也.

내가 그 이름을 듣고 사귀기를 원했으나 만나지 못하였다. 신미년
여름에 내가 서울에서 벼슬살이할 때 삼베옷을 입고 짚신을 신고
행색이 초라한 사람이 나를 찾아왔다. 내가 내려가서 읍하고 당(堂)
에 올라가서 앉아 그 온화한 낯빛을 접하니 행실이 맑은 길사(吉士)
임을 이미 알 수 있었다. 그 성명을 들어보니, 과연 득보 그 사람이
었다. 격의 없이 서로 마음을 터놓고 한 마디 말로 서로 뜻이 맞아

거의 허물없는 사이가 되었다. 서울과 지방에 서로 떨어져 있는 터라 비록 자주 왕래하지는 못했으나 동심(同心)의 우정은 잊은 적이 없었다.

余聞而願交之不得. 辛未夏, 竊祿于京師, 有人來見, 麻衣草屨, 蓬累其形, 下揖登坐, 接其色笑溫然, 已知爲淸修吉士也. 及道姓名而果得甫其人也. 忘形虛懷, 一言相契, 幾乎無我矣. 京鄕阻絶, 雖未源源, 同心之好, 未相忘也.

임신년 봄에 나는 정릉 직장(靖陵直長)으로 자리를 옮겼다. 득보가 유람하는 길에 영평(永平)의 금수정(金水亭)으로부터 한강 북쪽에까지 이르러 압구정(狎鷗亭)에 오르고 봉은사(奉恩寺)를 찾는 길에 나에게 들러 하룻밤을 머물고 갔으니, 허여하는 마음과 토론하는 즐거움이 또한 더욱 깊었다. 갑술년 여름에 내가 사헌부 감찰(司憲府監察)로 있을 때 득보가 일로 서울에 와 있었는데, 그가 머무는 객사(客舍)가 매우 가까워 아침저녁으로 내왕하였다. 당시에는 내가 노친(老親)의 병환으로 노심초사하느라 평소처럼 경서(經書)와 글을 담론하지는 못하였지만 서로 믿고 의지하는 마음은 더욱 간절하였다. 얼마 지나지 않아 내가 상(喪)을 당하여 피를 토하며 거의 죽을 지경에 이르러 잠시도 살아 있을 수 없을 지경에 이르렀다. 득보가 조문을 왔는데 그 모습이 너무도 애통해 보였고, 널을 모시고 돌아가 장사지낼 때에 득보가 먼 길을 걸어 장지(葬地)에 왔으니, 한갓 마음으로만 서로 허여한 것이 아니라, 고생을 마다 않고 멀리 문상하러 온 의리가 또 이와 같았다.

壬申春, 余移守靖園, 得甫謝屐之行, 自永平之金水亭, 至漢水之陽, 登狎鷗
尋奉恩而歷訪焉, 留一宿而歸, 心期之許・談討之樂, 又加深矣. 甲戌夏, 余
入臺監, 得甫以事在京. 其舍舘至近也, 昕夕來訪. 時, 余以親憂熌灼, 不能
談經論文如平日, 而其相須相倚之情, 轉密矣. 無何, 余丁憂, 病嘔血欲死,
不可須臾生. 得甫唁慰之, 其容慘怛可掬, 及扶櫬歸葬, 得甫徒步來臨, 非徒
心許, 不憚勤勞匍匐之義, 又如是矣.

이로부터 나는 외진 산골에서 여막을 지키고 득보는 호구(糊口)하
느라 겨를이 없어 소식이 서로 끊어졌었다. 병자년 4월에 내가 빈소
에 앉아 있노라니 상복을 입고 오는 사람이 있었다. 보니 바로 득보
였다. 놀란 나머지 물어보고서야 그의 부친 동지공(同知公)의 상을
당했는데도 전혀 소식을 듣지 못했었다는 것을 알았다. 그가 온 것
은 흉년이 들어 국가에서 남한산성(南漢山城)의 곡식을 여러 고을
로 옮기기로 하였기 때문에 남양(南陽)에 살고 있던 득보가 환자곡
을 받으러 오는 한편 나를 보고 싶어 온 것이었다. 그의 궁하고 곤
핍(困乏)한 형편을 알 만하였다.

自是余守廬窮山, 得甫糊口不暇, 數年聲聞相絶. 丙子四月, 余坐堊室, 有曳
衰而至者, 卽得甫也. 驚怛之餘, 問知遭其考同知公憂, 而漠然不能聞也. 其
來也, 以年凶, 國家移南漢穀于列邑, 得甫居南陽, 爲受糶米, 且欲見我也.
其窮且困, 可知也已.

그 날 밤 득보가 유숙하며 대화를 나눴다. 득보는 상복 차림으로 나
와 마주앉아 슬피 울면서 회포를 말하고, 평소에 알 수 없었던 의의

(疑義)를 강설(講說)하여 경서(經書)와 성리(性理)의 깊은 뜻, 예문(禮文)과 도수(度數)의 의절(儀節)로부터 역대의 흥망성쇠, 해그림자와 해와 달의 교차(交差)를 측량하는 방법에 이르기까지 자세히 거론하지 않음이 없었으니, 비록 상중(喪中)에 있는 몸이었으나 내 마음에 퍽 위안이 되었다. 작별할 때에 가을에 환곡을 납부하러 올 것이라 하며 훗날을 기약하더니, 가을이 이르러도 아무런 소식이 없었다.

是夜留話, 衰絰相對, 悲泣論懷, 而講說平日之疑義, 自經書性理之奧, 禮文度數之儀, 至若歷代之興廢, 晷度交會之術, 靡不爬櫛而擧之. 雖在憂服之中, 亦足以自慰也. 臨別, 謂以秋當躬糴, 後會有期, 至秋無所聞.

이듬해 봄에 윤장(尹丈 윤동규(尹東奎))이 편지를 보내 득보의 부음을 전해주었고, 성호선생께서 또 편지에서,

"득보가 작년에 둘째 아들을 잃더니 지금 큰 아들과 부인이 함께 죽었으니 비록 역질(疫疾)에 걸렸다고는 하지만 필시 결국 굶주려서 병에 걸린 것일 터이다. 가난을 편안히 받아들인 선비로는 예나 지금이나 안자(顔子)를 일컬으나 안자가 편히 여겼던 것은 대그릇의 밥이었다. 그런데 우리는 미음과 죽도 먹지 못해 굶어죽는 데까지 이르렀으니, 매우 어려운 일이 아닌가! 아, 운명이로다!"

라 하셨다. 아아, 슬프도다! 편지를 손에 쥐고 눈물이 쏟아져 무슨 말을 해야 할지 몰랐다.

翌年春, 尹丈有書, 傳得甫之訃, 先生又有書云: "得甫前年失第二子, 今與

長子及內子俱亡. 雖云遘癘, 要是飢病. 安貧士常古今稱顔子, 然所安者簞
食. 吾輩饘粥不繼, 至於殣死, 則不已難乎? 噫! 命矣."嗚呼哀哉! 執書涕
泣, 不知所云.

나는 5년 동안 병폐(病廢)하여 사람의 도리를 전혀 못하고 살았다.
득보가 평소에 늘 나를 찾아왔는데 나는 한 번도 그의 집에 가보지
못하였고, 내가 상(喪)을 당했을 때 득보는 찾아와서 조문을 했는
데 득보가 상을 당했을 때 나는 조문하지 못했으며, 내가 병들었을
때 득보는 나를 위해 걱정해 주었는데 득보가 죽었을 때 나는 달려
가 곡하지 못하였다. 득보는 나를 저버리지 않았건만 나는 득보를
저버린 것이 많다. 아, 그만이로다. 어이하리오! 어이하리오!

五年病廢, 人理都絶. 得甫平日常常臨余, 而余一未造衡門; 余遭憂, 得甫
臨問, 而得甫之憂, 余未能問; 余疾病, 得甫爲之憂, 而得甫之歿, 余不能奔
哭. 得甫不負余, 而余之負得甫, 多矣. 嗚呼已矣, 奈何奈何!

득보는 부모에게 효도하고 사우(師友)에게 신의(信義)가 있어 고을
에서 인정받았으며, 자질이 아름답고 문학(文學)이 박흡(博洽)하였
으니, 선비가 이 세상에 태어나 이만하면 족하다고 하겠다. 궁하여
한낱 선비에 그쳤으나 높은 벼슬아치를 하찮게 여기는 뜻을 지녔
고, 가난하여 아궁이에 불을 때지도 못하였으나 부귀를 티끌처럼
여기는 마음이 있었으니, 걸출한 선비라 할 만하다. 하늘로부터 좋
은 바탕을 얻었으나 사람에게서 작록(爵祿)을 얻지 못한 것은 선생
이 말한 운명이라는 것이니 내가 다시 무엇을 한탄하리오. 득보 또

한 지하에서 한탄하는 바가 없으리라. 아아, 슬프도다!

得甫孝於親, 信於師友, 見重於鄕黨, 而姿質之美, 文學之博. 士生斯世, 如
斯足矣. 窮爲匹士而有藐大人**60**之志, 貧不黔堗而有塵富貴之心, 可謂豪傑
之士.**61** 其得於天而不得於人者, 先生所謂命也, 吾復何恨! 得甫亦將無所
恨於地下矣. 嗚呼哀哉!

대상(大祥)이 다가와 궤연(几筵)을 장차 거두게 되니, 침문(寢門)
에서 곡하는 슬픔을 풀 곳이 없게 되었다. 멀리 무덤을 바라보니 묵
은 풀이 무성하다. 만약 내가 이 병으로 죽지 않는다면, 저 무덤이
훗날 내 슬픔을 풀 곳이 될 것이다. 눈물을 닦으며 글을 지어 그의
집으로 보낸다.

終祥幾至, 几筵將撤, 而寢門之痛, 無地可洩. 瞻彼佳城, 宿草蕪沒**62**, 若不
死於此疾, 則是將爲他日紓哀之所乎? 掩泣搆詞, 歸之其家.

----

60 맹자가 "대인을 유세할 때에는 하찮게 여기고 그 존귀한 면을 보지 말아야
한다〔說大人, 則藐之, 勿視其巍巍然.〕"라 하였다. 『孟子 盡心下』

61 豪傑之士 : 일반 선비들과 달리 걸출한 선비를 가리키는 말이다. 孟子가 "문왕
이 나와야 흥기하는 자는 일반 백성이니, 호걸지사 같은 경우에는 문왕이
없어도 흥기한다.〔待文王而後興者, 凡民也. 若夫豪傑之士, 雖無文王, 猶
興.〕" 하였다. 『孟子 盡心上』

62 宿草蕪沒 : 『禮記』「檀弓上」에 "붕우의 무덤에 한 해를 넘겨 묵은 풀이 있으면
곡하지 않는다.〔朋友之墓, 有宿草而不哭焉.〕"이라 하였다.

사(詞)

사람과 만물이 태어나는 것은
다 하늘로부터 받은 것이지만
기질의 후박이 같지 않기 때문에
받은 운명의 궁통이 현격히 다르지
이빨을 준 짐승에겐 뿔을 주지 않는 것은
그 이치가 당연히 그러한 법이지
그래서 성현도 궁액을 당해 불우한 이 많았고
향기로운 난초는 바람과 서리에 쉽게 꺾이는 법이니
이 어찌 하늘의 호오가 사람과 다르리오
기수(氣數)의 운행이 막혀서 그러한 것이지
이 이치를 아는 자는
사생과 영욕의 나뉨에 있어
마음이 흔들리지 않을 수 있으리
내가 이미 알고 있으니
그대도 필시 알고 있으리라
만약 알고 있다면
무엇을 한탄하고 무엇을 슬퍼하리오
슬퍼할 만한 것은
잠깐 머물다 가는 인생
한번 가면 돌아오지 못하고
뜻밖에 벗을 만나도 잃으면
다시는 만나기가 어려운 것이지

천지 사이에 외로이 서서
더불어 얘기할 벗이 없으니
아아, 애통하도다!
어느 날에나 잊으리오

人物之生 皆禀於天 以氣質厚薄之不同 有受命窮通之相懸
與齒去角 其理宜然 是以聖賢多阨窮而不遇 蘭蕙易摧折於風霜
豈天之好惡與人殊耶? 是氣機窒而難通也 知此義者
其於死生榮辱之分 不足以撓吾中矣 余旣知之 子必知之 如其知之
何恨何悲 所可悲者 逆旅人世 一去難復
邂逅朋交 一失難得 子立乾坤 晤言無從
嗚呼哀哉 曷日而忘

묘갈 墓碣

묘표 墓表

묘갈 墓碣

1. 통정대부 승정원 좌부승지 겸 경연 참찬관 춘추관 수찬관 금시
   당 이공 묘갈명-병서(並序)-
   通政大夫·承政院左副承旨·兼經筵參贊官·春秋館修撰官·今
   是堂李公墓碣銘-並序- 계사년(1773, 62세)

밀성(密城 밀양) 이군직(李軍稙)이 나에게 편지를 부쳐 말하기를,
"선조 금시당(今是堂)의 사적이 산일(散佚)하여 세상에 드러나지
않으니, 세월이 오래 갈수록 자취가 더욱 민멸할까 두렵다. 이에
흩어지고 남은 유고를 수집하여 후세에 전하고자 하니, 그대가 글
을 써주기 바라오."
라 하였다. 나는 생각건대, 남의 선인(先人)의 덕을 기술하는 일은
누구나 할 수 있는 일이 아닌데 내가 어떠한 사람이기에 감히 작자
(作者)의 책임을 감히 맡겠는가. 그러나 이군(李君)은 나와 평소에
면식(面識)은 없고 단지 성기(聲氣)가 서로 통한다는 이유로 나에
게 글을 부탁한 것이기에, 내가 끝내 글을 잘 짓지 못한다는 핑계로
사양할 수 없었다.

　살펴보건대, 공은 휘는 광진(光軫)이고 자는 여임(汝任)이며 관향
은 여주(驪州)이다. 여주 이씨는 시조 휘 인덕(仁德)에서 나왔다.
8대를 지나 휘 행(行)은 호가 기우자(騎牛子)이고 시호는 문절공(文

節公)이며 문장과 절행으로 세상에 드러났으니, 공에게는 6대조이다. 증조 휘 증석(曾碩)은 양녕대군(讓寧大君)의 외손자이고 관직은 중화 군수(中和郡守)를 지냈다. 조부는 휘 사필(師弼)이고, 부친은 휘 원(遠)으로 진사이다. 모친 남양홍씨(南陽洪氏)는 봉상부정(奉常副正) 윤덕(潤德)의 따님으로 정덕(正德) 계유년(1513, 중종8)에 공을 낳았다.

공의 조부 때부터 밀양에 살았다. 공은 소싯적부터 학문에 힘쓰고 문장을 잘 지었고 가정(嘉靖) 경자년(1540, 중종35) 생원시에 합격하였다. 병오년(1546, 명종1)에 별시 문과에 급제하고 무신년(1548, 명종3)에 선발되어 승문원에 들어가 권지부정자(權知副正字)를 거쳐 차서를 따라 저작(著作)으로 자리를 옮겼다. 기유년(1549, 명종4)에 천거를 받아 한림원에 들어가 검열(檢閱)을 거쳐 봉교(奉敎)에 이르고, 또 승정원주서(承政院注書)에 제수되었다가 이윽고 성균관전적(成均館典籍) 겸 남학교수(南學教授)에 올랐다. 그리고 누차 승천(陞遷)하여 호조·공조·예조·병조의 좌랑(佐郎)이 되었다. 신해년(1551, 명종6)에 모친을 위하여 외직으로 나가기를 자청하여 순천부사(順天府使)가 되었다. 임자년(1552, 명종7)에 흥양현감(興陽縣監)으로 옮겼다가 이윽고 사천현감(泗川縣監)으로 옮겼다.

사천현(泗川縣)에 재임할 때 귀암(龜巖) 이정(李楨)을 효행으로 천거하였다. 그리고 갑인년(1554, 명종9)에 흉년이 들었는데, 공이 황정(荒庭)에 성심을 다하였는데, 그 치적이 조정에 보고되어 임금이 포상하였다.

무오년(1558, 명종13)에 창녕현감(昌寧縣監)으로 옮기고, 신유년(1561, 명종16)에 다시 내직으로 들어와 병조좌랑(兵曹佐郎)이 되었다가 이윽고 정랑(正郞)에 올랐다. 이어서 사간원헌납(司諫院獻納), 사헌부지평(司憲府持平)·장령(掌令), 교서관교리(校書館校理), 군자감부정(軍資監副正)·정(正), 사복시정(司僕寺正), 군기시정(軍器寺正)을 역임하였다.

을축년(1565, 명종20) 정월에 통정대부(通政大夫)에 올라 승정원 동부승지(同副承旨)에 제수되고 우부승지(右副承旨)와 좌부승지(左副承旨)를 역임하였다. 4월에 외직으로 나가 담양부사(潭陽府使)가 되었다.

이상이 그 대략적인 관력(官歷)이다.

병인년(1566, 명종21) 8월 25일에 졸(卒)하여 추화산(推火山) 사인동(舍人洞) 임좌(壬坐)의 둔덕에 안장했으니, 선산(先山)이다

공은 어릴 때 부친을 여의고 모친을 잘 섬겨 효행으로 알려졌다. 성품이 엄의(嚴毅)하고 과단(果斷)하여 관직에 있을 때 강직한 면모를 보였고 유능하다는 평판이 있었다. 평소 벼슬에 욕심이 없고 임천(林泉)에 뜻을 두어 일찍이 살던 용호(龍湖) 가에 집을 짓고 '금시당(今是堂)'이란 편액을 붙였으니, 대개 도연명(陶淵明)의 「귀거래사(歸去來辭)」에서 취한 말이다.

배(配) 숙부인(淑夫人) 밀양박씨(密陽朴氏)는 참봉(參奉) 영미(英美)의 따님인데, 공보다 뒤에 졸(卒)하였고, 공의 묘소 오른쪽에 부장(祔葬)하였다.

자녀는 2남 2녀를 두었다. 장남 경홍(慶弘)은 참봉이고 호가 근재(謹齋)이며, 차남 경승(慶承)은 진사인데 공의 백형(伯兄) 광로(光輅)의 후사(後嗣)가 되었다. 장녀는 호가 대암(大菴)인 정랑(正郞) 박성(朴惺)에게 출가했고, 차녀는 곽영길(郭永吉)에게 출가했다. 측

실에서 난 아들은 경준(慶浚)이다. 경홍은 아들이 없어 경승의 차남 옹으로 후사를 이었고, 딸은 셋인데 주부 신여(辛礜)·현감 권응생(權應生)·사인 최경지(崔敬止)에게 각각 출가하였다. 경승은 두 아들을 두었으니 협(挾)과 옹(甕)이다. 내외의 자손은 모두 약간인이다.

금시당이 병난의 와중에 황폐해졌기에 공의 5대손 지운(之運)이 옛 터에 중건하고 옛 이름을 그대로 썼다. 이 분이 비문을 청한 이군의 조부이다.

密城李君稙簡寄款余曰: "先祖今是堂事蹟, 散佚不見于世, 懼其久而愈泯也. 搜輯斷爛, 圖爲不朽, 願子之文之也." 余惟銘述人先德, 非人人可能. 余何人, 敢當作者之任也? 然李君與余無素, 特以聲氣之感而有求焉. 余終不可以不文辭. 按公諱光軫, 字汝任, 驪州人, 起於始祖諱仁德, 八世至諱行, 號騎牛子, 謚文節公, 以文章節行著於世, 於公爲六代祖. 曾祖諱曾碩, 爲讓寧大君外孫, 官中和郡守. 祖諱師弼. 考諱遠進士. 妣南陽洪氏, 奉常副正潤德之女, 以正德癸酉生公. 自公之王考, 始居密陽, 公少力學工文辭, 中嘉靖庚子生員, 丙午別試文科, 戊申選槐院, 由權知副正字, 序遷著作. 己酉薦入翰院, 由檢閱至奉敎, 又除承政院注書, 俄陞成均舘典籍兼南學敎授, 累遷爲戶工禮兵曹佐郎. 辛亥爲親丐外, 出宰順天. 壬子移監興陽, 尋改泗川. 在縣, 薦李龜巖楨孝行. 甲寅歲飢, 公盡心荒政, 以治理聞, 上褒賞之. 戊午移監昌寧, 辛酉復入爲兵曹佐郎, 尋陞正郎. 歷踐司諫院獻納·司憲府持平·掌令·校書館校理·軍資監副正至正·司僕軍器二寺正. 乙丑正月 陞通政, 除承政院同副承旨, 歷右副左副, 四月出爲潭陽府使. 此其歷官大略也. 丙寅八月二十五日卒, 葬于推火山舍人洞壬坐原, 從先兆也. 公早孤, 事大夫人, 以孝聞, 性嚴毅果斷, 莅官侃侃, 有能聲. 宦情素泊, 雅志林泉, 嘗搆堂所居龍湖之上, 扁以今是, 盖取淵明賦歸[63]之義也. 配淑夫人密陽朴氏, 參奉英美之女, 後公卒, 祔公墓右. 生二男二女, 男長慶弘參奉, 號謹齋, 次慶承進士, 出系公伯光輅後. 女長適正郎朴㤠號大菴, 次適郭永吉. 側室子慶浚, 慶弘無子, 取慶承次子甕爲后. 女三人適主簿辛膂, 縣監權應生・士人崔敬止. 慶承二子, 㽤・甕, 內外子孫總若干人. 今是堂因亂荒廢, 公五代孫之運就舊址重建, 顔舊號, 於李君爲王考云. 銘曰:

명(銘)

문절공의 후손에
걸출한 인물이 있었으니
일찍이 과거에 급제하여
문채가 찬연히 빛났어라
청화직(淸華職)을 두루 역임하고
여러 고을 수령을 맡았으니
몸은 관직에 매여 있었지만
마음은 천석을 좋아하였어라
백곡의 한 모퉁이는

---

63 淵明賦歸 : 陶淵明이 彭澤縣令으로 있다고 사직하고 향리로 돌아올 때 지은
   「歸去來辭」에 "지금이 옳고 어제는 그르다〔覺今是而昨非〕"라는 말이 있다.
   '今是堂'은 여기에서 따온 말이다.

산천이 매우 아름다웠나니
금시당이란 편액은
도연명의 글에서 따온 말이지
그 저술과 아름다운 발자취가
병화에 소실되어 없어졌는데
후손이 유업을 잘 계승하여
금시당을 중건하였으며
흩어진 유문을 모아서
숨은 덕을 다시 드러내니
청풍이 백세토록 이어져
용호가 드넓게 흐르리라
갈석(碣石)에 새겨서 나타내어
오랜 후세에 보이노니
여기 현인이 누운 곳에
지나는 사람이 공경할지어다

文節之後 曰有偉人 夙闡科第 文彩彪彬

歷敭華選 翺翔郡邑 身麾簪紱 志眈泉石

柏谷一隅 山川瓌奇 堂扁今是 義取陶辭

徽言懿行 蕩佚兵燹 後孫克肖 堂搆重建

裒稡遺聞 潛德復揚 淸風百代 龍湖洋洋

鑱石揭表 垂示來億 賢人之藏 過者斯式

2. 무공랑 선원전 참봉 근재 이공 묘갈기

務功郎璿源殿參奉謹齋李公墓碣記 계사년(1773, 62세)

공은 휘가 경홍(慶弘)이고 자는 백긍(伯兢)이며 호는 근재(謹齋)이니, 선계(先系)는 여흥(驪興)에서 나왔다. 문절공(文節公) 휘(諱) 행(行)의 7세손이고, 금시당(今是堂) 좌부승지 휘 광진(光軫)의 아들이다. 모친 숙부인(淑夫人) 밀양박씨(密陽朴氏)는 참봉 영미(英美)의 따님으로, 가정(嘉靖) 경자년(1540, 중종35)에 공을 낳았다.

공은 어릴 적부터 가정의 훈육을 받았고, 성장해서는 더욱 학문을 연마했으니, 교유한 이들이 모두 고을의 명사들이었다.

융경(隆慶) 경오년(1470, 선조3) 생원시에 합격하였고, 만력(萬曆) 신묘년(1591, 선조24) 봄에 효행(孝行)으로 천거 받아 선원전참봉(璿源殿參奉)에 제수되었다.

이듬해 왜란(倭亂)이 발발하자 공은 북관(北關)으로부터 급히 돌아와 왜구(倭寇)를 피하여 숙부인을 모시고 거주하던 밀양부(密陽府) 동쪽 석동(石洞)에 옮겨 와서 살았다. 공은 산골에 살면서 모친을 모시고 숙수(菽水)로 봉양한 지 얼마 안 되어 공이 세상을 떠났으니, 바로 모년 2월 10일이었다. 난리 중이라 가매장하느라 상장(喪葬) 제반 예물을 갖추지 못하였다. 경술년(1610, 광해군2) 정월에 공의 사위들과 아들이 의식을 갖추어 개장(改葬)하여 선산인 추화산(推火山) 임좌(壬坐)의 둔덕에 옮겨 안장하였다.

병화를 거친 뒤라 공의 언행을 살필 길이 없으나, 다행히 오한(聱漢) 손공(孫公) 기양(起陽)의 만사와 제문이 있으니, 그 만사에,

"우리 고을에 복이 없어 시귀(蓍龜)를 잃었으니, 후학이 누구에게 의심스러운 것을 물으리오."

라 하였고, 또 제문에서는,

"시례(詩禮)의 가학(家學)을 이어받았고, 효우(孝友)의 행실이 드러났습니다. 다행히 공을 모실 수 있었으니, 의리는 실로 스승과 제자였습니다."

라 하였다. 또 오휴(五休) 안공(安公) 신(玔)이 그 족부 옥천성생(玉川先生) 여경(餘慶)의 행장을 기술하였는데, 그 중에,

"공은 한강(寒岡) 정구(鄭逑)·동강(東岡) 김우옹(金宇顒)·존재(在齋) 곽준(郭越)·근재(謹齋) 이경홍(李慶弘)·대암(大菴) 박성(朴惺)과 도의(道義)의 벗이 되어, 서로 왕래하면서 절차탁마하였다."

라 하였다. 이상의 기록이 가승(家乘)의 미비한 부분을 보완할 만하다.

오휴(五休)는 일찍이 오한(聱漢)에게 수학했고, 오한은 또 공에게 수학했다. 두 공의 학문과 절행(節行)은 향리의 존경을 받고 있거늘 두 공의 말이 이와 같으니, 공의 사적이 비록 민몰(泯沒)하여 전해지지 못한다 하더라도 또한 무엇을 슬퍼하리오.

공의 전배(前配) 고성이씨(固城李氏)는 충순위 도(都)의 따님으로 세 딸을 낳았는데, 공의 무덤 왼쪽에 부장하였다. 후배(后配) 창원황씨(昌原黃氏)는 자식이 없고, 묘소는 공의 무덤 동쪽 20보 거리에 있다. 장녀는 주부(主簿) 신여(身臂)에게 출가하였고, 차녀는 현감(縣監) 권응생(權應生)에게 출가하였고 삼녀(三女)는 사인(士人) 최경지(崔敬止)에게 출가하였다. 측실(側室) 소생 딸은 만호 박인립(朴

仁立)에게 출가하였다.

공은 아우 진사공(進士公)의 둘째 아들 옹(甕)을 후사(後嗣)로 삼
았으니, 통덕랑(通德郎)이다. 그가 1남 2녀를 낳았으니 아들 창윤
(昌胤)은 선교랑이고 딸은 사인 정야(鄭埜)에게 출가하였다. 창윤
의 아들은 만종(萬種)이고, 만종의 아들은 지운(之運)이며, 지운의
네 아들은 수(洙)·섭(涉)·서(漵)·침(沈)이다. 수의 아들은 직
(稙)이다.

公諱慶弘, 字伯兢, 號謹齋, 係出驪興. 文節公諱行之七世孫, 今是堂左副承
旨諱光軫之子. 妣淑夫人密陽朴氏, 參奉英美之女, 正德[64]庚子生公. 公幼
習庭訓, 長益淬礪, 所與遊皆鄕邦名德. 中隆慶庚午生員試, 萬曆辛卯春以
孝行薦, 除璿源殿參奉. 翌年有漆齒之亂[65]. 公自北關奔歸, 奉淑夫人, 避寇
于所居密陽府東之石洞. 公住山間, 奉親盡菽水養, 未幾而公卒, 卽某年二
月初十日也. 亂棘權厝, 不克備物, 庚戌正月, 公諸婿及繼胤敦匠改斂, 遷窆
于推火先塋壬坐原. 兵火之餘, 公之言行, 無所考信, 而幸有聱漢孫公起陽
輓祭文. 其言曰: "弊鄕無祿失蓍龜[66], 後學從何質所疑?"又曰: "家傳詩禮,
行著孝友. 幸奉杖屨, 義實師生."又五休安公述其族父玉川先生餘慶狀, 有
曰: "公與鄭寒岡逑·金東岡宇顒·郭存齋䞭·李謹齋慶弘·朴大菴惺爲道

----

64 正德 : 원문의 정덕은 嘉靖의 오식인 듯하다. 경자년은 정덕 연간에는 없다.

65 漆齒之亂 : 임진왜란을 말한다. 칠치는 이를 검게 물들이는 것인데, 옛날 倭人
의 풍습이었다.

66 蓍龜 : 거북이와 시초. 일의 시비와 길흉을 점치는 것으로 사물을 판단하는
기준의 뜻으로 쓰임.

義交, 更相往來, 切磋琢磨." 此足以補家乘之闕也. 五休嘗質業于聱漢, 聱漢又受學于公. 二公之學問節行, 爲鄕里所推服, 而二公之言如是, 則公之事蹟, 雖沒沒無傳, 亦何傷哉! 公前配固城李氏, 忠順衛都之女, 生三女, 墓祔公墓左. 后配昌原黃氏, 無后, 墓在公塋東二十步. 女長適主簿辛脊, 次適縣監權應生, 次適士人崔敬止, 側室女適萬戶朴仁立. 取弟進士公次子壅爲嗣, 通德郞. 生一男一女, 男昌胤宣敎郞, 女適士人鄭埜. 昌胤子萬種, 萬種子之運, 之運四子洙・涉・潚・沉. 洙子稙云.

3. 영릉참봉 임천 배공 묘갈명

英陵參奉林泉裵公墓碣銘 계사년(1773, 62세)

옛날 우리 명릉(明陵 숙종의 능호) 신사년(1701, 숙종27)에 영남의 선비들이 취성(鷲城 영산(靈山)의 옛 이름)에 도천사(道泉祠)를 건립하여 향선생(鄕先生)을 향사하였으니, 임천(林泉) 배공(裵公)이 그 향선생 중 한 분이다. 정복(鼎福)이 늦게 태어나 공에 대해 미처 듣지 못하였는데, 올해 계사년(1773, 영조49)에 처음으로 공의 후손 상도(相度)를 알았다.

살펴보건대, 공의 선조는 옛날 분성(盆城)의 세가(世家)이다. 공은 휘는 학(鶴)이고 자는 태충(太冲)이다. 시조 분성군(盆城君) 원룡(元龍)으로부터 6대를 지나 휘 진(縉)은 본조에 들어와 사헌부감찰(司憲府監察)을 지냈다. 감찰공이 휘 중후(仲厚)를 낳았으니 진사이고 진사공이 휘 즙(緝)을 낳았으니 부사직(副司直)이다. 곧 공의 증조·조부·부친 3대이다. 모친 영산신씨(靈山辛氏)는 현감(縣監) 영리(永理)의 따님이다.

공은 홍치(弘治) 무오년(1498, 연산군4)에 영산현 향교동(鄕校洞)에서 태어났다. 타고난 자품이 온화하고 인후하였으며, 어버이를 지극한 효성으로 섬겼다. 부모상을 당했을 때는 죽을 먹고 여막(廬幕)을 지키면서 아무리 눈비가 내리고 사나운 짐승이 있어도 조금도 아랑곳하지 않고 아침저녁으로 곡하며 성묘하였다. 이렇게 3년을 마치는 것이 하루 같았다. 상례(喪禮)와 제례(祭禮)의 제반 절차는 오로지 주문공(朱文公)의 『가례(家禮)』를 따랐다.

가정(嘉靖) 을미년(1535, 중종30)에 유일(遺逸)로 천거되어 영릉 참봉(英陵參奉)에 제수되었으나 부임하지 않았다. 공은 고원한 뜻을 품어 어릴 때부터 벼슬에 나아갈 뜻을 끊고 성리학에 전심하여, 죽림(竹林) 속에 서실을 짓고서 장수(藏修)하고 함양(涵養)하면서 그대로 노년을 보낼 듯이 하고, 임천(林泉)이라고 자호하였다. 신재(愼齋) 주세붕(周世鵬)이 일찍이 눈 내리는 날 시를 부쳐 보내기를,

그대는 보라 무릉의 흰 눈이
멀리 영취산의 구름과 이어졌어라

君看武陵雪 遙連鷲山雲

라 하였고, 또 공을 방문하여 벽에 시를 적었는데, 그 시에,

죽원으로 청수한 신선을 방문하여
시를 남기고 한나절 청풍 속에 앉아있었노라

一訪癯仙竹院中 留詩半日坐淸風

라 하였다. 남명(南冥) 조선생(曺先生)도 산해정(山海亭)으로 공을 불러서 한 방에서 기거하고 소찬을 먹으며 의리(義理)를 담론하였으니, 공이 당시 명사(名士)들에게 인정받은 것이 이와 같았다.

융경(隆慶) 기사년(1569, 선조2) 12월 9일에 세상을 떠나니, 향년 72세였다.

공과 동향의 벗인 이공(李公) 중(中)은 학문하는 선비로, 대성(大成) 김식(金湜)을 스승으로 섬겼다. 기묘사화(己卯士禍)가 일어나자 대성이 이공에게 와서 몸을 의탁했는데, 이공이 이를 숨겨 주었을 때 공도 알고 있었다. 일이 발각되자 이공이 체포되어 국문을 받았으나, 끝내 공이 함께 참여했다는 사실을 고하지 않았기 때문에 공은 화를 면하였다. 이로 말미암아 공은 이공을 매우 의롭게 여겨, 임종 때 자제들에게 당부하기를, "내가 이강(而强)과는 지하에서도 만나야 할 의리가 있으니 반드시 이강의 무덤 곁에 나를 묻으라."라 하였으니, 이강은 이공의 자(字)이다. 이 때에 이공은 이미 세상을 떠나 현의 동쪽 청암산(靑巖山)에 묻혀 있었는데, 이 때에 이르러 공을 이공과 같은 산기슭에 안장하였다. 후에 무덤 터가 좋지 못하다고 하여 현의 서쪽 광지산(廣池山) 묘좌(卯坐)의 둔덕에 이장하였다.

공은 일선김씨(一善金氏) 충순위 광제(光晣)의 따님에게 장가들었다. 부인의 묘소는 청암산(靑巖山) 모좌(某坐)의 둔덕에 있다.

3남 1녀를 낳았다. 장남은 식(湜)이다. 차남은 영(渶)인데, 문행(文行)이 있었고 이조참판에 추증되었다. 삼남은 운(澐)이다. 딸은 박사립(朴斯立)에게 출가했다. 식과 운은 모두 아들이 없다. 영은 두 아들을 두었으니, 대유(大維)와 대륜(大綸)이다. 대유는 관직이 승지이고 호는 모정(慕亭)인데 문장과 글씨로 세상에 이름났다. 두 아들을 두었으니 장남 홍우(弘祐)는 설서(說書)이고, 차남 홍록(弘祿)은 부사(府使)이다. 각각 두 아들을 두었으니 경징(敬徵)·경휘(敬徽)와 경선(敬善)·경신(敬宸)이다. 대륜의 두 아들은 홍지(弘祉)와 홍례(弘禮)인데 모두 효성과 우애로 일컬어진다. 홍지의 아들 명윤(命胤)도 효행으로 공조좌랑에 추증되었다. 홍례의 세 아들은 명설(命契)·명익(命益)·명열(命說)이다. 지금 그 대수(代數)가 먼 사람은 7, 8세에 이르렀다.

공의 아름다운 언행은 세대가 오래 지나 인멸(湮滅)하였으나, 창설재(蒼雪齋) 권두경(權斗經)이 지은 「춘추향사축(春秋享祀祝)」에,

효성은 가정에 드러나고
뜻은 산림에 드높았어라
학문의 공부는 전일하였고
사우 간에 얻음이 깊었도다

孝著家庭 趣高山林 學問功專 師友資深

라 하였으니, 사람들이 이를 두고 실록(實錄)이라고 한다. 이는 모두 후세에 전할 만한 것들이다. 명(銘)은 다음과 같다.

옛 글에 선비는 뜻을 숭상한다 하였고
또 세상 숨어살아 남이 알아주지 않아도 후회하지 않는다 하였으니
배공과 같은 이가 이러한 분이로다
이름은 사림에 남아 있고
여경(餘慶)은 후손에 이어지리라
공의 덕을 알고 싶으면
청컨대 이 글을 보라

昔我明陵辛巳, 嶺南紳士建道泉祠于鷲城, 以祀鄕先生, 林泉裵公其一也.

鼎福生晚, 未之聞也. 今年癸巳, 始識公後孫相度. 按其先故盆城世家也. 公諱鶴, 字太冲. 自鼻祖盆城君元龍, 歷六世至諱縉, 入本朝, 官司憲府監察. 監察生諱仲厚進士, 進士生諱世緝副司直, 卽公曾祖考三世也. 妣鷲城辛氏, 縣監永理女. 公以弘治戊午, 生于靈山縣之鄕校洞, 天姿溫仁, 事親至孝, 及遭內外艱, 歠粥守廬, 晨夕哭省, 雨雪豺虎不少避, 終三年如一日. 喪祭諸節, 一遵文公定禮. 嘉靖乙未, 擧遺逸, 除英陵參奉, 不赴. 公志尙高遠, 自早歲絶意進取, 專心性理, 闢書室于竹林中, 藏修涵養, 若將老焉, 自號林泉. 周愼齋世鵬甞雪中寄詩云:"君看武陵雪, 遙連鷲山雲." 又訪公題詩壁上, 有云:"一訪癯仙竹院中, 留詩半日坐淸風." 南冥曹先生亦邀公於山海亭, 連床咬茶, 談討義理. 其爲當時名德之所敬重如是. 隆慶己巳十二月初九日卒, 壽七十二. 公同閈友李公中, 學問士也. 師事金大成湜. 己卯禍作, 大成來投李公, 李公舍匿之, 公亦與知. 及事發, 李公被逮鞠訊, 竟不告與公同事狀, 故公得免. 由是, 公義李公甚, 臨終囑子弟曰:"吾與而强有泉壤相須之義, 葬必相傍." 而强, 李公字也. 時, 李公已歿, 葬于縣東靑巖山, 至是葬公, 與之同壟. 後以宅兆不利, 遷厝于縣西廣池山卯坐原. 公娶一善金氏, 忠順衛光晰女, 墓在靑巖山某坐原. 生三男一女, 男長湜, 次湙有文行, 贈吏曹參判. 次澐. 女適朴斯立. 湜・澐俱無子. 湙有二男大維・大綸. 大維官承旨, 號慕亭, 以文章筆法名世. 二子, 弘祐說書, 弘祿府使. 各有二子, 曰敬徵・敬徽・敬善・敬宸. 大綸二子弘祉・弘禮, 俱以孝友稱. 弘祉子命胤, 亦以孝行, 贈工曹佐郎. 弘禮三子, 命契・命益・命說. 今其世遠者, 至七世八世. 公之嘉言懿行, 世久湮沒, 而權蒼雪斗經撰春秋享祀祝曰:"孝著家庭, 趣高山林. 學問功專, 師友資深." 人謂之實錄, 是皆可傳者也. 銘曰:

傳有之云士尙志 又曰遯世不見知而不悔

若襄公者其類是矣 名存士林 慶流後昆

欲知公德 請徵斯文

4. 통정대부 수전주부윤 증가선대부 이조참판 권공 묘갈명-병서-

通政大夫守全州府尹贈嘉善大夫吏曹參判權公墓碣銘-幷序- 갑오년

(1774, 63세)

갑오년(1774, 영조50) 봄에 내가 도성 서쪽에 우거하고 있을 때 서생 권일언(權一彦)이 나의 집에 와서 청하기를

"선조 부윤공이 돌아가신 지 지금에 183년입니다. 국가에 훈로(勳勞)가 있었건만 사람들이 알지 못하고, 아직도 갈석(碣石)이 없으니, 세월이 오래 흘러 그 자취가 인멸(湮滅)할까 두렵습니다. 흩어진 유문(遺文)을 모았으니, 원컨대 공이 글을 지어주십시오."
라 하였다.

나는 생각건대 사람의 사적을 후세에 길이 전하는 것은 누구나 할 수 있는 일이 아니었다. 그래서 사양하였으나 더욱 간청하기에 삼가 그 행장을 받아서 읽어보니, 대개 가첩(家牒)과 공이 살았던 곳의 주자동지(鑄字洞誌)와 호남의 선비들이 올린 정문(呈文)을 취합하고 편집하여 만든 것이었다.

살펴보건대, 공은 휘는 수(𢢝)이고 자는 사원(思遠)이며, 관향은 영가(永嘉)이다. 고려 태사(太師) 행(幸)의 후에 자손이 창성(昌盛)하여 대대로 걸출한 인물이 있었다. 휘 보(溥)요 호 국재(菊齋)인 분에 이르러 영가부원군(永嘉府院君)에 봉해지고 유행(儒行)과 덕업(德業)으로 이름났으니, 공에게 9대조이다. 증조 휘 욱(旭)은 부정(副正) 증좌승지(贈左承旨)이고, 조부 휘 진(振)은 참봉 증참판(贈參判)이다. 부친 휘 상(常)은 효행으로 천거를 받았고 수직(壽職)으로

동지중추부사(同知中樞府事)가 되었고, 아들 기(愭)와 협(恊)이 높은 관작에 오름으로써 영의정 동흥부원군(東興府院君)에 추증되었다. 모친 증정경부인(贈貞敬夫人) 안정나씨(安定羅氏)는 어모장군(禦侮將軍) 운걸(云傑)의 따님으로, 다섯 아들을 낳았으니 공은 그중 장남이다.

공은 가정(嘉靖) 을미년(1535, 중종30)에 태어났다. 갑자년(1564, 명종19)의 사마시에 합격하고, 융경(隆慶) 정묘년(1567, 명종22) 문과에 장원급제하여 명문가의 훌륭한 후손으로 청화직(淸華職)을 두루 역임하여 벼슬이 승정원 좌부승지(左副承旨)에 이르렀다.

일찍이 서장관(書狀官)으로 북경에 갔을 때 역관들에게 금령(禁令)을 단단히 내리고, 귀국할 즈음 자루 가운데 감춘 물품을 수색하여 모두 불살라 버리니, 명나라 사람들이 모여서 보고 혀를 차며 "참으로 어사로다."라고 칭찬하였다. 대헌(臺憲)에 있을 때는 정도(正道)를 지켜 권신(權臣)에게 아부하지 않았고, 고을 수령으로 나가서는 은혜로운 교화를 펴서 광주(光州)와 광주(廣州)의 두 고을 백성들이 송덕비를 세워 칭송하였다. 광주(廣州)의 백성들은 심지어 공의 이름으로 교량(橋梁)의 이름을 지어 기념하였다.

만력(萬曆) 임진년(1592, 선조25) 여름에 왜적의 우두머리 풍신수길이 온 나라의 힘을 다 기울여 침공해 오자 조야(朝野)가 놀라고 두려워했다. 선조대왕이 문무의 재능을 갖춘 신하를 뽑아서 남쪽으로 내려 보내 수어(守禦)할 계책을 세우고 공을 전주부윤(全州府尹)으로 삼았다. 당시에는 태평한 시대가 오래 지속해 오던 터라 갑자기 왜적이 쳐들어왔다는 소식을 듣고 사람들은 영남과 호남을 사지(死地)로 보았다. 공이 왕명을 듣고 곧바로 달려가 전주에 부임하니,

백성들은 이미 산중으로 달아나 성이 텅 빈 상태였다. 공이 흩어진 백성들을 불러 모아 충의로써 격려하고 사수(死守)하겠다는 뜻을 유시(諭示)하니, 백성들이 감격의 눈물을 흘리며 따랐다. 이에 해자(垓子)를 깊이 파고 성첩(城堞)을 보수하며 화기(火器)를 설치하고 건량(乾糧)을 비축하는 한편, 정예병을 선발하여 기린봉(麒麟峯)과 황화봉(皇華峯)에 잠복해 두고서 적을 기다렸다. 병력을 다 배치한 뒤 공의 병세가 위독해졌다. 공은 장리(將吏)들을 불러 부탁하기를, "내가 죽었다고 해서 조금도 소홀하지 말고 이 성을 잘 지켜 내가 눈을 감을 수 있도록 하라."라 하고, 이어서 긴 한숨을 내쉬고 세상을 떠났으니, 바로 7월 2일이었다.

장리들이 공의 유계(遺戒)를 받들어 따랐다. 이윽고 적들이 이르러서는 수비가 매우 엄중한 것을 보고 달아나 버렸으니, 성이 온전할 수 있었던 것은 공의 힘이었다. 그런데 휘하의 이정란(李廷鸞)이 자기의 공으로 삼아 임금의 은총을 입고 발탁되었고, 공은 알려지지 못했다. 후에 남주(南州)의 사람들이 억울한 사정을 호소하자 관찰사가 장계로 보고하여 특별히 이조참판에 추증되었다.

이상이 공의 사적의 대략이다.

아! 공의 언행의 실상과 환로의 사업은 비록 전하는 바가 없지만, 옛날에 사마천(司馬遷)은 형가(荊軻)의 사적을 기록하면서 오히려 하무저(夏無且)의 한마디 말을 채택하였다. 하물며 이 동지(洞誌)와 민장(民狀)은 당시의 사실을 기록한 글에서 나온 것임에랴!

공이 운명했을 때 나이 48세였고, 통진현(通津縣) 동쪽 명월산(明月山) 모좌(某坐)의 둔덕에 안장하였다. 부인 증정부인(贈貞夫人) 남양홍씨(南陽洪氏)는 도사(都事) 세필(世弼)의 따님이다. 공보다 뒤에 돌아가셨고, 공의 무덤 왼쪽에 부장하였다.

자녀는 3남 3녀를 두었다. 아들 여중(汝中)은 사헌부장령(司憲府掌
令)에 추증되었고, 계중(繼中)은 음보(蔭補)로 선전관(宣傳官)이 되
었고, 가중(可中)은 문학을 업으로 삼았다. 사위는 현감 황우상(黃祐
商)·진사 오상길(吳商吉)·생원 이국량(李國亮)이다. 측실 소생 아
들은 태중(泰中)이다.

여중은 두 딸을 두었고 아들이 없어 종제 호중(好中)의 아들 대경
(大慶)으로 후사를 삼았으며, 사위는 참봉 양홍(梁泓)과 채순(蔡純)
이고 측실 소생 아들은 대춘(大春)이다.

계중은 양자로 나가 다른 사람의 후사가 되었다.

가중은 1남 1녀를 두었으니, 아들은 대일(大一)이고 사위는 이관
(李灌)이다.

황우상은 6남 4녀를 두었으니, 아들은 생원 이창(以昌)·이장(以
章)·이영(以榮)·이익(以翼)·증호조참판(贈戶曹參判) 이후(以厚)·
이환(以煥)이고, 사위는 민상(閔鏛)·봉류(奉塗)·김종선(金終善)·
성시하(成時夏)이다.

오상길은 2남 2녀를 두었으니, 아들은 익휘(益輝)와 진휘(晉輝)이
고, 사위는 생원 권이일(權以一)과 직장 정형원(鄭馨遠)이다. 이국량
은 후사가 없다.

명(銘)

덕은 처음에 숨었다가 마침내 드러나는 경우가 있고
공은 잠시 굽혔다가 길이 펴지는 경우가 있나니

숨고 드러나며 굽혔다가 펴지는 것이
저마다 때가 있는 법이라
도리어 공에게 무슨 유감 있으랴
후손이 능히 유업을 이어
갈석을 새로이 세웠어라
아득한 후세에 보이노니
지나는 사람은 감흥을 일으키리

甲午春, 余寓城西, 權生一彦踵門而請曰: "先祖府尹公之歿, 今百八十有三
年矣. 有勳勞於國而人未有知, 尙闕麗牲之石, 恐其久而湮沒也. 袞稡文字
於斷爛之餘, 願子之文之也." 余惟不朽人, 非人人可能, 辭而請愈懇. 謹受
其狀而讀之. 盖取家牒及公所居鑄字洞誌, 湖南紳士呈文而編成者也. 按公
諱慄, 字思遠, 其先永嘉人. 高麗太師幸之後, 子孫昌大, 代有偉人, 至諱溥
號菊齋, 封永嘉府院君, 以儒行德業名, 於公爲九世祖. 曾祖諱旭副正・贈
左承旨, 祖諱振參奉・贈參判, 考諱常, 擧孝行, 以耆耉官同中樞, 以子愷悏
貴, 贈領議政東興府院君. 妣贈貞敬夫人安定羅氏, 禦侮將軍云傑之女, 生
五男, 公其長也. 公以嘉靖乙未生, 中甲子司馬, 登隆慶丁卯文科壯元, 以名
家賢胄, 歷敭華選, 官至承政院左副承旨. 嘗以書狀赴京, 飭譯輩申禁令, 將
歸, 搜橐中贓, 悉火之. 華人聚觀嘖舌曰: "眞御史也." 其居臺憲, 守正不阿,
宰外邑, 惠化流行, 光・廣二州民, 立石頌功, 而廣民至以公名名橋以識之
也. 萬曆壬辰夏, 倭酋秀吉擧國入寇, 朝野震駭. 宣廟簡文武才能臣, 南下爲
守禦計, 以公爲全州府尹. 時, 昇平日久, 猝聞賊至, 人視兩南爲死地, 公聞
命馳赴, 民已鳥獸竄, 州城空矣. 公招集散民, 激以忠義, 諭死守之意, 衆皆
感泣聽從. 於是, 浚濠脩堞, 設火器, 偫糗粮, 又選精銳, 伏麒麟・皇華二峯

以待賊. 布置旣畢, 而公病革, 召諸將吏屬之曰: "毋以我死而少忽, 克保此
城, 使死者瞑目." 因長吁而逝, 卽七月二日也. 諸將吏遵公遺戒, 未幾賊至,
見守備甚嚴遁去. 城之得全, 公之力也. 麾下李廷鸞以爲己功, 被寵擢而公
無聞焉. 後南人頌冤, 道臣狀聞, 特贈吏曹參判. 此其大畧也. 噫! 公之言行
宦業, 雖無所傳, 昔太史公記荊軻事, 猶採夏無且一言.[67] 況此洞誌民狀, 出
於當時記實之文者哉! 公卒時年四十八, 葬于通津縣東明月山某坐原. 配贈
貞夫人南陽洪氏, 都事世弼之女, 卒後公, 祔公墓左. 生三男三女, 男汝中贈
司憲府掌令, 繼中蔭宣傳, 可中業文. 婿縣監黃祐商 · 進士吳商吉 · 生員李
國亮. 庶男泰中. 汝中有二女無男, 以從弟好中子大慶爲后, 壻參奉梁泓 ·
蔡純, 庶男大春. 繼中出爲人后. 可中一男一女, 男大一, 婿李灌. 黃祐商六
男四女, 生員以昌 · 以章 · 以榮 · 以翼 · 以厚贈戶參 · 以煥, 婿閔鐥 · 奉
鎏 · 金終善 · 成時夏. 吳商吉二男二女, 益輝 · 晉輝, 婿生員權以一 · 直長
鄭馨遠. 李國亮無后. 銘曰:

德有始潛而終顯者 功有暫屈而永伸者
潛顯屈伸 各有時焉

---

67 太史公……一言 : 『史記』「荊軻傳」에 司馬遷이 "荊軻가 秦王에게 상해를 입
혔다고 전해 오고 있지만 실은 그 당시 侍醫 夏無且(저)가 가지고 있던 藥囊으
로 형가를 저지했기 때문에 진왕에게 아무런 상처도 입히지 못했다."라고 기
록하였다. 이에 대해 사마천은 『刺客列傳』의 贊에서 "세상 사람들은 荊軻가
秦王에게 상해를 입혔다고 말하지만 모두 잘못된 말이다. 당초 公孫季功과
董仲舒가 夏無且와 교유하여 당시의 일을 잘 알고 있었다. 그들이 나에게
말해 준 것이 이와 같았다."라 하였다

顧於公何憾

雲孫克肖　墓石新鑱

垂示來億　過者興感

5. 통훈대부 사헌부감찰 권공 묘갈명-병서-

通訓大夫司憲府監察權公墓碣銘-幷序- 갑오년(1774, 63세)

서생 권심언(權心彦)이 그의 5대조 감찰공을 위하여 상사(上舍) 이용휴(李用休)에게 행장을 받아 가지고 나에게 묘갈을 지어달라고 청하였다. 나는 문장을 잘하지 못하지만 또한 감히 사양하지 못하고, 삼가 행장에 따라 아래와 같이 서술한다.

공은 휘가 이중(履中)이고, 자는 자정(子正)이며, 초휘(初諱)는 유중(有中)이고, 관향은 안동(安東)이다. 태사 휘 행(幸)의 후손이고 문정공 휘 보(溥)의 10대손이다. 증조 휘 진(振)은 전생서참봉(典牲署參奉) 증호조참판(贈戶曹參判)이고, 조부 휘 상(常)은 동지중추부사(同知中樞府事) 증영의정(贈領議政) 동흥부원군(東興府院君)이고 효행으로 이름났다. 부친 휘 황(愰)은 지중추부사(知中樞府事) 증좌찬성(贈左贊成)이다. 모친 증정경부인(贈貞敬夫人) 이씨(李氏)는 종실 복녕군(福寧君) 천린(天麟)의 따님이다.

공은 만력 신사년(1581, 선조14) 12월 3일에 태어났다. 무오년(1618, 광해군10)에 문과에 급제했는데, 당시에는 광해군의 난정(亂政)으로 과거가 혼탁했다. 이 때에 이르러 급제자가 돈을 보내주어야 방(榜)을 내붙인다는 영(令)이 있었다. 이에 공이 영에 응하지 않았고, 이윽고 방이 공정하지 못하다고 하여 내붙이지 않았다.

이로부터 공은 세도(世道)를 어찌할 수 없다는 것을 알고, 드디어 호남으로 내려가 금구현(金溝縣)의 황산(黃山)에 집을 짓고서 자호를 남애(南崖)라고 하고는 문을 닫고 칩거한 채 독서하며 스스로 즐거워하였다.

계해년(1623, 인조1) 반정(反政)이 일어난 뒤에 지난 무오년과 신
유년 과거 때 급제하고 방에 이름이 올라 공포(公布)되지 못한 사람들
을 다시 응시하라고 하였으나, 공은 응시하려 하지 않다. 어떤 사람이
응시하라고 권하자, 공이 말하기를, "과거는 선비가 입신(立身)하는
첫걸음이니, 구차해서는 안 된다."라 하고 뜻을 굽히지 않으니, 듣는
사람들이 더욱 훌륭하다 하였다.

당시 사람들이 공의 풍의(風誼)를 높이 인정하여 무릇 관개(冠蓋)
가 남쪽으로 내려가면 공을 조알(造謁)하지 않는 이가 없었다. 이에
군현(郡縣)에서는 옹희(饔餼)를 갖추어 손님을 접대하였으며, 그 마
을 이름을 공수촌(公須村)이라 하였다.

후에 조용(調用)되어 도원(桃源)·중림(重林)·경안(慶安) 세 도
(道)의 찰방(察訪)·종묘서직장(宗廟署直長)·장원서별제(掌苑署
別提)에 제수되었는데, 한 번 숙배하고 즉시 사임하기도 하고, 잠시
부임했다가 곧 체직되기도 하였다. 사헌부감찰(司憲府監察)에 임명
되어서는 작은 일로 벼슬을 버리고 통진의 분암(墳庵)으로 돌아와
노년을 보냈는데, 쓸쓸한 초가집에 도서가 있을 뿐이었다.

공은 성품이 엄정하여 늘 고인(古人)과 같이 몸가짐을 단속하고
청검(淸儉)을 스스로 지켰다. 가정에서는 효우(孝友)가 돈독(敦篤)
하였으며 제사에 정성을 다하였고 종족과 화목하였다. 명리에는 욕심
이 없어 구차히 벼슬할 마음을 가지지 않았다. 이런 까닭에 세상 사람
들에게 미움을 받아 결국 높은 벼슬에 오르지 못하고 말았으니, 식자
들이 이를 애석하게 여겼다.

공은 경자년(1660, 현종1) 6월 28일에 세상을 떠났으니, 향년 80세

다. 통진부(通津府) 북쪽 유규동(柳規洞) 건좌(乾坐)의 둔덕에 안장
하였다.

부인은 남양홍씨(南陽洪氏)로 생원 우경(宇慶)의 따님이다. 공보
다 4세가 많고 공보다 1년 뒤에 세상을 떠났으며, 공의 무덤 왼쪽에
부장하였다.

공은 1남 2녀를 두었다. 아들은 대영(大榮)이고, 사위는 군수 조송
년(趙松年)과 김만형(金萬亨)이다.

대영은 4남 3녀를 두었으니 아들은 현감 덕창(德昌)·생원 덕임(德
任)·덕함(德咸)·덕응(德應)이고, 사위는 윤중주(尹重周)·윤우
징(尹遇徵)·한진(韓振)이다. 송년은 3남 3녀를 두었으니 아들은 봉
사(奉事) 한수(漢叟)·현감 기수(沂叟)이고, 사위는 부사 홍수량(洪
受㴠)·이경현(李景賢)·판부사 유명천(柳命天)이다. 만형은 2남 1
녀를 두었으니 아들은 일진(一振)·일명(一鳴)으로 일명은 무과에
급제했고, 사위는 신윤(申潤)이다.

명(銘)

의리를 따르고
명리를 좇지 않았으며
지조를 지키고
영화를 바라지 않았네
지위는 덕에 미치지 못했지만
하늘이 긴 수명을 주셨어라
공을 알고자 하면

權生心彦爲其五世祖監察公, 受狀於李上舍用休, 請碣文于余. 余不文, 亦
不敢辭, 謹因原狀而序之曰:

公諱履中, 字子正, 初諱有中, 安東人. 太師諱幸之後, 文正公諱溥十世孫
也. 曾祖諱振, 典牲署參奉, 贈戶曹參判. 祖諱常, 同知中樞府事, 贈領議政
東興府院君, 以孝稱. 考諱愰, 知中樞府事, 贈左贊成. 妣贈貞敬夫人李氏,
宗室福寧君天麟之女也. 公以萬曆辛巳十二月三日生, 戊午擢魁科. 時, 光
海政亂, 科道淆雜, 至是有輸錢放榜之令. 公不應命, 榜亦尋以不公未放. 自
是, 公知世道無可爲, 遂下湖南, 家于金溝縣之黃山, 自號南崖, 杜門讀書以
自樂. 癸亥改玉, 將復試戊午辛酉未放榜諸人, 公不肯赴. 人有勸之者, 公
曰: "科擧士子立身初程, 不可苟也." 終不撓焉, 聞者益賢之. 時人高其風
誼, 凡冠盖之南下者, 無不造謁. 郡縣治饔餼[68]以待, 因名其村曰公須云. 後
被調授桃源重林慶安三道察訪·宗廟署直長·掌苑署別提, 或一肅卽辭, 或
暫赴旋遞. 及拜司憲府監察, 以微事棄官, 歸通津墳庵老焉, 蕭然草屋, 圖書
而已. 公性嚴正, 動以古人律身, 淸儉自持. 居家, 敦孝友, 謹祭祀, 睦宗族,
澹於名利, 不苟祿以爲心, 故見憚於世而不究其用, 識者惜之. 公卒於庚子
六月二十八日, 享年八十, 葬于通津府北柳規洞負乾原. 夫人南陽洪氏, 生
員宇慶女, 長於公四歲, 後公一朞卒, 墓祔公左. 公有一子二女, 子大榮, 婿

---

68 饔餼: 饔은 죽인 犧牲이고, 餼는 살아 있는 희생이다. 고대에 제후가 천자의
나라를 聘問하면, 제후를 접대하던 禮이다. 여기서는 조정 관원을 접대하는
음식을 뜻한다. 『儀禮註疏 권8 聘禮』

趙松年・郡守金萬亨. 大榮四子三女, 子德昌縣監・德任生員・德咸・德應. 婿尹重周・尹遇徵・韓振. 松年三子三女, 子漢叟奉事・渭叟府使・沂叟縣監, 婿洪受瀗府使・李景賢・柳命天判府事. 萬亨二子一女, 子一振・一鳴武科, 婿申潤. 銘曰:

從其義 不徇乎名 守其志 不慕乎榮
位不滿德 天餉遐齡 欲知公者 請徵斯銘

6. 처사 안공 묘갈기

處士安公墓碣記 갑오년(1774, 63세)

공은 휘가 세징(世徵)이고 자는 여휴(汝休)이며, 성은 안씨(安氏)이고 관향은 광주(廣州)이다. 시조는 휘 방걸(邦傑)이니 고려 태조를 섬겨 광주군(廣州君)에 봉해졌다. 중세(中世)에 영남으로 이주하여 마침내 영남 사람이 되었다. 아조(我朝)에 들어와 사간(司諫) 휘 구(覯)·좌랑(佐郎) 휘 증(嶒)이 있으니, 공에게는 6대조와 5대조가 된다. 증조는 휘 대해(大海)이다. 조부는 휘 전(琠)이니, 사헌부감찰(司憲府監察)이다. 부친은 휘 시한(蓍漢)이다. 모친은 안동권씨(安東權氏)로 형(鎣)의 따님이다.

공은 숭정(崇禎) 갑신년(1644, 인조22) 9월 20일에 태어났다. 성장해서는 타고난 자품이 남달리 뛰어나고 성품이 간중(簡重)하고 위의(威儀)가 있어 일부러 안색과 언사를 좋게 꾸며서 남을 대한 적이 없었다. 은거하여 독서에 힘쓰며 가숙(家塾)에서 자제들에게 바른 도리로 가르치는 것이 매우 엄격하여 자제들을 훌륭하게 성취시켰다.

무인년(1698, 숙종24) 12월 24일에 세상을 떠났으니 향년 55세였다. 영천군(永川郡) 예곡(乂谷) 독산(獨山) 갑좌(甲坐)의 둔덕에 안장하였다.

부인은 달성서씨(達城徐氏)이니 이두(爾斗)의 따님이고, 묘소는 영천군 청제(菁堤)의 선영 유좌(酉坐)의 둔덕에 있다.

자녀는 1남 2녀를 두었으니 아들은 처정(處靜)이고, 사위는 손시격(孫是格)과 손시채(孫是采)이다. 측실 소생 아들은 넷이니, 유정(迪

靜)・화정(火靜)・유정(有靜)・사정(思靜)이다.

처정은 다섯 아들을 두었으니 정훈(鼎勳)・정국(鼎國)・정래(鼎來)・정보(鼎寶)・정수(鼎受)이다. 유정은 아들이 없다. 화정은 아들 하나를 두었으니 정업(鼎業)이다. 유정은 두 아들이 두었으니 정곤(鼎崑)・정륜(鼎崙)이다. 사정은 두 아들을 두었으니 정태(鼎泰)・정덕(鼎德)이다.

공이 세상을 떠난 지 이미 오랜데도 묘도에 갈석(碣石)이 없다. 이에 그 손자들이 장차 돌을 다듬어 갈석을 세우려 하는 차에 나에게 종인(宗人)의 정의(情誼)가 있다는 연유로 편지를 보내어 글을 청하기에 삼가 이상과 같이 기록한다.

公諱世徵, 字汝休, 姓安氏, 廣州人. 始祖諱邦傑, 事麗祖, 封本州君. 中世移嶺南, 遂爲嶺人, 入我朝, 有司諫諱觀・佐郎諱嶒, 於公爲六世五世. 曾祖諱大海. 祖諱珙, 司憲府監察. 考諱著漢. 配安東權鑿之女. 公生於崇禎甲申九月二十日. 及長, 天姿魁偉, 性簡重有威儀, 未嘗以色辭假人. 隱居讀書, 敎家塾子弟義方甚嚴, 底于有成. 卒於戊寅十二月二十四日, 壽五十五, 葬于永川郡之乂谷獨山甲坐原. 配達城徐爾科之女, 墓在同郡菁堤先塋酉坐原. 有一子二女, 男處靜, 壻孫是格・孫是采. 側室子四人, 迶靜・和靜・有靜・思靜. 處靜有五男, 鼎勳・鼎國・鼎來・鼎寶・鼎受. 迶靜無子, 和靜一子鼎業. 有靜二子鼎崑・鼎崙. 思靜二子鼎泰・鼎德. 公之沒已久, 而墓道無顯刻. 今其諸孫將治石立碣, 以余有宗人之誼, 馳書屬之文, 謹記如右.

7. 학생 안공 묘갈기

學生安公墓碣記 갑오년(1774, 63세)

공은 휘가 신형(信亨)이고 자는 충백(忠伯)이며 관향은 광주(廣州)
이다. 시조는 휘 방걸(邦傑)이니, 고려 태조를 섬겨 광주군으로 봉
해졌다. 중세(中世)에 휘 유(綏)는 관직이 전중시어사(殿中侍御史)
였고 처음으로 함안군(咸安郡)에 이주하여 마침내 영남 사람이 되
었다.

본조(本朝)에 들어와 휘 구(覯)는 우리 공희왕(恭僖王 중종(中宗))
을 섬겨 염근(廉謹)으로 선발되었다. 3대를 지나 생원 휘 여경(餘慶)
에 이르러서는 호가 옥천(玉川)이고 학행(學行)이 이름이 알려졌으
니, 공에게 5대조가 된다. 고조 휘 숙(璹)은 문과에 급제하여 벼슬이
정랑에 이르렀다. 증조 휘 상한(翔漢)은 벼슬이 선교랑(宣敎郞)에
이르렀다. 조부는 휘 시태(時泰)이고, 부친은 휘 흠(欽)이다. 모친
남평문씨(南平文氏)는 성관(聖觀)의 따님이다.

공은 명릉(明陵) 임신년(1692, 숙종18) 7월 22일에 태어나 금상(今
上) 35년 기묘년(1759, 영조35) 정월 12일에 졸(卒)하였으니 향년
68세이다. 밀양의 성만총(星巒村) 선영 왼쪽 자좌(子坐)의 둔덕에
안장하였다.

부인 탐진유씨(耽津兪氏)는 필명(必明)의 따님으로, 공보다 1년
뒤에 태어나셨고 공보다 8년 뒤에 세상을 떠났으니, 향년 75세이다.
성만촌 앞산 슬이동(瑟伊洞) 간좌(艮坐)의 둔덕에 안장하였다.

다섯 아들을 두었으니, 장남 경점(景漸)은 지금 예조좌랑(禮曹佐

郎)이고, 다음은 경진(景晉)·경우(景愚)·경제(景濟)·경리(景履)
이다. 좌랑은 1남 5녀를 낳았으니 아들은 후중(珝重)이고, 사위는
전홍의(全弘毅)·곽숭경(郭崇敬)·황상원(黃尙�)·박형국(朴馨
國)이고 막내딸은 아직 출가하지 않았다. 경진은 2남 3녀를 낳았으니
아들은 형중(瑩重)과 정중(珵重)이고, 사위는 이수직(李守直)이고
나머지는 어리다. 경우는 1남 3녀를 낳았으니 아들은 영중(瑛重)이
고, 사위는 이형악(李衡岳)이고 나머지는 어리다. 경제는 2남을 낳았
으니 환중(瑍重)과 찬중(璨重)이다. 경리는 2남 3녀를 낳았으니 모두
어리다. 남녀 손자들은 모두 20여 명이다.

공은 어릴 때부터 병치레가 잦아 15세에 비로소 학업을 시작하였
다. 공은 뜻을 가다듬고 독서하여 경사자집(經史子集)은 거의 천 번
씩 읽었고 베껴 쓴 책들이 거의 백 권에 이르러 손가락에 물집이 생기
고 굳은살이 박였다. 일찍이 탄식하기를, "만학(晚學)하여 성취가 없
는 것은 하늘의 뜻이다."라고 하였다. 또한 자수성가(自手成家)하여
계획과 경영에 성법(成法)이 있었다. 저마다 그 재능에 따라 자제들
을 가르쳤으니 좌랑군(佐郞君)은 문학으로 급제하여 이름을 이루었
고 나머지는 각기 근검(勤儉)으로 능히 가업을 이었다.

유씨부인은 능히 공의 뜻을 따라 집안 살림을 잘하였고 나이가 일
흔이 넘었어도 몸소 길쌈을 하였다. 좌랑군은 일찍이 원근으로 다니
면서 수학(受學)할 때 모친 유씨부인이 살림을 절약하고 물자를 마련
하여 그 비용을 대주었다. 그러나 좌랑군이 벼슬길에 나가가는 것은
공과 부인은 보지 못하였다.

갑오년(1774, 영조50) 봄 내가 경성(京城)의 동촌(東村)에 우거할
때 좌랑군이 사환(仕宦)하러 와서 나와 한 집에 살았다. 좌랑군이

하루는 공의 행장을 꺼내 보여주면서 나에게 "녹을 받았으나 부모님이 안 계셔서 봉양하지 못하니, 망극한 부모님의 은혜를 갚을 길 없다. 게다가 묘도에 갈석(碣石)을 세워 후손에게 보여주지 못한다면 불효가 더욱 클 것이다. 그대가 나를 위하여 글을 지어주지 않겠는가?"라 하였다.

공은 나의 선친과 사이가 매우 좋았고, 내가 어려서부터 공과 종유(從遊)하였으니, 공의 사실을 나만큼 아는 이도 없다. 우리 두 사람은 이제 이미 머리가 세었고 모두 풍수(風樹)의 슬픔을 알고 있으니, 옛일을 돌이켜 생각함에 차마 사양할 수 있겠는가. 삼가 서술하여 기록한다.

公諱信亨, 字忠伯, 廣州人. 始祖諱邦傑, 事高麗太祖, 封廣州君. 中世有諱綏, 官殿中侍御史, 始居咸安郡, 遂爲嶺人. 入本朝, 諱覯事我恭僖王, 選廉謹. 歷三世至生員諱餘慶號玉川, 以學行著, 於公爲五代祖. 高祖諱璹, 文科正郎. 曾祖諱翔漢, 宣教郎. 祖諱時泰, 考諱欽. 妣南平文氏, 聖觀之女. 公以朋陵壬申七月二十二日生, 今上三十五年己卯正月十二日卒, 享年六十八, 葬于密陽星巒村先塋左子坐原. 配耽津兪氏, 必明之女, 生後公一歲, 沒後公八歲, 享年七十五. 葬于星巒案山瑟伊洞艮坐原. 有子五人, 長景漸今禮曹佐郎, 次景晉·景愚·景濟·景履. 佐郎生一男五女, 男瑋重, 婿全弘毅·郭崇敬·黃尙鎧·朴馨國, 季女未行. 景晉生二男三女, 男瑩重·珵重, 婿李守直, 餘幼. 景愚生一男三女, 男瑛重, 婿李衡岳, 餘幼. 景濟生二男, 瑍重·璨重. 景履生二男二女, 皆幼, 男女孫共二十餘人. 公少善病, 十五始入學, 勵志讀書, 經史子集, 讀幾千遍, 抄寫諸書, 殆至百卷, 手指胼核. 嘗歎曰: "晚學無成, 天也." 又能自起爲家, 謀畫經理有成法. 教諸子, 各隨其才, 佐郎君以文學成名, 餘各以勤儉克家. 兪夫人克遵公志, 善內治, 年踰七十, 猶躬執織紝. 佐郎君嘗從學遠近, 夫人節嗇資辦, 以供其費. 及佐卽君釋褐登朝, 公及夫人不及見矣. 甲午春, 余寓京城東村, 佐郎君宦遊, 與之同舍. 一日出示公狀錄謂余曰:"祿不逮養, 無以報罔涯之恩, 而又不能表諸基道, 垂示來裔, 則不孝尤大矣. 盍爲我文之?"公與吾先子相得歡甚, 鼎福自幼從公遊, 知公事亦莫如我. 吾兩人今已白首, 俱抱風樹之痛. 追想昔日, 其忍辭諸? 謹序以記之.

8. 학생 안공 묘갈기

學生安公墓碣記 갑오년(1774, 63세)

공은 휘가 처정(處靜)이고 자는 숙경(叔敬)이며 관향은 광주(廣州)
이다. 7대조 사간(司諫) 휘 구(覯)는 호가 태만(苔巒)으로, 청덕(淸
德)이 있었다. 6대조 좌랑(佐郞) 휘 증(嶒)은 일찍이 염퇴(恬退)하
여 영천군(永川郡) 응강(凝江) 가에 계정(溪亭)을 지어 완귀정(玩
龜亭)이라 이름을 붙이고 이곳에서 일생을 마쳤다. 증조 휘 전(瑃)
은 사헌부감찰(司憲府監察)이다. 조부는 휘 시한(蓍漢)이고, 부친
은 휘 세징(世徵)이다. 모친 달성서씨(達城西氏)는 이두(爾枓)의
따님이다.

공은 명릉(明陵) 병진년(1676, 숙종2) 5월 9일에 도동리(道東里)
에서 태어나 금상 신미년(1751, 영조27) 11월 21일에 세상을 떠났으
니 향년 76세이다. 선산(先山)인 예곡(乂谷) 사좌(巳坐)의 둔덕에
안장하였다.

공은 태어난 지 한 달도 못 되어 모친을 여의고 서모 채씨(蔡氏)의
손에 자랐다. 성장해서는 가정에서 수학하여 부친의 훈육을 받았다.

무인년(1698, 숙종24)에 부친상을 당했다. 부친이 위독할 때에는
손가락을 깨물어 피를 내서 입에 넣어 드렸고, 돌아가신 뒤에는 애훼
(哀毁)가 예제(禮制)에 지나쳤다. 채씨와 서제 네 사람에게 효우(孝
友)의 도리를 다하였다. 참판 이형상(李衡祥)이 같은 군(郡)에 우거
했는데, 일찍이 사람들에게 말하기를 "안(安) 아무개를 대하고 있노
라면 나도 모르에 절로 몸과 마음을 가다듬게 된다."라 하였으니, 선

달(先達)에게 인정을 받음이 이와 같았다.

전배(前配) 성산이씨(星山李氏)는 득삼(得三)의 따님인데 후사가 없고 공의 무덤에 부장하였다. 후배(後配) 도안이씨(道安李氏)는 주한(柱漢)의 따님으로, 5남 3녀를 낳았다.

아들은 정훈(鼎勳)·정국(鼎國)·정래(鼎來)·정보(鼎寶)·정수(鼎受)이고, 딸은 도헌모(都獻謀)·여홍업(呂弘業)·이정매(李鼎梅)에게 각각 출가하였다. 정훈은 딸을 하나 두었는데 정덕범(鄭德範)에게 출가했고, 정래의 아들 경직(景稷)을 후사로 삼았고, 그 후에 2남 1녀를 낳았으니 아들은 경원(景元)·경팔(景八)이고 딸은 조충경(趙忠慶)에게 출가하였다. 정국은 4남 3녀를 낳았으니 아들은 경헌(景憲)·경의(景義)·경옥(景玉)·경윤(景潤)이고, 장녀는 신수일(申壽一)에게 출가했고 나머지는 아직 출가하지 않았다. 정래는 2남을 낳았으니 경설(景卨)·경익(景益)이다. 정보는 3남 3녀를 낳았으니 아들은 경빈(景贇)·경문(景文)·경무(景武)이고, 딸은 이정박(李鼎樸)과 조각연(趙慤然)에게 출가하고 막내딸은 아직 출가하지 않았다. 정수는 1남 2녀를 낳았으니 아들은 경담(景冊)이고, 장녀는 도필복(都必復)에게 출가하였고, 그 다음은 아직 출가하지 않았다. 내외의 손자와 증손은 많아서 다 기록할 수 없다.

갑오년 가을에 경설이 그 부형의 분부를 받고서 가장(家狀)을 가지고 와서 나에게 비문을 지어줄 것을 청하였다. 이 또한 효자의 마음이니 감히 사양할 수 있겠는가. 삼가 이상과 같이 찬술한다.

公諱處靜, 字叔敬, 其先廣州人. 七世祖司諫諱覲號苦巒, 有淸德. 六世祖佐郎諱嶒, 早歲恬退, 築溪亭于永川郡之凝江上, 號玩龜以終焉. 曾祖諱珙司

憲府監察, 祖諱蕃漢, 考諱世徵. 妣達城徐氏, 爾科之女. 公以明陵丙辰五月
初九日, 生于道東里, 歿于今上辛未十一月二十一日, 壽七十六, 葬于乂谷
先塋巳坐原. 公生未一月失恃, 鞠於庶母蔡. 及長, 受業家庭, 得聞義訓. 戊
寅丁艱, 血指以進, 哀毀踰節. 待蔡及庶弟四人, 盡孝友之道. 李參判衡祥僑
居同郡, 嘗語人曰: "對安某, 不覺自斂." 其見重於先達如此. 配星山李氏,
得三之女, 無后, 葬祔公. 后配道安李氏, 柱漢之女, 生五子三女, 男鼎勳·
鼎國·鼎來·鼎寶·鼎受, 女適都獻謨·呂弘業·李鼎梅. 鼎勳一女適鄭德
範, 取鼎來子景稷爲後, 後生二男一女. 男景元·景八, 女適趙忠慶. 鼎國四
子三女, 男景憲·景義·景玉·景潤, 女適申壽一, 餘未行. 鼎來二男, 景
高·景益. 鼎寶三男三女, 男景贇·景文·景武, 女適李鼎樸·趙慤然, 季
未行. 鼎受一男二女, 男景聃, 女適都必復, 次未行. 內外孫曾, 不能盡記.
甲午秋, 景高受其父兄之命, 以狀屬余, 是亦孝子之用心也, 其敢辭諸? 謹
撰次如右.

9. 성균 진사 동소 남공 묘갈명-병서-

成均進士桐巢南公墓碣銘-并序-

동소(桐巢) 선생 남공(南公)의 묘소가 공주(公州) 갈산(葛山) 해좌(亥坐)의 둔덕에 있다. 공의 막내아들 육(초)이 가장(家狀)을 가지고 와서 나에게 부탁하기를, "선인(先人)을 안장한 지 이미 30년이 지났는데도 무덤 가에 갈석(碣石)이 없습니다. 저의 계부(季父) 잠옹(潛翁)이 일찍이 저에게 분부하시기를, '묘지(墓誌)의 글은 성호(星湖) 이선생(李先生)이 이미 기록하셨으니, 마땅히 집사에게 묘갈명을 받아야 한다.'라 하셨기에 감히 청합니다."라 하였다. 나는 우루(愚陋)하고 노쇠한지라 이 말을 듣고 놀라 감히 이 일을 맡을 수 없었지만, 잠옹은 부집(父執)이라 감히 능력이 없는 사람이라는 이유로 사양할 수 없었다.

삼가 행장을 살펴보건대, 공은 휘가 하정(夏正)이고 자는 시백(時伯)이며 관향은 의령(宜寧)이다. 의령남씨(宜寧南氏)는 고려 때 흥성하였고, 아조(我朝)에 들어와서는 영의정 충경공(忠景公) 휘 재(在)와 좌의정 충간공(忠簡公) 휘 지(智) 두 분이 그 훈업과 덕망이 국승(國乘)에 드러났다. 4대를 내려와 휘 응운(應雲)은 이조참판이고 호는 국창(菊窓)이며 문무(文武)의 재주를 겸비하였으니, 공에게 6대조가 된다. 증조 휘 두화(斗華)는 감찰(監察) 증좌승지(贈左承旨)이고, 조부 휘 중유(重維)는 사림의 중망(重望)이 있었고 대흥군수(大興郡守)를 역임하였다. 부친 휘 수교(壽喬)는 성균생원(成均生員)이다. 모친 진주강씨(晉州姜氏)는 부사(府使) 석로(碩老)의 따님이다.

공은 숙종 무오년(1678, 숙종4) 8월 25일에 태어났다. 어릴 때부터 덕기(德器)가 있어 부친 군수공(郡守公)이 몹시 사랑하고 크게 장래를 기대하였다. 어릴 때 부친을 여의고 학문에 힘써 게으르지 않았다. 성장해서는 경사백가(經史百家)에 박통하고 글을 잘 지어 명성이 크게 퍼지니, 당시의 동년배 중에 공을 앞서는 이가 없었다. 한 문재(文宰 종2품 이상의 문관)가 공이 지은 「출사책(出師策)」을 읽고는 "이 글을 보면 택당(澤堂)같은 이도 한걸음 양보할 것이다."라고 했다. 택당은 곧 인조조(仁祖朝) 때 대제학(大提學)을 지낸 상서(尙書) 이식(李植)의 호이다.

공은 본성이 염소(恬素)하여 벼슬길에 오르는 데 급급하지 않았다. 갑오년(1714, 숙종40)에 이르러서야 비로소 성균관에 올랐으나 세도(世道)가 더욱 무너지고 예의・염치가 땅에 떨어지는 것을 보고 더욱 세상에 뜻이 없어졌다. 병오년(1726, 영조2)에 모친상을 당하여 공주(公州) 갈산 선영에 안장하고 돌아와 진위현(振威縣) 동천(桐泉)의 구택(舊宅)에서 살았다. 복(服)을 벗고는 호를 동소(桐巢)라 하고, 오직 문주(文酒)를 스스로 즐기고 밤낮으로 한가로이 노닐며 다시는 한강을 건너가지 않은 지가 거의 30년이었다.

영조 신미년(1751, 영조27) 10월 4일에 세상을 떠나니 향년 74세이다. 12월 모일에 선영에 안장하였다.

공은 인륜에 돈독하여 모친을 섬김에 효성을 다하였고 아우들을 사랑하여 우애를 다하였다. 모친의 상중에 있을 때는 공의 나이 거의 쉰이었으나 상을 마치도록 최질(衰絰)을 벗지 않고 애훼(哀毁)가 예제(禮制)를 넘었으며, 특히 선조를 받드는 예절에 정성과 공경을 다하였다. 선덕(先德)이 민몰할까 두려워하여 누대(累代)의 언행을 갖추어 기술하여 지석(誌石)을 굽기도 하고 묘갈에 새기도 하여 후세에 영구히 전해지도록 하였다. 사람을 접할 때는 귀천의 차별 없이 한결같이 성신(誠信)으로 대하였고, 자질(子姪)을 바른 도리로 가르쳐 효우하고 돈목(敦睦)하지 않은 이가 없었으니, 지구(知舊)들이 "공의 가르침으로 그렇게 된 것이다."라고 하였다.

만년에는 손수 유언을 적어서, 자신의 장례를 되도록 검약하게 치르도록 하였다. 또 자손에게 경계한 글을 남겼다. 그 내용은 대략 다음과 같다.

"자손을 보존하는 방도는 덕에 힘쓰고 학문을 권장하는 일 만한 것이 없고, 가업을 지키는 방도는 검약을 숭상하고 재용을 절약하는 일 만한 것이 없다."

라 하였고, '재물을 숭상하고 이익을 계산하며 자신을 이롭게 하고 남을 해롭게 하는 것'을 경계하기를,

"이와 같은 짓을 하는 자는 재앙이 그 몸에 미치지 않으면 반드시 후손에게 미친다. 내가 그런 경우를 많이 보았으니 반드시 조심해야 한다."

라 하였고,

"궁달(窮達)은 운명이 있으니 힘으로 어찌할 수 있는 것이 아니고, 도의(道義)는 나에게 있으니 구하기만 하면 얻지 못할 게 없다."

라 하였고,

"집안을 사교(四敎)로써 거느려야 하니 근(勤)·검(儉)·공(恭)·서(恕)이며, 집안을 사례(四禮)로써 가다듬어야 하니 관(冠)·혼(婚)·상(喪)·제(祭)이다. 이 팔자부(八字符)를 고치지 말고 백대(百代)토록 길이 전하라."

라 하였다. 이를 보면 공의 마음을 헤아려 알 수 있을 것이다.

공의 초배(初配) 사천목씨(泗川睦氏)는 좌랑(佐郎) 창만(昌萬)의 따님으로, 공보다 1년 늦게 태어났고, 정유년(1717, 숙종43)에 세상을 떠났다. 슬하에 3남 1녀를 두었으니 장남 규(圭)는 일찍부터 재행(才行)이 있었으나 일찍 죽었고, 다음은 서(垕)이고 다음은 야(壄)이며, 사위는 정희백(鄭熙百)이다. 후배(後配) 안동권씨(安東權氏)는 유(維)의 따님으로, 계미년(1703, 숙종29)에 태어났고 병신년(1776, 영조52)에 세상을 떠났다. 슬하에 1남 2녀를 두었으니 아들 육(坴)은 곧 비문을 청한 사람이고, 사위는 윤굉(尹悙)·권상희(權尙熺)이다. 서(垕)는 아들이 없어서 종제 혁(赫)의 아들 윤학(允學)으로 후사를 삼았다. 네 딸은 신탁(申晫)·강속(姜涑)·홍낙겸(洪樂謙)·권훈(權壎)에게 각각 출가하였다. 야(壄)의 두 아들은 윤겸(允謙)·윤익(允益)이다. 윤겸은 규의 후사(後嗣)가 되었다. 육은 세 아들을 두었으니 윤감(允鑑)·윤흠(允欽)-두 글자 원문 빠져 있다.-이다.

공은 뛰어난 재주를 지녔으나 벼슬길에 뜻을 끊고 한가로이 지내면서 성정(性情)을 함양하고 세상의 풍파는 아랑곳하지 않았으며, 때때로 문장으로 발휘하여 심지(心志)를 드러내었다. 공이 저술한 『사대춘추(四代春秋)』는 곧 유희(遊戲) 삼아 쓴 것으로 전기체(傳奇體)이다. 또 『만록(漫錄)』 몇 권을 지어서 당론(黨論)이 사람들의 마음을 금고(禁錮)하는 것을 슬퍼하였는데, 위세에 두려워하지도 않고 좋아하는 쪽이라 해서 두둔하지도 않고 오로지 공정하게 서술하였으니, 식자(識者)가 보고 "사가(史家)의 동호(董狐)이다."라고 하였다.

아! 세교(世敎)가 쇠퇴하고 당론(黨論)이 횡행하니 재능을 숨겨 세상에 뜻을 펴지 못한 이가 어찌 한량이 있겠는가. 그런데 세상에서 유독 동소공을 추중하는 것은 아마 그 문채(文彩)와 풍절(風節)이 사람을 감동시키는 바 있었기 때문이리라.

잠옹은 휘 하행(夏行)으로, 문행(文行)이 있어 공과 함께 '금곤옥우(金昆玉友)'으로 일컬어진다.

두 부인은 공의 묘소 곁에 모두 부장하였다.

명(銘)

선생의 도는
오직 바름을 지켰네
벼슬을 초개처럼 보아
고담(枯淡)한 삶을 즐겼어라
선생의 글은
오직 도(道)를 준칙으로 삼았으니
문채와 실질을 갖추었고
진부한 말은 힘써 버렸어라
이미 도와 문장이 이와 같으니
군자인가? 군자로다!

桐巢先生南公之墓, 在公州之葛山亥坐原. 公季子坴以家狀來屬鼎福曰：“先人葬已三十餘年, 墓碣無刻. 坴之季父潛翁嘗詔坴曰：'幽堂之文, 星湖李先生已誌之矣, 當受碣文于執事.' 敢以請.” 鼎福愚陋老洫, 聞之瞿然不敢當. 而潛翁父執也, 不敢以非其人而辭焉. 按狀, 公諱夏正, 字時伯, 宜寧人. 南氏興于麗代, 入我朝, 有上相忠景公諱在‧左相忠簡公諱智, 勳業德望著國乘. 四世至諱應雲, 吏曹參判, 號菊窓, 有文武全才, 於公爲六世祖. 曾祖諱斗華, 監察·贈左承旨. 祖諱重維, 有士林重望, 大興郡守. 考諱壽喬, 成均生員. 妣晉州姜氏, 府使碩老之女也. 以我肅廟戊午八月二十五日生, 幼有德器, 郡守公愛而期許之甚. 少孤, 力學不倦. 及長, 博通經史百家語, 善屬文, 華聞大播, 一時儕流莫之先焉. 有一文宰讀公「出師策」曰: "是文當令澤堂讓頭." 澤堂卽仁祖朝主文李尙書植號也. 公雅性恬素, 不汲汲於進取, 至甲午, 始登上庠, 而見世道益壞, 四維頹弛, 尤無意於世. 丙午遭內艱, 葬于公州之葛山先塋, 反歸于振威縣之桐泉舊庄居焉. 服闋, 仍號桐巢, 惟以文酒自娛, 日夕徜徉, 不復問漢津者, 殆三十年. 至英宗辛未十月初四日卒, 享年七十四. 十二月某日, 葬于先塋. 公篤於人倫, 事大夫人盡其孝, 撫羣弟盡其友. 居憂時公年幾五十, 而終喪不脫衰絰, 哀毁踰禮. 尤謹於奉先之節, 懋盡誠敬, 懼先德之泯也. 備述累世言行, 燔誌刻碣, 俾傳永久. 接人, 無貴賤, 一以誠信. 敎子侄以義方, 無不孝友敦睦, 知舊莫不曰公之敎使然也. 晩年手草治命, 身後事, 務從儉約, 又有戒子孫文, 略曰: "保子孫之道, 莫如懋德勸學; 守家業之道, 莫如尙儉節用." 又戒崇財計利, 利己害人曰: "如是者菑不逮身, 則必及後嗣. 吾見多矣, 必愼之.", 又曰: "窮達有命, 非力可求; 道義在吾, 求之無不得." 又曰: "御家以四敎, 勤儉恭恕; 整家以四禮, 冠婚喪祭. 此八字符, 傳百世無改也." 觀於此, 可測公之所存也. 公初配泗川睦氏, 佐郎昌萬之女, 生後公一歲, 丁酉殁, 育三男一女, 男長圭鳳有才行, 蚤殁. 次塈, 次壄, 婿鄭熙百. 後配安東權氏, 維之女, 癸未生, 丙申殁, 育一男二女, 男垄, 卽請碣文者也. 婿尹怰, 權尙熺. 塈無子, 取從弟赫子允學爲后. 四女適申㻶·姜涑·洪樂謙·權壎. 壄二男允謙·允益. 允謙出后長房. 垄有三男允鑑·允欽·-二字缺.- 公旣懷抱利器而絶意外慕, 居閑養性, 不識世外風波, 而有時發爲文章, 以見其志. 所著『四代春秋』, 卽遊戲之

筆而傳奇體也. 又草『謾錄』數卷, 痛黨論之錮人心也, 不以威怵, 不以愛護,
一歸于正. 知言者曰: "史家之董狐[69]也." 噫! 世敎衰而黨議橫, 士之劒光晦
彩, 不得施者何限? 而世獨推桐巢公者, 盖其文彩風節有足動人也. 潛翁諱
夏行, 有文行, 與公稱金昆玉友云. 兩夫人葬幷祔公墓. 銘曰:

先生之道 惟貞是保 芥視軒冕 樂此枯槁
先生之文 惟道是權 華實具備 務去陳言
旣道文之若是 君子人乎君子

---

69 董狐 : 춘추시대 晉나라 史官으로서 直筆로 유명하다. 靈公이 趙盾(돈)을 죽
이려고 하자 조돈이 망명하다가 국경을 넘기도 전에 趙穿이 영공을 시해했다
는 소식을 듣고 돌아와 조천을 토벌하지 않으니, 동호가 "조돈이 그 임금을
시해했다.〔趙盾弑其君.〕"라고 기록했다. 이에 공자가 "동호는 옛날의 훌륭한
사관이다. 법대로 기록하여 숨기지 않았다.〔董狐古之良吏也, 書法不隱.〕"고
하였다. 『春秋左氏傳 宣公 2年』

10. 송와처사 안공 묘갈명-병서-

松窩處士安公墓碣銘-幷序- 기해년(1779, 68세)

송와처사(松窩處士) 안공(安公)이 세상을 떠난 지 이미 20여 년이
지났지만 묘도에 갈석(碣石)이 없다. 이에 집안의 자제들이 아름다
운 행적이 민멸할까 두려워 서로 의논하여 돌을 다듬어 갈석을 세
우기로 하고, 그 아들 인복(仁復)씨가 이공(李公) 상정(象靖)에게
행장을 받고 정복에게 편지를 보내 간청하기를,

"나의 선고(先考)는 그대의 선친과 침개(針芥)의 우의가 있었으니,
단지 종친의 정의(情誼)만 있었던 것이 아니었다. 나의 선고의 묘
소에 일이 있으니, 그대가 차마 한 마디 말이 없을 수 있겠는가?"
라 하였다.

정복은 선대(先代)의 중한 우의를 생각하고, 비록 공의 문하에 들
어가지는 못하였으나 또한 일찍이 편지로 가르침을 받은 적이 있어
그 편지가 지금도 책 상자에 남아 있으니, 감히 사양할 수 있겠는가?

삼가 살펴보건대, 공은 휘는 하(命夏)이고 자는 국화(國華)이며
선계는 광주(廣州)에서 나왔으니, 고려의 대장군 휘 방걸(邦傑)의
후손이다. 후대로 내려와 시어사 휘 유(綏)에 이르러 처음으로 함안
(咸安)에 와서 살았고, 6대를 지나 참판 휘 엄경(淹慶)은 단종조(端宗
朝)의 충신인 감사(監司) 완경(完慶)의 형이다. 이 분이 예안현감(禮
安縣監) 휘 억수(億壽)를 낳고 또 밀양(密陽) 신포(薪浦)로 이사했으
니, 바로 공의 9대조이다. 증조는 휘 홍익(弘翼)이고, 조부는 휘 응두
(應斗)이고, 부친은 휘 한걸(漢杰)이니, 모두 문학으로 일컬어졌다.

모친 아산장씨(牙山蔣氏)는 처사(處士) 희적(熙績)의 따님이다.

공은 타고난 자품이 단정하고 진실했으며 총명과 재주가 출중하였다. 어려서 서당의 스승에게 배울 때 서당의 스승이 감탄하기를, "후일에 군자유(君子儒)가 될 것이다."라 하였다. 성장해서는 금양(錦陽) 이공(李公 이현일(李玄逸))이 고도(古道)로써 후진을 가르친다는 말을 듣고 먼저 폐백을 갖추고 서찰을 보내 가르침을 청하여, 그 문하에 들어가 사서(四書)·「서명(西銘)」·『옥산강의(玉山講義)』등을 배웠는데, 이공이 자주 칭찬하였다. 또 이공의 아들 밀암(密庵) 재(栽) 및 훈수(塤叟) 정만양(鄭萬陽)·지수(篪叟) 정규양(鄭葵陽)·곡천(谷川) 김상정(金尙鼎) 등과 함께 편지를 주고받으며 탁마했는데, 제공이 모두 공을 추중하였다.

공은 성품이 지극히 효성스러웠다. 9세에 조모의 병환을 보살피는데 하루는 병이 갑자기 위독해지자 공이 손바닥을 깨물어 피를 내서 입에 넣어주니 곧 소생하였다. 13세에 부친상을 당했을 때는 애훼(哀毀)하며 예제(禮制)를 지키는 것이 마치 어른과 같았다. 모친을 섬김에 뜻을 받들어 어김이 없었으며, 집 주변에 소나무가 있어 송이버섯이 나기에 이로써 반찬을 만들어 드리니, 진사(進士) 손석관(孫碩寬)이 「송균설(松菌說)」을 지어 찬미하였다. 병신년(1656, 효종7)에 모친상을 당하여 읍혈(泣血)하며 슬피 울부짖고 예제의 기한을 넘도록 죽을 먹으니, 부사(府使) 김공(金公) 시경(始慶)이 이 사실을 듣고 어질다고 하면서 부의(賻儀)를 보내 제사를 도왔다.

공은 평소 속세를 떠나 유람하려는 생각이 있어 산수의 명승은 거의 가보지 않은 곳이 없었다. 모렴당(慕廉堂)은 곧 공의 6대조가 지은 집이라 세월이 오래 지나 집이 무너졌다. 이에 공이 소나무 아래 집을

지어 송와(松窩)라는 편액을 걸고, 벽에는 도서를 갖추어 두고 그
안에서 독서하고 한가로이 시를 읊으며 유유자적할 뿐 분화(紛華)한
세상사는 관심을 두지 않았으니, 공과 같은 이는 참으로 '성세(聖世)
의 일민(逸民)'이라고 해도 조금도 부끄러울 것이 없으리라.

영조 임신년(1752, 영조28) 12월 그믐에 정침에서 숨을 거두니,
숙종 임술년(1682, 숙종8) 4월 9일에 태어나신 때로부터 향년 71세이
다. 부의 동쪽 율동(栗洞) 임좌(壬坐)의 둔덕에 안장하였다.

부인 오천정씨(烏川鄭氏)는 종양(宗陽)의 따님이고 문과에 급제하
고 목사(牧使)를 역임한 양계(暘溪) 호인(好仁)의 현손으로, 현숙하
여 부도(婦道)가 있었다. 공보다 1년 늦게 태어나고 10년 먼저 세상을
떠났으며, 공과 합장하였다.

슬하에 3남을 두었다. 장남 인리(仁履)는 종형(宗兄)의 후사(後嗣)
가 되어 3남 1녀를 두었으니 아들은 경귀(景龜)·경준(景駿)·경표
(景豹)이고, 딸은 성계달(成啓達)에게 출가했다. 차남 인복(仁復)은
2남 3녀를 두었으니 아들은 경규(景珪)와 경형(景珩)이고, 딸은 강윤
상(姜允尙)·조선여(曹善餘)·이환계(李桓季)에게 출가하였다. 삼
남 인태(仁泰)는 2남 1녀를 두었으니 아들은 경호(景顥)와 경선(景
璿)이고 딸은 도필권(都必權)에게 출가하였다.

명(銘)

목눌이 인에 가깝다는
공자의 말씀이 있고
박실하게 공부하라는

주자의 말씀이 빛나도다

공은 실로 이 말씀 가슴에 새겨

노년에 이르도록 지켰으니

안으로는 효성과 우애가 돈독하고

밖으로는 사우에게 정성을 다했지

성대의 유일이요

사림의 긍식이라

온전히 지켜 돌아갔으니

벼슬하지 않아도 길하였어라

율동의 둔덕에

불룩한 무덤이 있으니

이 돌에 명을 새겨

후세에 길이 보이노라

松窩處士安公歿, 旣二十餘歲, 而墓闕顯刻. 於是, 門弟懼懿行泯鬱, 相與伐
石樹碣, 其孤仁復氏受狀於李公象靖柬, 懇鼎福曰: "我先考與尊先君有針
芥[70]之歡, 不獨宗誼然也. 我先墓有事, 而子忍無一語?" 鼎福感念先契之重,
雖未及公之門, 又嘗受訓戒之書, 書今在篋矣. 其敢辭諸? 謹按公諱命夏,
字國華, 系出廣州, 高麗大將軍諱邦傑之後. 傳至侍御史諱綏, 始居咸安, 六

70　針芥 : 자석에 잘 붙는 바늘과 琥珀에 잘 붙는 지푸라기라는 말로, 사람끼리
　　　의기가 투합함을 말한다. 漢나라 王充의 『論衡』 「亂龍」에 "호박은 지푸라기를
　　　달라붙게 하고, 자석은 바늘을 끌어당긴다.〔頓牟掇芥, 磁石引針.〕"라 한 데서
　　　온 말이다.

世有參判諱淹慶, 端宗朝忠臣監司完慶之兄, 生禮安縣監諱億壽, 又徙密陽之薪蒲, 是公之九世祖. 曾祖諱弘翼, 祖諱應斗, 考諱漢杰, 幷以文學稱. 妣牙山蔣氏, 處士熙績之女也. 公天姿端愨, 聰藝超等. 幼受學于塾師, 塾師歎賞曰: "他日君子儒也." 及長, 聞錦陽[71]李公以古道訓後進, 贄書請敎, 受四子・「西銘」・『玉山講義』等書, 李公亟稱之. 又與李公之胤密庵栽及鄭埙叟萬陽・箎叟葵陽・金谷川尙鼎往復琢磨, 諸公咸推重焉. 公性至孝, 九歲侍王母疾, 一日病忽劇, 公噛掌出血注口, 乃甦. 十三遭先府君喪, 哀毁守制如成人. 事母夫人, 承養無違, 宅邊有松産菌, 以供甘旨. 孫進士碩寬作「松菌說」以美之. 丙申丁憂, 泣血哀號, 啜粥過期. 府使金公始慶聞而賢之, 致賻以助祭. 公雅有遐想, 名山勝水, 筇屐殆遍. 慕濂堂卽公六世祖所築, 世久堂廢, 公搆屋松下, 扁之曰松窩, 壁揭圖書, 讀書其中, 嘯咏自適, 不知世間紛華之爲何物. 如公者可謂聖世之逸民而無愧矣. 英宗壬申十二月晦, 終于正寢, 距生肅宗壬戌四月九日, 享年七十一, 葬于府東栗洞壬坐原. 配烏川鄭氏, 宗陽之女, 文牧使號暘溪好仁之玄孫, 賢有婦道, 生後公一歲, 先公十歲而歿, 與公合葬. 生三男, 長仁履爲宗兄後, 有三子一女, 子景龜・景駿・景豹, 女適成啓達. 次仁復有二子三女, 子景珪・景珩, 女適姜允尙・曹善餘・李桓季. 仁泰有二子一女, 子景顯・景璿, 女適都必權. 銘曰:

木訥近仁[72] 先聖有言 朴實用功 朱訓炳然

---

71 錦陽: 조선중기의 학자 李玄逸(1627~1704)을 가리킨다. 그는 자는 翼昇이고 호는 葛庵이며, 시호는 文敬이고 본관은 載寧이다. 영남학파의 宗匠으로 李滉의 학통을 계승하였으며, 만년에 안동의 錦陽에 살면서 후학들을 양성하였다. 문집에 『葛庵集』이 있다.

72 木訥近仁: 공자가 "강하고 군세고 질박하고 어눌함이 인에 가깝다.〔剛毅木訥

公實服膺 至于白首 內篤孝弟 外謹師友

聖代遺逸 士林矜式 全而歸之[73] 家食亦吉

栗洞之原 宰如其阡 有鑱斯石 垂示來千

近仁.〕"라 하였다. 『論語 子路』

73 全而歸之 : 曾子의 제자인 樂正子春이 "부모가 온전하게 낳아 주셨거든 자식
이 온전히 보전하여 돌아가야 효라 이를 수 있고, 그 육체를 훼손하지 않으며
그 몸을 욕되게 하지 않아야 온전하다고 할 수 있다.〔父母全而生之, 子全而歸
之, 可謂孝矣. 不虧其體, 不辱其身, 可謂全矣.〕"라 하였다. 『禮記 祭義』

자여도 찰방 증 통훈대부 사헌부 집의 조은 한공 묘갈명-병서-

自如道察訪贈通訓大夫司憲府執義釣隱韓公墓碣銘-幷序- 경자년

(1780, 69세)

보계(譜系)가 서원(西原 청주(淸州))에서 나온 한씨(韓氏)는 근원이
멀고 종족이 크다. 처음에 태위(太尉) 난(蘭)이 고려 초에 일어났고
대대로 관영(冠纓)이 혁혁하게 이어져 국승(國乘)에 빛나게 실렸으
며, 고려 말에 이르러서는 문경공 수(脩)가 문장과 도덕으로 이름
났다. 본조(本朝)에 들어와서는 문간공(文簡公) 상경(尙敬)과 문정
공(文靖公) 계희(繼禧)가 모두 훈업(勳業)으로 이름이 알려졌으니,
공은 곧 문정공의 5세손이다.

공은 휘가 몽삼(夢參)이고 자는 자변(子變)이다. 증조 휘 승리(承
利)는 연산조(燕山朝)의 난정(亂政)을 보고 벼슬에 나아갈 뜻이 없어
진양(晉陽 진주(晉州))에 가서 은거하며 자호를 돈암(遯庵)이라고 했
으니, 진양의 한씨(韓氏)는 이 분에게서 비롯하였다.

조부 휘 여철(汝哲)은 벼슬이 사성(司成)에 이르렀다. 부친 휘 계
(誡)는 생원이고 문학으로 천거되어 사옹원참봉(司饔院參奉)과 종묘
봉사(宗廟奉事)에 제수되었으나 모두 부임하지 않았다. 자세한 사실
은 『진양지(晉陽誌)』에 실려 있다. 모친 양천허씨(陽川許氏)는 현감
주(鑄)의 따님이고 문정공(文貞公) 침(琛)의 증손이다.

공은 만력 기축년(1589, 선조22)에 진주의 동쪽 정수촌(丁樹村)에
서 태어났다. 어릴 때부터 영특하여 남다른 자질이 있었으나 왜란을
당하여 공부할 기회를 잃었다. 겨우 열 살이 되어서야 부친 봉사공(奉

事公)이『사략』를 가르쳤는데, 반 권도 배우기 전에 문리(文理)를 알았다. 계묘년(1603, 선조36)에 부친상을 당하고 병오년(1606, 선조39)에 모친상을 당했는데, 백씨(伯氏) 영원공(寧遠公) 몽룡(夢龍)과 함께 전후로 6년 동안 여막에서 살면서 예제(禮制)를 잘 지켰고 슬픔으로 훼척(毁瘠)하여 거의 목숨을 잃을 뻔하였다.

복(服)을 벗은 뒤에 스스로 학업에 진척이 없음을 상심하여 개연(慨然)히 학문에 뜻을 두어 비로소 황암(篁巖) 박제인(朴齊仁)의 문하에 나아가 집지(執贄)하였다. 먼저『시경』의 의의(疑義)를 질문하고, 다음으로 여러 경전들에 이르기까지 어렵고 의심스러운 곳을 문답하여 오의(奧義)를 환히 보았고 진퇴와 읍양이 매양 법도에 맞으니, 박선생이 칭찬해 마지않았다. 한강(寒岡) 정선생(鄭先生)도 그 재기(才器)를 인정하여 학문하는 방도를 지도하였다. 만년에는 또 장여헌(張旅軒)선생의 문하에게 가서 수학했는데, 동문들이 공을 추중하였다.

계축년(1613, 광해군5)에 생원이 되었다. 병진년(1616, 광해군8)과 정사년(1617, 광해군9) 연간에 광해군이 모후(母后)를 폐위하려 하자 공이 우려하고 분개하여 소장을 가지고 서울로 가고자 했는데, 백씨가 울면서 만류하여 그만두었다. 이후로 과거를 포기하고 산림에 은거하였다.

병자년(1636, 영조14)에 오랑캐가 침범해오자 고을 사람들이 공을 의병장으로 추대했는데, 의병이 출행하기 전에 화친이 이미 이루어졌기에 출행을 정지하였다. 이후로는 더욱 세상에 뜻이 없었다. 함안(咸安) 원북(院北)에 수석(水石)의 명승이 있다는 말을 듣고 그 곳에 정자를 짓고는 정원 곁의 바위에 '석정(石亭)'이라 새겼다. 공은 평소 글씨를 잘 썼기에 후인들이 그 필적을 좋아하여 바위에 새겨 후세에 전하였다. 이윽고 적암(適巖)으로 옮겨서 낚시를 즐기며 살면서 호를 '적암조은(適巖釣隱)'이라 하고 집안에서 독서하며 종일토록 고요히 앉아 있었다. 미수(眉叟) 허선생(許先生)이 한 번 보고서 뜻이 맞아 편지를 준 것이 책상에 가득 쌓였는데, 그 가운데 "만년의 청복(淸福)이 사람으로 하여금 매우 부러워하게 한다."는 말이 있다.

기묘년(1639, 인조17)에 자여도(自如道) 찰방에 제수되었는데, 부임한 지 석 달 만에 관직을 버리고 돌아오면서 시를 읊기를,

매화 저편 성근 대숲이 차가운 눈이었으니
허리를 굽힌 모습이 늙은 찰방과 닮았구나
그렇지만 굳센 절개 끝내 변치 않으니
풍진 속에 늙어빠진 사람으로 보지 마오

梅外疎篁戴雪寒 折腰如學老郵官 雖然勁節終無改 莫作風塵潦倒看

라 하였으니, 그 마음 속에 품은 지취(志趣)를 상상해 볼 수 있다.

무술년(1658, 효종9)에 또 양촌(陽村)으로 이주하였는데, 역시 계산(溪山)의 좋은 경치가 있었다. 기해년(1659, 효종10)에 동몽교관(童蒙教官)에 제수되었으나 부임하지 않았다.

임인년(1662, 현종3) 11월 25일에 정수촌(丁樹村) 구택(舊宅)에서 역책(易簀)하니 향년 74세이다. 이듬해 정월에 집의 동쪽 사녕동(沙寧洞)에 안장했다가 병술년(1706, 숙종32)에 하동부(河東府) 흥룡(興龍) 을좌(乙坐)의 둔덕에 이장하였다. 문집 2권이 집에 보관되어

있다. 숙종 임오년(1702)에 사림이 임천사(臨川祠)에 공을 제향하고, 영조 기유년(1729)에 증손 범석(範錫)이 높은 관작에 오르자 사헌부 집의(司憲府執義)에 추증되었다.

공은 일찍부터 여러 선생의 문하에 가서 경전을 힘써 공부하고 날마다 『심경』과 『근사록』을 독송하여 성현의 말씀을 자신에게서 징험하였다. 성품이 과묵하고 단장(端莊)하여 나태한 모습을 보인 적이 없었다. 기악(妓樂)이나 농담 따위는 아예 듣고 보려 하지도 않았다. 내행(內行)에 특히 돈독하여 어버이를 섬김에 효성스럽고 형을 섬김에 정성스러웠다. 제사에는 반드시 목욕재계하여 정성을 다했으니, 비록 역질(疫疾) 돌 때에도 제사를 빠뜨린 적이 없다. 자제를 가르칠 때는 반드시 언어와 행동을 조심하게 했으며, 고을에서는 귀천의 차별 없이 모든 사람을 화경(和敬)으로 대했으며, 남에게 베풀기를 좋아하여 곤궁한 사람을 도울 때 마치 자기 일처럼 힘을 다했다. 남의 상고(喪故)를 들으면 음식에 반드시 고기를 두지 않았고, 손님이 오면 비록 밤중이라도 반드시 의관(衣冠)을 갖추었다. 평상시 거처할 때 남들과 교제가 드물었으니, 이 때문에 명성이 크게 알려지지는 못했으나 함께 교유한 이들은 모두 당세에 문행(文行)으로 이름난 선비였다. 간송(澗松) 조임도(趙任道)·겸재(謙齋) 하홍도(河弘道), 그리고 허목(許穆)선생 등이 그 중에서도 특히 이름이 알려진 분들이다.

바야흐로 인홍(仁弘)이 권력을 휘두를 때 강우(江右)의 인사들이 물결처럼 휩쓸려갔는데, 같은 군(郡)에 사는 성호정(成好正)이 공을 맞이하여 가서 인홍을 만나게 하려 하자, 공이 정색하고 거절하며 말하기를,

"이 사람은 학술에는 퇴계선생을 비난하여 배척하고, 국정을 맡아
서는 모후를 폐위할 것을 주장했으니, 실로 사문(斯文)의 난적(亂
賊)이고 국가의 흉역(凶逆)이다. 내 일찍이 가야산의 승경을 구경
하고 싶었으나 그 산이 이 사람이 사는 곳과 가깝기 때문에 그 땅을
밟고 싶지 않았다. 하물며 그를 만난단 말인가?"
라고 하였다. 조간송(趙澗松)의 시에 "옳은 말을 하여 간특한 자를
분별하여 선견지명이 있었네[獻可卞奸先見早]"라 한 것이 바로 이를
두고 한 말이다.

글을 읽다가 고인의 절의를 말한 대목에 이르면 반드시 눈물을 흘
리며 탄식하였고, 길야은(吉冶隱 길재(吉再))·남추강(南秋江 남효온
(南孝溫))·조대소헌(趙大笑軒 조종도(趙宗道))의 유사(遺事)를 글로
써서 천양(闡揚)하여 존모(尊慕)하는 정성을 담았다. 일찍이 의령(宜
寧)에 추강(秋江)의 사당을 건립하고자 했으나 사림의 의론이 합치하
지 못해 마침내 뜻을 이루지 못하였으니, 공은 종신토록 한스럽게
여겼다. 사림의 뜻으로 덕천(德川)·신산(新山) 등 여러 서원의 원장
이 되었는데, 학문을 강론하고 선비를 양성하는 규정에 모두 성법(成
法)이 있었다.

부인 창녕장씨(昌寧張氏)는 참봉 익기(益禥)의 따님으로 현숙하여
부덕(婦德)이 있었다.

3남 2녀를 낳았다. 장남은 시회(時晦)이고, 차남은 시헌(時憲)인
데 백씨의 후사(後嗣)로 나갔고, 삼남은 시귀(時龜)인데 생원이다.
장녀는 생원이 된 조징원(趙徵遠)에게 출가하였고 다음은 박상규(朴
尙圭)에게 출가하였다. 시회는 2남 2녀를 두었으니 무과에 급제하여
부사가 된 익세(翼世)·무과에 급제하여 우후(虞候)가 된 영세(榮

世)이고, 사위는 무과에 급제한 성진(成楯)과 윤세규(尹世奎)이다. 시헌은 1남 2녀를 두었으니 아들은 무과에 급제하여 주부가 된 필세(弼世)이고, 사위는 하형(河洞)·권정향(權井亨)이다. 시귀는 2남 2녀를 두었으니 아들은 태세(泰世)는 무과에 급제하였고 다음은 경세(景世)이다. 사위는 권만형(權萬亨)·신광익(愼光翼)이다. 익세의 한 아들은 명석(名錫)이다. 영세의 두 아들은 범석(範錫)은 병사이고 다음은 기석(箕錫)이다. 필세의 세 아들은 종석(宗錫)·무과에 급제하여 우후가 된 우석(宇錫)·인석(寅錫)이다. 태세의 한 아들은 정석(鼎錫)이다. 경세의 한 아들은 영석(永錫)이다. 내외의 후손은 지금 5세, 6세에 이르러 많아서 다 기록하지 못한다.

선생이 세상을 떠난 지 이미 오래라 유풍(流風)이 점차 멀어지니, 자손들이 선생의 유풍이 인멸하여 전해지지 못할까 두려워하여 정복에게 글을 지어 줄 것을 부탁하였다. 사람의 덕을 찬술하는 것은 큰 일이니 어찌 사람마다 누구나 할 수 있는 일이겠는가. 이에 굳이 사양하였으나 받아들여지지 않기에 삼가 정랑(正郞) 장영(張詠)이 지은 행장에 의거하여 이상과 같이 서술하고, 명(銘)을 쓰노라.

하늘에서 받은 것은
자질이 순수하고
스승에게 얻은 것은
학문의 진실하였어라
곤궁과 영달의 사이에
군자로서 분수에 맡기고
물러나 처음의 뜻을 지켜

벼슬을 초개처럼 보았지
적암의 아름다운 연하 속에
고풍이 아스라이 멀어지네
저 흥룡산을 바라보니
길사가 묻힌 곳이로세

韓氏出西原者, 源遠而族大. 始太尉蘭起麗初, 爀世簪纓, 耀暎國乘, 而至麗
季, 有文敬公脩以文章道德名. 入本朝, 文簡公尙敬・文靖公繼禧, 俱以勳
業著, 公卽文靖公五世孫也. 公諱夢參, 字子變. 曾祖諱承利, 見燕山政亂,
無意榮進, 卷歸于晉陽, 自號遯庵, 晉之韓始此. 祖諱汝哲, 官司成. 考諱誠
生員, 以文學薦, 授司饔參奉・宗廟奉事, 皆不赴. 語詳州誌. 妣陽川許氏,
縣監鑄之女, 文貞公琛之曾孫也. 公以萬曆己丑生于州東丁樹村第. 幼穎秀
有異質, 遭倭亂失學, 甫十歲, 奉事公授『史畧』, 未半卷而文理驟達. 癸卯丁
外艱, 丙午丁內艱, 與伯氏寧遠公夢龍, 前後居廬六年, 守制如禮, 毁瘠幾不
保. 服闋後, 自傷學業未進, 慨然有求道之志, 始執贄於朴篁巖齊仁之門, 先
質以三百篇之疑義, 次及諸經, 難疑答問, 洞見突奧, 進揖退揚, 動中矩矱,
朴先生吃吃稱不已. 寒岡鄭先生亦器重之, 導以爲學之方. 晩又質業于張旅
軒先生, 同門推重焉. 中癸丑生員. 丙辰丁巳間, 光海將廢母后, 公憂憤, 欲
封章西上, 伯氏泣挽而止, 仍廢擧業, 守志丘樊. 丙子虜變, 鄕人推公爲義兵
將, 兵未發而和已成矣, 遂停行. 尤無當世之意, 聞咸安院北有水石之勝, 搆
亭于其地, 題庭畔巖曰石亭. 公素善八法, 後人愛其筆, 刻而傳之. 尋移適
巖, 漁釣而樂之, 因號適巖・釣隱, 杜門讀書, 淸坐終日. 眉叟許先生一見契
合, 書贈堆案, 有'晩年淸福使人健羨'之語. 己卯除自如道察訪, 赴任三月,
棄歸賦詩曰: "梅外踈篁戴雪寒, 折腰如學老郵官. 雖然勁節終無改, 莫作風

塵潦倒看."可想其志趣之有存也. 戊戌又移陽村, 亦有溪山之勝. 己亥薦除
童蒙敎官, 不赴. 壬寅十一月二十五日, 易簀于丁樹村之舊第, 享年七十四.
翌年正月, 葬于宅東沙寧洞, 丙戌移窆于河東府興龍之乙坐原. 有集二卷藏
于家. 肅廟壬午, 士林享于臨川祠, 英廟己酉, 以曾孫範錫貴, 贈司憲府執
義. 公早遊諸先生之門, 劬心經傳, 日誦『心經』・『近思錄』而驗之於身. 性
簡默端莊, 未嘗見惰容. 至若女樂諢語, 不肯留之視聽. 尤篤於內行, 事親
孝, 事兄謹, 祭祀必齋沐致誠, 雖値癘疫, 享祀無闕. 敎子弟, 必謹言動, 居
鄕無貴賤, 待以和敬, 喜施與, 賙窮急困, 如不及焉. 聞人喪, 食必舍肉, 客
至, 雖夜衣帶必飭. 平居罕交遊, 以是聲聞未振, 然其所與遊者, 皆當世文行
之士. 而趙澗松任道・河謙齋弘道及許先生穆, 尤其較著者也. 方仁弘之用
權也, 江右人士波奔, 同郡成好正邀公往見. 公正色折之曰:"其人也, 學術
詆斥退陶, 當國主張廢論, 實斯文之亂賊, 國家之凶逆. 吾嘗欲觀伽倻之勝,
而以其近此人之居, 故不欲踐其土. 況與之見乎?"趙澗松詩:"獻可卞奸先
見早."者是也. 每讀書, 至古人節義處, 必淹泣而歎. 吉冶隱・南秋江・趙大
笑軒遺事, 莫不著文闡揚, 以寓尊慕之誠. 嘗於宜寧, 欲建秋江祠, 士論携貳
竟不成, 以爲終身之恨. 以士林之願, 常爲德川・新山等諸院山長, 講學養
士之規, 皆有成法云. 配昌寧張氏, 參奉益祺之女, 賢有婦德. 生三男二女,
男長時晦, 次時憲出後伯氏, 次時龜生員, 女長適趙徵遠生員, 次適朴尙圭.
時晦二子, 翼世武府使, 榮世武虞侯, 二婿成楷武科・尹世奎. 時憲一子, 弼
世武主簿, 二婿河泂・權井享. 時龜二子, 泰世武科・景世. 二婿權萬亨・
愼光翼. 翼世一子命錫. 榮世二子, 範錫兵使・箕錫. 弼世三子, 宗錫・宇錫
武虞侯・寅錫. 泰世一子鼎錫. 景世一子永錫. 內外孫, 今至五世六世, 多不
錄. 先生歿已久, 而流風漸遠, 子孫懼其湮沒無傳也, 求文於鼎福. 撰德大事
也, 豈可人人而爲之乎? 固辭不得, 謹依張正郎狀, 序次如右, 爲之銘曰:

稟於天者 質之純也 得於師者 學之眞也

窮達之際 君子任分 退修初服 芥視軒冕

適巖烟霞 高風縣邈 瞻彼興龍 吉士攸宅

12. 통훈대부 행 사헌부 감찰 안공 묘갈명-병서-
通訓大夫行司憲府監察安公墓碣銘-幷序-

살아남은 사람의 슬픔이 죽은 사람보다 더 심하니, 대개 죽은 사람
은 앎이 있는지 없는지 알 수 없으나 산 사람은 앎이 있으니 그 슬
픔이 어찌 심하지 않겠는가. 내가 가중(可中)·은로(殷老)와는 나
이도 같고 성씨도 같고 지향도 같아서 한 점 마음이 천 리 밖에서도
한 자리에 앉은 듯이 서로 통하였다. 지금 은로는 죽었고 나와 가중
이 살아 있으니 이것이 슬픈 일이다. 그러나 오늘의 은로는 내일의
나와 가중이라 필경 함께 만나게 될 터이니, 또한 무엇을 슬퍼하랴!

가중이 은로의 행장을 짓고 편지를 보내어 갈문(碣文)을 지어달라
고 하였다. 내가 비록 글을 잘 짓지는 못하나 어찌 차마 굳이 사양하여
평소의 우의를 저버리겠는가.

공은 휘가 경열(景說)이고 은로(殷老)는 그 자이다. 어릴 때부터
영특하여 7세에 처음 글을 읽어 기송(記誦)을 잘하고 문장을 잘 지었
다. 조금 자라서는 종형 경시(景時) 가중(可中)과 향선생인 정훈수
(鄭塤叟)·지수(篪叟) 두 형제의 문하에서 배웠는데, 두 분 선생이
자주 칭찬하였다. 약관(弱冠)에 이르러 누차 향시에 낙방하고는, 경
전을 공부하여 정통(精通)하다는 명성이 있었다.

그러나 운수가 기구하여 병자년(1756, 영조32) 가을에 이르러서야
비로소 급제하여 승문원에 선발되어 들어갔다. 계미년(1763, 영조
39)에 권지부정자(權知副正字)가 되었고, 병술년(1766, 영조42)에
정자(正字)·저작(著作)에 올라 봉상시직장(奉常寺直長)을 겸대하

였다. 정해년(1767, 영조43)에 박사(博士)로 승진하였고, 이윽고 성
균전적(成均典籍)에 제수되었고, 무자년(1768, 영조44)에 사헌부감
찰(司憲府監察)로 옮겼다.

기축년(1769, 영조45)에 괴귀(怪鬼)한 자들이 상소하여 주상의 뜻
을 거스르자 주상이 영남의 사론이 다 같이 그러하다고 의심하여 조
정에 있는 영남 사람을 다 파직하니, 공이 마침내 향리로 돌아갔다
이상이 공이 정사(政事)에 종사한 대략의 행적이다.

공은 숙종 38년인 임진년(1712) 11월 21일에 태어나 기해년(1779,
정조3) 11월 6일에 세상을 떠났으니 향년 68세이다. 이듬해 2월에
영천군(永川郡) 청제(菁堤) 선영 해좌(亥坐)의 둔덕에 안장하였다.

공의 선계는 광주(廣州)에서 나왔고, 중세에 함안(咸安)으로 옮겼
고, 8대를 지나 또 밀양(密陽)으로 옮겼다. 휘 구(覯)는 호가 태만(苔
巒)이고 관직은 사간(司諫)인데, 청백리(淸白吏)로 이름이 알려졌
다. 이 분이 휘 증(嶒)을 낳았으니, 문과에 급제하여 벼슬이 좌랑에
이르렀고, 영천의 도동촌(道洞村)에 정자를 짓고 지내면서 호를 완귀
(玩龜)라고 하였다. 이로부터 마침내 영천 사람이 되었으니, 공에게
8대조가 된다. 증조는 휘 세영(世英)이다. 조부는 휘 후정(后靜)은
인후한 덕이 있었고 과거에 급제했으나 시론(時論)을 거슬려 벼슬이
성균학정(成均學正)에 그쳤다. 부친은 휘 여기(汝基)이다. 모친 팔거
도씨(八莒都氏)는 처사 만갑(萬甲)의 따님이다.

공은 무안박씨(務安朴氏) 훈상(勛相)의 따님을 아내로 맞이하여
2남 3녀를 낳았다. 장남 치중(致重)은 진사(進士)이고 문예가 있었으
나 공보다 먼저 죽었고, 차남은 달중(達重)이다. 이귀동(李龜東)·박
내정(朴來禎)·손계동(孫啓東)이 사위이다. 치중의 한 아들은 효대

(孝大)이고, 세 딸 중 장녀는 유광기(柳光沂)에게 출가하고 나머지는 아직 어리다. 달중의 한 아들은 효능(孝能)이다. 이귀동의 한 아들은 몽순(夢淳)이고, 한 딸은 유기문(柳起文)에게 출가했다. 박내정의 한 아들은 표득(豹得)이다. 손계동의 두 아들은 주목(周穆)과 수목(壽穆)이다.

공은 내행(內行)에 돈독하여, 부모를 섬김에 안색을 잘 살펴 봉양하여 뜻을 어김이 없었다. 집이 가난하고 어버이가 연로하기에 힘써 농사지어 의식을 공급하고, 쇠똥을 치우는 천한 일도 꺼리지 않았다. 한 아우가 있었는데 우애가 또한 지극하여 집안이 화락하였다.

정사년(1737, 영조13)에 모친상을 당하였고 임신년(1752, 영조28)에 부친상을 당하였다. 전후의 거상(居喪)에 슬픔과 절차가 예(禮)에 맞았으며, 제사할 때에는 반드시 목욕재계하여 생시에 즐기던 음식을 생각하여 마련해 올렸다. 제사를 모시는 정성이 노년에 이르러서도 줄지 않아 벼슬하느라 성균관에 있을 때에도 친기(親忌)를 만나면 종일토록 서글픈 기색으로 고요히 앉아 있었고, 새벽에 현주(玄酒 물의 별칭)를 갖추어 향을 피워 절하고 동이 틀 때가지 부복(仆伏)하여 있었으니, 성균관 안의 사람들이 지금까지 칭송한다.

평소에는 아침 일찍 일어나 「심경찬(心經贊)」 및 여러 명잠(銘箴)을 외우고는 세수하고 가묘에 절하는 것을 일상으로 삼았다. 서모를 섬김에 정성을 극진히 하고, 동당(同堂)의 형제들과는 아무리 적은 음식이라도 나누어 먹으며 자주 왕래하여 화락하였다. 마을 안에 종족들이 매우 많았으니, 노인에게는 공경하고 어린이에겐 자상하게 대하는 것이 모두 법도에 맞았다. 궁핍한 사람이 있으면 자신의 형편을 아랑곳 않고 반드시 가진 것을 다 기울여 도와주었고, 사람을 접할 때는 귀천과 현우(賢愚)를 따지지 않고 정성을 다하니, 사람들이 모두 다 공을 좋아하였다. 입으로는 남의 시비를 말하지 않고, 마음에는 시기심과 탐욕이 없었다. 미천한 하인들에게도 모진 말을 한 적이 없었다. 이러한 까닭에 사람들이 모두 충후(忠厚)한 장자라고 지목했으니, 대개 그 순근(淳謹)하고 관화(寬和)한 성품은 비록 하늘에서 받았으나 만약 평소에 함양(涵養)한 공부가 없었다면 이와 같을 수 있겠는가.

공은 어릴 때부터 장자(長者)의 문하에 종유하여 군자의 행실을 익히 들었으니, 공은 비록 학문으로 자처하지 않았으나 반드시 학문의 힘이 아니라 할 수는 없을 것이다. 공은 평소에 명절(名節)을 스스로 힘써 사람들이 세로(世路)에 부침(浮沈)하면서 그 마음을 쉽게 바꾸는 것을 보면 반드시 이마를 찌푸리고 통렬히 관계를 끊었다. 처음 과거에 급제하여 영귀(榮歸)하던 날에, 종인(宗人) 중 시론(時論)을 주장하는 이로서 중표친(中表親)의 관계에 있는 사람이 당시 창녕현감(昌寧縣監)으로 있으면서 정성을 다해 공을 영접하였으니, 그 의도는 공을 자기 편에 끌어 들이고자 하는 것이었다. 공이 정색을 하고 거절하니, 그 사람이 무안하여 그만두었다.

벼슬하여 성균관에 있었을 때는 발걸음이 반촌(泮村) 밖으로 벗어나지 않아 일찍이 한 사람의 권귀(權貴)도 만난 적이 없었으니, 그 절개가 높고 자중(自重)하는 것이 이와 같았다.

기축년(1769, 영조45)에 파직된 것은 횡역(橫逆)이라고 할 만했으나 공은 조금도 기미를 안색에 드러내지 않고 선정(先亭)에 돌아와 날마다 문사(文史)와 바둑·술을 즐기며 유유자적하였다.

벼슬에 물러나 집에서 지낸 지 10년 동안 한 번도 벼슬의 물망에 오르는 일이 없기에 어떤 사람이 공의 침체한 신세를 위로하니, 공은 "빈 자리는 적고 사람은 많으니 형세가 그럴 수 밖에 없다. 나는 이 정도로 만족한다. 이 밖에 무엇을 바라겠는가."라 하였다. 이와 같이 세상에 욕심을 부리지 않고 한가로이 천명(天命)에 맡긴 채 여생을 마쳤으니, 풍진 속에 휩쓸린 채 반드시 얻는다는 보장도 없는 벼슬을 갈구하는 자들과 비교해 보면, 그 청복(淸福)이 과연 어떠한가?

명(銘)

군자의 도는
성실을 귀하게 여기나니
아름다워라 안공이여
마음이 평탄하여 가식이 없었네
효우의 성품은
천성에 근본하였고
화락한 행실은
향리에 드러났으니
어진 스승의 가르침 받았고
실로 학문의 힘이 있었어라
만년에 조정에 올랐건만
환로에서 어려움을 만나
억울한 죄목에 걸려 파직되어
물러나 십 년을 집에서 지냈지
사헌부의 낮은 관직에 있었던 것은

새가 틈새를 지나는 듯 잠깐이라

완귀정의 아름다운 자취를 잇고

지조를 굳게 지켜 물러났으니

남들은 억울하다 말하였지만

공은 스스로 만족한다 하였어라

세파 속에 분주한 자들과 비교해보면

하늘과 땅처럼 현저히 다르네

내 공의 묘갈에 명을 쓰노니

거의 이에 부끄러움이 없으리라

後死之悲, 甚於逝者, 盖逝者之有知無知, 不可知, 而生者有知, 則其悲也, 豈不甚哉? 余與可中・殷老同庚同宗而志又同, 靈犀一點, 千里而合席矣. 今者殷老逝, 而余與可中存焉, 是可悲也. 而今日之殷老, 明日之余與可中, 畢竟同歸, 抑又何悲? 可中携殷老狀, 走書索碣文. 余雖不文, 豈忍固辭, 以負平生之好哉? 公諱景說, 殷老其字也. 幼穎秀, 七歲始讀書, 善記誦, 能綴文. 稍長, 與從兄景時・可中質業于鄕先生塤篪叟兩鄭公之門, 兩公亟稱之. 及冠, 累失鄕解, 遂治經業, 以精通名. 然數奇, 至丙子秋, 始登第, 選入槐院. 癸未權知副正字, 丙戌陞正字著作兼奉常直長, 丁亥陞博士, 尋陞參拜成均典籍, 戊子遷司憲府監察. 己丑有怪鬼輩上疏忤旨, 上疑嶺論之同然也, 盡罷嶺人之在朝者, 公遂罷歸. 此其從政大畧也. 公生于肅廟壬辰十一月二十一日, 卒于己亥十一月初六日, 享年六十有八. 明年二月, 葬于郡之菁堤先塋亥坐原. 公系出廣州, 中世移咸安, 八世又徙密陽. 有諱覲號苔巒, 官司諫, 以淸白著. 生諱嶒, 文科佐郎, 搆亭于永川之道東村, 號玩龜. 自是遂爲永人, 於公爲八世祖. 曾祖諱世英. 祖諱后靜有厚德, 登第, 忤時論, 官止成均學正. 考諱汝基. 妣八莒都氏, 處士萬甲之女. 公娶務安朴勛相之女, 生二男三女. 男長致重進士, 有文藝, 先公歿, 次達重. 李龜東·朴來禎·孫啓東, 其婿也. 致重一子孝大, 三女長適柳光沂, 餘幼. 達重一子孝能. 李龜東一子夢淳, 一女適柳起文. 朴來禎一子豹得. 孫啓東二子周穆·壽穆. 公篤於內行, 事父母, 色養無違, 家貧親老, 力穡以供給, 牛下賤役, 亦不憚勞. 有一弟, 友愛亦至, 門庭之內, 怡怡如也. 丁巳遭內憂, 壬申丁外艱, 前後居喪, 戚易中禮, 祭必齋沐, 思其所嗜而致享焉. 著存[74]之誠, 至老不衰, 其旅宦在沔, 若值親忌, 終日愀然靜坐, 晨設玄酒, 焚香拜, 伏以達曙. 沔人至今稱誦云. 平居早起, 誦「心經贊」及諸銘箴, 盥洗拜家廟, 日以爲常. 事庶母, 盡其誠, 與同堂兄弟, 折甘分少, 源源湛樂. 巷內宗族甚多, 敬老慈幼, 咸中儀則. 有窮乏者, 不問有無, 必傾儲而資之; 接人之際, 無貴賤賢否, 輸其誠款, 咸得歡心. 口絶臧否, 心無忮求, 至於僕妾之賤, 未嘗加以惡言. 是以, 人皆以忠厚長者目之, 蓋其淳謹寬和之性, 禀之雖天, 而若無平日持養之工, 能如是乎? 公少遊長者之門, 習聞君子之行. 公雖不以學自處, 而未必非學

---

74 著存 : 『禮記』「祭義」에 "제사하는 날 방에 들어가면 애연히 마치 자리에 있는 듯하며, 周旋하여 문을 나오면 숙연히 그 목소리가 들리는 듯하며, 문을 나와서 들으면 개연히 그 탄식하는 소리가 들리는 듯하다. 이런 까닭에 선왕의 효는 그 안색을 눈에서 잊지 않고 그 소리를 귀에서 끊지 않고 그 심지와 기욕을 마음에서 잊지 않는다. 사랑을 지극히 하면 고인이 계시고 정성을 지극히 하면 드러난다. 드러나고 계셔 마음에 잊지 않거늘 어찌 공경하지 않으리오.〔祭之日, 入室 優然必有見乎其位, 周還出戶, 肅然必有聞乎其容聲, 出戶而聽, 愾然必有聞乎其歎息之聲. 是故, 先王之孝也, 色不忘乎目, 聲不絶乎耳, 心志嗜欲, 不忘乎心, 致愛則存, 致慤則著. 著存不忘乎心矣, 夫安得不敬乎?〕"라 한 데서 온 말로 제사의 대상인 부모나 선조를 생각하는 정성을 말한다.

之力也. 公居常以名節自勵, 見人之浮沉世路, 陰陽其心者, 必嚬蹙而痛絶之. 嘗於釋褐榮歸之日, 有宗人之主時論而爲中表親者, 時宰昌寧, 迎接款昵, 意欲鉤致之. 公正色折之, 其人憮然而止. 其宦遊在泮也, 足不出泮村外, 未嘗識一權貴, 其介特自重, 有如是者. 己丑罷官, 可謂橫逆, 而公無幾微色, 歸臥先亭, 日以文史棊酒自娛. 十年家食, 一不檢擬, 人或慰其沉屈, 則曰: "窠窄員多, 勢固然矣. 我之得此, 足矣. 何望其他?"泊然無求於世, 優游任命以終. 與其蠥蠥風塵, 希覬於不可必得之事者, 其清福果何如哉!

銘曰:

君子之道 貴乎誠慤 有美安公 坦無裏褾

孝友之性 本于天植 愷悌之行 著于鄉曲

服訓賢師 實藉學力 晚歲登朝 宦道墒埴

鴻罹遘斥 十載家食 霜臺冷唧 如鳥過隙

趾美玩龜 心存介石[75] 人稱其屈 公云自足

視彼奔鶩 天淵永隔 我銘公碣 庶其無怍

---

75 介石: 지조가 돌과 같이 단단함을 말한다. 『周易』「豫卦」六二에 "지조가 돌
    보다 단단한지라 하루가 다 안 가서 떠나니 정하고 길하다.〔介于石 不終日
    貞吉〕"하였다. 여기서는 조정에서 벼슬을 그만 두고 은거했음을 뜻한다.

13. 불우헌 정공 묘갈명-병서-

不憂軒鄭公墓碣銘-并序- 갑진년(1784, 73세)

공은 휘가 상점(相點)이고 자는 중여(仲與)이며 관향은 수양(首陽)
이니, 고려 시중(侍中) 숙(肅)의 후손이다. 아조(我朝)에 들어와 좌
찬성 정도공(貞度公) 역수(易邃)가 크게 현달하였으니 공은 그 11
대손이다. 4대를 내려와 진사 희검(希儉)에 이르러서는 그 백씨(伯
氏) 허암(虛菴)선생 희량(希良)과 함께 수학하였다. 교동주(喬桐主
연산군)의 난정(亂政)을 만나 허암(虛菴)이 세상을 피해 숨자 그도
과거를 포기하고 시주(詩酒)를 즐기면서 호를 계양어은(桂陽漁隱)
이라 하였으니, 세상에서 그 절의를 높이 일컬었다.

또 3대를 내려와 휘 문부(文孚) 호 농포(農圃)는 문무의 재능을
겸비하여 선조조(宣祖朝)의 임진왜란에 북평사(北評事)로서 창의(倡
義)하여 병사를 일으켜 토적(土賊)을 주살하고 왜구를 물리쳤으니,
그 사적이 국승(國乘)에 실려 있다. 벼슬은 병조참판에 이르렀는데
인조 2년 갑자년(1624)에 시안(詩案)에 걸려 화를 입었다. 후일에
비록 신원되어 찬성(贊成)의 증직을 받고 충의(忠毅)의 시호를 받았
지만 사람들이 지금까지 슬프게 여기니, 이 분이 공에게 고조가 된다.

증조 휘 대륭(大隆)은 증좌승지(贈左承旨)이고 성품이 지극히 효
성스러웠다. 가화(家禍)를 당한 뒤부터 애통한 마음을 품고 백씨 진
사공(進士公)과 함께 남쪽으로 달아나 진양(晋陽 진주(晉州))에 와서
살며 세상과 소식을 끊었으니, 자손들이 그대로 진양에 머물러 살았
다. 조부는 휘 유인(有禋)이다. 부친은 휘 구(構)이고 호는 노정헌(露

頂軒)으로, 지절(志節)이 있고 문사(文詞)를 숭상하였으며 성품이 고간(高簡)하고 남에게 베풀기를 좋아하였다. 3대가 모두 은거하여 세상에 나가지 않았으니, 선대의 유지를 따른 것이다. 모친 청주한씨 (淸州韓氏)는 통덕랑(通德郎) 석운(碩運)의 따님이고 현감(縣監) 시중(時重)의 손녀로 현숙하여 부덕(婦德)이 있었다. 숙종 계유년 (1963) 11월 17일에 진양의 동쪽 용암리(龍巖里) 집에서 공을 낳았다.

공은 어려서부터 총명하여 겨우 이를 갈 나이에 지은 시구에 사람을 놀라게 하는 구절이 많았다. 11세 되던 해 동짓날에 시를 지었는데,

북두성 자루는 임계의 사이로 처음 돌아오고
천지의 한 양기가 땅에서 생겨나누나

斗柄初回壬癸間 天陽一氣地中生

라 하니, 노정공이 기특하게 여겨 "이 아이는 응당 이치를 궁구하는 선비가 될 것이다."라 하였고, 사람들은 반드시 정씨 문중을 다시 세울 것이라 기대하였다. 12세에 경사(經史)에 통달했는데 괴질(怪疾)에 걸려 10년 뒤에야 질병이 조금 나아졌다. 이로 인하여 과거공부를 그만두고 오직 글을 읽고 심성을 함양하는 것만 힘썼고 세상의 분화(紛華)한 명리(名利)에는 욕심이 없었다.

성품이 효성스럽고 우애로워 어버이의 뜻을 받듦에 어김이 없었고 상사(喪事)와 제사는 예제(禮制)에 맞았으며, 멀리 시집간 여동생이 있었는데 차마 오래 떨어져 있지 못하여 자주 가서 살펴보기를 늙을

때까지 변치 않았고 서제(庶弟)를 보살피고 사랑하여 자기와 대등한 형제처럼 대하였다. 예법으로 가정을 다스리니 규문(閨門)이 엄숙하였으며, 자손이 많았는데 바른 도리로 가르치는 것이 매우 엄격하였다. 이에 자손들이 모두 그 훈육을 따라 허물을 범하지 않았으니, 고을에서 이를 보고 준칙으로 삼았다.

사람을 대할 때에는 관대하고 평탄하여 자신의 마음을 환히 드러내 보이고 빈객과 벗들을 정성으로 접하니, 사람들이 모두 공을 좋아하였다. 당론이 횡행하여 저마다 편견을 고집했으나 공은 모두 의리(義理)로 절충하여 사사로운 호오(好惡)의 감정으로 저앙(低仰)하지 않았으며, 다른 사람의 과실을 말한 적이 없었다. 이런 까닭에 사람들이 모두 공을 사랑하고 공경하였다. 곤궁한 사람들을 보살필 때는 은혜와 의리가 아울러 자극하여 혹 양육해 주기도 하고 혹 지도해 주기도 하여 성취시킨 사람이 한둘이 아니었다.

공은 질병을 조섭하며 한가로이 지낼 때에도 병이 심하지 않으면 하루라도 책을 손에서 놓은 적이 없었다. 고금의 사적을 원용하고 경사(經史)를 출입하며 사람들과 흥미진진하게 얘기를 하였다. 비록 과문(科文)을 공부하지는 않았으나 박람(博覽)하여 식견을 많이 쌓아 시문(詩文)으로 발휘한 것은 문장과 이치가 모두 정밀하니, 일찍이 학사(學士) 오원(吳瑗)에게 칭찬을 받았다. 오원은 곧 공의 척족(戚族) 중 매우 절친한 사람이다.

공은 몸가짐이 엄정했다. 어릴 때 정자(程子)가 "금수만도 못하다."라고 주공숙(周恭叔)을 꾸짖은 말을 읽고는 종신토록 마음에 새겨 여색을 가까이한 적이 없어 그 단정한 행실이 마치 규방의 처자(處子)와 같았다. 공의 청고(淸高)하고 절속(絶俗)하는 조행과 관대하고 온후한 마음은 비록 천품도 그러했겠지만 대체로 독서에서 얻는 것을 체행(體行)한 데서 나온 것이었으니, 그 고상한 행실은 당세에 명성이 일컬어지는 학자들도 방불(彷彿)할 수 있는 바가 아니었다.

질병이 위독할 때 자손들이 둘러 앉아 눈물을 흘리니, 공이 그치게 하면서 "울지 말라. 내가 계유년에 태어나 오늘이 있을 줄 알았다. 죽고 사는 것은 상리(常理)이니 슬퍼할 것이 없다."라 하고, 전혀 죽음을 슬퍼하는 마음이 없고 정침(正寢)에서 고종(考終)하였으니, 곧 정해년(1767, 영조43) 4월 7일이었으며 향년 75세이다. 부음이 들리자 원근의 사람들이 애석해하면서 "남주(南州)의 고사(高士)가 죽었다."라 하였다. 장사를 지내는 날에는 몇 군(郡)의 사람들이 다 왔다. 그 해 7월 모일에 영봉산(靈鳳山) 묘좌(卯坐)의 둔덕에 안장하였다.

공은 『주역』의 "천도를 즐거워하고 명을 안다.〔樂天知命〕"는 뜻을 취하여 자기가 거처하는 곳을 불우헌(不憂軒)이라고 명명하였다. 유고 2권이 있다. 또 『시송(詩誦)』 2편이 있으니, 이 책은 고금의 시율(詩律)을 기록하고 간간이 품평한 것으로 모두 외고 기억한 것을 써서 만들었다.

부인 안동권씨(安東權氏)는 통덕랑(通德郎) 수창(壽昌)의 따님이고 문과에 급제하고 목사(牧使)가 된 우형(宇亨)의 손녀로, 현숙하고 유순하여 시집온 뒤로 부덕(婦德)에 어긋난 일이 없었고 인자하고 자혜로운 은택이 이웃에 미쳤으니, 지금도 사람들이 칭송한다. 공의 집은 본디 요족(饒足)하다가 중간에 쇠락(衰落)했다. 부인이 부지런히 일하여 살림을 꾸려 미세한 일까지 몸소 하여, 공으로 하여금 집안 살림을 걱정하지 않게 하였고, 공도 집안 형편을 아랑곳하지 않았으니, 사람들이 "공이 어질었던 것은 또한 부인의 내조가 있었다."라고

하였다. 갑술년(1694, 숙종20) 12월 28년에 태어났고 병자년(1756,
영조32) 1월 27일에 세상을 떠났다. 처음에는 영봉산 을좌(乙坐) 둔
덕에 임시로 매장했다가 병신년(1776, 영조52) 2월에 묘소의 터가
좋지 못하다고 하여 진양(晉陽) 서쪽 마동(馬洞) 경좌(庚坐) 자리로
이장하였다.

7남 2녀를 낳았다. 장남 단(壇)은 일찍 죽었고 한 아들을 두었으니
현의(鉉毅)이다. 그 다음 육(堉)은 문행(文行)이 있었고 공이 돌아가
신 뒤에 애훼(哀毁)로 건강을 해친 나머지 병들어 복(服)을 벗자마자
죽었고, 네 아들을 두었으니 진의(鎭毅)·탁의(鐸毅)·강의(鋼
毅)·찬의(鑽毅)이고, 사위는 박지원(朴之源)이다. 그 다음 훈(壎)
은 세 아들을 두었으니 명의(銘毅)·굉의(鈜毅)·황의(鍠毅)이고,
사위는 권무중(權懋中)이며, 서출(庶出)로 2남 1녀가 있다. 그 다음
근(堇)은 숙부 상림(相臨)의 후사(後嗣)가 되었는데, 형 육의 아들
탁의로 후사를 삼았고, 한 딸은 아직 어리며, 서출로 2남 2녀가 있다.
그 다음 자(垍)는 두 아들을 두었으니 장남은 감의(鑑毅)이고 한 아들
은 아직 어리며 두 사위는 권경(權燝)·하석규(河錫圭)이다. 그 다음
전(塼)은 형 훈의 아들 황의로 후사를 삼았다. 그 다음 식(埴)은 3남
1녀를 두었는데 모두 어리다. 맏사위 박인혁(朴仁赫)은 2남 4녀를
두었고, 둘째 사위 강간(姜稈)은 1남 3녀를 두었다. 내외의 증손·현
손이 80여 명이나 되니, 하늘이 공에게 보답한 것이 여기에 있도다!
이에 명(銘)을 붙이노라.

수양의 자손이 대대로 빛나
양대에 걸쳐서 관영이 이어졌네

충의가 참소에 걸려 오래도록 침체하니
삼대가 슬픔 품고서 남방에 와서 살았어라
공은 선대의 아름다운 자취 이어 재능을 감추고
독서에 힘쓰고 행실을 닦으며 스스로 즐겼으니
하늘이 거듭 보우하여 장수의 복을 누렸고
일곱 아들을 두어 경사가 먼 후대에 미쳤어라
저 영봉산 무덤은 천추에 길이 전해지리

公諱相點, 字仲輿, 首陽人, 高麗侍中肅之後. 入我朝, 有左贊成貞度公易以逢
大顯. 公其十一世孫也. 四世至進士希儉, 與伯氏盧菴先生希良同學, 値喬
桐主政亂, 盧菴遯世, 公亦廢學, 詩酒自娛, 號桂陽漁隱, 世高其節. 又三世
至諱文字號農圃, 有文武全才. 宣廟壬辰, 以北評事倡義起兵, 誅土賊, 逐倭
寇, 事在國乘. 官至兵曹參判, 仁祖甲子, 坐詩案被禍, 後雖伸理, 贈貳相諡
忠毅, 而人至今悲之, 於公爲高祖. 曾祖諱大隆, 贈左承旨, 性至孝. 自罹家
禍, 抱痛含恤, 與伯氏進士公某, 南奔晉陽, 不與世相通問, 子孫因居焉. 祖
諱有禋. 考諱構, 號露頂軒, 有志槃尙文詞, 性高簡喜施與. 三世皆隱德不
出, 遵先志也. 妣淸州韓氏, 通德郎碩運女, 縣監時重孫也, 賢有婦德, 以明
陵癸酉十一月十七日, 生公於州東龍巖里第. 公幼聰敏, 甫齠齔作句, 多驚
人語. 十一歲冬至, 有詩曰: "斗柄初回壬癸間, 天陽一氣地中生." 露頂公奇
之曰: "兒當爲窮理之儒." 人謂必能再立鄭氏. 十二通經史, 尋嬰奇疾, 幾十
年後, 疾稍平, 因謝公車, 惟以讀書頤養爲務, 視世之名利紛華, 泊如也. 性
孝友, 養志無違, 喪祭如禮, 有妹遠適, 不忍久離, 源源省視, 到老不替, 撫
愛庶弟如敵己. 以禮範家, 閨門肅穆, 子孫衆多, 教以義方, 不少假以色辭,
皆能遵承不愆, 鄕黨視爲準則. 待人之際, 寬弘坦易, 洞見心腑, 款接賓友,

無不得其歡心. 黨論橫流, 各執偏見, 而公皆折衷義理, 不以私好惡低仰, 未
嘗言人過失. 以是, 人皆愛而敬之. 賙恤窮困, 恩義兼至, 或畜養或指導而成
就之者, 非一二數. 公養疾居閑, 非甚病, 書未嘗一日去手, 援據古今, 出入
經史, 與人語, 亹亹不休. 雖不從事於功令之文, 而博覽多積, 發爲詩文, 詞
理精到, 嘗爲吳學士瑗所稱賞. 吳卽公戚屬之親切者也. 公持身嚴整, 幼讀
程子責周恭叔禽獸不若之語[76], 而終身佩服, 無房外之色, 脩飭如處子焉.
其淸高絶俗之操 · 寬和慈良之心, 雖天禀使然, 而率皆得之於讀書體行中出
來, 制行之高, 非當世所稱學者之所能髣髴也. 迨疾革, 子孫環侍涕泣, 公止
之曰: "無以爲也. 我生癸酉, 知有今日, 死生常理, 不足爲悲." 了無怛化之
意, 考終於正寢, 卽丁亥四月七日也. 享年七十五. 訃聞, 遠近嗟惜曰: "南
州高士亡矣." 靷窆之日, 數郡畢至, 用其年七月某甲, 葬于靈鳳山之卯坐原.
公取『易』樂天知命[77]之義, 名其軒曰不憂. 有遺稿二卷, 又有『詩誦』二篇,
記古今詩律而間施評隲, 皆誦憶而成者也. 配安東權氏, 通德郞壽昌女, 文
牧使宇亨孫, 賢淑和婉, 入門無違德, 仁惠之澤, 及於鄰里, 至今稱誦. 公家
素饒, 中歲剝落, 夫人勤苦拮据, 綜理微密, 使公無內顧之憂, 而公亦未嘗問
有無費. 人謂公之賢, 夫人亦與有助焉. 生于甲戌十二月二十八日, 卒于丙

---

76 程子……之語 : 恭叔은 伊川 程頤의 門人 周行己의 字이다. 그는 평소에 몸가
짐이 매우 嚴正하여 방 안 단정히 앉아 창 밖을 내다 보지도 않았다. 그런데
하루는 술자리에서 한 기녀가 마음에 들어서 가까이하면서 "이는 의리에 문제
가 되지는 않을 듯하다.〔此似不害義.〕"라 하였다. 후에 伊川이 이 말을 듣고
"이는 금수만도 못한 짓이다. 어찌 의리에 문제되지 않을 수 있겠는가.〔此禽獸
不若也, 豈得不害義理?〕"라 하였다. 『二程外書 권12』

77 樂天知命 : 『周易』「繫辭上」에 "하늘을 즐기고 명을 알기 때문에 근심하지
않는다.〔樂天知命故不憂.〕"라 하였다.

子正月二十七日. 初權厝于靈鳳山乙坐, 丙申二月, 以宅兆不吉, 遷窆于州西馬洞庚坐原. 生七男二女, 男長壇早歿, 有一子鉉毅. 次男堉有文行, 公歿後過毁致疾, 纔服闋而歿, 有四子, 鎭毅·鐸毅·鋼毅·鑽毅, 一女婿朴之源. 次壎有三子, 銘毅·鉉毅·鋭毅, 一女婿權懋中, 庶出二子一女. 次堹出后叔父相臨, 取兄子鐸毅爲嗣, 一女未筓, 庶子女各二. 次坰有二子, 鑑毅, 一幼, 二女婿權爔·河錫圭. 次墺取兄子鋭毅爲嗣. 次埴有三子一女, 并幼. 長婿朴仁赫二子四女, 次壻姜䄷一子三女. 內外曾玄八十餘人, 天之報施, 其在斯乎! 遂爲之銘曰:

首陽玄冑世烜爀 跨歷兩代簪纓續 忠毅罹讒久未暴 三世含恤飄南服
公趾其美韞于櫝 劬書禔躬聊自樂 自天申佑餉壽福 有子七人慶遠毓
靈鳳宅兆垂千億

14. 성균진사 부사 성공 묘갈명-병서-

成均進士浮查成公墓碣銘-幷序- 을사년(1785, 74세)

남명(南冥) 조선생(曺先生)이 동남방에서 도학(道學)을 창도(倡道)하면서 출중(出衆)한 선비들이 그 문하에서 많이 나왔으니, 공은 그 중 한 사람이다.

공은 휘가 여신(汝信)이고 자는 공실(公實)이며 성은 성씨(成氏)이고 본관은 창녕(昌寧)이다. 원조(遠祖)인 송국(松國)과 한필(漢弼)은 고려에 벼슬하여 재상의 지위에 올랐으며, 이후로 대대로 높은 관작이 이어졌다. 8대를 내려와 장흥고부사(長興庫副使) 우(祐)에 이르러 처음으로 진주(晉州)에 와서 살았으니, 공에게 고조가 된다. 교리(校理) 휘 안중(安重)·증호조참판(贈戶曹參判) 휘 일휴(日休)·참봉 증우윤(贈右尹) 휘 두년(斗年)이 공의 증조·조부·부친 3대인데, 모두 문학과 효행으로 일컬어졌다. 모친 초계변씨(草溪卞氏)는 충순위(忠順衛) 원종(元宗)의 따님인데, 가정(嘉靖) 병오년(1546, 명종1)에 진주의 대여촌(代如村)에서 공을 낳았다.

공은 태어나면서부터 매우 총명하고 용모가 빼어났다. 조부 참판공이 "이 아이가 반드시 우리 가문을 크게 일으킬 것이다."라고 하였다. 조금 성장해서는 학문에 힘써 14세에 경서(經書)와 외전(外傳)에 통달하여 과문(科文)의 각 체(體)를 두루 다 잘 지으니, 사람들이 신동이라고 칭찬하였다. 남명(南冥)과 귀암(龜巖 이정(李楨)) 두 선생의 문하에서 수업했는데, 두 선생이 모두 그 재능을 인정하였다. 공은 이 두 선생으로부터 경의(敬義)·효제(孝悌)·충신(忠信)에 대한 말을 듣고 종신토록 가슴에 새겨, 자신을 다스리고 남을 가르침에 반드시 이를 근본으로 삼았다.

일찍이 단속사(斷俗寺)에서 공부한 적이 있었다. 당시 휴정(休靜)이란 중이 『삼가귀감(三家龜監)』을 찬술하면서 유가(儒家)를 삼가(三家) 중 끝에 두어 간행하였고, 또 불상을 조성하여 사천왕(四天王)이라고 일컬었는데, 그 형상이 매우 괴위(魁偉)하였다. 공이 『삼가귀감』에서 유가를 끝에 둔 것에 분개하여 중들에게 명하여 그 책판을 불사르고 불상을 부수게 하였다. 남명선생이 이 소식을 듣고 "후생들은 되도록이면 적당히 조정하려 하지 진취(進就)하는 것을 보지 못하였으니, 공자께서 광간(狂簡)한 사람을 취하셨던 것이 바로 이 때문이었다."라 하였다. 이 때 공의 나이 23세였다.

이 해에 부친상을 당해 애훼(哀毁)가 예제(禮制)에 지나쳤다. 여묘(廬墓)하는 3년 동안 오직 보릿가루로 만든 죽을 먹을 뿐이었고 곡하는 소리가 끊이지 않았다. 겨우 복(服)을 벗자마자 또 모친상을 당하여 예제(禮制)를 지키는 것이 오로지 앞의 부친상과 같으니, 향리 사람들이 모두 감탄하였다.

부친 우윤공(右尹公)이 임종할 때 과거 공부를 그만두지 말라고 말하니 공은 부친의 뜻을 따라 노년에 이를 때까지 해이하지 않아 전후로 향시에 합격한 것이 24회였다. 기유년(1609, 광해군1)에 비로소 생원시와 진사시에 합격하고는, 이어서 세도가 혼란한 것을 보고 드디어 세상을 멀리하여 은거할 생각을 하였다. 그리하여 거주하는 곳에 강산의 승경(勝景)이 있기에 부사정(浮査亭)을 짓고 자호를 부사야로(浮査野老)라 하였다. 그리고 뜻을 같이 하는 벗들과 함께 정기적으로 모여 계서약(鷄黍約)을 맺고 계원(契員)들의 집을 번갈아 돌아가며 방문하여 술을 마시고 시를 읊조리는 한편 혹 나막신을 신고 산에 오르기도 하고 혹 조각배를 타고 강에 노닐면서 즐겁게 지냈다.

임진왜란 이후로 풍속이 경박하여 선비가 학문을 알지 못하였다. 공은 이런 세태를 개탄하여 거주하는 마을 금산(琴山)에서 남전여씨 (藍田呂氏)의 향약(鄕約)과 퇴계선생(退溪先生)의 동약(洞約)을 본 떠서 규약을 만들어 시행하고, 양몽재(養蒙齋)와 지학재(志學齋)를 설립하여 고을의 자제들을 모아 교육하는 한편, 또 남명이 제정한 혼례(婚禮)와 상례(喪禮)를 회복하니, 이에 문풍(文風)이 크게 진작 하고 예교(禮敎)가 흥기하였다.

공은 벼슬에 뜻을 끊고 한가로이 지내면서 자신을 함양(涵養)한 지 수십여 년이라 조정에서 수직(壽職)으로 통정대부(通政大夫)를 제수하였다. 숭정 임신년(1632, 인조10) 11월 1일에 졸(卒)하니, 향 년 87세이다. 역책(易簀)하기 전날 약간의 감기 기운이 있었다. 이튿 날 아침 일찍 일어나 평소처럼 세수하고 가묘에 배알하고 물러나 정 침(正寢)에 앉아 자손들을 모아 놓고 각각 분부하는 말을 하고는, 이윽고 자리를 바르게 하여 누워서 그대로 세상을 떠나니, 사람들이 모두 기이하게 여겼다. 이듬해 정월에 감암산(紺巖山) 오향(午向)에 안장했으니, 공의 평소 유명(遺命)을 따른 것이었다.

공은 풍채가 빼어나고 훤칠하며 도량이 깊고 커서 평소에 빠른 말 이나 급한 안색을 보인 적이 없었고 집안에서 노하여 꾸짖는 적이 없어도 가정이 절로 엄숙하였다. 인륜에 돈독하여 부모를 섬김에 효 성을 다하고 백씨와 중씨를 섬김에 공경을 다하였다. 제사에는 더욱 정성스러워 7일 산재(散齋)와 3일 치재(致齋)를 오로지 예법대로 따 랐으며, 제기(祭器)를 씻고 제수를 갖추는 일을 몸소 하였다. 일찍이

자제들에 당부하기를,

"제사는 정성과 정결(精潔)을 위주로 하니, 제물이 많고 적은 게
중요한 것이 아니다. 만약 정성스럽고 정결하지 못하면 신이 반드
시 흠향하시지 않을 것이다."

라 하였다. 날마다 일어나면 반드시 의관을 갖추고 가묘에 배알한
다음 물러나 서실에서 손을 맞잡고 꿇어앉아 종일 책을 보니, 마치
사람이 없는 듯이 고요하였다.

공의 시문(詩文)은 호건(豪健)하면서 이치(理致)가 있었고 필법은
굳세고 힘찼으며 성리(性理)의 이치에 특히 조예가 깊었으나 자신의
학식을 애써 감추고 남에게 자랑한 적이 없었다.

함께 교유한 사람들은 모두 당시의 명류였고 금란(金蘭)의 교분이
시종 변치 않았다. 교유한 이들 중 억울하게 환란을 당한 사람을 보면
마치 자신의 일처럼 가슴 아파하였다. 의장(義將) 김덕령(金德齡)이
무함을 입었을 때와 수우(守愚) 최영경(崔永慶)의 원통하게 죽었을
때와 동계(桐溪) 정온(鄭蘊)이 억울한 죄를 받았을 때, 모두 소장을
올려 변호하여 혹 신원(伸冤)하기도 하고 혹 신원하지 못하기도 했으
니, 그 옳은 일에 용감한 것이 이와 같았다.

남을 접할 때는 규각(圭角)을 드러내지 않았으나 현사(賢邪)의 구
분은 엄정하였다. 정인홍의 손자 능(稜)이 이위경(李偉卿)과 함께
공의 자제들을 맞이하여 함께 놀고자 했다. 공이 말하기를,

"선비가 권문의 자제와 놀아서는 안 된다. 또 보아하니 능은 외모는
공손하나 마음은 사나우니 길인(吉人)이 아니다."

라 하니, 자제들이 감히 가지 못하였다. 훗날 들리는 말에 흉모(凶
謀)가 이 날 정해졌다고 하니, 사람들이 그 선견지명(先見之明)에

탄복하였다. 인홍은 바로 공과 동문이었고 진주와 합천은 서로 가까운 지역인데도 인홍에게 더럽혀지지 않았으니, 공의 맑은 기절(氣節)을 더욱 잘 알 수 있다.

공은 평소 경세제민(經世濟民)의 뜻을 가져, 일찍이 요(堯)·순(舜)의 신하인 직(稷)과 설(契)로 자신을 비기고, 옛날에 명군(明君)과 양신(良臣)의 제회(際會)를 보면 반드시 책장을 덮고 감탄하였으며, 비록 초야에 살고 있지만 시국을 걱정하고 국가를 근심하는 생각은 일찍이 그친 적이 없었다. 공의 높은 재능과 깊은 학문으로 세상에 나갔다면 반드시 훌륭한 사업을 할 수 있었을 터이나 중간에 광해군의 난정(亂政)을 만났고, 인조반정으로 밝은 시대가 왔을 때에는 공이 이미 늙었다. 그래서 드디어 유학장행(幼學壯行)의 뜻으로 하여금 마침내 성취한 바 없이 육신을 따라 땅에 들어가게 하고 말았으니, 어찌 애석하지 않겠는가.

공의 저술로 유집(遺集) 3권이 있고 『진양지(晉陽誌)』를 찬술하였다. 후일에 사림(士林)이 공을 추모하여 임천사(臨川祠)에 제향하였다.

부인 밀양박씨(密陽朴氏)는 만호(萬戶) 사신(士信)의 따님으로, 공보다 6년 먼저 세상을 떠나 진주(晉州) 북쪽 송곡(松谷)에 안장하였다.

자녀는 5남 2녀를 두었다. 장남은 진사 박(鏎)이고 아들은 한영(瀚永)·해영(澥永)·낙영(洛永)·제영(濟永)이다. 차남은 용(鏞)이고, 아들은 수영(洙永)·사영(泗永)·문영(汶永)이다. 삼남은 횡(鐄)이고, 아들은 창영(淐永)·호영(灝永)이다. 사남은 순(錞)이고, 아들은 원영(源永)과 진사인 치영(治永)이다. 오남은 황(鎤)이고, 아

들은 기영(沂永)·운영(澐永)·만영(滿永)이다. 사위는 이윤(李玧)
과 동지(同知) 최설(崔渫)이다.

공의 이손(耳孫 8대손) 동익(東益)과 사렴(師濂)이 편지를 보내어
정복에게 행장을 지어달라고 청하고, 또 갈문(碣文)을 지어달라고
청하였다. 정복이 이미 그 행장을 지었기 때문에 감히 사양하지 못하
고 삼가 이상과 같이 서술한다.

명(銘)

아! 선생은
성세의 일민이라
일찍이 어진 스승을 만나
도덕의 진수를 탐닉하였고
학문은 마음에 근본하여
경과 의를 병행하였어라
행실은 몸에 드러났으니
효제와 충신이었고
교화는 향리에 행해졌으니
가르침이 선비들 두루 적셨네
뛰어난 재능과 큰 기국으로
그저 산림에 머물고 말았으니
시세인가, 운명인가
백성이 복이 없는 것인가
명을 새겨 후세에 고하노니

여기 감암의 산록이로다

南冥曹先生唱道於東南, 豪傑之士, 多出其門, 公其一也. 公諱汝信, 字公實, 姓成氏, 其先昌寧人. 遠祖松國·漢弼, 仕高麗位宰相, 赫世簪紱. 八世至長興庫副使祐, 始居晉州, 於公爲高祖. 校理諱安重·贈戶參諱日休·參奉贈右尹諱斗年, 其三世也, 俱以文學孝行稱. 妣草溪卞氏, 忠順衛元宗女, 以嘉靖丙午, 生公于州之代如村. 生而岐嶷, 儀容秀整, 參判公曰: "此兒必大吾門." 稍長力學, 十四通經書外傳, 程文各體, 無不能, 人稱神童. 受業于南冥·龜巖[78]二先生之門, 二先生皆器重之. 得聞敬義·孝悌·忠信之說, 終身佩服, 自治敎人, 必以此爲本. 嘗做業于斷俗寺, 有僧休靜者, 撰『三家龜鑑』, 以儒家置之末而刊行, 又造佛像, 稱四天王, 形甚怪偉. 公忿其書之不倫, 命僧徒焚其板, 毀佛像. 南冥先生聞之曰: "後生輩務爲調適, 未見其進就, 夫子之取狂簡者[79]此也." 時, 公年二十三. 是歲丁外艱, 哀毁過禮, 廬墓三年, 惟食牟屑粥, 號哭不絶聲. 服纔闋, 又丁內艱, 執制一如前喪, 鄉里感歎. 右尹公臨歿, 語以不廢學業, 公克遵先志, 至老不懈, 前後發解二十四, 己酉始中生進兩試, 因見世道昏亂, 遂決長往之計. 所居有江山之勝, 嘗

---

78 龜巖: 李楨(1512~1571)의 호이다. 자는 剛而이고 본관은 泗川이다. 1536년 (중종31) 別試文科에 壯元及第하여, 左承旨·大司諫·戶曹參議·慶州府尹·順天府使 등을 역임하다. 南冥 曹植과 친교가 깊었고, 退溪 李滉과도 교유하였다. 저서로 『龜巖集』이 있다.

79 夫子之取狂簡者: 孔子가 "중도를 행하는 사람을 얻어서 함께하지 못할 바에는 반드시 광자나 견자와 함께할 것이다. 광자는 진취적이고 견자는 절조를 지키면서 하지 않는 바가 있다.〔不得中行而與之, 必也狂狷乎! 狂者進取, 狷者有所不爲也.〕"라 하였다. 『論語 子路』

築浮查亭, 自號浮查野老, 與同志爲鷄黍約[80], 輪訪觴咏, 或蠟屐登山, 或扁
舟泛江以爲樂焉. 龍蛇亂後, 風俗偸薄, 士不知學. 公慨然就所居里琴山, 倣
呂氏鄕約·退溪洞約而行之, 立養蒙·志學二齋, 聚鄕子弟敎之, 又復南冥
所定婚喪之禮. 於是而文風丕振, 禮敎興行. 公絶志外慕, 優遊養閑數十餘
年, 以壽, 朝廷授通政資. 崇禎壬申十一月朔卒, 壽八十七. 易簀前日, 有微
感, 翌朝, 盥洗謁廟如平日, 退坐正寢, 集子孫, 各有敎命, 正席就寢而逝,
人皆異之. 明年正月, 葬于紺巖山午向, 從治命也. 公風儀秀偉, 宇量深弘,
平生無疾言遽色, 門庭之內, 怒罵不行, 而閫政自肅. 篤於人倫, 事父母殫其
孝, 事伯仲盡其敬, 尤謹祭祀, 七戒三齋, 一遵禮則, 滌器具饌, 躬自爲之.
嘗戒諸子曰: "祭以誠潔爲主, 不在豊薄, 苟不誠潔, 神必不享." 日必冠帶謁
家廟, 退書室, 拱手危坐, 終日看書, 寂若無人. 公之詩文, 豪健有理致, 筆
法遒勁, 尤邃於性理之義, 而務自韜晦, 未嘗夸衒于人. 其所交遊, 盡一時之
名勝, 而金蘭之契[81], 終始不渝. 見其有非理遭患者, 痏若在己. 金義將德齡

80 鷄黍約 : 鷄黍는 닭을 잡고 기장밥 지어 손님을 접대하는 것이다. 여기서는
벗들끼리 서로 찾아가 만나기한 약속을 말한다. 漢나라 때 范式은 자가 巨卿이
고 山陽 사람이다. 張邵는 자가 元伯이고 汝南 사람이다. 이 두 사람은 太學에
서 함께 공부하면서 우정이 매우 두터웠다. 두 사람이 이별할 때 범식이 장소
에게 "2년 뒤 돌아올 때 그대의 집에 들르겠다."라고 하였다. 꼭 2년째가 되는
날인 9월 15일에 장소가 닭을 잡고 기장밥을 짓고 범식을 기다리니 그 부모가
웃으며 "산양은 여기서 천 리나 멀리 떨어진 곳인데, 그가 어찌 꼭 올 수 있겠
느냐."라고 하였다. 이에 장소가 "범식은 신의 있는 선비이니, 약속 기한을
어기지 않을 것입니다."라고 하였는데, 범식이 과연 왔다고 한다. 『後漢書
권81 獨行列傳 范式』

81 金蘭之契 : 마음을 깊은 우정을 말한다. 『周易』의 64卦 중「同人卦」에 대한
孔子의 설명에 "두 사람이 마음을 함께 함에 그 예리함이 쇠를 끊고, 마음을

之被誣・崔守愚永慶之寃死・鄭桐溪蘊之得罪, 皆抗章伸理, 或得或不得,
而其勇於爲義如此. 接人之際, 圭角不露, 而嚴於賢邪之分. 仁弘之孫稜及
李偉卿, 邀公諸子同遊, 公曰: "士不可與權門子弟遊. 且觀稜也貌恭而心狠,
非吉人也." 諸子不敢往. 後聞凶謀定於是日云, 人服其明見. 仁弘卽公同門
也, 晉陜地近, 而不爲其所染汚, 則其淸操氣節, 益可見也. 素有經濟之志,
嘗以稷・契自比, 觀古人明良相遇, 必掩卷感歎, 雖處畎畝, 而傷時憂國之
念, 未嘗已也. 公之高才邃學, 出可以有爲, 而中値廢君亂政, 及其日月重明
而公又老矣, 遂使幼學壯行[82]之志, 竟無所成, 而殉身入地, 豈不惜哉! 公有
遺集三卷, 又撰『晉陽誌』. 後士林追慕, 享于臨川祠. 配密陽朴氏, 萬戶士信
女, 先公六年卒, 葬州北松谷. 生五男二女, 長鐏進士, 有子瀚永・瀚永・洛
永・濟永. 次鏞有子洙永・泗永・汶永. 次鑌有子渭永・灝永. 次鐼有子源
永・治永進士. 次鍉有子沂永・灃永・滿永. 婿李玧・崔渫同知. 公耳孫東
益師濂馳書屬鼎福請狀, 又請碣文. 鼎福旣撰其狀, 故不敢辭而謹序如右.
銘曰:

於乎先生 聖世逸民 早得賢師 耽樂道眞

學本乎心 敬義夾進 行著于身 孝悌忠信

化行鄕里 敎治靑衿 長材偉器 迹屈山林

時耶命耶 民無祿耶 刻銘詔後 紺岳之麓

같이 하는 말은 그 향기가 난초와 같다.〔二人同心, 其利斷金; 同心之言, 其臭
如蘭.〕라 한 데서 유래하였다. 『周易 繫辭上』

82 幼學壯行 : 맹자가 "사람이 어려서 배우는 것은 장성하여 실행하고자 해서이
다.〔夫人幼而學之, 壯而欲行之.〕라 하였다. 『孟子 梁惠王下』

15. 금부도사 한공 묘갈명-병서-

禁府都事韓公墓碣銘-幷序- 병오년(1786, 75세)

나의 벗 한군(韓君) 준(埈)이 그의 선조 도사공(都事公)의 유사(遺事) 한 통을 가지고 와서 보여주며 말하기를 "선조의 절행(節行)은 예(禮)로 보아 사당을 지어 제향(祭享)함이 마땅하지만 끝내 그렇게 하지 못했고 게다가 후세에 전할 글조차 없으니, 어떻게 후손에게 알릴 수 있겠는가?"라고 하였다. 사람의 덕행을 찬술하는 것은 큰 일이니, 내가 그런 일을 할 만한 사람이 못 된다는 이유로 사양했으나 받아들여지지 않았다.

살펴보건대, 공은 휘가 복윤(復胤)이고 자는 원길(元吉)이며 호는 두정(斗亭)인데, 만년에는 수암(睡庵)이라고 하였으며, 본관은 서원(西原 청주(淸州))이다. 양절공(襄節公) 확(確)·장도공(章悼公) 치의(致義)·군수 탁(倬)·현령 수온(守溫)·사간 옹(顒)이 바로 공의 위로 5대이다. 모친은 온양(溫陽) 정(鄭玧)의 따님이다.

공은 만력 갑술년(1574, 선조7)에 태어나 백부인 현감 현(顯)의 후사(後嗣)로 나갔다. 소후(所後) 모친 여흥이씨(驪興李氏)는 좌랑 증영의정(贈領議政) 사언(士彦)의 따님이다.

공은 성품이 청개(淸介)하고 문장에 능하였다. 공은 얼신(孽臣) 찬남(纘男)과 동당(同堂)의 형제라 찬남이 흉론(凶論)을 주장할 때 공을 자기 끌어들이고자 하였으나 뜻을 이루지 못했다. 계축년(1613, 광해군5)에 폐모론(廢母論)이 일어나자 태학의 유생들이 장차 흉소(凶疏)를 올리려 할 때 공의 명성을 빙자하고자 하여, 공의 반주인(泮

主人)을 윽박질러 공으로 하여금 와서 참여토록 했다. 반주인 노파가 날마다 와서 눈물을 흘리며 공에게 가서 참여하라고 호소하였다. 이에 공은 의리로 그 노파를 깨우쳐 알아듣게 하니, 노파가 눈물을 거두고 대답하기를, "일찍 이와 같은 줄 알았다면 어찌 감히 공을 귀찮게 했겠습니까."라 하였다. 공은 정복형(鄭復亨)·이안진(李安眞)·권심(權諗)·이득양(李得養) 등과 함께 간쟁(諫爭)하는 소장을 올렸다가 엄비(嚴批)를 받았다. 이에 공은 화기(禍機)가 장차 일어날 줄 알고 드디어 황려(黃驪)의 선영 아래로 돌아와 지내면서 세상사를 벗어던지고 저술을 즐기며 살았다. 계해년(1623, 인조1)에 반정(反正)이 있은 후에 정릉참봉(靖陵參奉)과 금오랑(金吾郞)에 제수되었으나 모두 숙배(肅拜)만 하고 돌아와 그대로 여생을 마칠 것처럼 살았다.

현종 1년 경자년(1660)에 세상을 떠나니 향년 87세이다. 부(府)의 서쪽 흥곡면(興谷面) 남산(南山) 간좌(艮坐)의 둔덕에 안장하였다.

부인은 현감인 초계 정약(草溪鄭爚)의 따님이다. 2남을 두었으니 참봉 수(琇)와 정(珽)이다. 6녀를 두었으니, 조유형(趙惟珩)·이정립(李挺立)·이준(李浚)·김세호(金世灝)·이후(李邸)·남천두(南天斗)에게 각각 출가하였다. 수의 아들 여열(汝說)과 손자 격(格)은 모두 문행(文行)으로 이름났다.

공은 성리학에 특히 조예가 깊어 저술이 매우 많았으나 모두 화재로 유실되었고 유고(遺稿) 1권이 집에 보관되어 있다.

공은 일찍이 자제들을 경계하기를, "잡기(雜技)는 사람의 마음을 미혹시키고 밖으로부터 오는 재물은 나의 것이 아니다."라고 하였으며, 일찍이 털끝 하나라도 남에게 구하지 않았으니, 사람들이 '청절군자(淸節君子)'라 일컬었다.

명(銘)

깨끗한 옥처럼 흠이 없었고
단련한 금처럼 더욱 굳세었어라
일찍이 동강의 뜻을 지켰고
마침내 남산의 남쪽에 묻혔도다

余友韓君垓袖其先祖都事公遺事示之曰:"先祖節行, 禮宜祭社而竟不果, 又
無傳後之文. 何以詔後昆耶?" 撰德大事也, 余以非其人辭不得. 按公諱復
胤, 字元吉, 號斗亭, 晚稱睡庵, 西原人. 襄節公確·章悼公致義·郡守
倬·縣令守溫·司諫顒, 其五世也. 妣溫陽鄭琡女. 公以萬曆甲戌生, 出後
伯父縣監顯. 所後妣驪興李氏, 佐郎贈領相士彦女也. 公性淸介能文. 孼臣
纘男爲同堂兄弟, 纘主凶論, 欲鉤結公不得. 癸丑廢論起, 太學生將投凶疏,
欲藉公爲重, 刦公泮主人[83], 使公來參, 泮嫗日來號泣請去. 公曉以義理, 嫗
收淚而對曰:"早知若此, 豈敢煩公耶?" 公與鄭復亨·李安眞·權淰·李得
養等抗疏被嚴批. 公知禍機將發, 遂歸居黃驪堂下, 脫畧世事, 著書自娛. 癸
丑[84]反正後, 授靖陵參奉·金吾郎, 皆肅命而歸, 若將終身. 顯廟庚午[85]卒,
壽八十七, 葬府西興谷面南山艮坐原. 配縣監草溪鄭燆女, 有二男, 琇參
奉·珽, 六女適趙惟珩·李挺立·李浚·金世灝·李邱·南天斗. 琇子汝

---

83 泮主人 : 지방에서 올라온 선비가 성균관 근처에서 숙식하던 하숙집 주인을
　　이르는 말로, 館主人이라고도 한다.
84 癸丑 : 癸丑은 癸亥의 잘못인 듯하다.
85 庚午 : 庚午는 庚子의 잘못인 듯하다.

說‧孫格, 具以文行名. 公尤深於性理, 著述甚富, 佚於回祿, 有遺稿一卷藏于家. 嘗誡子弟曰: "雜技蠱人心術, 外來之財, 非吾物也." 未嘗以一毫干人, 人稱淸節君子. 銘曰:

玉之潔兮無瑕　金之鍊兮愈剛
早守東岡之志⁸⁶　終葬南山之陽

86　東岡之志 : 벼슬길에 나아가지 않고 은거하겠다는 뜻이다. 後漢의 때 周燮이
　　벼슬길에 나아가지 않으니, 그의 종족이 "先世로부터 勳寵이 이어져 왔거늘
　　그대만 어찌 유독 동쪽 산비탈[東岡]을 지키는가?"라 하였다는 데에서 유래
　　하였다. 『後漢書 권53 周燮列傳』

16. 처사 절초 조공 묘갈명-병서-

處士節初趙公墓碣銘-幷序- 기유년(1789, 78세)

양근(楊根) 빈양리(濱陽里)에 한 군자가 있으니, 조공 항석(趙公恒
錫)으로 자는 계상(季常)이다. 그는 백씨 휘 관석(觀錫)과 함께 학
문에 힘써 지극한 행실이 있으니, 사람들이 '금곤옥우(金昆玉友)'라
일컬었다.

공은 만년에 부모님이 세상을 떠나 봉양할 데가 없는 것을 슬퍼하
고 백씨가 억울하게 죽은 일은 슬퍼하여, 과거 공부를 그만두고 은거
하여 자호를 절초(節初)라 하였다. 이 호는『주역』절괘(節卦) 초구
효(初九爻)의 "호정을 벗어나지 않는다.〔不出戶庭〕"는 말에서 온 것
이요, 그 뜻은 학문에 있어서는 함장(含章)이 되며 처사에 있어서는
괄낭(括囊)이 되며 언어에 있어서는 간묵(簡嘿)이 되며 입신에 있어
서는 은둔(隱遯)이 되니, 이를 보면 공의 지향(志向)을 알 수 있다.

행사(行事)에 드러난 것으로 말하자면 다음과 같다. 공은 백씨와
함께 날마다 새벽이면 사당에 배알하고, 어버이를 효성으로 봉양하여
사랑과 공경이 모두 지극하였다. 독서하는 겨를에 늘 어버이 곁에
있으면서 즐거운 안색과 부드러운 용모로 어버이의 마음을 기쁘게
하는 데 힘썼다. 병오년(1726, 영조2)에 부친상을 당하였는데 거상
(居喪)의 예절이 사람을 감탄하게 하였다. 모친을 모시는 일에 정성
을 다하여 집이 비록 가난했으나 음식을 부족하지 않게 갖추었다.
모친이 79세에 이르러 질병이 위독하자 하늘에 빌고 손가락에 피를
내어 마시게 했다. 그러나 마침내 모친이 운명하니, 애훼(哀毁)가

예제(禮制)에 지나쳤으며, 장사를 지내고는 3년 동안 시묘(侍墓)하였다.

백씨를 부모처럼 섬겨 자기 마음대로 하는 일이 없었고 오직 백씨의 말을 따랐다. 의논이 혹 합치하지 않으면, 반드시 온화한 안색과 부드러운 말로써 백씨의 마음을 풀어주니, 백씨도 기꺼이 따랐다. 영조(英祖) 24년 무진년(1748)에 투서(投書)의 변고가 있었는데, 백씨가 뜻밖에 이 일에 연루되어 옥중에서 병사하였다. 공은 밤낮으로 울부짖으며 살고 싶은 마음이 없는 것 같았으며, 기년(期年)이 되도록 상복의 수질(首経)과 요대(腰帶)를 벗지 않고 몸소 음식을 갖추어 영전에 올렸다. 공은 또 시를 지어 애도하기를,

이런 일이 없을 터인데 명이로다
예부터 형님처럼 원통한 죽음 없네
아우와 아들이 순우의 딸만 못하니
지하에서 무슨 낯으로 뵈오리까

無之有斯命矣夫 從古冤枉似公無 弟男不及淳于女[87] 地下何顔拜見乎

---

87 淳于女 : 淳于는 後漢의 臨菑 사람 淳于意이다. 그가 文帝 때 감옥에 갇혀 장차 팔다리가 잘리는 肉刑을 당하게 되었는데 그의 딸 緹縈이 울면서 글을 올려, 자신을 官婢로 삼고 아버지의 죄를 풀어달라고 하니, 문제가 가련하게 여겨 마침내 형벌을 면하게 해주었다는 고사가 있다. 『漢書 권23 刑法志』 『史略 권2 西漢』

라고 하였다. 후일에 주상이 공의 백씨가 원통하게 죽은 줄을 알고 신원하는 은전을 내렸다. 공은 성은에 감격했으나 형님을 잃은 슬픔이 깊어 세상에 뜻을 버리고 선영 아래로 돌아와 오직 독서를 즐기며 살았는데, 특히 『주역』을 좋아하였다.

공의 선계(先系)는 한양인(漢陽人)이다. 단종조(端宗朝)에 호조참판 안효(安孝)가 가화(家禍)를 당하여 빈양리(濱陽里)로 피해 살다가 그 마을에서 세상을 마쳐 마을 남쪽 도장동(道臟洞)에 묻혔으니, 이곳이 대대로 조씨의 선산이 되었다. 이 분이 공에게 8대조가 된다.

고조 휘 홍벽(弘璧)은 선조조(宣祖朝) 임진왜란 때 백의(白衣)로 호종했지만 끝내 훈공(勳功)을 사양하니, 주상이 가상히 여겨 부모에게 추은(推恩)하라는 특명을 내림으로써 포장(褒獎)하였다. 후일에 천거를 받아 삭녕군수(朔寧郡守)에 임명하였다. 승훈랑(承訓郎) 휘 유신(有信)·통덕랑 휘 윤한(胤漢)·휘 여원(汝瑗)이 바로 공의 3대이니, 모두 벼슬하지 않고 문학으로 이름났다. 모친 단양이씨(丹陽李氏)는 홍두(弘斗)의 따님이다.

공의 전배(前配) 밀양박씨(密陽朴氏)는 상익(尙益)의 따님이다. 슬하에 1남 1녀를 두었으니, 아들 태문(泰文)은 백부의 후사(後嗣)가 되었고 딸은 유현철(柳顯喆)에게 출가했다. 계배(繼配) 청주한씨(淸州韓氏)는 옥(沃)의 따님이다. 슬하에 한 아들 태암(泰巖)을 두었다. 묘소는 공의 묘소 곤방(坤方) 수백 보(步) 거리 을좌(乙坐)의 둔덕에 있다. 두 부인은 모두 부덕(婦德)으로 일컬어졌다.

태문(泰文)은 자식이 없다. 태암은 3남 1녀를 두었으니 아들은 기림(驥林)·덕림(德林)·규림(奎林)이고 딸은 이승익(李承翼)에게 출가했다.

공은 신장은 보통 사람을 넘지 않았으나 천품(天稟)이 수미(粹美)하고 간묵(簡默)하며 단엄(端嚴)하여 일체의 분화(紛華)한 세상사에는 욕심이 없었다. 경사(經史)를 공부하는 한편 과문(科文)을 공부하여 벗들의 추허(推許)를 받았다. 시장(試場)에서 어떤 사람이 표제(標題)를 보여주자 공이 물리치며 말하기를, "국시(國試)에 사사로운 정을 따라 주고받는 것은 모두 옳지 못하다."라고 하니, 사람들이 모두 어려운 일이라 하였다.

사람을 대할 때에는 공손·겸양하고 화락·평이하여 남의 선행을 드러내고 과실을 말하지 않았으며, 남의 곤란을 보면 서둘러 힘을 다해 도와주니, 사람들이 모두 좋아하고 사모하였다. 공에 대해 상사(上舍) 박장한(朴長漢)은

"천품이 매우 높고 처신(處身)에 방도가 있다."

라 하였고, 상사 김빈(金鑌)은,

"지금 세상의 동소남(董邵南)이다."

라 하였고, 사문(斯文) 김원숭(金源嵩)은,

"겸손하고 겸손함으로 자처하되 은연중에 그 아름다움이 날로 드러나는 군자이다."

라 하였다. 이상 세 사람은 사림의 명망이 높고 공을 익히 아는 사람이다.

아! 천도는 선한 사람에게 복을 내리는 법인데, 선행이 공과 같으면서 마침내 암혈(巖穴)에서 곤궁하게 일생을 마쳤으니, 보답을 받는 이치가 그 후손에게 있을 것이다.

명(銘)

유곡의 난초를 뉘라서 보랴

형산의 박옥을 다듬는 이 없어라

광휘를 품어 한갓 스스로 향기로우니

비록 미흡하지만 어찌 원망하고 허물하랴

楊根濱陽里有君子, 曰趙公恒錫, 字季常, 與伯氏諱觀錫, 力學有至行, 人謂
金昆玉友. 公晚歲悲致養之無所, 痛伯氏之寃死, 廢擧長往, 自號節初. 其縶
不出戶庭, 其義則在爲學爲含章[88], 在處事爲括囊[89], 在言語爲簡嘿, 在立身
爲隱遯, 觀於此, 可以知公之志尙矣. 以其見於行事者言之, 公與伯氏, 逐日
晨謁祠堂, 孝養二親, 愛敬俱至, 讀書之暇, 常在親側, 愉色婉容, 務悅親
心. 丙午丁外艱, 居喪之節, 令人感歎. 奉母夫人, 盡其誠, 家雖貧而甘旨不
乏. 享年七十九, 疾革, 禱天血指, 竟不救, 哀毁踰節, 及葬, 廬墓三年. 事
伯氏, 如事父母, 事無自專, 惟伯氏言是從, 議或不合, 必和顔柔辭以解之,
伯氏亦樂從之. 英宗戊辰投書之變, 伯氏橫罹, 瘐死犴狴. 公日夜號哭, 如不
欲生, 期年不脫絰帶, 躬親饋奠, 有詩曰: "無之有斯命矣夫, 從古冤枉似公
無. 弟男不及淳于女, 地下何顔拜見乎?" 後上覺其寃, 伸理有恤典. 公感激

---

88 含章: 『周易』「坤卦」六三에 "아름다움을 머금음이 貞固할 수 있다.〔含章可
貞〕"라 한 데서 온 말로 재능을 내면에 감추어 드러내지 않음을 뜻한다.

89 括囊: 『周易』「乾卦」六四에 "주머니를 묶듯이 하면 허물도 없으며 칭찬도
없으리라.〔括囊, 无咎无譽.〕"라 한 데서 온 말로 주머니를 묶어두는 것처럼
입을 다물고 말하지 않는 것이다.

聖恩, 而孔懷情深, 無意於世, 歸楸下, 惟以讀書爲樂, 尤喜『易』. 公之先,
漢陽人. 我端宗朝戶曹參判安孝被家禍, 避居濱陽里, 終而窆于里南道藏洞,
遂世葬焉. 於公爲八世祖. 高祖諱弘璧, 宣廟壬亂, 白衣扈從, 末乃辭勳. 上
嘉之, 特命推恩父母以獎之, 後以薦官朔寧郡守. 諱有信承訓郎·諱胤漢·
通德郎諱汝瑗, 卽公三世也, 幷不仕, 皆以文學名. 妣丹陽李弘斗女. 公前配
密陽朴尙益女, 有一男一女, 男泰文出后伯父, 女適柳顯喆. 繼配淸州韓沃
女, 有一男泰巖, 墓在公墓坤方數百步乙坐. 二夫人俱以婦德稱. 泰文無育.
泰巖三男一女, 男驥林·德林·奎林, 女適李承翼. 公長不逾中人, 而天質
粹美, 簡嘿端嚴, 一切紛華泊如也. 經史之餘, 旁治擧業騈儷, 爲儕友推許.
試場有以標題示之者, 公斥之曰: "國試循私與受, 皆不義也." 人皆難之. 其
接人, 恭謙和易, 揚人之善而不言其過, 急人之困而惟恐不及, 人皆欣慕焉.
朴上舍長漢曰: "天品甚高, 行己有方." 金上舍鐩曰: "今世之董邵南.[90]" 金
斯文源嵩曰: "謙謙自牧闇然日章之君子." 三人者, 士林之望而習於公者也.
噫! 天道福善. 善行如公, 而竟竆沒於巖穴, 食報之理, 其在後嗣歟! 銘曰:

幽谷蘭有誰看 荊山璞[91]無人琢 蘊輝光徒自香 雖不周何怨尤[92]

90 董邵南 : 唐나라 때 安豐縣 사람으로 몇 차례 과거에 응시하였으나 뜻을 이루
     지 못하자 은거하여 주경야독하면서 효성을 다하여 어머니를 모셨다. 문장가
     인 韓愈가 그의 행실을 읊은 「董生行」이 『小學』「善行」에 실려 있다

91 荊山璞 : 전국시대 때 楚나라의 和氏가 荊山에서 캐낸 璞玉이다. 이 박옥을
     다듬자 和氏璧이라 일컬어지는 천하의 보물이 나왔다. 『韓非子 和氏』

92 怨尤 : 孔子가 "하늘을 원망하지 않고 남을 탓하지 않는다.〔不怨天, 不尤人.〕"
     라 한 데서 온 말이다. 『論語 憲問』

17. 처사 이공 묘갈명-병서-

處士李公墓碣銘-幷序- 경술년(1790, 79세)

비록 세상에 드높은 학문과 남보다 뛰어난 행실이 있을지라도 후현 (後賢)의 표장(表章)과 후손의 포양(褒揚)이 없으면 이름이 인몰하 여 일컬어지지 못하는 경우가 천고(千古)의 긴 세월 동안에 어찌 한 량이 있겠는가.

포산(苞山 현풍(玄風))에 사는 이군(李君) 의진(宜震)의 8대조 처 사공(處士公)은 덕행이 있어 정한강(鄭寒岡 정구(鄭逑))과 조간송(趙 澗松 조임도(趙任道))이 모두 그 덕행을 기록한 바가 있다. 이군이 이 를 근거로 행장을 지어서 종제 익진(益震)을 시켜 폐백을 가지고 북쪽 으로 800리 길을 와서 나에게 부탁하기를, "나의 선조의 뜻과 행실이 이와 같았으나 묘소에 아직 몇 척 높이 갈석(碣石)이 없으니, 원컨대 집사께서 글을 지어 주십시오."라 하였다. 내가 놀라 말하기를, "정복 은 늙고 문장에 능하지 못하니, 생각건대 치랭부(蚩冷符)의 기롱을 범하여 도리어 공에게 누를 끼칠까 두려우니 분부를 따를 수 없습니 다."라 하였다. 그러나 이군이 며칠 동안 머물면서 더욱 힘써 간청하 기에 마지못하여 마침내 절하고 그 행장을 받아서 읽어 보았다.

공은 휘가 전(琠)이고 자는 가고(可沽)이다. 그 선계(先系)는 경주 인(慶州人)이었는데, 후일에 휘 우니(禹侸)에 이르러 재령군(載寧 君)에 봉해져서 드디어 관향을 옮겨 재령인(載寧人)이 되었다. 신라 와 고려 이대(二代)를 거쳐 오면서 잠영(簪纓)이 이어졌다. 증조 휘 오(午)는 진사 증병조참의(贈兵曹參議)이니, 바로 고려 말의 직신(直

臣) 신(申)의 아우이다. 고려의 국운이 장차 다하려는 것을 보고 직학(直學) 홍재(洪載)·전서(典書) 조열(趙悅)과 함께 때로 삼가(三嘉)의 운구정(雲衢亭)에 모여서 비분(悲憤)의 노래를 부르니, 맥수(麥秀)와 채미(採薇)의 의사(意思)가 있었다. 밀양에서 함양의 모곡(茅谷)으로 이주하여 종신토록 세상에 나가지 않았다. 조부 휘 개지(介智)는 증이조참판(贈吏曹參判)이다. 세 아들이 두었는데, 장남 맹현(孟賢)은 문과에 장원급제하였고 관직이 관찰사이며, 둘째 중현(仲賢)은 관직이 부제학이며, 막내 계현(季賢)은 생원이고 관직이 사의(司議)이니 바로 공의 부친이다. 모친 이씨(李氏)는 부사(府使) 맹지(孟枝)의 따님이다.

공은 홍치(弘治) 임술년(1502, 연산군8)에 함양(咸陽) 산익동(山翼洞)에서 태어났다. 9세에 연이어 부모상을 당했다. 부친 사의공(司議公)이 옥중에서 비명에 숨을 거두니, 공은 슬피 울며 애훼(哀毁)하고 예제(禮制)를 지키는 것이 마치 어른과 같았다. 조금 성장해서는 호매(豪邁)하여 기개가 있었고 무예를 익혀 활쏘기와 말타기를 잘하였다. 이윽고 스스로 뉘우치고 깨달아 "왕부(王裒)의 슬픔이 깊거늘 공명을 이루어 무엇하리오?"라 하고는 마침내 궁마(弓馬)를 다 버리고 종전의 태도를 바꾸어 학문을 하였다. 선영(先塋) 아래 서실을 짓고 종일토록 독서에 전념하여 바깥 사물을 마음에 두지 않고 오직 후진을 가르치는 것을 자신의 임무로 삼으니, 그 덕분에 이름을 이룬 사람이 많았다.

공은 늘 부모님 생전에 봉양하지 못한 것을 슬퍼하여, 제사에는 정성과 공경을 다하여 미리 목욕재계하고 마당과 대청에 깨끗이 소제하는 한편 제수(祭羞)를 장만하는 비복(婢僕)들도 모두 목욕하게 하였다. 제물을 올리고 술을 올리는 것은 마치 생전에 부모님 슬하에서 음식을 권하는 모습과 같아 더디게 할지언정 빨리 하지 않았다. 사랑과 정성이 모두 지극하여 비록 한겨울 혹심한 추위일지라도 반드시 땀이 절하는 자리를 적셨다. 조간송(趙澗松)의 삼강절구(三綱絶句)에서 공의 효행을 읊는 시에,

부친이 비명에 가심에 애통한 마음을 품어
칩거하며 종신토록 고을에도 나가지 않았어라
제사에는 매양 살아 계신 것처럼 공경하니
공의 심사를 보면 눈물로 옷자락 적실만하구나

痛親非命抱哀傷 閉戶終身不踐鄕 追養每思如在敬[93] 視公心事可沾裳

라 하였으니, 대개 실록(實錄)이다.

종가의 사당이 수십 리 밖에 있었는데, 달마다 초하루와 보름마다 재계(齋戒)하고 참알(參謁)하였다. 이 일을 비바람이 몰아쳐도 피하지 않았고 어릴 때부터 늙었을 때까지 조금도 게을리 한 적이 없었다. 가정에서는 근엄하여 법도가 있으니 문정(門庭) 안에 감히 시끄럽게 떠드는 이가 없었다.

---

93 如在敬 : 『論語』「八佾」에서 孔子에 대해 "제사를 지내실 때는 조상이 앞에 계신 것처럼 하셨으며, 신에게 제사할 때는 신이 앞에 계신 것처럼 하셨다.〔祭如在, 祭神如神在.〕"라 한 데서 온 말로 제사에 정성과 공경을 다함을 뜻한다.

평생에 발자취가 성시(城市)에 미치지 않았으니, 고을 사람들 중 공의 얼굴을 본 이가 드물었다. 혹 부득이 성에 들어가야 할 때는 반드시 성문 밖에서 말을 내렸다. 혹 고을 수령이 안부를 물으면 반드시 관복을 갖추고 자리를 펴서 심부름 온 사람을 대하는 것이 매우 공경하니, 사람들이 혹 지나치게 공손하다고 비웃었으나 조금도 개의치 않았다. 처심(處心)·행사(行事)가 한결같이 진실한 정성에서 나와 털끝만큼도 가식이 없었다. 사람들과 말할 때 리(利)를 언급한 적이 없었고, 남의 선행을 들으면 비록 자제들과 함께 말할 때라도 반드시 꿇어앉아 두 손을 맞잡고 공경을 다하였다. 주군(州郡)에서 누차 행의(行義)로 천거했으나 끝내 비답을 받지 못하니, 식자들이 매우 아쉽게 생각하였다.

만력 기묘년(1579, 선조12)에 정침에서 운명하니 향년 78세이다. 군(郡)의 서쪽 대산(大山) 을좌(乙坐)의 둔덕에 안장하였다.

공은 명문가의 후손으로 포부가 적지 않았으나 지극한 슬픔이 마음에 있어 자취를 거두고 은둔하여 향리의 독선(獨善)·독행(獨行)하는 선비가 되는 데 그쳤으니, 애석하도다!

부인 청주한씨(淸州韓氏)는 징사(徵士) 승리(承利)의 따님이고 서평군(西平君) 계희(繼禧)의 증손녀로 4남을 낳았다. 계배(繼配) 황씨(黃氏)는 자식이 없다. 두 부인은 묘소가 모두 진주부(晉州府) 치소(治所) 동쪽 사령동(沙寧洞) 축좌(丑坐)의 둔덕에 있다.

장남 희정(喜精)과 차남 희중(喜中)은 모두 생원이고, 삼남은 희시(喜時)이다. 이 세 아들은 모두 후사(後嗣)가 없다. 막내 희인(喜仁)은 두 아들 승훈(承勳)과 계훈(繼勳)을 낳았다. 이 두 아들은 모두 후사가 없다. 승훈의 계자(系子) 자(垍)는 증호조좌랑(贈戶曹佐郞)

인데, 아들이 없어 증감찰(贈監察) 방현(邦鉉)을 후사로 들였다. 방현은 3남 3녀를 낳았다. 장남 만형(晩馨)의 두 아들은 도명(道明)·덕명(德明)이고, 차남 만필(晩馝)의 한 아들은 문명(文明)이고, 삼남 만빈(晩馪)의 한 아들은 학명(學明)이다. 지금에는 8, 9세손이 수십 명 있다.

아! 지금 공이 세상을 떠난 지 300년 가까운 세월이 흘러 자손은 영락(零落)하여 많지 않으며 집안에 전해지는 문헌이 유실되어 증험할 수 없으니 숨겨진 덕행을 아는 사람이 드물다. 만일 한강·간송 두 선생의 저술과 이군이 조상을 추모하는 정성이 아니라면 훗날 공의 행적을 어떻게 상고할 수 있겠는가.

명(銘)

유곡의 난초는 캐는 이 없건만 스스로 향기롭고
형산의 옥이 비로소 출현하니 광휘가 빛나도다
어진 자손이 아니면 뉘라서 천양하리오
지나는 이는 반드시 현사의 무덤을 공경하라

雖有高世之學·絶人之行, 無後賢之表章·子孫之褒揚, 則名湮沒而無稱者, 千古何限? 苞山李君宜震八代祖處士公有德行, 鄭寒岡·趙澗松皆有所錄. 李君據以爲狀, 使從弟益震北走八百里, 執贄而來屬鼎福曰: "吾先祖志行如此, 而窀如之丘, 尙闕數尺之表. 願執事之文之也." 鼎福瞿然曰: "鼎福老耄無文, 竊恐犯蛊冷符[94]之譏, 而反有累於公, 不足以辱命." 李君留累日力懇, 不得已遂拜受而讀之. 公諱琠, 字可沽. 其先慶州人, 後至諱禹偁, 封

載寧君, 遂移貫爲載寧人. 歷羅麗二代, 簪紱相傳. 曾祖諱午, 進士·贈兵

議, 卽麗末直臣申之弟也. 見麗運將訖, 與洪直學載·趙典書悅, 時會三嘉

之雲衢亭, 悲歌哀詠, 有麥秀[95]·採薇[96]之思. 自密城移咸陽之茅谷, 終身不

出. 祖諱介智, 贈吏參. 長子孟賢文壯元, 官觀察使, 次仲賢官副學, 季季賢

生員, 官司議, 卽公之考也. 妣李氏, 府使孟枝之女也. 公以弘治壬戌, 生于

咸之山翼洞. 年九歲, 荐罹兩艱, 而司議公以非命殞于獄. 公痛慕哀毀, 守制

如成人. 稍長, 豪邁有氣槩, 業武工射御, 旋自悔悟曰: "痛深王裒[97], 功名何

爲?" 遂盡棄弓馬, 折節爲學, 築室於松楸下, 終日讀書, 不以事物經心, 惟

以訓誨後進爲己任, 賴以成名者多. 恒以生不致養爲憾, 祭祀殫竭誠敬, 宿

---

94 詉冷符 : 詉蚩符 또는 詉癡符라고도 한다. 문장이 서툴면서 행세하기를 좋아
하는 사람을 일컫는 말이다. 北齊의 顔之推가 말하기를 "요즘 세상을 보니
재주나 생각이 전혀 없으면서 스스로 淸華하다 이르며 졸렬한 글을 유포하는
자들이 많으니, 이런 자들을 강남에서 '영치부'라고 부른다."라 한 데서 온
말이다. 『顔氏家訓 文章』

95 麥秀 : 箕子가 백마를 타고 周나라로 조회하러 가는 길에 殷나라 도성 터를
지나다가 궁궐은 폐허가 되고 그 자리에 벼와 기장이 무성히 자란 것을 보고
슬퍼하여 지었다는 「麥秀歌」를 말한다. 그 가사에 "보리 이삭은 이미 자랐고,
벼와 기장도 무성하구나. 저 교활한 아이놈은, 어찌 나의 충고를 듣지 않았던
고.〔麥秀漸漸兮, 禾黍油油. 彼狡童兮, 不與我好兮.〕"라 하였다. 殷나라 遺民
들이 이 노래를 듣고 울지 않는 사람이 없었다 한다. 『史記 권38 宋微子世家』

96 採薇 : 武王이 殷나라를 정벌하자 伯夷·叔齊가 이를 반대하고 首陽山에 들어
가 고사리를 캐어 먹으며 불렀다는 「採薇歌」를 말한다. 『史記 권61 伯夷傳』

97 王裒 : 晉나라 武帝 때의 사람으로 자는 偉元이다. 晉나라 武帝 때 조정에서
벼슬을 주고 불렀으나 아버지 王儀가 억울하게 죽은 것을 슬퍼하여 나가지
않고 여막에서 지내며 아침저녁으로 묘소 곁의 측백나무를 잡고 우니 흐르는
눈물에 젖어 나무가 말라 죽었다고 한다. 『晉書 권88 王裒傳』

戒齋沐, 灑掃庭堂, 執爨婢僕, 皆令沐浴, 將事薦獻, 如生前膝下勸侑之狀,
寧遲勿速, 愛慤兼至, 雖隆冬盛寒, 必汗沾拜席. 澗松「三綱絶句」咏公詩曰:
"痛親非命抱哀傷, 閉戶終身不踐鄉. 追養每思如在敬, 視公心事可沾裳." 盖
實錄也. 宗家祠廟, 在數十里外, 每月朔望, 致齋參謁, 不避風雨, 自少至
老, 未嘗少懈. 居家謹嚴有法度, 門庭之內, 無敢有喧譁者. 平生足迹不及城
市, 鄉人罕見其面, 或不獲已入城, 必於門外下馬. 或地主存問, 必冠服設
席, 待來使甚敬, 人或笑其過恭而不少撓. 處心行事, 一出悃愊, 無毫髮矯餙
意. 與人言, 未嘗言利, 聞人善行, 雖與子弟共說, 必危坐拱手而致敬焉. 州
郡屢以行義論薦而竟不報, 識者恨之. 萬曆己卯, 終于正寢, 享年七十八, 葬
郡西大山乙坐原. 公以名家華族, 抱負不少, 而至痛在心, 卷懷隱遁, 不過爲
鄉里獨善篤行之士而止, 惜哉! 配淸州韓氏, 徵士承利之女, 西平君繼禧之
曾孫, 生四男. 繼配黃氏無后. 二配墓, 俱在晉州治東沙寧洞丑坐. 男長喜
精・次喜中俱生員, 次喜時. 三房幷無后. 次喜仁生二男承勳・繼勳, 皆無
后. 承勳系子坦贈戶佐, 又無子, 系子邦鉉贈監察, 生三男三女. 男長晚馨二
子道明・德明, 次晚馣一子文明, 次晚馣一子學明. 今至八世九世孫若干十
人. 噫! 今距公之世, 幾三百載, 而子孫零替孤寡, 傳家文獻, 蕩佚無徵, 潛
德幽光, 人鮮知之. 如非二先生之著述・李君追遠之誠, 何以考信於將來哉!
銘曰:

谷蘭無採徒自香 荊玉始現發輝光 不有賢孫孰闡揚 過者必式賢士藏

18. 자헌대부 의정부 좌참찬 겸 춘추관사 월담 윤공 묘갈명-병서-
資憲大夫議政府左參贊兼春秋館事月潭尹公墓碣銘-并序- 신해년
(1791, 80세)

공은 초휘(初諱)는 의립(義立)이고 자는 지중(止中)이었는데 후에
피휘(避諱)하여 '의(義)'를 '의(毅)'로 고쳤다. 관향은 파평(坡平)이
니 고려 때의 공신 신달(莘達)의 후손으로 대대로 문벌이 혁혁하였
다. 아조(我朝)에 이르러서 증조는 현감 증이조참판(贈吏曹參判)
휘 정림(廷霖)이고, 조부 현령 증이조판서(贈吏曹判書) 휘 희렴(希
廉)은 선조(宣祖)가 잠저(潛邸)에 있을 때의 사부(師傅)였고, 부친
공조판서 휘 국형(國馨)은 덕업(德業)과 재망(才望)으로 이름났다.
모친 평양조씨(平壤趙氏)는 경력(經歷) 수(琇)의 따님으로, 융경
(隆慶) 무진년(1568, 선조1) 8월 기묘에 공을 낳았다.

공은 어릴 때부터 바탕이 수미(秀美)하고 준위(俊偉)하였으며, 6
세에 입학하여 오성(悟性)이 남달리 뛰어났다. 만력 갑오년(1594,
선조27)에 문과에 급제하여 승문원을 거쳐 예문관에 들어갔고, 그후
로 춘방(春坊)과 옥서(玉署)에서 두 부서의 관직들을 거쳤다.

병신년(1596, 선조29)에 홍문관 정자(正字)로서 소대(召對)에서
'임금이 전복(戰服)으로 경연에 임한 것이 옳지 않다'는 것을 진달하
니, 주상이 중국 사신이 쓴 병풍 글씨를 하사하여 장려하였다.

신축년(1601, 선조34)에 주상이 중사(中使 환관)를 파견하여 삼남
지방에 가서 열병(閱兵)하게 했는데, 전라도 관찰사 이홍로(李弘老)
가 그 중사에게 뇌물을 많이 주었다. 공이 부응교(副應敎)로서 '환관

이 군정에 간여하는 잘못'과 '관찰사가 중사에게 뇌물을 쓴 죄'를 말하니, 시론(時論)이 칭찬하였다. 을사년(1605, 선조38)에 교정청낭관(校正廳郎官)으로 통정대부의 자급(資級)에 올랐고, 무신년(1608, 선조41)에 승정원에 들어갔고, 정사년(1617, 광해군9)에 가선대부의 자급에 올랐다.

계해년(1623, 인조1)에 우윤(右尹)으로서 명나라 장수 모문룡(毛文龍)을 빈접(儐接)하였다. 모문룡이 청포(青布)를 가지고 양식을 사면서 강매(強買)하니 관서 지방 백성들이 매우 곤란하게 되었다. 공이 이에 그 값을 공평하게 하니 모문룡이 앙심을 품고 공을 모함하여 마지않았다. 공의 서질(庶姪) 인발(仁發)이 이괄(李适)의 역당(逆黨)에 가담했다가 처형되었는데, 공이 법에 따라 연좌되었으므로 글을 올려 대죄(待罪)하였다. 이완평(李完平 이원익(李元翼))과 장옥성(張玉城 장만(張晚))이 차자(箚子)를 올려 변론해준 덕분에 석방되어 불문(不問)에 부쳐졌다.

공은 이로부터 누차 시기하는 자들의 공격의 빌미가 되어 종적이 위태로웠다. 정축년(1637, 인조15)에 자헌대부의 자급에 오르고 공조판서에 임명되고 좌참찬에 이르렀다. 신사년(1641, 인조19)에 예조판서로 있다가 탄핵을 받아 파직되었다.

대개 공은 만년에 안질과 현훈증(眩暈症) 때문에 관직에 제수되면 반드시 사직했다. 당시에 육경(六卿)을 청(清)나라의 수도인 심양(瀋陽)에 볼모로 보내었는데, 사람들이 대개 볼모로 가지 않으려고 애썼다. 어떤 사람이 이를 칭탁하여, 공이 이 때문에 사직하는 것이라고 탄핵하여 관작을 끊어 축출할 것을 청하였다. 그러나 주상은 평소에 공을 신임하고 있었기 때문에 직책만 파면했다가 후일에 다시 지중추부사로 서용(敍用)하였다.

계미년(1643, 인조21) 9월 29일에 세상을 떠나니 향년 76세이다.

공은 식견과 도량이 원대하였으며 청신(淸愼)하고 간소(簡素)하였다. 임금을 섬김에는 충성을 다하여 속이지 않았고, 어버이를 섬김에는 기쁜 마음으로 모시고 뜻을 받들었으며, 상사(喪事)와 제사에는 슬픔과 공경을 다하였다. 형제와 우애롭고 종족과 화목하여, 형편이 곤궁하거나 상황이 다급한 사람이 있으면 힘을 다해 구제해주었다. 재능이 모든 정사에 두루 넉넉하여 주부(州府)를 여덟 번 맡고 번얼(藩臬)을 세 번 맡아, 포정(庖丁)이 칼을 놀리듯이 능숙한 기량을 발휘하니, 백성들이 모두 사랑하고 떠받들어 임기를 마치고 떠날 때면 비석을 세워 그 은덕을 칭송하였다.

평상시에는 신실(信實)하여 남의 뜻을 거스르지 않고, 일부러 일을 만들지 않았으며, 성색(聲色)을 가까이하지 않고 다른 사람과 쓸데없이 왕래하기를 좋아하지 않았으며, 오직 서사(書史)를 읽는 일을 즐거움으로 삼았다. 소싯적부터 사람들이 낭묘(廊廟)에 오를 큰 그릇으로 기대했는데 끝내 재능을 크게 펼치지 못하고 말았으니, 식자들이 애석하게 여겼다.

저술로는 내외의 세보(世譜) 3권이 있다. 또 근대에 명인(名人)의 언행을 엮어서 『읍훈록(挹薰錄)』 2권, 『야언통재(野言通載)』 10권을 만들었다. 갑자년 이후로 소차(疏箚)를 편집하여 『회은록(懷恩錄)』을 만들었으니, 비록 자취는 속세의 그물에 매여 있었으나 마음은 산림에 은거할 생각이 있어 『산가청사(山家淸事)』 2권을 저술하기도 했다. 무릇 공이 논찬(論纂)한 글들은 모두 세교(世敎)에 도움이 되는 것이다.

호주(湖洲) 채공(蔡公 채유후(蔡裕後))은 공을 두고 말하기를,

"풍채가 수미(秀美)하고 기상이 한아(閒雅)하니, 대군자의 의범
(儀範)인 줄 알겠다."

라 하였고, 동명(東溟) 김공(金公 김세렴(金世廉))은,

"청아(淸雅)한 명망이 당시의 추중을 받으니, 안팎으로 다 살펴보
아도 흠이 없다."

라 하였다. 당시 명사들의 품평이 이와 같았으니 공의 어진 덕을 더
욱 잘 알 수 있다.

전부인(前夫人)은 죽산박씨(竹山朴氏)는 군기시정(軍器寺正) 문
영(文榮)의 따님이다. 1남 4녀를 낳았으니 아들 인적(仁迪)은 일찍
죽었고, 네 딸은 목사 황수(黃瀡)·군수 안정(安鋌)·시직(侍直) 박
이장(朴以章)·현감 이효승(李孝承)에게 각각 출가하였다. 후부인
(後夫人) 초계정씨(草溪鄭氏)는 목사 약(爚)의 따님이다. 3남 1녀를
낳았으니 아들은 군수 세헌(世獻)·세만(世曼)·세익(世翊)이고,
딸은 감사 오정원(吳挺垣)에게 출가하였다. 세헌은 4남 4녀를 두었으
니 아들은 이건(以乾)·군수 이복(以復)·세만의 후사로 나간 이태
(以泰)·현감 이풍(以豊)이고 딸은 김홍명(金洪命)·김익하(金益
夏)·정도홍(鄭度弘)·부사 조원명(趙遠明)에게 각각 출가하였다.
세익의 세 딸은 김호(金浩)·이태룡(李台龍)·조정량(曺廷亮)에게
각각 출가하였다. 황수(黃瀡)는 2남 5녀를 두었으니, 아들은 대사간
치(尿)와 영(榮)이고, 딸은 윤준경(尹濬慶)·진사 조상한(趙相漢)·
장령 박천영(朴千榮)·도사 심서견(沈瑞肩)·판서 박신규(朴信圭)
에게 각각 출가하였다. 안정의 세 아들은 수성(壽星)·오성(五星)·
필성(弼星)이고, 한 딸은 신익경(辛益慶)에게 출가하였다. 박이장의

두 아들은 지현(之顯)과 지석(之碩)이다. 이효승은 2남 3녀를 두었으니 아들은 부사 동성(東星)과 동원(東垣)이고, 딸은 참판 신유(申濡)·최태제(崔泰齊) 남두징(南斗徵)에게 각각 출가하였다. 오정원은 4남 4녀를 두었으니 아들은 우의정 시수(始壽)·감사 시대(始大)·판관 시형(始亨)·판관 시적(始績)이고, 딸은 정랑 민홍도(閔弘道)·한기명(韓器明)·부사 김봉지(金鳳至)·황종량(黃鍾亮)에게 각각 출가하였다. 내외의 증손·현손은 약간 명이다.

나는 어릴 때부터 공이 일대(一代)의 명신임을 익히 들었으나, 그 언행과 사실을 상세히 알지 못하는 것을 매우 아쉽게 생각해왔다. 이제 공의 5세손 필함(弼咸)이 와서 갈명(碣銘)을 청하였다. 나는 노쇠하고 문장을 잘 짓지 못하여 이 일을 감히 맡을 수 없기에, 삼가 호주지(湖洲誌)·관해비(觀海碑)와 연보에 의거하여 대략 이상과 같이 서술한다.

명(銘)

덕은 두텁고 재능은 온전하였으니
어진 대부로다
뜻은 겸손하고 행실은 맑았으니
곧은 군자로다

公初諱義立, 字止中, 後有避, 改義爲毅. 坡平人, 麗祖功臣莘達之後, 聯世烜爀. 至于我朝, 曾祖縣監贈吏曹參判諱廷霖, 祖縣令贈吏曹判書諱希廉, 宣廟潛邸師傅. 考工曹判書諱國馨, 以德業才望名. 妣經歷平壤趙琇女, 隆慶戊辰八月己卯生公. 幼而秀美俊偉, 六歲入學, 悟解絶異. 萬曆甲午文科, 由槐院入翰苑, 自後歷踐春坊·玉署兩司. 丙申以弘文正字, 於召對, 陳戰服臨筵之非, 上賜華使屛風書以獎之. 辛丑上遣中使, 閱兵于三南, 湖南伯李弘老賂遺多. 公以副應敎, 言宦官干預軍政之失·方伯媚悅中官之罪, 時論多之. 乙巳以校正廳郞陞通政, 戊申入銀臺, 丁巳陞嘉善. 癸亥以右尹儐毛帥文龍, 毛帥以靑布貿餉勒賣之, 西民大困. 公平其直, 毛帥內憾, 搆陷公不已. 孽倅仁發以适黨誅, 公法當連坐, 馳章待罪. 李完平·張玉城皆上箚陳辨釋, 不問. 公自此屢爲媢嫉者執言之端, 而蹤跡羈危矣. 丁丑陞資憲, 拜工曹判書, 至左參贊. 辛巳以禮曹判書被劾罷職. 盖公晚來, 以眼疾暈倒之症, 有除必辭. 時, 六卿送質于藩, 人多圖免. 言者託此劾公, 請置削黜之典. 上素信公, 只罷職, 後叙拜知中樞府事. 癸未九月二十九日卒, 壽七十六. 公識量宏遠, 淸愼簡素, 事君忠盡不欺, 事親承歡養志, 喪祭致哀敬, 友兄弟睦宗族, 周窮濟急如不及. 才周政術, 八典州府, 三按藩臬, 游刃恢恢[98], 民皆愛戴, 去輒竪石頌德. 平居恂恂, 與物無忤, 不事作業, 不近聲色,

---

98 游刃恢恢 : 전국시대에 庖丁이란 백정이 文惠君을 위해서 쇠고기를 발라낼 적에 문혜군이 그 솜씨에 감탄하며 비결을 묻자 포정이 칼을 놓고 대답하기를 "신이 좋아하는 것은 도이니, 그것은 기예보다 앞서는 것입니다. 신이 처음 소를 잡을 때는 눈에 보이는 것이 다 소뿐이었는데, 3년 뒤에는 온전한 소가 보이지 않았고, 지금은 신이 영감으로만 대할 뿐, 눈으로 보지를 않습니다.……지금 신의 칼은 19년 동안이나 썼고 또 잡은 소만도 수천 마리나 되지만, 칼날은 마치 숫돌에 지금 막 간 것처럼 멀끔합니다. 저 소의 뼈에는 틈이 있고 칼날에는 두께가 없는데, 두께가 없는 칼날을 틈이 있는 뼈 사이에 넣으므로, 넓고 넓어서 그 칼날을 휘두르는 데에 반드시 여유가 있게 됩니다.〔臣之所好者, 道也, 進乎技矣. 始臣之解牛之時, 所見無非牛者, 三年之後, 未嘗見全

不喜徵逐, 惟以書史自娛. 自少人許以廊廟之器, 而竟不大施, 識者惜之. 所著內外世譜三卷, 編近代名人言行, 爲『挹薰錄』二卷及『野言通載』十卷, 輯甲子後疏箚爲『懷恩錄』, 雖跡麋塵網而意存遐想, 著『山家淸事』二卷. 凡所論撰, 悉關世敎. 湖洲蔡公曰:"風姿秀美, 氣度閑雅, 知其爲大君子儀範." 東溟金公曰:"淸名雅望, 爲時推許, 考之內外而無纇." 當時之月朝[99]如是, 則公之賢, 益可知矣. 前夫人軍器寺正竹山朴文榮女, 一男仁迪早夭, 四女適牧使黃瀗·郡守安鋌·侍直朴以章·縣監李孝承. 後夫人牧使草溪鄭熽女, 三男世獻郡守·世曼·世翊, 一女適監司吳挺垣. 世獻四男, 以乾·以復郡守·以泰爲世曼后·以豊縣監. 四女適金洪命·金益夏·鄭度弘·趙遠明府使. 世翊三女適金浩·李台龍·曹廷亮. 黃瀗二子屎大諫·榮, 五女尹濬慶·趙相漢進士·朴千榮掌令·沈瑞肩都事·朴信圭判書. 安鋌三子壽星·五星·弼星, 一女辛益慶. 朴以章二子之顯·之碩. 李孝承二子, 東星府使·東垣, 三女申濡參判·崔泰齊·南斗徵. 吳挺垣四子, 始壽右相·始大監司·始亨判官·始績判官, 四女閔弘道正郎·韓器明·金鳳至府使·黃鍾亮. 內外曾玄孫若干人. 鼎福自幼慣聞公爲一代名臣, 而恨不詳其言行事實. 今公五世孫弼咸來請碣銘, 鼎福老迤無文, 不敢當, 謹依『湖洲誌』·

<hr />

牛也. 方今之時, 臣以神遇. 而不以目視……今臣之刀, 十九年矣, 所解, 數千牛矣, 而刀刃若新發於硎. 彼節者有間, 而刀刃者無厚; 以無厚入有間, 恢恢乎其於游刃, 必有餘地矣.」"라 한 데서 온 말로, 재능 또는 안목이 매우 뛰어남을 비유한 것이다. 『莊子 養生主』

99 月朝:月朝評으로, 인물에 대한 품평이다. 後漢 때 汝南 사람 許劭가 그의 종형 許靖과 함께 고을의 인물을 품평하기를 좋아하여 매월마다 인물을 바꾸어 품평했다. 이로 말미암아 여남의 풍속에 '월조평'이 있게 되었다. 『後漢書 권68 許劭列傳』

觀海碑及年譜, 畧序如右. 銘曰:

德厚而才全 大夫之賢 志謙而行淸 君子之貞

19. 선조 고려 봉순대부 판전농시사부군 비음기

先祖高麗奉順大夫判典農寺事府君碑陰記 임진년(1772, 61세)

공은 휘가 기(器)이고 성은 안씨(安氏)이며 본관은 광주(廣州)이다. 시조 휘 방걸(邦傑)은 고려 태조를 도운 공훈이 있어 광주군(廣州君)에 봉해졌고 이로 말미암아 광주가 관향이 되었다. 후대로 내려와 시어사(侍御史) 휘 유(綏)에 이르러 함안배씨(咸安裵氏)에게 장가들어 함안군으로 이주했으니, 지금의 안인촌(安仁村)에 있는 관찰정(觀察井)과 사간정(司諫亭)은 모두 안씨의 옛 유적이다. 이 분이 휘 지(祉)를 낳으니 광록대부 판군기시사(判軍器寺事) 상호군(上護軍)이다. 이 분이 휘 수(壽)를 낳았으니 광정대부 도평의사사(都評議使司)이다. 이 분이 휘 해(海)를 낳았으니 봉선대부 침원서령(寢園署令) 증밀직부사(贈密直副使)이다. 이 분이 곧 공의 부친이다.

공은 공민왕-어떤 본에서는 충선왕이라고 되어 있다.- 때 과거에 급제하여 관직이 봉순대부(奉順大夫) 판전농시사에 이르렀다. 공양왕(恭讓王) 초에 질병을 칭탁하고 물러나 노년을 보내다가 세상을 마치니 향년 85세이다. 군(郡)의 북쪽 대산리(大山里) 송천(松川) 강석산(姜石山) 해좌(亥坐)의 둔덕에 안장하였다.

모두 세 번 부인을 맞이했다. 초배(初配) 청송심씨(靑松沈氏)는 중랑장(中郎將) 합문지후(閤門祗候) 국주(國柱)를 낳았다. 중배(中配) 밀양박씨(密陽朴氏)는 좌참찬 사간공(思簡公) 성(省)을 낳았다. 후배(後配) 강양이씨(江陽李氏)는 생원 몽득(夢得)을 낳았다. 배위

(配位)의 묘소는 모두 알 수 없고, 공의 묘소 왼쪽으로 1궁(弓) 거리의 간좌(艮坐)의 둔덕에 큰 무덤이 있으니, 세상에서 전해오는 말로 심씨(沈氏)의 묘소라 한다.

아! 지금 공의 시대로부터 400여년이 지나 공의 언행을 고찰해 알 수 없다. 그러나 후손 중 이름이 알려진 이로는 좌랑 현(峴)·사간 팽명(彭命)·부제학 윤손(潤孫)·호조판서 윤덕(潤德)·현령 의(義)·사간(司諫) 구(覯)·판관 경우(景祐)·사서(司書) 증(嶒)·승지 사웅(士雄)·관찰사 용(容)·광양군 황(滉)·사옹원정(司饔院正) 대진(大進)·참판 응형(應亨)·필선(弼善) 시현(時賢)·관찰사 헌징(獻徵)·승지 후열(後說) 등이 있는데, 어떤 이는 청절로 이름났고 어떤 이는 사업(事業)과 문장으로 이름났다. 도사(都事) 택(宅)·첨정(僉正) 민학(敏學)·생원 여경(餘慶)은 유학으로 일컬어졌다. 그 나머지 높은 벼슬에 이른 이들이 줄을 이었고 후손들이 중외(中外)에 흩어져 살아 15, 16대에 이르도록 집안이 면면히 이어지고 번성하니, 어찌 공이 선(善)을 쌓아서 남겨준 음덕이 아니겠는가!

옛날에 갈석(碣石)이 있었으나 세월이 오래 흘러 마모되어 자획을 분간할 수 없다. 이에 후손 명보(命普)·복신(福新) 등이 돌을 깎아 새로 세우고자 하면서 나에게 글을 부탁하였다. 내가 사양했으나 받아들여지지 않기에, 삼가 가첩(家牒)을 상고하여 갈석의 후면에 써서 후손에게 보인다. 때는 고려가 망한 지 381년 후인 임진년(1772, 영조 48) 12월 모일에 13세손 익위사 익찬(翊衛司翊贊) 정복은 삼가 기록하노라.

公諱器, 姓安氏, 廣州人. 始祖諱邦傑, 佐麗祖有功, 封廣州君, 仍貫焉. 傳

至侍御史諱綏, 娶咸安襄氏, 移居咸安郡, 今郡安仁村, 有觀察井・司諫亭,
皆安氏舊蹟也. 生諱祉, 光祿大夫判軍器寺事上護軍; 生諱壽, 匡靖大夫都
評議司事; 生諱海, 奉善大夫寢園署令, 贈密直副使, 寔公之皇考. 公恭愍-
一作忠宣-朝登第, 官至奉順大夫判典農寺事. 恭讓初, 托疾退老卒, 享年八
十五, 葬于郡北大山里松川姜石山亥坐原. 凡三娶, 初配靑松沈氏, 生國柱
中郞將・閤門祗候; 中配密陽朴氏, 生省左參贊・贈諡思簡; 後配江陽李氏
生夢得生員. 配墓俱未詳, 而公墓左一弓許艮坐原有大葬, 世傳爲沈氏墓云.
嗚呼! 今距公之世, 四百年餘, 言行莫徵, 而後孫聞人, 若佐郞峴・司諫彭
命・副提學潤孫・戶曹判書潤德・縣令義・司諫覩・判官景祐・司書嶒・
承旨士雄・觀察使容・廣陽君滉・司饔正大進・參判應亨・弼善時賢・觀
察使獻徵・承旨後說, 或以淸節, 或以事業文章名; 都事宅・僉正敏學・生
員餘慶, 以儒學稱. 其餘以名宦顯者相望, 而雲仍之散居中外, 至于十五六
世而緜且蕃, 豈非公積善餘蔭耶? 舊有碣, 歲久剝滅, 不辨字. 後孫命普・
福新等, 伐石改竪, 屬鼎福文之. 辭不獲, 謹稽家牒, 書諸陰面, 垂示後裔.
時麗亡後三百八十一年壬辰十二月日, 十三世孫翊衛司翊贊鼎福謹記.

20. 고려 신호위 중랑장 겸 합문지후 안공 갈음기
高麗神虎衛中郎將兼閣門祗侯安公碣陰記 임진년(1772, 61세)

공은 휘가 국주(國柱)이고 성은 안씨(安氏)이며, 본관은 광주(廣州)이니, 고려대장군 휘 방걸(邦傑)의 후손이다. 중세에 전중시어사(殿中侍御史) 휘 유(綏)가 배씨(裵氏)를 아내로 맞아 처가가 있는 함안군(咸安郡)에 이주하였으니, 지금의 안인촌(安仁村)에 그 유지(遺址)가 아직도 남아 있다. 이 분이 공에게 5대조가 된다. 광록대부 판군기시사 상호군 휘 지(祉)·광정대부 도평의사사 휘 수(壽)·봉선대부 침원서령 증밀직부사(贈密直副使) 휘 해(海)·봉순대부 판전농시사(判典農寺事) 휘 기(器)가 공의 바로 위 4대이다.

판전농시사공(判典農寺事公)이 안렴사(按廉使) 청송(靑松) 심해(沈海)의 따님을 아내로 맞아 공을 낳았다.

공은 공민왕(恭愍王) 때 과거에 급제하여 벼슬이 중랑장(中郎將) 합문지후(閤門祗候)에 이르렀는데, 나라가 망하자 벼슬하지 않았다. 공의 장남은 고려 때 생원이었는데 아조(我朝)의 태종이 찰방으로 불렀으나 나아가지 않았다.

공이 세상을 떠나자 영상(領相) 조석문(曺錫文)이 만사를 지어 애도하기를,

빗속에 도롱이 입고 소를 탄 사람은
예전에 금문에서 대조하던 벼슬아치라
율리의 밭에서는 진나라 풀을 매고

수양산 위에서는 은나라 고사리 캐었네
형제의 화락한 우의 그대만한 이 드물고
부자의 곧은 충절 그대만한 이 드물어라
임금이 하사한 청포를 때로 잡고 울었으니
지금도 남은 눈물이 다 마르지 않았어라

雨中簑笠騎牛客 曾向金門待詔[100]歸
栗里田中鋤晉草[101] 首陽山上採殷薇[102]
弟兄湛樂如君少 父子貞忠似子稀
內賜靑袍時把泣 至今遺淚未全晞

라 하였다. 공의 출처(出處)의 대절(大節)은 세대가 아득히 멀어 비
록 상세히 알 수는 없으나 앞의 만사에서 '부자의 곧은 충성'이라 한

---

100 金門待詔 : 금문은 漢나라 未央宮의 대문인 金馬門의 약칭이다. 詔勅을 작성
하는 일을 맡은 문학에 뛰어난 인재들이 벼슬하여 이 문을 출입하였다.

101 栗里田中鋤晉草 : 晉나라가 망한 뒤에 벼슬하지 않고 栗里에 은거한 陶淵明
에 비긴 것이다. 도연명은 저술한 글마다 반드시 年月을 기재하였는데 東晉
安帝의 연호인 義熙까지는 晉나라의 연호를 분명히 쓰고, 宋 武帝의 연호인
永初 이후는 연호를 쓰지 않고 干支만 씀으로써 자신이 진나라 신하임을
나타내었다. 그것은 그가 증조부 陶侃이 晉나라 때 재상을 지냈다는 이유로
후대에 몸을 굽히는 것을 수치로 여겼기 때문이다. 그래서 도연명을 세칭
靖節先生이라 불렀다. 『南史 권75 隱逸列傳』

102 首陽山上採殷薇 : 殷나라가 망하자 首陽山에 은거하여 고사리를 캐먹다 죽
은 伯夷・叔齊에 비긴 것이다. 주 96) '採薇' 참조.

대목을 되풀이해 읽어보면 망복(罔僕)의 충절을 알 수 있을 것이다.

공은 4남 5녀를 낳았다. 장남 강(岡)은 곧 생원이고, 다음 헌(巚)은 후사가 없고, 그 다음 현(峴)은 좌랑(佐郎)이고, 그 다음은 제(齊)이다. 딸은 소감(少監) 양택(楊澤)·감무(監務) 허거(許秬)·부령(部令) 홍은(洪誾)·유좌명(俞佐明)·석여강(石汝剛)에게 각각 출가하였다. 공의 현손 사간(司諫) 구(覯)는 점필재(佔畢齋) 김종직(金宗直)선생의 문하에 들어갔고, 조정에서 청명(淸名)이 있었다. 사간공(司諫公)의 아들 좌랑 증(嶒)은 남명(南冥) 조식(曺植)선생과 친한 벗이었는데, 을사년(1545, 인종1)의 사화(士禍)를 패해 은둔하였다. 7대손 옥천(玉川) 여경(餘慶)은 한강(寒岡) 정구(鄭逑)선생과 사귀어 도의(道義)로 이름이 알려졌으며, 도사(都事) 숙(璹)은 정인홍의 북당(北黨)에 물들지 않아 절행(節行)으로 이름이 높았다. 이와 같이 곧은 절개와 조행(操行)이 대대로 이어졌으니, 공의 여운(餘韻)이 그렇게 되도록 한 것이리라. 아! 성대하도다!-이 글을 갈석(碣石)에 새길 때는 석여강(石汝剛) 이하의 글을 "장남 생원공의 후손은 사성 숙선(淑善)·시직 숙량(淑良)·사간 구(覯)·진사 영(嶸)·사서 증(嶒)·생원 수연(守淵)·참봉 종경(宗慶)·생원 여경(餘慶)·부정 신(玔)·정랑 숙(璹)·감찰 전(琠)·생원 시진(時進)·생원 시퇴(時退)·학정 후정(后靜)이 있다. 삼남 좌랑공의 후손은 생원 여거(汝居)·교관 인(仁)·현령 의(義)·참봉 세기(世機)·첨정 응호(應虎)가 있다. 사남 제(齊)의 후손은 진사 효인(孝仁)·직장 효의(孝義)가 있다. 대대로 혁혁한 잠영(簪纓)이 지금까지 끊어지지 않으니, 아아! 크게 번성하였도다!"로 고쳤다.-

묘소는 마륜리(馬輪里) 명달전(明達田) 감좌(坎坐)의 둔덕에 있는데, 오래도록 갈석(碣石)이 없었다. 원손(遠孫) 명보(命普)·복신

(福新) 등이 갈석을 세우니, 때는 홍무(洪武) 임신년(1392, 태조1)으로부터 381년 후인 임진년(1772, 영조48) 11월 모일이다. 방후손(旁後孫) 익위사익찬(翊衛司翊贊) 정복은 삼가 기록한다.

公諱國柱, 姓安氏, 其先廣州人, 高麗大將軍諱邦傑之後. 中世有諱綏, 殿中侍御史, 娶裵氏, 始居咸安郡. 今安仁村, 遺址尙在, 於公爲五世祖. 光祿大夫判軍器寺事上護軍諱祉・匡正大夫都評議司事諱壽・奉善大夫寢園署令贈密直副使諱海・奉順大夫判典農寺事諱器, 卽其四世也. 判事公娶按廉使靑松沈海之女, 生公. 公恭愍朝登第, 官至中郎將・閤門祗候, 國亡不仕. 公之長男, 高麗生員, 我太宗以察訪徵不起. 及卒, 曹領相錫文輓詩曰: "雨中簑笠騎牛客, 曾向金門待詔歸. 栗里田中鋤晉草, 首陽山上採殷薇. 弟兄湛樂如君少, 父子貞忠似子稀. 內賜靑袍時把泣, 至今遺淚未全晞." 公之出處大節, 世代綿邈, 雖不能詳, 而三復父子貞忠之語, 可見其罔僕[103]之節矣. 公生四男五女, 男長岡卽生員, 次巘無后, 次峴佐郎, 次齊. 女適少監楊澤・監務許秬・部令洪闓・兪佐明・石汝剛. 公之玄孫司諫觀遊佔畢門, 在朝有淸名, 而子佐郎嶒, 友善南冥, 罹乙巳禍. 七代孫玉川餘慶, 與寒岡交, 以道義聞, 而都事璕不染北黨, 以節行名, 介石貞操, 奕世相傳, 盖公之餘韻使然矣. 於乎盛哉!-刊刻時, 石汝剛下文, 改之云: "生員之後, 有司成淑善・侍直淑良・司諫觀・進士嶸・司書嶒・生員守淵・參奉宗慶・生員餘慶・副

---

103 罔僕 : 망국의 신하로서 의리를 지켜 새 왕조의 臣僕이 되지 않는 절조이다. 殷나라가 망할 즈음에 箕子가 "은나라가 망해도 나는 신복이 되지 않으리라.〔商其淪喪, 我罔爲臣僕.〕"라 한 데서 온 말이다. 『書經 微子』

正珙·正郞璹·監察㻋·生員時進時退·學正后靜; 佐郞之後, 有生員汝居·敎官仁·縣令義·參奉世機·僉正應虎; 齊之後, 有進士孝仁·直長孝義. 赫世簪組, 于今不絶. 吁! 振振乎其盛矣.- 墓在馬輪里明達田負坎原, 久闕顯刻. 遠孫命普·福新等, 立石以表. 時則洪武壬申後三百八十一年壬辰歲十一月日也. 旁裔孫翊衛司翊贊鼎福謹記.

21. 이조 참의 마재 정공 묘갈음기
吏曹參議磨齋鄭公墓碣陰記 계사년(1773, 62세)

명나라 가정(嘉靖) 계미년(1523, 중종18)에 고(故) 이조참의(吏曹
參議) 마재(磨齋) 정공(鄭公)이 세상을 떠났다. 모재(慕齋) 김선생
(김안국(金安國))이 그 묘갈명을 지었는데, 세월이 오래 흘러 갈석
(碣石)이 닳고 부러졌다. 금상(今上) 계사년(1773, 영조49)에 후손
아무개 등이 다시 돌을 다듬어 갈석을 세우니, 처음 세웠던 을유년
(1525, 중종20)으로부터 249년이 흘렀다.

공의 평생 행적의 대략은 모재선생이 지은 묘갈명에 자세히 다 기
록되어 있으니, 여기서는 그 중에 빠진 것을 모아서 기록한다.

공은 처음 벼슬길에 나아가 예문관(藝文館)에 들어가서, 상소하여
유자광(柳子光)이 사필(史筆)을 무란(誣亂)한 죄를 다스릴 것을 청
하였다. 김선생과 도의(道義)의 벗으로 친밀하였다. 기묘사화가 일
어나자 공은 배척을 받았다. 김선생이 묘갈명을 지을 때는 당금(黨
禁)이 아직 풀리지 않았던 까닭에 말을 은미하게 하여 드러내지 못하
였으니, 곧 주자(朱子)가 위원리(魏元履)의 묘지명(墓誌銘)을 지었
던 것과 같은 뜻이었다.

공은 정묵(靜嘿)으로 자신을 지켜 마침내 원우완인(元祐完人)이
되었다. 공의 후손은 대대로 명절(名節)을 지켰으니, 현손인 참봉·
목사·시정(寺正)·부학(副學) 등 제공이 모두 혼조(昏朝)에 절의로
드러났고, 귀천군(龜川君) 정상사(鄭上舍)도 공의 집안의 사위인데,
같은 시대에 절의를 지켰다. 그리하여 당시에 "당대의 명절이 모두

정씨(鄭氏) 집안에 있다."는 말이 있었다. 이는 모두 공의 유운(遺韻)이 미친 바 아님이 없으니, 누가 "예천(醴泉)에 근원이 없고 지초(芝草)에 뿌리가 없다"고 하겠는가?

이제 그 자손을 기록하면서 현손까지만 상세히 기록하고 나머지는 벼슬에 오른 사람만 드러내 기록한다. 공의 아들은 별제(別提) 수후(守厚)이고, 손자는 첨정(僉正) 인수(麟壽)이다. 증손은 사민(思敏)·사경(思敬)·문과에 급제하고 정(正)이 된 사신(思愼)·사근(思謹)·사성(思誠)·사현(思賢)이다. 사위는 부사(府使) 심신겸(沈信謙)·김경청(金鏡淸)·주부(主簿) 정윤위(鄭允偉)·귀천군(龜川君) 정수(鄭晬)·직장(直長) 조탁(趙鐸)이다. 현손은 아래와 같다. 사민의 아들은 참봉 홍보(弘輔)이다. 사경의 아들은 문과에 급제하여 목사가 된 홍좌(弘佐)·감찰 홍우(弘佑)·문과에 급제하여 시정이 된 홍임(弘任)이고, 사위는 진사 정택뢰(鄭澤雷)이다. 사신의 아들은 부제학 홍익(弘翼)이고, 사위는 문과에 급제하여 정(正)이 된 유학증(兪學曾)이다. 사근의 아들은 군수 홍량(弘亮)이고, 사현의 아들은 홍적(弘績)이다. 그 후에는 홍임의 아들 별제 유석(有錫)·홍익의 아들 판관 공석(公奭)·홍좌의 손자 부봉사(副奉事) 익상(益相)·공석의 손자 참봉 도명(道明)·홍보의 현손으로 무과에 급제하여 우후가 된 태구(泰久)·유석의 증손으로 지금의 헌납인 언욱(彦郁)·문과에 급제하여 지금 집의(執義)인 언섬(彦暹)·참판 언충(彦忠)이 있다. 이후로 대수(代數)가 먼 후손은 10대, 11대에 이른다.

皇明嘉靖癸未, 故吏曹參議磨齋鄭公卒, 慕齋金先生銘其碣, 歲久毀折. 今上癸巳, 後孫某等, 復治石立之, 上距始立乙酉, 二百四十九年. 公之平生大

畧, 碣銘盡之矣, 今摭其遺者言之. 公釋褐入翰苑, 上疏請治柳子光誣亂史
筆之罪, 與金先生道義交密, 己卯禍作, 被斥. 金先生撰碣時, 黨禁未解, 故
辭隱而不彰, 即朱子銘魏元履[104]之意也. 公靜嘿自守, 卒爲元祐完人[105], 而
世碣名節, 公玄孫若參奉·牧使·寺正·副學諸公, 皆著節昏朝, 龜川君鄭
上舍, 又公家之壻也, 同時抗義. 時有一代名節盡歸鄭門之語, 莫非公遺韻
攸曁也, 誰謂醴泉無源芝草無根[106]乎哉? 今錄其子孫而詳止玄孫, 餘只著其

---

104 朱子銘魏元履：南宋 때 建陽 사람 魏掞之(위염지, 1116~1173)의 初字가
元履이고, 艮齋이다. 그는 胡憲을 師事하였으며, 朱熹와 교유하였다. 建道
무자년(1168)에 陳俊卿의 추천으로 太學錄에 임명되어 時務에 대해 여러
차례 상소하여 直言하다가 台州教授로 좌천되었고, 오래지 않아 병으로 죽
었다. 위원리가 죽은 후에 朱熹가 그의 묘지명을 지었다. 그 글은『朱子大全』
권91에「國錄魏公墓誌銘」이란 제목으로 실려 있다. 주희가 위원리의 묘지명
을 지을 때는 權臣 曾覿이 한창 위세를 부릴 때라 의원리의 무덤에 禍가
미칠까 염려하여 '증적을 소환하라'는 칙명에 대해 위원리가 논박하는 封事
를 올린 일을 기재하지 않았다가, 후일에 증적이 몰락한 뒤에 그 사실을
밝혔다.『朱子人全 권83 跋魏元履墓表』『宋史 권459 隱逸列傳 魏掞之』

105 元祐完人：北宋 때 강직하기로 이름난 劉安世(1048~1125)를 가리킨다. 元
祐는 哲宗의 연호이다 그는 司馬光의 舊法黨에 속하여 新法黨이 득세했을
때 오랫동안 귀양을 가고 갖은 박해를 받았다. 徽宗 때에 新法黨 梁師成이
집권하자 은둔하던 유안세에게 편지를 보내 자손을 위해서라도 관직에 나오
라고 종용하였다. 유안세가 말하기를 "내가 자손을 위할 생각이 있었으면
이렇게 하지 않았을 것이다. 나는 30년 동안 조정의 權貴에게 한 줄의 글도
보낸 적이 없었다. 나는 元祐完人이 되어 사마광을 지하에서 뵙고자 한다."
라 하고는 그 편지를 돌려보내고 답장을 하지 않았다.『宋史 권345 劉安世傳』
『宋名臣言行錄 後集 권12』원우는 송 철종(宋哲宗)의 연호이다.

106 醴泉無源芝草無根：뛰어난 인재는 가문이나 출신에서만 나오는 것이 아니
라는 말이다. 삼국시대 吳나라 虞翻이 아우에게 보낸 편지에 "지초는 뿌리가

登仕者. 公子別提守厚, 孫僉正麟壽, 曾孫思敏·思敬·文正思愼·思謹·
思誠·思賢, 婿府使沈信謙·金鏡淸·主簿鄭允偉·龜川君晬·直長趙鐸.
玄孫, 思敏子參奉弘輔, 思敬子文牧使弘佐· 監察弘佑·文寺正弘任, 婿進
士鄭澤雷, 思愼子副學弘翼, 婿文正兪學曾, 思謹子郡守弘亮, 思賢子弘績,
其後有弘任子別提有錫·弘翼子判官公奭·弘佐孫副奉事益相·公奭孫參
奉道明·弘輔玄孫武虞侯泰久·有錫曾孫今獻納彦郁·今文執義彦暹·參
判彦忠. 其後裔子孫遠者, 至十世十一世.

묘표 墓表

22. 처사 안공 묘표

處士安公墓表 임진년(1772, 61세)

공은 휘가 여국(汝國)이고 자는 자보(子輔)이며 본관은 광주(廣州)
이다. 시조 휘 방걸(邦傑)은 고려 태조를 도운 공훈으로 광주군(廣
州君)에 봉해졌다. 휘 유(綏)에 이르러 벼슬이 시어사(侍御史)에 이
르렀고, 처음으로 영남의 함안군에 와서 살다가 후에 밀양으로 이
주하였다. 휘 구(覯)는 벼슬이 사간(司諫)이고 호는 태만(苔巒)이
며, 휘 증(嶒)은 벼슬이 정랑(正郎)이고 호는 완귀정(翫龜亭)이니,
공에게 7, 8대조가 된다. 정랑공이 후에 영천(永川)으로 이주하여
드디어 영천 사람이 되었다. 판결사(判決事) 휘 명한(鳴漢)·휘 세
영(世英)·학정(學正) 휘 후정(后靜)은 곧 공의 증조, 조부, 부친 3
대이다. 모친은 모관(某貫) 모씨(某氏)이다.

공은 명릉(明陵) 을해년(1695, 숙종21) 6월 23일에 태어났다. -이하
에 빠진 글이 있다.- 공은 형들과 우애가 매우 돈독하였고 성품이 소박
하여 가식(假飾)이 없었으며 담박(淡泊)하여 외물에 관심이 없었다.
그래서 공은 세상의 가식적인 언행으로 남을 속이는 자를 보면, 자기
자신이 더럽혀질 듯이 여겨 멀리하였다.

고인이 말하기를, "한 고을의 선사(善士)라야 반드시 한 고을에서

귀하게 될 수 있고, 한 나라의 선사라야 반드시 한 나라에서 귀하게
될 수 있다."라 했는데, 공은 덕은 있고 명(命)은 없어 '한 나라의
선사'가 되지 못하고 '한 고을의 선사'가 되는 데 그쳤으니, 식자들이
모두 애석하게 여겼다.

부인 달성서씨(達城徐氏)는 학생(學生) 지해(至海)의 따님으로,
병자년(1696, 숙종32) 3월 3일에 태어났고 을해년(1755, 영조31) 10
월 19일에 세상을 떠나 공의 무덤에 합장되었다. 부인은 남편을 순종
하고 종족을 은혜롭게 보살펴 부덕(婦德)으로 일컬어졌다.

공은 아들이 없고 딸 하나만 두었기에, 다섯째 형 여기(汝器)의
아들 경욱(景郁)을 후사로 삼았다. 경욱은 오천(烏川) 정중보(鄭重
簠)의 따님을 아내로 맞았다. 딸은 여주(驪州) 이헌열(李憲烈)에게
출가했다. 경욱은 2남 3녀를 두었으니 아들은 항중(恒重)·형중(衡
重)이고, 두 딸은 성언림(成彦霖)·박한진(朴漢眞)에게 출가하였다.
막내딸은 어려서 아직 출가하지 않았다. 헌열은 5남 4녀를 두었으니
아들은 정임(鼎任)·정신(鼎新)이고 딸은 정광덕(鄭光德)에게 출가
하였으며, 나머지는 모두 아직 어리다.

公諱汝國, 字子輔, 其先廣州人. 始祖諱邦傑, 佐麗祖封廣州君. 至諱綏, 官
侍御史, 始居嶺南之咸安郡, 後移密陽. 有諱觀司諫, 號苔巒, 諱嶭正郎, 號
翫龜亭, 於公爲七八世祖. 正郎公後移永川, 遂爲永人. 諱鳴漢判決事·諱
世英·諱后靜·官學正, 卽公曾祖考三世. 而妣某貫某氏. 公生于我明陵乙
亥六月二十三日.-下有缺文.- 諸兄友愛篤至, 性質素無表襮, 泊然無累於
物, 視世之梔蠟者, 若浼己焉. 古人曰: "一鄕之善士, 必有貴於一鄕; 一國
之善士, 必有貴於一國.[107]" 公有德無命, 不能爲一國之善士, 爲一鄕之善士

而止, 有識咸悼歎焉. 配達城徐氏, 學生至海之女, 生於丙子三月初四日, 沒于乙亥十月十九日, 與公同兆. 承順夫子, 惠恤宗黨, 以婦德稱. 公無子有一女, 取第五兄汝器子景郁爲后, 娶烏川鄭重簠女. 女適驪州李憲烈. 景郁二男三女, 男恒重·衡重, 女適成彦霖·朴漢眞, 季幼未行. 憲烈生五男四女, 男鼎任·鼎新, 女適鄭光德, 餘幷幼.

107 一鄕……一國: 宋나라 王安石의 「處士征君墓表」에 나온다. 『臨川文集 권90』 『唐宋八大家文抄 권96』

묘지
墓誌

1. 고 사성 정공과 숙인 조씨 광지

故司成鄭公淑人趙氏壙誌 기묘년(1759, 48세)

숭정(崇禎) 후 세 번째 기묘년(1759, 영조35) 3월 초하루에 고 사성 (司成) 해주(海州) 정공 광운(鄭公廣運)과 숙인 배천조씨(白川趙 氏)를 광주(廣州) 청량산(淸凉山) 유좌(酉坐)의 둔덕에 합장하였기 에, 그 세계와 덕(德)을 대략 기록한다.

정도공(貞度公) 역(易)으로부터 9대를 지나 헌납(獻納) 유징(有 徵)에 이르고, 또 3대를 지나 공에 이른다. 선조조(宣祖朝) 때 명신 (名臣)인 승지(承旨) 조정견(趙庭堅)으로부터 5대를 지나 숙인(淑 人)에 이른다.

공은 효성과 우애가 돈독하고 매우 신의(信義)가 있었으며 청렴(淸 廉)·근신(謹愼)하고 강의(剛毅)·민첩(敏捷)하여 크게 명성이 있 었다. 숙인은 출가하기 전과 출가한 뒤에 모두 효성으로 드러났다. 남편의 상(喪)을 당하자 복(服)을 벗은 뒤에 마침내 정절을 지켜 뒤따 라 죽었으니, 아, 어질고도 열렬하도다!

공은 정해년(1707, 숙종23)에 태어났고, 경술년(1730, 영조4)에 과거에 급제했고, 병자년(1756, 영조32)에 세상을 떠났다. 숙인은 공 보다 2살 많고, 공보다 2년 뒤에 세상을 떠났다. 공과 숙인은 살아서 는 덕이 같았고 세상을 떠나서는 한 묘소에 같이 묻혔다. 자녀는 모두 8남매를 두었다. 아들은 용조(龍祚)·귀조(龜祚)·봉조(鳳祚)·인 조(麟祚)이고, 두 딸은 권묵(權默)·이석주(李錫周)에게 각각 출가 하였다. 두 딸은 아직 출가하지 않았다.

사람들이 말하기를, 여경(餘慶)이 후손에게 있다고 하니, 이치에 징험해 보면 믿을 만하도다!

崇禎後三己卯三月朔, 合葬故司成海州鄭公廣運·淑人白川趙氏于廣州淸凉山酉坐原, 略誌其世與德. 由貞度公易九世, 至獻納有徵, 又三世至公. 由宣廟名臣承旨庭堅, 五世至淑人. 公敦孝友重信義, 廉謹剛敏, 綽有聲譽. 淑人在室及歸, 俱以孝著, 夫服闋, 竟以貞殉. 嗚呼! 其賢而烈哉! 公丁亥生, 庚戌科, 丙子卒, 淑人長公二歲, 後公二歲卒, 生同德死同穴. 有八子女, 龍祚·龜祚·鳳祚·麟祚, 權默·李錫周, 二女未行. 人謂餘慶在後, 徵之理, 信矣乎!

2. 자부 윤씨 광명

子婦尹氏壙銘 정해년(1767, 56세)

이는 안씨(安氏) 집의 부인 공인(恭人) 파평윤씨(坡平尹氏)의 무덤
이다.

부친은 동열이고
모친은 이씨이다
남편은 경증이니
진사에 올랐어라
네 딸은 어리고
한 아들 외롭네
무신년에 태어났고
정해년에 마쳤어라
덕곡에 안장하니
계좌의 언덕일세
성품은 근검했건만
수명은 길지 못하였네
시아비 정복은
애통한 마음으로 명을 새긴다

安氏婦恭人坡平尹氏之墓.

父東說 妣李氏 夫景曾 登進士

四女稚 一子子 戊申生 丁亥沒

葬德谷 癸坐原 性勤儉 壽不延

舅鼎福 痛而鐫

3. 선비 공인 이씨 광지

先妣恭人李氏壙誌 정해년(1767, 56세)

부친 익령(益齡)은 효령대군(孝寧大君) 보(補)의 후예이고, 모친은 청송심씨(靑松沈氏)이다.

숙종 갑술년(1694)에 태어났고, 17세에 고(故) 통덕랑(通德郞) 광주(廣州) 안공(安公) 극(極)에게 시집왔다. 효성스럽고 자애로우며 총명하고 사리에 밝아 부도(婦道)를 잘 갖추었다.

74세인 정해년(1767, 영조43) 8월에 세상을 떠났고, 10월 정묘에 광주 영장산(靈長山) 통덕공의 묘소 동쪽에 안장하였다. 2남 1녀를 두었으니 아들은 감찰 정복(鼎福)・정록(鼎祿)이고, 딸은 오석신(吳錫信)에게 출가하였다. 손자는 진사 경증(景曾)이다. 내외의 손자・증손 남녀가 모두 14인이다.

考益齡, 孝寧大君補之後, 妣靑松沈氏. 肅廟甲戌生, 年十七, 歸于故通德郞廣州安公極, 孝慈聰達, 婦道克備. 七十四歲丁亥八月卒, 十月丁卯, 葬廣州靈長山通德公壙東. 生二男, 監察鼎福・鼎祿, 一女吳錫信. 孫進士景曾, 內外孫曾男女凡十四人.

4. 숙인 창녕성씨 광기

淑人昌寧成氏壙記 을미년(1775, 64세)

숙인(淑人) 창녕성씨(昌寧成氏)는 동궁위솔(東宮偉率) 광주(廣州) 안정복(安鼎福)의 아내이다. 부친은 순(純)이고 모친은 김씨이다. 기축년(1709, 숙종35)에 출생하고 을미년(1775, 영조51)에 세상을 떠났다. 한 아들 경증(景曾)은 생원(生員)이며, 딸은 권일신(權日身)에게 출가하였다.

내외의 손자와 증손은 남녀 모두 11인이다. 성품이 효근(孝謹)하고 근검(勤儉)하며 단정하고 겸손하였다. 덕곡(德谷) 해좌(亥坐)의 둔덕에 안장하였다.

숭정(崇禎) 이후 세 번째 을미년 3월 신해(辛亥)에 기록한다.

淑人昌寧成氏, 東宮衛率廣州安鼎福之妻也. 父純, 母慶州金氏. 己丑生, 乙未歿. 一子景曾生員, 一女適權日身. 內外孫曾男女十一人. 性孝謹勤儉, 端潔謙下. 葬于德谷亥坐. 崇禎後三乙未三月辛亥誌.

5. 수재 곽군 묘지명

秀才郭君墓誌銘 신묘년(1771, 60세)

곽군(郭君) 필훈(弼薰)은 자는 사흠(士欽)이고 관향은 포산(包山 현풍(玄風))이다. 원조(遠祖) 자의(子儀)는 고려에 벼슬하여 금오위 교위(金吾衛校尉)가 되었다. 본조에 들어와서 군사(郡事) 안방(安 邦)은 염백(廉白)으로 뽑혔고 고을 사람들이 사당을 세워 제향하였 다. 휘 황(趪)은 문과에 급제하여 군수가 되었으며, 퇴계(退溪)선생 이 제문에서 그 어진 덕을 칭송하였다. 휘 위국(衛國)은 인조 정축 년(1637)에 의병을 일으켜 근왕(勤王)하였고 후에 현감이 되었으 니, 위 두 분은 공에게 5대, 7대조가 된다. 증조는 휘가 수재(壽梓) 이다. 조부는 휘 재전(在全)은 후사가 없어 종형 진사 휘 재일(在 ·)의 아들 정조(正朝)를 후사를 삼았으니, 바로 공의 부친이다. 곽 씨(郭氏)는 영남의 명족(名族)으로 대대로 이름난 사람이 있었으 니, 군의 생가 조부인 진사공(進士公)과 그 선부군(先府君) 좌랑공 (佐郎公) 휘 수귀(壽龜)는 모두 문장과 필법으로 당대에 이름을 떨 쳤다. 모친 평산신씨(平山申氏)는 진사 휘 원(瑗)의 따님이다.

군(君)은 타고난 자질이 명민하고 순수하였으며, 학문이 훌륭하다 는 칭송이 있었다. 천성으로 효성이 돈독하여, 부모님 생전의 봉양하 고 병중에 근심하는 데 정성을 다했고, 부친상을 당했을 때는 애훼(哀 毁)가 예제(禮制)에 지나쳤다. 아침저녁으로 모친의 안부를 살피는 일 외에는 발걸음을 중문(中門) 안으로 들여 놓지 않았으며 3년 동안 상복을 입고 예제(禮制)를 지킴에 어긋남이 없었다.

사람을 대할 때는 소탈하고 진실하여 가식으로 꾸미는 일이 없었으며, 몸가짐은 각고면려(刻苦勉勵)하여 확고한 지조가 있었다. 약관의 나이가 지나 경시(京試)에 나아갔다가 돌아와 탄식하기를 "이는 선비라 할 수 없다."라 하고, 드디어 염락(濂洛)의 성리서(性理書)들을 부지런히 읽어 거의 침식을 잊을 정도였으며, 손수 고인의 잠계(箴戒) 써서 벽에 걸어두고 보면서 반성하였다. 늘 말하기를 "평상시 처자식과 함께 살면 지기(志氣)가 혼미하여 사심(邪心)이 생기기 쉽다."라 하였고, 비록 어두운 밤중에 홀로 있을 때에도 몸가짐이 더욱 엄정하였고, "지사(志士)는 구학(溝壑)에 버려질 것을 잊지 않는다."는 구절을 애송하여 자신을 가다듬었으니, 군의 소양(素養)을 알 수 있다.

군은 금상(今上) 신해년(1731, 영조7) 5월 모일에 태어났고 병술년(1766, 영조42) 12월 갑인에 세상을 떠났으니, 나이가 36세이다. 니산(尼山) 임좌(壬坐)의 둔덕에 안장하였다.

부인은 진주강씨(晉州姜氏) 규(糾)의 따님으로, 공보다 3년 먼저 태어났고 5년 뒤에 세상을 떠나 증본(甑本) 감좌(坎坐)의 둔덕에 안장하였다. 강씨도 부도(婦道)가 있었다. 1남 1녀를 낳았으니 아들 숭경(崇敬)은 광주(廣州) 안경점(安景漸)의 딸을 아내로 맞았고, 딸은 아직 어리다.

안군 경점이, 군이 뜻은 있었으나 명이 없었던 것을 가련히 여겨 그 행장을 기록하여 나에게 보여주며 말하기를, "이는 나의 벗 곽군의 행장이다." 하고, 또 말하기를,

"효(孝)는 백행(百行)의 근원인데 곽군이 이에 능했고, 가난은 만악(萬惡)의 근본인데 곽군이 이를 편안히 여겼으며, 호학(好學)은

성인(聖人)이 보지 못한 바인데 곽군이 이를 좋아했으니, 이를 후
세에 전하지 않을 수 있겠는가?"
라 하였다.

경점은 나의 벗이다. 벗이 벗에 대한 명(銘)을 지을 때는 오직 실상
을 쓸 따름이니, 어찌 꾸미는 글을 쓰리오.

명(銘)

온전한 천품을 받았건만
어이하여 장수하지 못했던가
참으로 천도는 믿기 어려워라
그 아들이 훌륭하여
선인의 유업을 잘 이으니
군의 마음을 위로할 수 있으리

郭君弼勳字士欽, 包山人. 遠祖子儀仕高麗, 爲金吾衛校尉. 入本朝, 有郡事
安邦, 選廉白, 鄕人立祠祀之. 有諱越, 文科郡守, 退溪祭文稱其賢. 有諱衛
國, 仁廟丁丑, 倡義勤王, 後官縣監, 於公爲五七代祖. 曾祖諱壽梓, 祖諱在
全, 無嗣, 取從兄進士諱在一之子諱正朝爲後, 卽君之先考也. 郭氏爲嶺外
名族, 世有聞人, 而進士公及其先府君佐郎公諱壽龜, 俱以文辭墨妙, 著於
一時. 妣平山申氏, 進士諱瑗之女. 禀質明粹, 學有聲稱, 性篤孝, 生養病
憂, 殫其誠, 及遭外艱, 哀毁過度, 定省之外, 足不入中門, 衰絰三年, 執禮
不忒. 其待人, 簡實無邊幅, 持身刻勵, 有不拔之操. 年踰弱冠, 赴京試而
歸, 歎曰: "此不足以爲士." 遂取濂洛書, 讀之勤苦, 殆忘寢食. 手書古人箴

警, 揭壁而觀省焉. 常曰：“平居與妻孥共處, 志氣昏惰, 邪心易生.” 雖在昏夜燕處之中, 矜持愈嚴, 而愛誦志士溝壑[108]之句, 以自勵焉, 其所存可知也. 君生於當宁辛亥五月日, 歿于丙戌十二月甲寅, 得年三十六, 葬于尼山之負壬原. 配晉州姜糾之女, 生先於君三年, 歿後於君五年, 葬於甑本負坎原. 姜氏亦有婦道. 生一男一女, 男崇敬娶廣州安景漸女, 女幼. 安君景漸憐君有志而無命, 錄其狀示余曰：“此吾友郭君狀也.” 且曰：“孝爲百行之源, 而郭君能之；貧爲萬惡之本, 而郭君安之；好學聖人之所未見[109], 而郭君好之, 則是未可以傳耶？” 景漸余友也. 銘友之友, 維其實而已, 何以文爲？ 銘曰：

旣禀之全 胡闕其年 固天道之難諶

嗣子維肖 堂構克紹 可以寬君之心

---

108 志士溝壑 : 지조를 잃지 않고 곤궁하게 살다 죽겠다는 의지를 뜻한다. 溝壑은 도랑과 산골짜기로 上古에 사람이 죽으면 내다 버리는 곳이다. 『孟子 滕文公下』에 보인다.

109 好學……未見 : 魯나라 哀公이 “제자 중에 누가 학문을 좋아하는가?”라고 묻자 공자가 “안회라는 제자가 학문을 좋아하여 노여움을 옮기지 않고 허물을 거듭 범하지 않더니, 불행히도 단명하여 죽었습니다. 지금은 없으니 학문을 좋아하는 이가 있다는 말을 듣지 못했습니다.〔有顔回者好學, 不遷怒 不貳過, 不幸短命死矣, 今也則亡, 未聞好學者也.〕”라고 대답한 것을 가리킨 듯하다. 『論語 雍也』

6. 유인 죽산안씨 묘지명

孺人竹山安氏墓誌銘 임진년(1772, 61세)

유인(孺人)은 성이 안씨(安氏)이고 관향은 죽산(竹山)이니, 정랑 겸 지평 휘 홍망(弘望), 휘 진(鎭), 휘 서봉(瑞鳳)이 곧 유인의 증조·조부·부친 3대이다. 모친은 청주한씨(淸州韓氏)이니 휘 보(普)의 따님이다.

유인은 어릴 때부터 총명하여 능히 경사(經史)에 통하고 부의(婦儀)를 익혔다. 성장해서는 밀양 박공(朴公) 동후(東垕)에게 시집와서 시부모를 섬기고 남편을 받드는 데 효성과 공경을 다하여 뜻을 어김이 없었다. 계묘년(1723, 경종3)에 시어머니의 상(喪)을 당하였고 을사년(1725, 영조1) 여름에 남편 박공이 세상을 떠났고 겨울에 시아버지의 상을 당하였다. 이렇게 거듭 대상(大喪)을 당했는데도 유인은 애통한 심정을 참고 박씨의 문호를 보존하기 위해 궤전(饋奠)을 올리고 어린 자녀들을 보살피는 일에 3년을 마치도록 유감(遺憾)이 없도록 하니, 집안사람들이 모두 칭찬하였다.

성품이 염결(廉潔)하여 아무리 궁핍해도 옳지 않은 물건은 받은 적이 없었다. 비복(婢僕)이 혹 바치는 물건이 있으면 비록 무우나 오이와 같이 하찮은 것일지라도 반드시 그 물건이 어디서 온 것인지를 물었다.

일찍이 호장(湖庄)을 처분하여 수백 금(金)이 생기자 이자를 줄 테니 돈을 빌려달라고 하는 사람이 있었다. 이에 유인은 "돈은 새끼를 칠 리가 없으니, 그저 빌려줄 수는 있지만 이자를 받고 빌려줄 수는 없다."라 하였다.

남이 부귀한 것을 보면 마치 자신이 더럽혀질 듯이 여겨 멀리하였고, 남이 굶주린다는 것을 들으면 비록 집안에 양식이 떨어져 궁핍할 때에도 반드시 쌀독을 기울어서라도 도와주었다. 집에서 기르는 가축은 차마 그 고기를 먹지 못했으며 혹 절로 죽은 경우에는 반드시 묻어 주었으니, 그 인자함이 이와 같았다. 평소에 무당을 좋아하지 않았고 자손에게는 항상 옳은 도리로 경계(警戒)하였다.

유인은 명릉(明陵) 경오년(1690, 숙종16) 10월 21일에 태어났고 기묘년(1759, 영조35) 4월 18일에 세상을 떠났다. 광주의 황산(荒山) 선영 유좌(酉坐)의 둔덕에 안장했으니, 왼쪽으로 남편 박공의 무덤과 100보 거리에 있다.

1남 1녀를 두었으니 아들은 지종(志宗)이고 딸은 김희적(金熙績)에게 출가하였다. 지종은 평양(平壤) 조수덕(趙壽德)의 따님을 아내로 맞아 4남 1녀를 낳았으니, 아들은 기명(基明)·중명(重明)·재명(在明)·규명(奎明)이고 딸은 생원 안경증(安景曾)에게 출가하였다. 김희적은 세 아들을 두었는데 모두 어리다. 기명이 와서 묘지명을 지어달라고 청하기에, 내가 통가(通家)의 정의(情義)로 평소에 알고 지내온 터라 사양할 수 없었다.

명(銘)

유인의 어진 덕이여
그 후손을 넉넉하게 하도다
후손의 어진 덕이여

그 제사를 잘 받들 만하도다
이 황산의 무덤이여
백세토록 길이 이어가라
내가 명을 지어서
후손들을 돕노라

孺人姓安氏, 籍竹州. 正郎兼持平諱弘望·諱鎭·諱瑞鳳, 卽其曾祖祖考三
世. 而妣淸州韓氏, 諱普女. 孺人幼而明慧, 能通經史習婦儀, 及長, 歸于密
陽朴公東垕, 事尊章承夫子, 孝敬無違. 歲癸卯丁姑憂, 乙巳夏朴公卒, 冬遭
舅喪, 荐罹巨創, 孺人含恤忍痛, 爲朴氏門戶計, 奉饋奠恤幼孤, 終三年無
憾, 親黨皆稱之. 性廉潔, 雖貧乏, 未嘗受非義之物. 婢僕或有所獻, 雖菁菖
瓜果之微, 必問其所從來. 嘗斥湖庄有數百金, 人有以子母債求者, 輒曰:
"錢無生雛之理, 貸則可, 債則不可." 視人之富貴, 若將浼己, 聞人之饑, 雖
値屢空, 必傾貯以資之. 畜物之家養者, 不忍食其肉, 或有自斃者, 必掩埋
之, 其慈仁有如此者. 素不喜巫覡之屬, 戒子孫常以義方. 孺人生於我明陵
庚午十月二十一日, 卒于己卯四月十八日, 葬于廣州之荒山先塋酉坐原, 左
距朴公之藏, 百步而遠. 一男一女, 男志宗, 女適金熙績. 志宗娶平壤趙壽德
女, 生四男一女. 男基明·重明·在明·奎明, 女適生員安景曾. 熙績有三
男皆幼. 基明以銘來請, 余以通家之義雅知之, 不得辭也. 銘曰:

孺人之賢 足以裕其昆 有孫之賢 足以承其蘗
荒山之阡 百世勿替 我其銘之 以相來裔

7.   통훈대부 행 이성현감 홍공 묘지명
通訓大夫行尼城縣監洪公墓誌銘

내가 소싯적에 벗들로부터 홍공(洪公) 성언(誠彦)이 있다는 말을
듣고 사귀고 싶었으나 얼마 안 지나 병폐(病廢)한 탓에 사귀지를 못
하고 말았다. 이제 공의 아들 상사(上舍) 극호(克浩)가 상복을 입고
가장(家狀)을 가지고 나에게 와서 부탁하기를, "나의 증조·조부 양
대(兩代)의 묘갈명을 성호선생(星湖先生)께 받았으니 부친의 묘지
명은 반드시 선생의 문도에게 받고자 합니다. 공이 바로 그 사람입
니다. 부탁합니다."라 하였다. 내가 감히 이 일을 맡을 수 없다고 사
양했으나 끝내 고사(固辭)할 수 없었던 것은 상사의 뜻이 글에 있었
던 것이 아니기 때문이었다.

　삼가 살펴보건대, 공은 휘가 순보(純輔)이고 성언(誠彦)은 그 자이
다. 선계(先系)는 안동부(安東府)의 풍산현(豊山縣)에서 나왔다. 그
선대에 간(侃)은 호가 홍애(洪厓)인데 고려에 벼슬하여 도첨의사인
(都僉議舍人)이 되었고 문장과 직간(直諫)으로 이름이 알려졌다. 8대
를 내려와 휘 이상(履祥)은 호가 모당(慕堂)인데 경술과 문장으로
우리 선묘(宣廟)를 보좌하여 벼슬이 대사헌에 이르렀으니, 공에게
5대조가 된다. 증조 휘 주천(柱天)은 양성현감(陽城縣監) 증좌찬성
(贈左贊成)이다. 조부 휘 만조(萬朝)는 판돈녕부사(判敦寧府事) 증
영의정(贈領議政)이고 시호는 정익(貞翼)이다. 부친 휘 중징(重徵)
은 행공조판서(行工曹判書)·치사봉조하(致仕奉朝賀)이고 시호는
양효(良孝)이다. 모친 증정경부인(贈貞敬夫人) 동래정씨(東萊鄭氏)

는 조(瑪)의 따님이니 곧 우의정 나암(懶菴) 언신(彦信)의 후손이다.

공은 숙종 병술년(1706) 11월에 태어났는데, 어릴 때부터 남달리 자품이 뛰어나니 조부 정익공(貞翼公)이 기특하게 여기고 사랑하여 '장주(掌珠 손바닥 안의 구슬)'라고 불렀다. 나이 겨우 열다섯 살 무렵에 문사(文詞)가 날로 진보하였고 자라서는 더욱 스스로 노력하여 변려(駢儷)·대책(對策)과 같은 과문(科文)을 공부했는데, 동년배들이 공을 추중(推重)하였다. 계축년(1733, 영조9)에 성균관에 오르고 명성이 크게 알려졌다.

계해년(1743, 영조19)에 모친상을 당하여 애훼(哀毁)가 예제(禮制)에 지나쳤고 장사를 지낸 후 묘소 아래에서 여막을 짓고 거처하며 조석으로 묘소 앞에 나아가 곡하기를 비바람이 몰아쳐도 그만 둔 적이 없어도 않았다.

병인년(1746, 영조22) 이후로 발해(發解)한 것이 네 차례였고, 입선(入選)한 것이 세 차례였으나 모두 급제하지 못했으니, 사람들이 모두 공을 위해 애석하게 여겼다. 신사년(1761, 영조37)에 부친상을 당하여 서울 집으로부터 영연(靈筵)을 모시고 온양군(溫陽郡) 오천(梧泉)의 구택(舊宅)으로 돌아왔다. 이 때 공의 나이 56세였는데, 오로지 앞의 모친상과 같이 예제(禮制)를 지켰다. 복(服)을 벗고는 과거 공부를 그만두고 향리에 살면서 상마(桑麻)를 살피고 화죽(花竹)을 가꾸었다. 매양 좋은 절서를 만나면 친척들을 모아 화수(花樹)의 모임을 만들어 술잔을 돌리고 시를 읊으면서 즐거워하여 시름을 잊었다.

기축년(1769, 영조45)에 당시의 재신(宰臣)이 공이 명문가의 자제임에도 불구하고 아직 벼슬을 얻지 못했다고 하여, 만녕전참봉(萬寧

殿參奉)에 제수되도록 하였다. 이듬해 관례에 따라 선공감부봉사(繕
工監副奉事)에 올라 흠봉각(欽奉閣)에 황조(皇朝)의 칙서를 안치하
는 일을 감독하였다. 일이 끝나자 봉사(奉事)로 승진하였다. 주상이
명하여 공을 입시하게 하고 이조(吏曹)에 하교하기를, "그의 부조(父
祖)가 양조(兩朝)를 배종하여 모두 기로사(耆老社)에 들어갔으니,
어찌 심상한 낭관(郎官)으로 볼 수 있겠는가?"라 하고 그 날로 한성부
주부(漢城府主簿)에 임명하고, 6월에 니성현감(尼城縣監)에 제수하
였으니, 특별한 우대였다.

니성현(尼城縣)은 큰 도로가 있고 호족이 많았다. 공은 부임하자
백성의 폐해가 되는 것들을 찾았다. 종전에는 양정(良丁)이 거실(巨
室)에 들어가 은닉하여 군액(軍額)이 많이 비어 군정(軍丁)을 징발하
기 어렵기가 다른 고을보다 곱절이었다. 공이 양정을 조금도 가차
없이 샅샅이 찾아내어 군액(軍額)에 충당하였다. 한 호족이 양민을
억지로 잡아 노비로 삼은 일이 있었는데, 공이 그 간특한 사실을 적발
하니 온 고을 사람들이 통쾌하다고 칭송하였다. 풍년을 만나 돈이
귀해지면 자신의 봉급을 덜어서 결전(結錢)을 견감하고, 시장(試場)
의 일을 맡을 때는 되도록이면 간약(簡約)하게 일을 처리하여, 오로
지 백성을 편하게 하는 것으로 정사를 삼았다. 그리하여 재임한 지
5년 만에 폐해는 없어지고 일은 잘 다스려져 은혜와 위엄이 병행(竝
行)하였다.

갑오년(1774, 영조50)에 공은 탄식하기를 "고인(古人)이 치사(致
仕 70세)했던 시기가 명년이니, 노쇠한 나이에 이역(吏役)을 맡는
것이 어찌 평소에 바라던 마음이랴."라 하고, 드디어 벼슬을 버리고
향리로 돌아갔다.

이듬해 병이 들었다. 공은 병이 위독하자 친척을 불러 영결(永訣)하고, 유교(遺敎)를 내려 자제들을 신칙(申飭)한 다음 부녀자들을 물리쳐 앞에 오지 못하게 하고 숨을 거두었다. 곧 윤10월 20일이었으니, 향년 70세이다. 12월 을사(乙巳)에 전배(前配)와 합장했으니, 배방산(排方山) 임좌(壬坐)의 둔덕이다.

공은 사람됨이 단정하고 간묵(簡默)하였다. 어릴 때부터 가정의 훈육을 받았고 성장해서는 자제(子弟)로서의 행실에 돈독하였다. 성품이 지극히 효성스러워, 집안이 대대로 청빈했으나 부모를 받드는 음식은 부족하지 않았고, 상(喪)을 당해서는 슬픔과 예제(禮制)가 모두 극진하였다. 모부인이 고질(痼疾)을 앓아 10년 동안 병석에 누워서 지냈는데, 공은 곁에서 모시고 보살피며 옷을 입은 채 띠를 풀지 않았고, 질병이 위독해지자 손가락에 피를 내어 입에 흘려 넣고 낫게 해달라고 기도하였다. 모부인이 쇠고기 육포를 좋아하였는데, 모부인이 세상을 떠난 뒤로는 공이 늙을 때까지도 쇠고기 육포를 차마 먹지 못하였다.

조상을 모시는 일에 더욱 정성스러워 날마다 반드시 의관을 갖추고 가묘에 배알하고, 기일(忌日)을 만나면 종일토록 애모(哀慕)하고 제수는 반드시 마음에 들도록 장만하고야 말았다. 관직에 있을 때에는 내외(內外)의 선대(先代) 기제(忌祭)와 묘사(墓祀)에 쓸 제수를 갖추어 보내면서 한결같이 풍성하게 갖추고 고을의 형편이 좋지 못하다고 해서 조금도 부족하게 보내지 않았다. 공은 또 자신이 지손(支孫)이므로 조부 정익공의 제사를 모실 수는 없었지만, 비록 속절(俗節)이나 삭망(朔望)의 제전(祭奠)일지라도 반드시 제물을 갖추어 보내어 힘써 성의를 다하였다. 또 손수 선고(先稿) 8권을 써서 집에 간직하였으니, 공이 어버이를 섬기고 선조를 향모(向慕)하는 정성은 천성에서 우러난 것이었다.

평상시에는 염정(恬靜)으로 자신을 지키고 출입이 드물었으며, 공교(工巧)한 태도로 시속에 영합하는 짓을 하는 세상 사람을 보면, 마치 자신이 더럽혀질 듯이 여겨 멀리하였다. 종일토록 단정히 앉아 있으니, 문정(門庭)이 숙연하였다. 부친 양효공(良孝公)이 누차 여러 고을의 수령을 맡아 평소에 염백(廉白)하였는데, 공이 부친의 뜻을 받들어 따라 조금도 속진(俗塵)에 물들지 않았다. 그래서 부친이 임기를 마치고 향리로 돌아왔을 때에는 여전이 집안 형편이 궁핍하였다.

전배(前配) 사천목씨(泗川睦氏)는 진사 천광(天光)의 따님이고 대사헌 임일(林一)의 손녀이고 좌의정 내선(來善)의 증손녀로 유순하여 부덕(婦德)이 있었고 집안일을 돌보고 시부모를 섬김에 오로지 마음이 공정하였다. 시부모를 봉양하는 데 필요한 의복과 음식을 반드시 몸소 마련하여 남의 손을 빌린 적이 없었다. 그래서 추운 날에는 손등이 얼어터졌으나 수고롭게 여기지 않았으며, 시부모의 안색을 살피고 뜻을 잘 받들면서 늘 곁을 떠나지 않았다. 모부인이 일찍이 공에게 "나는 며느리가 하나뿐이지만 다른 사람의 열 며느리가 부럽지 않다."라 하였다. 공보다 3년 먼저 태어났고 계해년(1803, 순조3) 4월에 세상을 떠났으니 향년 41세이다. 슬하에 3남 1녀를 두었다.

후배 청송심씨(靑松沈氏)는 택량(宅良)의 따님이다. 유순하고 가정을 잘 돌보았으며, 자녀가 없고 전배의 자녀를 애육(愛育)하기를 마치 자기 소생처럼 하니, 종족과 향당(鄕黨)이 훌륭하다고 칭찬하였다. 경자년(1720, 숙종46)에 태어났고 무신년(1788, 정조12) 4월에 세상을 떠났으니 향년 69세이다. 공의 무덤 왼쪽에 봉분을 달리하여 안장하였다.

장남 극호(克浩)는 생원이고 한 딸을 두었으니 사위는 권세영(權世林)이다. 그 다음 제한(梯漢)은 일찍 죽었고 재종질 낙수(樂叟)로 후사를 삼았다. 그 다음은 욱호(旭浩)는 3남 1녀를 두었으니 아들은 낙주(樂冑)·낙응(樂膺)·낙정(樂靖)이고 사위는 이양억(李壤億)이다. 딸은 이지한(李趾漢)에게 출가하여 한 아들 기숭(基崧)을 두었으니 벼슬이 수찬이다. 측실에서 난 한 아들은 길호(吉浩)이다. 내외의 손자·증손은 모두 약간 명이다.

명(銘)

풍산의 주손이 선대 유업을 이었으니
아름다움이 전대보다 빛나 명성이 혁혁해라
만년에 한 고을을 맡아 치적이 훌륭했고
마침내 벼슬을 버리고 향리로 돌아왔네
아름다운 숙인이 그 덕을 짝하였으니
황천에서 만난 곳 배방산 기슭이로세

鼎福少從儕友, 聞有洪公誠彦, 願與交而未幾病廢, 未果. 今者公督上舍克浩持哀手家狀來, 屬於鼎福曰: "吾祖曾兩世墓銘, 受之于星湖先生先. 考幽堂之文, 必欲求先生之徒, 而公其人也. 願以爲請." 鼎福辭不敢, 而終不敢固辭, 則上舍之意, 不在于文. 謹按公諱純輔, 誠彦其字也, 系出安東府之豊山縣. 其先曰侃, 號洪厓, 仕麗朝, 爲都僉議舍人, 以文章直諫顯. 八世而有諱履祥號慕堂, 以經術文章佐我宣廟, 官大司憲, 於公爲五世祖也. 曾祖諱柱天, 陽城縣監・贈左贊成. 祖諱萬朝, 判敦寧府・贈領議政, 諡貞翼. 考諱重徵, 行工曹判書・致仕奉朝賀, 諡良孝. 妣贈貞敬夫人東萊鄭氏珝女, 卽右議政懶菴彦信之後. 公生于肅廟丙戌十一月, 幼岐嶷不羣, 貞翼公奇愛之, 目之謂掌珠. 年甫舞象, 文詞日進, 長益自勵爲學, 騈儷對策之工, 曹偶推重. 癸丑登上庠, 華聞大播. 癸亥丁內艱, 哀毀踰禮, 葬因廬墓下, 朝夕哭苫, 風雨不少廢. 丙寅以後, 發解[110]者四, 入選者三, 而皆不中, 人皆爲公惜之. 辛巳遭外艱, 自京第奉筵, 還溫陽郡之梧泉舊墅. 公時年五十六, 守制一如前喪, 制闋, 廢擧業鄕居, 問桑麻課花竹. 每値令節, 會親戚, 爲花樹[111]之會, 飛觴吟賦, 樂而忘憂. 己丑, 時宰以公爲名家子未成一名, 除萬寧殿參奉. 翌年, 例陞繕工監副奉事, 監董欽奉閣, 安皇朝勅書. 事竣陞參, 仍命入侍, 教銓曹曰: "其父祖陪兩朝, 俱入耆社, 豈可以尋常郎官視之." 卽日拜漢城府主簿, 六月除尼城縣監, 異數也. 縣當孔道, 多豪右, 旣下車, 訪弊之爲民害者. 先是良丁投匿巨室, 軍額多曠, 徵攤倍他邑, 公搜括不少饒, 塡充無闕. 有一豪族勒良産爲奴, 公發其奸, 一邑稱快. 値年豊錢貴, 則捐廩俸而鐲結錢, 當試場之役, 則務從簡約, 一以便民爲政. 居官五年, 弊祛事治, 恩威幷行. 歲甲午, 公歎曰: "古人致仕之期在明年, 衰年吏役, 豈素心哉?" 遂棄

----

110 發解 : 과거의 初試에 합격하는 것을 말한다.

111 花樹 : 친족의 모임을 뜻하는 말로, 唐나라 때 韋莊이 花樹 아래에 친족을 모아 놓고 술을 마신 고사에서 유해하였다. 岑參의 「韋員外花樹歌」에 "그대의 집 형제를 당할 수 없나니, 열경과 어사와 상서랑이 즐비하구나. 조정에서 돌아와서는 늘 꽃나무 아래 모이나니, 꽃이 옥 항아리에 떨어져 봄 술이 향기로워라.〔君家兄弟不可當 列卿御使尙書郞 朝回花底恒會客 花撲玉缸春酒香〕"라 하였다.

官歸. 翌年感疾, 疾革, 招親戚與訣, 敎勅諸子, 屛婦女勿使前而卒, 卽閏十月二十日, 享年七十. 十二月乙巳, 合窆于前配, 排方山壬坐之原. 公爲人端勅簡默, 幼服家庭之訓, 長敦子弟之行. 性至孝, 家世雖淸貧, 而甘旨不乏, 比喪, 戚易俱盡. 母夫人有痼疾, 十載沉痾, 左右扶將, 衣不解帶, 疾飢, 至血指以祈瘳. 母夫人嘗嗜牛膊肉, 丁憂以後至老不忍食. 尤謹於奉先, 日必冠帶謁廟, 當諱辰, 哀慕竟日, 品羞必稱情而後已. 在官時備送內外先世忌墓之需, 一意豐腆, 不以邑力殘薄而少替. 自以支孫不得奉貞翼公祀, 雖俗節・朔朝之奠, 必備物以送, 務盡誠意. 又手寫先稿八卷, 藏于家. 盖其事親向先之誠, 天植然也. 平居恬靜自守, 簡出入, 視世之工爲時俗態者, 若將浼己, 終日端坐, 門庭蕭然. 良孝公屢典字牧, 素廉白, 而公將順之, 一塵不染, 及歸, 假貸猶前. 配泗川睦氏, 進士天光之女, 大司憲林一之孫, 左議政來善之曾孫, 婉嬺有婦德, 幹家事, 事尊章, 一以公爲心, 養親服食之物, 必自爲之, 未嘗倩人, 當寒手皴坼, 而不以爲勞, 承顔順志, 常不離側. 母夫人嘗謂公曰: "吾有一婦而不羡人之十婦也." 生先公三歲, 歿於癸亥四月, 壽四十一, 生三男一女. 後配靑松沈氏, 宅良之女, 柔順宜家, 無育, 撫愛前配子女, 如己出, 宗黨稱其美. 生於庚子, 歿於戊申四月, 壽六十九, 祔葬公墓左異封. 男長克浩生員, 有一女, 婿權世棅. 次梯漢早逝, 取再從子樂叟爲後. 次旭浩有三子一女, 子樂胄・樂膺・樂靖, 婿李壤億. 女適李趾漢, 有一子基崧, 官脩撰. 庶男一曰吉浩. 內外孫曾若干人. 銘曰:

豊山之胄承先業 趾美光前令聞赫

晚監一縣藹治蹟 終焉投紱反初服

有美淑人媲厥德 劍合[112]重泉排方麓

劍合 : 晉나라 雷煥이 龍泉과 太阿 두 보검을 얻어 그 중 하나를 張華에게
주었는데 후에 장화가 誅殺된 뒤로 그 보검이 어디 있는지 수 없었다. 한편
뇌환이 죽고 그의 아들이 보검 하나를 가지고 延平津을 지날 때 보검이 갑자
기 손에서 벗어나 물에 떨어졌다. 사람을 시켜 물속을 찾게 하니, 다만 두
마리 용이 있고 물결이 세게 일 뿐, 보검은 이로부터 보이지 않게 되었다.
성어로 延津劍合 또는 延津之合이라 하여 부부를 合葬한 것을 표현하는 말로
쓰인다. 『晉書 권36 張華列傳』

8. 초정 박선생 묘지명-병서-

草亭朴先生墓誌銘-幷序-

공은 휘가 응선(應善)이고 자는 이길(而吉)이며 관향은 무안(務安)
이다. 박씨(朴氏)는 보계(譜系)가 처음에 신라 시조(始祖)에서 나
왔고 중간에 10여 곳으로 관향이 나누어졌으니, 무안은 그 중 하나
이다.

　고려 현종 때 좌복야(左僕射) 섬(暹)이 공훈과 벌열로 이름이 알려
졌다. 7대를 내려와 본조에 들어와서는 형조판서(刑曹判書) 의룡(義
龍)이 있었고, 또 4대를 내려와 온양군수 진경(晉卿)이 있었으니 공
에게 고조가 된다. 고려조로부터 이 때에 이르기까지 대대로 잠영(簪
纓)이 이어졌다. 사의(司議) 휘 언(堰)·현령 증참판(贈參判) 휘 인
호(仁豪)·개성도사(開城都事) 증이조판서(贈吏曹判書) 남촌(南村)
휘 인(璘)이 곧 공의 증조·조부·부친이다. 모친 증정부인(贈貞夫
人) 파평윤씨(坡平尹氏)는 우참찬 현(鉉)의 따님으로, 만력 을해년
(1575, 선조8) 12월 6일에 공을 낳았다.

　공은 어릴 때부터 영특하고 지조가 있었으며 평소에 독서를 좋아하
였다. 조금 성장해서는 지퇴당(知退堂) 이공(李公) 정형(廷馨)의 문
하에서 수업하여 개연히 도학(道學)에 뜻을 두고 학업에 힘썼다. 그
러나 곧바로 임진란을 만나 부친 남촌공(南村公)은 임금을 호종하여
서북쪽으로 갔고 공은 백모 이부인(李夫人)과 계모 심부인(沈夫人)
을 모시고 춘천으로 가서 병화를 피했다. 피난하는 와중에도 학문에
힘쓰고 나태하지 않으니, 명성이 날로 드러났다. 이에 구암(久菴)

한백겸(韓百謙)·우복(愚伏) 정경세(鄭經世)가 연배가 높은데도 공과 벗으로 사귀었다.

정미(丁未 1607년)·무신(戊申 1608년) 연간에 임금은 혼암(昏暗)하고 정사는 문란하기에 공은 과거공부를 그만두고 자호를 정옹(淨翁)이라고 했으니, 대개 더러운 세상에 오염되지 않겠다는 뜻이다. 이윽고 원주(原州)의 섬강(蟾江)에 복거(卜居)하였다.

계해년(1623, 인조1)에 인조(仁祖)가 반정(反正)하여 현량(賢良)한 선비를 선발할 때 공이 복천(德泉) 강학년(姜鶴年)·용주(龍洲) 조경(趙絅)과 함께 천거를 받아 곧바로 은진현감(恩津縣監)에 임명되었다. 공은 학교를 흥기시키는 것을 자신의 임무로 삼고 향교의 유생들에게 초하루와 보름에 강송(講誦)을 시켜 학규(學規)가 매우 엄격하니, 유생들이 퍽 힘들게 여겼다. 병인년(1626, 인조4)에 호패법(戶牌法)을 시행할 때 유생들 중 낙강(落講)한 자는 첨정(簽丁)에 들게 되어 있었는데, 공이 다스리는 고을에서만은 은혜를 베풀어 면제해주니, 이에 사람들이 모두 고맙다고 칭송하였다.

정묘년(1627, 인조5)에 노동창(奴東倉)을 세웠는데, 공이 병사들의 병량(兵糧)을 조달하는 일을 맡자 아전들이 농간을 부릴 수 없었다. 이에 아전들이 공을 무고하여 행조(行朝)에 투서하니, 주상이 그 투서를 불사르라고 명하였다. 난리가 조금 진정되자 사직하고 향리로 돌아갔다.

기사년(1629, 인조7)에 호조좌랑에 임명되고 이어 호조정랑으로 승진하였다. 당시에 대각(臺閣)이 계청하기를, 음직으로 나온 사람 중 사마시에 합격하지 않고 삼조(三曹)의 낭관이 된 이들은 해직(解職)해야 한다고 했는데, 공은 여기서 제외되었다. 그러나 공은 이를 부끄럽게 생각하여 드디어 사직소를 올렸다가 순창현감(順昌縣監)에 임명되었다. 1년이 못 되어 호조좌랑으로 있을 때의 일로 말미암아 파면되었으니, 공의 죄는 아니었다.

임신년(1632, 인조10)에 형조정랑에 임명되었고, 이윽고 외직으로 나가 삭녕군수(朔寧郡守)가 되었다가 갑술년(1634, 인조12)에 작은 일로 파직되었다. 을해년(1635, 인조13)에는 군자감판관(軍資監判官)에 임명되었고 단양군수(丹陽郡守)로 옮겼다가 겨울에 병으로 벼슬을 그만두고 돌아왔다.

병자년(1636, 인조14) 3월 16일에 서울 자택에서 세상을 떠나니 향년 62세이다. 모월 모일에 양성(陽城) 서쪽 조곡(棗谷) 묘좌(卯坐)의 둔덕에 안장하였다. 후일에 증손 징(澄)이 높은 관작에 오름으로써 사헌부집의(司憲府執義)에 추증되었다.

공은 5세에 모친이 세상을 떠나 백부모가 공을 거두어 양육하였다. 그래서 후일에 공은 백부모의 상(喪)에 모두 3년의 복(服)을 입어 그 은덕에 보답하였다.

갑오년(1654, 효종5)에 백모가 세상을 떠났고, 을미년(1655, 효종6)에 부친 남촌공이 관직을 벗고 개성(開城)에서 세상을 떠났고, 그 이듬해 계비(繼妃)가 세상을 떠났으니, 3년 사이에 거듭 대상(大喪)을 당한 것이었다. 당시는 비록 창황한 난리 중이었으나 공은 거상(居喪)에 더욱 근신(謹愼)하였고 애훼(哀毁)가 예제(禮制)에 지나친 나머지 결국 종신토록 몸이 수척하게 되는 병증(病症)이 있었다.

두 누이와 한 아우가 있었는데 보살피고 사랑하는 정이 매우 돈독하였다. 아우는 아들 수(稩)와 나이가 같고 같이 공부했다. 그 아우가 일찍 죽자 비통하여 차마 아들 수를 가르치지 못한 것이 거의 반년이었다.

제례(祭禮)는 오로지 주자(朱子)의 『가례(家禮)』를 따랐으며, 기일에는 목욕재계하고 힘써 정성과 공경을 다하였다. 관직에 있으면서 외신(外神)을 섬길 때에도 일찍이 남을 시켜 대행한 적이 없었다.

종족을 은애(恩愛)로 대우하여 만나면 반드시 술과 음식을 차려 놓고 즐겁게 해 주었다. 서종조(庶從祖)의 아내가 연로하여 자식이 없어 공에게 의탁했는데 재산이 퍽 요족(饒足)하였다. 서종조의 아내가 세상을 떠나자 공은 기물(器物)을 갖추어 염장(斂葬)했으며 묘소와 제전(祭田)을 지키는 종을 두고 재산은 조금도 취하지 않으니, 사람들이 어려운 일이라고 하였다.

자제들을 가르칠 때는 공부 과정(課程)이 돈독하고 책려가 엄격하니, 이에 다섯 아들이 모두 세상에 이름났다. 공이 후진들을 훈도(訓導)하여 성취시킨 이가 많았으니, 감사(監司) 이명웅(李命雄)ㆍ참의(參議) 홍진(洪瑱)가 그 중 두드러진 사람이다.

관직에 있을 때는 힘써 과조(科條)를 따르고 권세에 아부하지 않았으며, 관리를 엄격히 단속하고 실상을 분명히 밝혔다. 투서(投書)의 변고가 일어난 것과 순창현감에서 파직된 것은 모두 고을의 아전들이 공을 종용했기 때문에 그렇게 된 것이었다.

공은 집이 본래 빈한했으나 맑은 고절(苦節)이 시종일관 변하지 않아, 누차 고을 수령이 되었으나 자기 전답은 조금도 늘지 않았다. 게다가 성품이 검소하여 어릴 때부터 화려하고 사치스런 의복을 입은 적이 없었다. 감사(監司) 홍득일(洪得一)은 소싯적의 벗이었는데, 일찍이 어사가 되어 관동(關東) 지방을 순행하다가 객사에서 우연히 공을 만나 함께 유숙하였다. 홍감사(洪監司)가 자신의 침구를 치우고 돌아와 사람들에게 말하기를, "아무개와 함께 유숙하였는데 나의 비단 이불이 화려한 것이 부끄러워 감히 내놓을 수 없었다."라 하였으니, 벗들에게 추중을 받은 것이 이와 같았다.

함께 교유한 벗들은 모두 당대의 명류였으며, 여러 사람들과 함께 있을 때에도 공은 종일 단정히 앉아 엄숙하였고 입으로 농담을 하지 않았다. 문에는 잡객(雜客)이 없었고 연회와 음악을 일삼는 장소에는 아예 가지 않았다.

만년에 몇 칸 초가집을 짓고 이어서 호를 초정(草亭)이라 했는데, 집안이 소연(蕭然)하였고 사물을 마음에 두지 않았다. 날마다 어김없이 일찍 일어나 의관을 정제하고 글을 읽어 한밤중에 이르렀고 묵묵히 경전(經傳)을 완미하고 정미(精微)한 이치를 분석하여 마음 속에 융회(融會)한 뒤에야 그만두었다.

일찍이 손수 자경문(自警文) 4조(條)를 써서 벽에 걸어 두고 보면서 반성하였다.

마음가짐은 충신(忠信)·관후(寬厚)할 것이니, 절대로 기만하거나 각박하지 않는다.

몸가짐은 엄중(嚴重)·염결(廉潔)할 것이니, 절대로 경솔하거나 구차하지 않는다.

처사(處事)는 심밀(深密)·견고(堅固)할 것이니, 절대로 천로(淺露)하거나 요개(撓改)하지 않는다.

접물(接物)은 장경(莊敬)·온화할 것이니, 절대로 경만(輕慢)하
거나 조포(粗暴)하지 않는다.

공은 특히 예설(禮說)에 조예가 깊어 『의례(儀禮)』·『가례(家禮)』·
『대명률(大明律)』·본조의 『경국대전(經國大典)』 등의 책들을 고
찰하여 『사정횡간(四井橫看)』을 만들고 간간이 자신의 의견을 첨부
하였다. 또 천자·제후의 정통복(正統服)과 임금이 신하를 위해 입
는 복(服), 신하가 임금을 위해 입는 복, 경(卿)·대부(大夫)·사
(士)·서인(庶人)의 복, 사우(師友)의 복, 조문하는 복 등의 예설을
기록하여 한 책을 만들어 상복(喪服)의 제도를 밝히고자 했으나 탈
고하지 못하였다. 평생의 저술이 병화(兵火)에 많이 산일되었다.

부인 숙인(淑人) 전주이씨(全州李氏)는 판서 파곡(坡谷) 성중(誠
中)의 따님으로, 공보다 두 살이 많다. 부인은 규문(閨門)의 법도가
이미 가정에서 이루어졌고, 18세에 공에게 시집와서 부도(婦道)를
지킴이 근신(謹愼)하여 오로지 공의 뜻을 따랐다. 공을 따라 관아에
있을 때는 뇌물을 받지 않으니, 공이 부인을 깊이 공경하고 존중하였
다. 기사년(1629, 인조7) 4월 12일에 세상을 떠났고, 공의 묘소에
부장(祔葬)하였다.

5남 2녀를 낳았다. 장남은 현감 수(稦)이고, 다음은 참봉 유(稄)이
고, 다음은 좌랑 규(桂)이고, 다음은 진사 미(穄)이고, 다음은 치(穉)
이다. 딸은 현감 조흡(趙熻)·목사 이정(李玭)에게 각각 출가하였다.
측실 소생으로 두 딸이 있으니, 이민(李岷)·홍우징(洪又徵)에게 각
각 출가하였다. 수는 아들이 없어서 창도(昌道)로 후사를 삼았다.
유의 한 아들은 천용(天用)이고 네 딸은 신담(申曇)·참봉 이강(李

鋼)·김정징(金正徵)·진사 허은(許檼)에게 각각 출가하였다. 규는
여섯 아들을 두었으니 증이조참판(贈吏曹參判) 창하(昌夏)·후사(後
嗣)로 나간 창도(昌道)·창은(昌殷)·창주(昌周)·문과에 급제하고
승지가 된 창한(昌漢)·창동(昌東)이고, 한 딸은 생원 이양래(李陽
來)에게 출가하였다. 미의 두 아들은 창좌(昌佐)·창만(昌萬)이고
두 딸은 안정수(安廷燧)·이우(李瑀)에게 각각 출가하였다. 치의 두
아들은 창징(昌徵)·창휘(昌徽)이다. 조흡의 두 아들은 현감 성건(性
乾)·유건(惟乾)이고 세 딸은 참봉 소형우(蘇亨宇)·참봉 정태정(鄭
泰廷)·정수인(鄭洙仁)에게 각각 출가하였다. 이정은 문석(文碩)으
로 후사를 삼았다. 내외의 증손이 70여 명이고, 지금은 7대, 8대에
이르러 거의 천 명에 이른다. 농와장(聾窩丈) 사정(思正)은 곧 공의
이손(耳孫 8대손)으로 참판공의 아들 우윤(右尹) 휘 징(澄)의 손자요,
장령(掌令) 고심재(古心齋) 휘 이문(履文)의 아들인데, 공의 언행을
수습하여 행장을 지어서 나에게 부탁하기를,

"선조가 세상을 떠나신 지 지금 140년이 넘었는데 묘소에 묘지(墓
誌)가 없고 묘도에 갈석(碣石)이 없으니 무엇으로써 나의 어리고
몽매한 후손에게 고하겠는가. 선조의 자취를 기록하여 불후(不朽)
하게 하는 일은 비록 거장(巨匠)에게 부탁해야 하지만 그만한 사람
은 만나기 어렵다. 기사(記事)는 오직 사실대로 쓰면 되니, 그대가
해주기를 바란다."

라 하였다. 내가 굳이 사양했으나 받아들여지지 않기에 절하고 그
행장을 받아서 삼가 이상과 같이 서술한다.

명(銘)

세상에서 덕문을 일컫기를
오직 면성이라고들 하나니
아득한 옛날 고려조에
복야공이 공신의 반열에 올랐네
우리 성조에 이르러
벼슬 높은 형조판서 있었고
그 유파가 멀리 드날려
대대로 잠영이 줄을 이었지
빼어난 정기 한 몸에 받아
공이 이에 탄생하였으니
유곡의 난초 향기 절로 퍼져
그 이름이 조정에 드날렸어라
누차 군현을 맡아 다스리니
아전은 움츠리고 백성은 편안했네
학문을 쌓은 바를 미루어 나가
의당 그 경륜을 크게 펴야 했거늘
어이하여 시운이 좋지 못하여
마침내 큰일을 못하고 말았는가
네 조목 자경문을 지어 경계해
궤기한 행실을 하지 않았고
그 편집한 예서에서
공사 간에 예를 고찰할 수 있어라

보존함이 깊고 쌓음이 두터워

후손에 음덕을 넉넉히 끼쳤으니

우윤공이 자취를 드러내고

고심재가 법도를 계승했으며

아름다운 언행 기록한 이로는

농와가 바로 여기 있어라

내가 엮어서 명을 지으니

어찌 감히 실상에 넘치리오

公諱應善, 字而吉, 務安人. 朴氏源出新羅始祖, 中分爲十數貫, 務安其一也. 高麗顯宗時有左僕射遑, 以勳閥著, 七傳而入我朝, 有刑曹判書義龍, 又四傳而有溫陽郡守晉卿, 於公爲高祖. 自勝國至此, 代列簪紳. 司議諱堰・縣令贈參判諱仁豪・開城都事贈吏判號南村諱璘, 卽其三世也. 妣贈貞夫人坡平尹氏, 右參贊鉉之女, 萬曆乙亥十二月六日生公. 幼穎秀有志操, 雅好讀書. 稍長, 受業于知退堂李公廷馨, 慨然有求道之志, 肆力於脩業. 旋遭壬辰之亂, 南村公扈從西行, 公奉伯母李夫人及繼妣沈夫人, 避兵于春川. 當奔竄之中, 而力學不懈, 令聞日彰. 韓久菴百謙・鄭愚伏經世折輩行與交. 丁戊之際, 主昏政亂, 遂廢擧業, 自號淨翁, 盖不受染汚之意也. 尋卜居于原州之蟾江. 癸亥仁祖改玉, 選賢良士, 公與姜復泉鶴年・趙龍洲絅膺薦, 直拜恩津監縣, 以興學爲己任, 課校儒朔望講誦, 程式甚嚴, 人頗苦之. 及丙寅戶牌法行, 儒生落講者簽丁[113], 恩獨免焉. 於是, 人皆感誦. 丁卯, 建奴東

---

113 簽丁 : 군역에 종사할 장정을 軍籍에 올려 기록하는 일이다.

創, 公調兵糧, 吏無緣爲奸, 搆誣公, 投書行朝, 上命火之. 亂稍定, 公引歸. 己巳, 拜戶曹佐郎, 陞正郎. 時, 臺啓汰三曹[114]郎以蔭進者, 而公不與焉. 公恥之, 遂呈辭, 因除淳昌縣監, 未周而以戶郎時事罷, 非其罪也. 壬申, 拜刑曹正郎, 尋出爲朔寧郡守, 甲戌, 以微事罷. 乙亥, 拜軍資監判官, 移丹陽郡守, 冬, 以病罷歸. 丙子三月十六日, 卒于京第, 享年六十二, 某月日, 葬于陽城治西棗谷卯坐原. 後以曾孫澄貴, 贈司憲府執義. 公五歲而先夫人卒, 伯父母收養之, 後皆服喪三年, 以報其恩. 甲午, 伯母卒, 乙未, 南村公解官, 卒於開城, 翌年, 繼妣卒. 三年之間, 荐罹巨創, 雖亂離倉况, 而持服愈謹, 哀毀踰節, 遂成終身羸瘵之疾. 有兩妹一弟, 撫愛甚篤. 弟與子同年同學, 及弟夭歿悲慟, 不忍課授者殆半歲. 祭禮一遵『家禮』, 齋戒澡潔, 務盡誠敬. 居官事外神, 未嘗使人攝行. 遇宗黨以恩, 必置酒食而歡樂之. 庶從祖之妻, 老寡無子而依於公, 貲産頗饒. 及歿, 備物斂葬, 置守塚田僕, 不取一物, 人以爲難. 教諸子, 勸課篤而策勵嚴, 子男五人, 皆知名於世. 訓導後進, 多成就, 若李監司命雄·洪參議瑱, 其尤者也. 居官務遵科條, 不阿權勢, 束吏嚴而綜覈明. 投書之變·淳昌之罷, 盖緣縣吏曹胥慫恿而然也. 公家素貧, 而淸修苦節, 終始不渝, 累經郡縣, 田園無尺寸增. 性又儉素, 自幼未嘗御華侈之服. 洪監司得一, 少時友也, 嘗衣繡巡關東, 邂逅逆旅同寢. 洪閣寢具, 歸語人曰: "與某共宿, 錦衾華美, 耻不敢出." 其見重於朋儕如此. 所與友皆一代名流, 羣居終日, 端坐儼然, 口絶諢語. 門無雜賓, 燕會音樂之所, 不肯赴焉. 晩搆茅屋數間, 因號草亭, 環堵蕭然, 不以事物經心. 日必蚤起, 整衣冠讀書, 至于夜分, 潛玩經傳, 剖析精微, 融會而後已. 嘗手寫自警

114 三曹 : 조선조의 戶曹·刑曹·工曹를 병칭하는 말이다.

文四條, 揭壁而觀省之, 曰: "立心忠信寬厚, 切戒欺詐刻薄. 持身嚴重廉潔, 切戒率爾苟且. 處事深密堅固, 切戒淺露撓改. 接物莊敬溫和, 切戒輕慢粗暴." 尤精於禮, 考『儀禮』・『家禮』・『大明律』・本朝『大典』等書, 作『四井橫看』, 間附己意, 且記天子諸侯正統服・君爲臣臣爲君服・卿大夫士庶人服・師友服弔服等說, 作一冊, 欲圖以明之而未脫藁. 平生著述, 多散佚於兵燹云. 配淑人全州李氏, 判書坡谷誠中之女, 長於公二歲, 閨範之懿, 已成于家, 年十八, 歸于公, 執婦道謹, 一遵公意. 隨公在官, 苞苴不行, 公深敬重之. 己巳四月十二日卒, 葬祔公墓. 生五男二女, 男長縣監稌・次參奉桂・次佐郎桂・次進士稑・次釋, 女適縣監趙嶬・牧使李㙉. 側室二女嫁李㟓・洪又徵, 稌無子, 系子昌道. 稑一子天用, 四女適申疊・參奉李鋼・金正徵・進士許穩. 桂六子, 贈吏參昌夏・昌道出系・昌股・昌周・承旨昌漢・昌東, 一女適生員李陽來. 稑二子昌佐・昌萬, 二女適安廷燧・李瑀. 釋二子昌徵・昌徽. 趙嶬二子, 縣監性乾・惟乾, 三女適參奉蘇亨宇・參奉鄭泰廷・鄭洙仁. 李㙉系子文碩. 內外曾孫七十餘人, 今至七世八世而殆至千人. 聾窩丈思正, 卽公之耳孫, 而參判子右尹諱澄之孫, 掌令古心齋諱履文之子也. 收拾公之言行而狀之, 屬鼎福而語之曰: "先祖之歿, 今百四十有餘年, 幽堂無誌, 墓道闕刻. 其何以詔我稚昧乎? 不朽之託, 雖在巨匠, 而又難其人, 記事惟實, 子其圖之." 鼎福牢辭不得, 拜受而謹序次如右. 銘曰:

世稱德門 曰惟縣城 粤在勝國 僕射圖形

爰及聖朝 官隆判刑 流派遠揚 代列簪纓

孕精毓秀 公乃挺生 谷蘭播芬 名揚王庭

累佩銅章 吏戢民平 推其所學 宜大厥施

奈屈于時 竟未有爲 四條自警 行不詭奇

禮書有編 可徵公私 存深積厚 裕後爲基

京尹發跡 心齋襲規 收芳拾馨 聾窩在而

掇輯爲銘 豈敢溢辭

9. 통훈대부 행 형조좌랑 증 통정대부 이조참의 박공 묘지명-병서-
通訓大夫行刑曹佐郎贈通政大夫吏曹參議朴公墓誌銘-幷序-

공은 휘가 규(珪)이고 자는 대시(大時)이며 성은 박씨(朴氏)이고 관향은 무안(務安)이다. 시조 진승(進昇)은 고려조의 국학 전주(國學典酒)이고, 그 아들 섬(暹)은 현종(顯宗)을 보좌하여 벼슬이 좌복야(左僕射)에 이르러 드디어 크게 현달하였다. 7대를 내려와 의룡(義龍)에 이르러서는 본조에 들어와 벼슬이 형조판서에 이르렀다. 고려와 본조의 양대(兩代) 700여 년에 걸쳐 대대로 벼슬이 이어져 동한(東韓)의 명문으로 일컬어졌다.

증조는 의성현령(義城縣令) 증호참(贈戶參)의 휘 인호(仁豪)이고, 조부는 개성도사(開城都事) 증이조판서(贈吏曹判書) 휘 인(璘)이다. 부친은 단양군수(丹陽郡守) 증집의(贈執義) 휘 응선(應善), 호 초정(草亭)이니, 인조(仁祖) 초에 유학(儒學)으로 선발되었다. 모친 숙인(淑人) 전주이씨(全州李氏)는 호조판서 파곡(坡谷) 성중(誠中)의 따님이다.

공은 만력 갑진년(1664, 현종5) 9월에 태어났는데, 다섯 형제 중에 공이 셋째이다. 성장해서는 가정의 훈육을 받아 형 현감 수(稦), 참봉 유(稑), 아우 진사 미(穈)와 함께 모두 문행(文行)으로 세상에 이름났다.

병자년(1696, 숙종22) 봄에는 부친상을 당하였고 또 중형(仲兄)의 상을 당했으며, 곧바로 오랑캐의 변고를 만나 병화를 피하여 남양(南陽)의 해도(海島)로 갔다. 정축년(1697, 숙종23)에는 옮겨 다니다가 무안(務安) 땅에 머물렀는데, 겨울에 둘째 아우가 죽었다. 무인년(1698, 숙종24)에는 남양의 구택(舊宅)에서 백씨와 다시 모였고, 겨울에 또 막내아우가 죽었다. 몇 년 사이에 피난을 다니던 중에 참혹한 상화(喪禍)가 거듭하고 곤췌(困瘁)가 쌓인 나머지 병이 되어 거의 목숨을 보존하지 못할 뻔하였다.

정해년(1707, 숙종33)에 처음 벼슬길에 나가서 사산 감역(四山監役)이 되었다. 경인년(1710, 숙종36)에는 사재주부(司宰主簿)로 승진했다가 감찰로 옮기고 형조좌랑으로 옮겼다. 신묘년(1711, 숙종37) 봄에 대간(臺諫)의 계청(啓請)에서 국제(國制)에 '음직(蔭職)을 내릴 때 사마시에 합격하지 못한 사람에게는 삼조(三曹)의 낭관을 허락하지 않는다.'는 관례를 인용하자 논체(論遞)되고, 곧 목천현감(木川縣監)에 제수되었다. 임진년(1712, 숙종38) 겨울에 목천 고을이 재해(災害)를 입었다는 이유로 파직되었다. 무술년(1718, 숙종44)에 와서별제(瓦署別提)에 임명되었다가 이윽고 사평(司評)으로 옮겼고, 외직으로 나가서 평릉찰방(平陵察訪)이 되어 임기를 마치고 돌아왔다. 임인년(1722, 중종2)에 상운찰방(祥雲察訪)에 임명되었고, 계묘년(1723, 경종3) 겨울에 관직에 소홀했다는 이유로 체포되어 양재역(良才驛)으로 귀양 갔고, 세제(歲除)에 풀려나 가식(家食)하였다.

계축년(1733, 영조9) 6월 10일에 세상을 떠나니 향년 70세이다. 남양(南陽)의 북쪽 천곡(泉谷) 축좌(丑坐)의 둔덕에 안장하였다. 후일 장손 징(澄)이 높은 관작에 오름으로 해서 이조참의(吏曹參議)에 추증되었다.

공은 성품이 충후하여 덕기(德器)가 있었으니, 세상에서 장자(長者)라고 일컬었다. 만년에 벼슬길에 나가서 내외의 낮은 관직에 전전하다가 그쳤으니, 비록 지위는 그 덕에 상응하지 않았으나 장수하고 안한(安閒)하게 살았으며 자손이 번성하고 과거에 급제한 경사가 중첩하였으니, 사람들이 공의 선행(善行)에 대한 보응(報應)이라 한다.

부인 증숙부인(贈淑夫人) 한양조씨(漢陽趙氏)는 응교 빈(鑌)의 따님으로, 만력 병오년(1666, 현종7)에 태어났고, 임술년(1682, 숙종8)에 공에게 시집왔고, 경인년(1710, 숙종36) 2월 8일에 세상을 떠났으니 수명이 겨우 45세이다. 묘소는 공의 묘소에서 몇 걸음 뒤 계좌(癸坐)의 둔덕에 있다.

6남 1녀를 낳았다. 장남 창하(昌夏)는 수직(壽職)으로 벼슬하여 가선대부(嘉善大夫) 증이조참의(贈吏曹參議)이고, 그 다음 창도(昌道)는 백부의 후사(後嗣)가 되었고, 그 다음은 창은(昌殷)이고, 그 다음은 창주(昌周)이고, 그 다음은 승지 창문(昌文)이고, 막내는 창동(昌東)이다. 사위는 전주(全州) 이양래(李陽來)이니 생원이다. 측실에서 소생으로 1남 2녀가 있다. 아들은 창기(昌基)이고, 딸은 각각 현감 신성원(愼聖源)·첨사 허빈(許彬)의 첩이 되었다. 창하는 정실에서 네 아들을 두었으니 문과에 급제하여 우윤(右尹)이 된 징(澄)·참봉 호(浩)·해(瀣)·정(淨)이고 서녀(庶女) 둘은 심우하(沈友河)·이진영(李震英)에게 각각 출가하였다. 창도는 4남 2녀를 두었으니 아들은 침(沈)·문과에 급제하고 승지가 된 정(涏)·혼(混)·잠(潛)이고, 사위는 문과에 급제하고 사간(司諫)이 된 광주(廣州) 이윤(李允)·전주(全州) 이태운(李泰運)이다. 창은의 한 아들은 기(沂)이고 한 서녀는 황근(黃瑾)에게 출가하였다. 창주의 한 아들은 면(沔)이다. 창한은 3남 3녀를 두었으니 아들은 택(澤)·성(渻)·경(濛)이고 사위는 진사인 초계(草溪) 정규주(鄭規柱)·전주(全州) 이

무년(李茂年)·진사인 초계 정희세(鄭熙世)이다. 창동은 1남 2녀를
두었으니 아들은 제(濟)이고, 사위는 한양(漢陽) 조태명(趙台明)·
현감인 도강(道康) 김도언(金道彦)이다. 이양래의 세 아들은 상린(祥
麟)·성린(聖麟)·진사 서린(瑞麟)이고 두 사위는 순흥(順興) 안중
원(安重元)·진주(晉州) 유광수(柳光壽)이다. 창기의 한 아들은 현
휘(賢暉)이다. 내외의 증손이 거의 90명이고, 지금 5대, 6대에 이르러
자손이 500여 명이 되니, 아, 번성하였도다!

우윤공(右尹公)의 둘째 아들 이문(履文)은 문과에 급제하고 장령
(掌令)이 되었고 호는 고심재(古心齋)이며, 문장으로 세상에 이름났
다. 그 아들 사정(思正)이 통가(通家)의 정의(情誼)가 있다고 하여
나에게 행장을 주면서 묘지명을 지어달라고 하니, 의리상 감히 사양
할 수 없었다. 이에 명을 짓노라.

시례로 가학을 전하였고
효제로 인을 실천했어라
선을 쌓아 여경이 넉넉하니
자손이 번성함이 마땅하도다

公諱桂, 字大時, 姓朴氏, 務安人. 始祖進昇, 高麗國學典酒, 子暹佐顯宗,
官左僕射, 遂大顯. 七傳至義龍, 入本朝, 官刑曹判書. 跨歷兩代七百餘年,
世襲簪紱, 稱東韓名閥. 曾祖義城縣令贈戶參諱仁豪, 祖開城都事贈吏判諱
璘, 考丹陽郡守贈執義諱應善, 號草亭, 仁祖初, 以儒學選用. 妣淑人全州李
氏, 戶判號坡谷誠中之女. 萬曆甲辰九月, 公生. 公兄弟五人, 公其第三也.
長習家庭之訓, 與兄縣監稌·參奉稆·弟進士, 皆以文行名於世. 丙子春,

丁外艱, 又喪仲兄, 旋遭虜變, 避兵于南陽海島. 丁丑轉泊于務安地, 冬喪次弟. 戊寅, 與伯氏復會於南陽舊廬, 冬又哭季弟. 數年間, 亂離奔竄, 喪禍荐酷, 積瘁成疾, 幾不得保. 丁亥, 筮仕爲四山監役. 庚寅, 陞司宰主簿, 移監察, 轉刑曹佐郎. 辛卯春, 臺啓引國制蔭職不中司馬試者, 不許三曹郎之例, 論遞, 卽除木川縣監. 壬辰冬, 以灾傷罷. 戊戌, 拜瓦署別提, 俄遷司評, 出爲平陵察訪, 瓜歸. 壬寅, 拜祥雲察訪, 癸卯冬, 以曠官被逮, 責配良才驛, 歲除, 宥還家食. 癸丑六月十日卒, 享年七十, 葬于南陽治北泉谷丑坐原. 後以長孫澄貴, 贈吏曹參議. 公性忠厚有德器, 世稱長者. 晚通仕籍, 棲屑於內外微官而止, 雖位不稱德, 壽考優閑, 而子姓繁衍, 科慶重疊, 人謂爲善之報. 配贈淑夫人漢陽趙氏, 應敎贇之女, 萬曆丙午生, 壬戌歸于公, 庚寅二月八日卒, 壽纔四十五. 墓在公墓後數步癸坐原. 生六男一女, 男長昌夏, 以壽職嘉善・贈吏參, 次昌道出爲伯父後, 次昌殷, 次昌周, 次昌漢文承旨, 季昌東, 女婿全州李陽來生員. 側出一男昌基, 二女爲縣監愼聖源・僉使許彬妾. 昌夏四子, 澄文右尹・浩參奉・瀅・淨, 庶女二, 嫁沈友河・李震英. 昌道四子二女, 子沈・涏文承旨・混・潛, 婿廣州李允文司諫・全州李泰運. 昌殷一子沂, 庶女一嫁黃瑾. 昌周一子沔. 昌漢三子三女, 子澤・湑・潒, 婿草溪鄭䂓柱進士・全州李茂年・草溪鄭熙世進士. 昌東一子二女, 子濟, 婿漢陽趙台明・道康金道彦縣監. 李陽來三子二女, 子祥麟・聖麟・瑞麟進士, 壻順興安重元・晉州柳光壽. 昌基一子賢暉. 內外曾孫幾九十人, 今至五世六世而爲五百餘人, 於乎盛哉! 右尹公之仲子曰履文, 文掌令, 號古心齋, 文章名世. 胤氏思正有通家之誼, 以狀授鼎福誌之, 義不敢辭, 而爲之銘曰:

詩禮傳家 孝悌行仁 積善餘慶 宜爾子孫振振兮

10. 가선대부 행용양위 부호군 증이조참판 박공 묘지명-병서-
嘉善大夫行龍驤衛副護軍贈吏曹參判朴公墓誌銘-幷序-

공은 휘가 창하(昌夏)이고 자는 하경(夏卿)이다. 박씨(朴氏)의 선계(先系)는 무안(務安)에서 나왔는데, 고려 현종조(顯宗朝)에 좌복야(左僕射) 섬(暹)으로부터 비로소 크게 현달하여 벼슬이 대대로 이어진 지 700여 년이라 명족(名族)으로 이름났다. 증조 휘 인(璘)은 개성도사(開城都事) 증이조판서(贈吏曹判書)이다. 조부 휘 응선(應善), 호 초정(草亭)은 경술(經術)로 이름이 알려졌으며, 인조(仁祖) 초에 현감으로 발탁되어 벼슬이 단양군수(丹陽郡守) 증집의(贈執義)에 이르렀다. 부친 휘 규(桂)는 형조좌랑(刑曹佐郎) 증이조참의(贈吏曹參議)이다. 모친 증숙부인(贈淑夫人) 한양조씨(漢陽趙氏)는 응교(應敎) 빈(贇)의 따님이다.

공은 천계(天啓) 계해년(1623, 인조1) 9월에 태어났다. 타고난 자품이 단정하고 순수하였으며 문학을 공부하고 행의(行誼)를 가다듬으니, 사람들이 "초정공(草亭公)이 훌륭한 손자를 두었다."라 하였다.

경인년(1650, 효종1)에 모친상을 당하였고 계축년(1673, 현종14)에 부친상을 당하였다. 효성과 우애가 천성에서 나왔다. 어버이를 섬김에는 어버이의 뜻을 받들고 좋은 음식을 장만하는 봉양이 극진하였으며, 거상(居喪) 중에는 애척(哀戚)하는 마음과 상례(喪禮)의 의식이 절도에 맞았다. 제사를 받들 때는 정성과 공경이 순수하고 구비되었으며 모든 의식과 절차를 다 초정공(草亭公)의 구전(舊典)을 따라 미리 목욕재계하고 몸소 제수를 점검하기를 융로(隆老)의 연세에 이르기까지 해이하지 않고 한결같았다.

매양 제삿날에 아우들이 와서 모여 제사를 마친 뒤에도 며칠 동안 머물러 함께 즐겁게 지내면서 밤낮을 이어도 싫증을 낼 줄 몰랐다. 막내아우가 일찍 죽자 고아가 된 조카와 과부가 된 제수를 집에 맞이하여 보살펴주고 그 자녀들을 모두 시집보내고 장가들이는 것이 모두 자기 소생과 다름없었다.

가법(家法)이 엄정하여 자손들이 곁에서 모시고 있을 때 감히 태만한 태도를 보이거나 잡희(雜戲)를 하지 못하였으며, 배움에 부지런하고 행실에 힘써서 가풍을 실추하지 말라고 늘 당부하였다. 내외에는 분별이 있고 장유(長幼)에는 차례가 있고 적서(嫡庶)에는 구분이 있으니, 집안이 숙연하고 화목하였다.

소싯적에 과거 공부를 하여 크게 명성이 있었는데 크고 작은 향시(鄕試)에는 누차 합격했으나 회시(會試)에는 번번이 낙방하였다. 부모가 다 세상을 떠나고 난 뒤에는 드디어 과거에 나갈 생각을 버렸다. 임신년(1692, 숙종18) 70세 때 종반(從班)으로 은전을 받아 통정대부(通政大夫)에 오르고 첨지중추부사(僉知中樞府事)를 배수(拜受)하였다.

평소에 동강(桐江)의 아름다운 강산 경치를 사랑하여 몇 칸의 집을 지어 살면서 여락당(余樂堂)이란 편액을 걸었다. 날마다 이 집에 거처하여 경례(經禮)를 탐구하고, 벽에는 고인의 격언을 걸어두고 살펴보면서 반성하였다. 앉아 있을 때나 누워 있을 때나 오직 호산(湖山)을 마주 보았으며 뜰에는 화초를 심어놓고서 때때로 지팡이를 짚고서 소요하며 즐기면서 속진을 훌쩍 벗어난 생각이 있었다. 벗들은 모두 공이 재기(才器)를 지니고도 세상에 쓰이지 못한 것을 탄식했으나 공은 개의치 않았다. 시를 잘 지어 고시와 율시 5, 6백 편을 지은 것이 집에 보관되어 있다.

공은 장수하고 강녕(康寧)했으며, 난옥(蘭玉)처럼 훌륭한 아들과 손자가 뜰에 가득하고 과거에 급제하는 경사가 이어졌으며, 거듭 추은(推恩)의 예(例)에 따라 작위가 2품에 이르렀으니, 하늘의 보답이 아마 여기에 있는 것이리라.

임오년(1702, 숙종28) 정월 21일에 동강(桐江)의 집에서 세상을 떠나니 향년 80세이다. 역책(易簀)하시기 하루 전에 또 가선대부(嘉善大夫)에 오르고 군함(軍啣)이 내려졌기에, 고복(皐復)한 후에 그 명을 받아서 고유(告由)하고 명정(銘旌)에 썼다. 모월 모일에 광주(廣州) 경안(慶安) 태봉리(胎峰里)의 석수암(石秀巖) 신좌(申坐)의 둔덕에 안장하였다. 정미년(1727, 영조3)에 이조참판에 추증되었다. 전후의 은전은 모두 장남 우윤공(右尹公)이 현달했기 때문이었다.

부인 증정부인(贈貞夫人) 전주이씨(全州李氏)는 현감 억(繶)의 따님이고 태종의 별자(別子) 효령대군(孝寧大君) 보(補)의 후손이다. 공보다 1년 뒤에 태어났고, 계미년(1643, 인조21)에 공에게 시집왔고, 무오년(1678, 숙종4) 8월 28일에 세상을 떠났으니 향년 55세이다. 공의 무덤에 부장(祔葬)하였다. 부인은 정정(貞靜)하고 자혜(慈惠)로워 부덕(婦德)을 잘 갖추었다. 부친 현감공에게 아들이 없어 부인이 양친을 효성으로 봉양하여 성효(誠孝)가 매우 지극하였고, 시집온 후에도 양친을 보살피는 일에 시종일관 태만한 적이 없었다. 둘째 아들 호(浩)를 시켜 그 묘사(廟祀)를 받들어 전대(傳代)하기를 본종(本宗)과 같게 하고야 말았으니, 내외의 종당(宗黨)이 칭찬하지 않는 이가 없었다.

4남을 낳았으니 장남 징(澄)은 문과에 급제하여 우윤(右尹)이 되었고, 그 다음 호(浩)는 참봉이고 호가 파은(坡隱)인데 학행(學行)이 있었다. 그 다음은 해(瀣)이다. 그 다음 정(淨)은 호가 낙재와(樂在窩)이다. 해와 정은 모두 통덕랑(通德郎)이다. 측실 소생 두 딸은 심우하(沈友河)·이진영(李震英)에게 각각 출가하였다. 징은 3남 2녀를 두었다. 장남 진문(震文)은 수직(壽職)으로 첨지가 되었다. 차남 이문(履文)은 문과에 급제하여 장령(掌令)이 되었고, 호가 고심재(古心齋)이며 문장으로 세상에 이름났다. 삼남 태문(泰文)은 통덕랑이다. 딸은 군수인 광주(廣州) 이석인(李錫仁)·연안(延安) 이선적(李善迪)에게 각각 출가하였다. 서자(庶子) 둘은 겸문(謙文)·항문(恒文)이고, 서녀(庶女) 셋은 이선학(李善學)·오상성(吳尙誠)·이만장(李萬長)에게 각각 출가하였다. 호는 1남 6녀를 두었으니 아들은 순문(純文)이고, 딸은 생원 전주(全州) 이의(李儀)·평강(平康) 채철윤(蔡哲胤)·진사 동래(東萊) 정침(鄭琛)·여주(驪州) 이조환(李朝煥)·진사 전주 이제익(李齊益)·진사 사천(泗川) 목회경(睦會敬)에게 각각 출가하였다. 해는 1남 2녀를 두었으니 아들은 필문(必文)이고 딸은 남양(南陽) 홍후만(洪厚萬)·연안(延安) 이지엽(李之曄)에게 출가하였다. 정은 한 아들 세문(世文)을 두었는데, 수직(壽職)으로 첨지가 되었다. 내외의 증손·현손 이하는 200명 남짓이다.

지금 고심재공(古心齋公)의 아들 사정(思正)씨가 지은 행장에 의거하여 삼가 이상과 같이 서술한다.

명(銘)

원천이 먼 물은 지류가 길고
뿌리가 깊은 나무는 지엽이 무성하느니
덕이 두터운 사람은 복이 온전한 법
효제의 행실과
시례의 가학을
공이 어긋나지 않고 잘 이었어라

公諱昌夏, 字夏卿, 朴氏系出務安. 自高麗顯宗朝左僕射暹始大顯, 簪紱傳
世七百餘年, 號爲名族. 曾祖諱璘, 開城都事・贈吏曹判書. 祖諱應善, 號草
亭, 以經術聞, 長陵初, 擢拜縣宰, 官至丹陽郡守・贈執義. 考諱桂, 刑曹佐
郎・贈吏曹參議. 妣贈淑夫人漢陽趙氏, 應敎贇之女. 公以天啓癸亥九月生,
姿禀端粹, 治文學, 勅行誼, 人謂草亭公有孫. 庚寅丁內艱, 癸丑遭外憂. 孝
友出於天性, 其事親也, 盡志物之養; 其居喪也, 中戚易之節. 奉祭祀, 誠敬
純備, 凡百儀節, 率由草亭公舊典, 宿戒齋潔, 躬檢饌品, 至耄耋之年, 不懈
如一. 每於喪餘之日, 羣弟來會, 罷祀後留至數日, 團歡湛樂, 連日夜無倦.
季弟早歿, 迎致孤寡率養, 而子女皆成婚嫁, 無異己出. 家法嚴正, 子孫侍
側, 不敢惰慢雜戲, 常以勤學力行勿墜家風警勅之. 內外有別, 長幼有序, 嫡
庶有分, 門庭之內, 肅雍如也. 少治擧業, 鬱有聲譽, 屢中大小解, 輒不利於
會圍, 永感後遂廢擧. 壬申年七十, 以從班推恩, 陞通政拜僉樞. 素愛桐江江
山之美, 搆數椽屋而居之, 扁其堂曰余樂, 日處其中, 探討經禮, 壁揭古人格
言而觀省之. 坐臥唯對湖山, 階庭列植花卉, 有時杖屨逍遙而樂之, 脩然有
出塵之想. 知舊咸以抱器未售爲歎, 而公則不屑也. 長於吟咏, 古律詩五六

百篇藏于家. 公壽考康寧, 蘭玉盈庭, 科慶相繼, 再推恩例, 爵至二品. 天之報施, 其在是歟! 壬午正月二十一日, 卒于江舍, 壽八十. 易簀前一日, 又陞嘉善付軍啣, 承命于皐復[115]之後, 告由題于旋. 某月日, 葬于廣州慶安胎峯里之石秀巖負申原. 丁未, 贈吏曹參判, 前後恩例, 皆以右尹公顯也. 配贈貞夫人全州李氏, 縣監繕之女, 太宗別子孝寧大君補之後, 生後公一年, 癸未歸于公, 戊午八月二十八日卒, 壽五十五, 祔葬. 夫人貞靜慈惠, 婦德克備. 皇考縣監公無子, 夫人孝養二親, 誠孝隆摯, 于歸之後, 終始不怠. 令次子浩奉其廟祀, 傳代如本宗而止. 內外宗黨, 莫不稱賞. 生四男, 長澄文右尹, 次浩參奉, 號坡隱, 有學行, 次瀅, 次淨號樂在窩, 并通德郎. 側室二女嫁沈友河 · 李震英. 澄有三子二女, 子長震文壽職僉知, 次履文文掌令, 號古心齋, 以文章名世, 次泰文通德郎, 女適廣州李錫仁郡守 · 延安李善廸. 庶子二, 曰謙文 · 恒文, 庶女三, 嫁李善學 · 吳尙誠 · 李萬長. 浩有一子六女, 子純文, 女適全州李儀生員 · 平康蔡哲胤 · 東萊鄭琛進士 · 驪州李朝煥 · 全州李齊益進士 · 泗川睦會敬進士. 瀅有一子二女, 子必文, 女適南陽洪宜萬. 延安李之曄. 淨有一子世文, 壽僉知. 內外曾玄以下二百餘人. 今依古心齋公胤思正氏狀, 謹次如右. 銘曰:

源遠者流長 根深者枝蕃 德厚者福全 孝悌之行 詩禮之傳 公承之以不愆

115 皐復 : 招魂하는 의식이다. 사람이 죽고 나서 5,6시간 뒤에 죽은 사람이 입던 옷을 가지고 지붕에 올라가서 양손으로 펼쳐 들고 세 번 죽은 사람의 혼을 부르는 것이다. 皐는 길게 빼어 부르는 소리를 뜻하고, 復은 초혼하는 것을 뜻한다. 『禮記』 「禮運」에 "지붕 위에 올라가 소리쳐 부르기를 '아아, 아무개 여 돌아오라'라 한다.〔升屋而號告曰皐某復〕"라 하였다.

11. 가의대부 한성부 우윤 박공 묘지명-병서-

嘉義大夫漢城府右尹朴公墓誌銘-幷序-

공은 휘가 징(澄)이고 자는 징지(澄之)이다. 박씨의 선계(先系)는 무안(務安)이니 고려 현종조(顯宗朝)에 좌복야(左僕射) 휘 섬(暹)이 있었고, 아조(我朝)에 들어와서는 형조판서 휘 의룡(義龍)이 있었으니, 고려와 아조의 두 왕조에 걸쳐서 대대로 관작이 이어졌다. 판서공으로부터 7대를 내려와 개성도사(開城都事) 휘 인(璘)에 이르러서는 증이조판서(贈吏曹判書)이니 공에게 고조가 된다. 증조 휘 응선(應善), 호 초정(草亭)은 계해년(1623, 인조1) 반정한 초기에 소명(召命)을 받고 유학(儒學)으로써 특별히 은진현감(恩津縣監)에 임명되었으며, 벼슬은 단양군수(丹陽郡守)로 마쳤고 집의(執義)에 추증되었다. 조부 휘 규(桂)는 형조좌랑(刑曹佐郎) 증이조참의(贈吏曹參議)이다. 부친 휘 창하(昌夏)는 수직(壽職)으로 가선대부(嘉善大夫) 부호군(副護軍)이 되었고 이조참판에 추증되었다. 노친 증정부인(贈貞夫人) 전주이씨(全州李氏)는 현감 억(繶)의 따님으로, 장릉(長陵) 무자년(1648, 인조26) 5월 26일에 한성 장흥동(長興洞)에서 공을 낳았다.

공은 어릴 때부터 남달리 총명하였고, 경학(經學)을 공부하였다. 일찍이 성균관에서 경서를 통독하니 당시 대사성이던 설봉(雪峰) 강백년(姜栢年)이 크게 칭찬하였다.

신유년(1681, 숙종7)에 과거에 합격하여 승문원에 들어갔고, 을축년(1685, 숙종11)에 박사(博士)를 거쳐 관례에 따라 전적(典籍)에 오르고 감찰(監察)로 옮기고 형조좌랑으로 옮겼다. 병인년(1686, 숙종12)에 기사관(記事官)을 겸대(兼帶)하고 병조를 거치고 전라도사로 옮겼다가 수령의 응피(應避)로 체직되었다. 정묘년(1687, 숙종13)에 만경현령(萬頃縣令)에 제수되고, 무진년(1688, 숙종14)에 세선(稅船)의 출발을 늦추었다는 이유로 체포되어 금천(衿川)의 반유역(盤乳驛)으로 유배 갔다가 기사년(1689, 숙종15)에 사면을 받아 돌아왔다. 경오년(1690, 숙종16)에는 비변랑(備邊郎)으로 차임(差任)되었다가 이윽고 직강(直講)에 임명되었고 김화현감(金化縣監)으로 옮겼다. 김화에 부임하기 전에 미원(薇垣 사간원)에 들어가 정언(正言)이 되었다가 친환(親患)의 병환으로 직책을 벗었다. 겨울에 병조좌랑에 임명되었고, 정랑으로 승진하였다.

신미년(1691, 숙종17)에 경상도사에 이배(移拜)되었는데, 부임하지 않았다. 여름에 예조정랑에 임명되었고, 병조로 옮겼다. 가을에 호남 경차관(敬差官)이 되고 겨울에 다시 정언이 되었다.

이보다 앞서 안방준(安邦俊)이란 자가 우계(牛溪) 성혼(成渾)의 문객(門客)으로서 사사로이 문서를 날조하고 연월(年月)을 변환(變換)하여 정철(鄭澈)이 기축옥사(己丑獄事)를 일으킨 죄를 서애(西厓) 유상국(柳相國 유성룡)에게 떠넘기며, 갖은 수단을 다해 속임수를 쓰고 농간을 부렸다. 저쪽 사람들은 안방준의 향사를 받드는 일을 하기에 이르렀는데, 막 공의(公議)가 분발(憤發)하자 주상이 그 사당을 철거하라고 명하였다. 그러나 작질(爵秩)은 오히려 있었다. 이때에 이르러 공이 논계(論啓)하여 안방준의 간특한 정상을 열거하고 관작을 추탈하기를 청하였다. 그러나 오래지 않아 공이 체직되었고 다시 전라도사에 제수되었다.

임신년(1692, 숙종18)에 두 번 장령에 제수되었는데, 모두 곧바로
체직되었다. 겨울에 용인현령(龍仁縣令)에 임명되었다가 몇 달 만에
병으로 그만두었다. 계유년(1693, 숙종19)에 선혜랑(宣惠郎)에 차임
되었고, 갑술년(1694, 숙종20)에 고산찰방(高山察訪)에 임명되었다
가 이듬해 을해년에 파직되었다. 무인년(1698, 숙종24)에 평안도사
(平安都事)에 임명되었다가 숙부 승지공(承旨公)이 현임(見任) 강계
부사(江界府使)라는 이유로 정체(呈遞)하였다. 얼마 뒤 순천부사에
제수되었다가 전임(前任)이 그대로 유임하게 되어 체직되었다. 기묘
년(1699, 숙종25)에 통례원(通禮院) 우통례(右通禮)에 제수되었다. 경
진년(1700, 숙종26)에 개성경력(開城經歷)으로 옮겼고, 또 태안군수
(泰安郡守)로 옮겼다가 신사년(1701, 숙종27)에 병으로 그만두었다.

임오년(1702, 숙종28)에 부친상을 당했고, 병술년(1706, 숙종32)
에 경성판관(鏡城判官)에 임명되었고 정해년(1707, 숙종33) 겨울에
병으로 체직되었다. 경인년(1710, 숙종36)에 울산부사(蔚山府使)에
제수되었고 임진년(1712, 숙종38)에 그만두고 돌아왔다.

기해년(1719, 숙종45)에 숙종이 기로사(耆老社)에 들어와서 신료
들에게 추은(推恩)하였다. 이에 공은 당시 나이 일흔으로 통정대부에
올랐고 가을에 형조참의에 제수되었다가 얼마 안 되어 병으로 체직되
었다. 경자년(1720, 숙종46)에 첨지(僉知)에 임명되었다가 이듬해에
체직되었다. 임인년(1722, 경종2)에 공조참의(工曹參議)에 임명되고
병조참지(兵曹參知)로 옮겨 감시(監試)를 관장하였고, 겨울에 체직
되었다. 얼마 뒤 판결사(判決事)에 임명되었다가 곧 체직되었다. 계
묘년(1723, 경종3)에 병조참의에 임명되었고 다시 참지(參知)로 강
등되었다가 이윽고 체직되었다. 앞서 부사원종공신(扶社原從功臣)에

들었었는데 을사년(1725, 영조1)에 파훈(罷勳)되고 녹권(錄券)이 환수되었다.

정미년(1727, 영조3)에 나이 여든으로 가선대부(嘉善大夫)에 오르고 이윽고 동지중추부사에 임명되었다. 무신년(1728, 영조4)에 우윤(右尹)으로 옮겼다가 곧 체직되었다. 기유년(1729, 영조5)에 둘째 아들이 임금을 시종(侍從)한 데 대한 은전으로 가의대부(嘉義大夫)를 더하였다.

신해년(1731, 영조7) 1월 20일에 세상을 떠나니 향년 84세이다. 그해 모월에 광주(廣州) 경안(慶安) 태봉촌(胎峰村) 선영에 안장했다가 정사년(1737, 영조13)에 같은 곳 간향(艮向)의 둔덕에 이장하였다.

공은 성품이 인후하고 효우(孝友)가 돈독하였다. 어버이를 섬김에 사랑과 공경이 아울러 지극하였다. 조석으로 어버이 곁에서 유순한 태도와 기쁜 마음으로 받들어 모시는 것이 밤낮으로 정성스럽고 전일하였으며, 한 가지 일도 감히 자기 마음대로 처리하지 않았다. 임오년(1702, 숙종28)에 상중에 있을 때 나이가 예순에 가까웠는데도 애척(哀戚)하는 마음과 상례의 절차가 아울러 지극하여, 노쇠했다고 하여 조금도 줄이지 않았다. 모친이 오래 향수(享壽)하지 못한 탓에 자신의 녹봉으로 미처 모친을 봉양하지 못한 것을 늘 한스럽게 여겨 매양 모친의 기일에는 곡읍(哭泣)하며 애모(哀慕)하니, 길가는 사람들도 감동하였다. 선조를 제향(祭享)하는 일에는 오로지 선대의 규범을 따라 제수는 집안 형편에 따라 갖추되 정성과 공경을 다하였다.

세 아우와 우애가 돈독하여 만년에 비록 사는 집은 달랐으나 한 동네에 같이 살면서 날마다 서로 화락하고 돈목(敦睦)하였으며, 종족들을 한결같이 대하고 차별을 두지 않았다. 전후로 고을 수령으로 있을 때 종제와 종질들이 번갈아 공의 집에 와서 모였다. 공은 퇴근한 후에 이들과 한 자리에 앉아 단란하게 즐기며 도타운 정이 넘쳤다. 궁핍한 사람을 구휼할 때는 힘닿는 대로 도와주며 싫어하는 기색이 없었고, 곤궁한 벗이나 종족이 일이 있어 찾아와서 부탁하면 다정하게 응접하고 귀찮다고 싫어하지 않았다. 자제들이 혹 곁에서 규간(規諫)하면, 공은,

"저들이 모두 곤궁하여 나를 찾아왔는데, 어찌 차마 거절할 수 있겠느냐. 진실로 사리에 문제될 게 없고 정법(政法)에 방해되지 않으면 저들의 부탁을 들어준들 무슨 문제될 게 있겠느냐?"

라 하였다.

아들과 손자들을 대할 때는 자애가 넘쳐 노한 음성과 안색으로 꾸짖은 적이 없었고 자상하게 타일러 스스로 깨닫도록 하였다. 아래로 노복(奴僕)에 이르러서도 매를 치지 않고 말하기를,

"세도(世道)가 날로 떨어져 사람의 마음이 옛날과 같지 않으니, 어찌 무식한 노복에게 다 잘하기를 요구할 수 있겠는가. 다만 적절히 단속하고 잘 대우해야 할 따름이다."

라 하였다.

관직에 있을 때는 공정한 마음으로 법을 지키되, 상정(常情)에 어긋나고 유별난 일을 하여 명예를 얻으려 하지 않았다. 청렴(淸廉)과 간묵(簡默)으로 자신을 지켜 누차 주군(州郡)을 맡았으나 상자에는 여벌의 옷이 없고 마굿간에는 한 마리 말도 없었으며 자리 곁에는 좋은 기물이 없고 전답(田畓)은 척촌(尺寸)도 증가한 것이 없었다. 군읍을 다스릴 때는 정치는 평이(平易)와 인혜(仁惠)를 중시하였다. 관부(官簿)를 회계할 때는 번거롭게 주판을 놓지 않고 묵묵하게 암산

하여 터럭만큼도 어긋나지 않으니 교활한 아전들이 두려워 움츠리고 감히 농간을 부리지 못하였다.

공은 평소의 성품이 간소(簡素)하여 높은 벼슬을 얻는 데 욕심이 없어 환로(宦路)의 승천(陞遷)은 어디까지나 되는대로 맡겨두고 오직 의(義)를 따랐다. 기사년(1689, 숙종15) 이후로는 친붕(親朋)이 조정에 가득하였으니 시론(時論)에 조금만 동조하면 영달(榮達)의 길이 바로 앞에 있었는데도 공은 줄곧 겸퇴(謙退)하고 당로자(當路者)와 친닐(親昵)하는 것을 부끄럽게 여겼다. 그리하여 국외(局外)를 떠돌다 보니 벼슬길이 순탄치 못하였다. 시국(時局)이 일변(一變)한 뒤로는 세념(世念)이 모두 식어서 강가에 물러나 살면서 분수를 지키며 곤궁하게 살았고, 중간에 주군(州郡)의 수령을 맡아 북쪽 변새(邊塞)와 남쪽 변방을 왕래할 따름이었다.

신축년(1721, 경종1)에 신정(新政) 때에는 전관(銓官)이 망각한 탓에 은대(銀臺)의 주의(注擬)에 이름이 누락되고 말았다. 기유년(1729, 영조5)에 은자(恩資)를 내릴 때에는 당인(黨人)의 시기(猜忌)로 말미암아 마침내 기로사(耆老社)의 반열에 오르는 것이 저지되고 말았다. 이러한 일들은 모두 세도(世道)와 인심에 관계된 것이었지만 공은 평소 마음이 겸양하여 조금도 개의치 않았으니, 이른바 "청고(淸高)하되 시속을 끊지 않고 화합하되 유속(流俗)과 동화하지 않는다."는 것이다.

부인 증정부인(贈貞夫人) 사천목씨(泗川睦氏)는 목사 임형(林馨)의 따님으로, 공보다 1년 먼저 태어났고 46세에 세상을 떠났다. 광주(廣州) 선영에 안장했다가 정사년(1737, 영조13)에 이장하여 공의 무덤 왼쪽에 합장하였다. 부인은 부덕(婦德)이 있고 능히 집안일을 하니 종족과 고을 사람들이 칭찬하였다.

3남 2녀를 낳았다. 장남 진문(震文)은 수직(壽職)으로 첨지중추부사(僉知中樞府事)가 되었다. 차남 이문(履文), 호 고심재(古心齋)는 문학으로 이름났고 문과에 급제하여 장령이 되었다. 삼남 태문(泰文)은 통덕랑이다. 장녀는 군수 광주(廣州) 이석인(李錫仁)에게 출가하였고, 차녀는 연안(延安) 이선적(李善迪)에게 출가하였다. 측실 소생 2남 3녀는 아들은 겸문(謙文)·항문(恒文)이고, 사위는 이선학(李善學)·오상성(吳尙誠)·이만장(李萬長)이다. 첨지중추부사는 후사가 없다. 장령은 1남 3녀를 두었으니 아들 사정(思正)은 첨지충추부사의 후사(後嗣)가 되었고, 사위는 이덕주(李德冑)·참봉 이재망(李載望)·조서(趙恕)이다. 통덕랑은 두 딸이 있는데 사위는 이세악(李世岳)·안재후(安載厚)이다. 군수는 1남 1녀를 두었으니 아들은 진사 광란(光蘭)이고, 사위는 생원 홍일환(洪日煥)이다. 이선적은 후사가 없다. 겸문의 한 아들은 사안(思安)이고, 두 딸은 채응열(蔡膺說)·홍하신(洪夏臣)에게 각각 출가하였다. 항문의 한 딸은 박나갑(朴羅甲)에게 출가하였다. 이선학의 한 아들은 세준(世俊)이고, 한 딸은 박영후(朴永煦)에게 출가하였다. 오상성의 계자(系子)는 장운(章運)이다. 이만장의 한 딸은 김■■(金■■)에게 출가하였다. 내외의 증손·현손은 70여 명이다.

명(銘)

군자의 도는
간약(簡約)과 침정(沈靜)으로 바탕을 삼나니

간약해도 사람을 멀리하지 않고
침정으로써 능히 자신을 지켰어라
저 세상 사람들을 보건대
무엇을 위해 분주히 치달리는가
꾀를 쓰고 사심을 부리면서도
좀처럼 스스로 깨닫지 못하누나
아름다운 박공이여
자품이 온화하였고
가정의 좋은 훈육을 받아
효제의 행실이 돈독하였어라
과거로 벼슬길에 나아갔건만
뜻은 겸퇴하는 데 있었으니
당인들이 진퇴할 때
공의 마음은 늘 흡족치 않았고
대각에 들어가고 외직으로 나갔을 때
오로지 맡은 직분에만 힘썼으니
간신을 물리침에 말이 엄정하고
백성을 보살핌에 은혜가 두터웠어라
지나치게 비리를 들추지도 않았고
휩쓸려 남을 따라 가지도 않았으니
마음은 진실하고 밖으로 꾸밈이 없어
오로지 바른 도리만을 따랐어라
지위가 시운에 막힌 탓에
그 덕을 널리 베풀지 못하였네

저기에 인색하고 여기에 풍족히 주니

하늘이 오래 사는 것으로 갚았구나

광릉의 무덤이여

석인의 유택이로세

나의 명은 아첨이 아니니

경건히 무덤 속에 안치하노라

公諱澄, 字澄之, 朴氏系出務安. 高麗顯宗朝, 有左僕射諱暹, 入我朝, 有刑
曹判書諱義龍, 跨歷二代, 世襲紳笏. 自判書七世至開城都事諱璘, 贈吏曹
判書, 於公爲高祖. 曾祖諱應善號草亭, 靖社初, 召用儒學, 特拜恩津縣監,
官終丹陽郡守, 贈執義. 祖諱桂, 刑曹佐郞 · 贈吏曹參議. 考諱昌夏, 壽職嘉
善副護軍, 贈吏曹參判. 妣贈貞夫人全州李氏, 縣監繶之女, 以長陵戊子五
月二十六日, 生公于漢城之長興洞. 幼聰穎絶人, 治經業, 嘗試通讀于泮宮,
姜雪峯柏年時長國子, 大加稱賞. 辛酉, 擢科隷槐院, 乙丑, 由博士例陞典
籍, 轉監察, 移刑曹佐郞. 丙寅, 兼記事官, 歷騎省, 移全羅都事, 以守令應
避遞. 丁卯, 除萬頃縣令. 戊辰, 以稅船遲發被逮, 責配衿川之盤乳驛, 己巳
宥還. 庚午, 差備邊郞, 尋拜直講, 移金化縣監, 未赴而入薇垣爲正言, 以親
癠遞. 冬, 拜兵曹佐郞, 陞正郞. 辛未, 移慶尙都事不赴, 夏, 拜禮曹正郞,
移兵曹, 秋爲湖南敬差官, 冬, 復爲正言. 先是有安邦俊者, 牛溪成渾門客
也, 私作僞書, 變換年月, 以鄭澈鍊獄之罪[116], 推諉於西厓柳相, 譸張幻弄,

116 鄭澈鍊獄之罪 : 宣祖 22년 기축년(1589) 10월에 동인인 鄭汝立의 모반 사건
     을 계기로 동인이 탄압을 받기 시작했으며, 특히 서인의 영수 鄭澈은 동인을

無所不至. 一邊人至有享祀之擧. 纔因公議憤發, 上命撤其祠而爵秩猶存.
至是公論啓, 復列邦俊奸狀, 請追奪官爵, 未幾遞, 復除全羅都事. 壬申, 再
除掌令, 皆卽遞. 冬, 拜龍仁縣令, 數月病罷. 癸酉, 差宣惠郎, 甲戌, 遞拜
高山察訪, 乙亥罷. 戊寅, 拜平安都事, 以叔父承旨公見任江界呈遞, 俄除順
天府使, 以前任仍存遞. 己卯, 除右通禮. 庚辰, 移開城經歷, 又移泰安郡
守, 辛巳病罷. 壬午丁外艱, 丙戌, 拜鏡城判官, 丁亥冬病遞. 庚寅, 除蔚山
府使, 壬辰罷歸. 己亥, 肅廟入耆社, 推恩臣僚, 公以年七十陞通政, 秋, 拜
刑曹參議, 未幾病遞. 庚子拜僉知, 辛丑遞. 壬寅, 拜工曹參議, 移兵曹參
知, 掌試監圍, 冬遞, 尋拜判決事卽遞. 癸卯, 拜兵曹參議, 再降參知, 俄遞.
參扶社勳原從, 乙巳罷勳, 勳券還收. 丁未, 以年八十陞嘉善, 尋拜同知中樞
府事. 戊申, 移右尹卽遞. 己酉, 以仲子侍從恩例加嘉義. 辛亥正月二十日
卒, 享年八十四. 用其年某月, 葬于廣州慶安胎峯村先塋, 丁巳, 遷厝于同局
面艮原. 公性質仁厚, 篤於孝友, 事親愛敬備至, 朝夕侍側, 婉愉承順, 夙夜
洞屬, 一事不敢自專. 壬午居憂, 年迫六旬而戚易兼至, 不以衰老少殺. 母夫
人不享遐齡, 常以祿不逮養爲恨, 每當喪餘之日, 哭泣哀慕, 感動路人. 其於
享先, 一遵先典, 豐殺隨家而務盡誠敬. 有三弟, 篤於友愛, 晚雖異室, 同居
一壑, 日與湛樂敦睦. 宗族一視無間, 前後作宰, 羣從弟姪, 迭來萃集. 衙退
之後, 合席團歡, 情意藹然. 周窮恤貧, 隨力應副而無倦色, 窮交贏族, 以事
來控, 委曲接應, 不殫煩擾. 子弟或從傍規諫, 則曰: "彼皆竆來求, 我何忍

가혹하게 治罪하여 李潑·李浩·白惟讓·柳夢井·崔永慶 등을 처형케 하
고 鄭彦信·鄭彦智·鄭介淸 등을 유배시키는 등 크게 獄事를 일으킨 일이
있었는데 이 사건을 '己丑獄事'라고 한다.

拒却？ 苟無害於事理, 不妨於政法者, 從之何害？"視子孫過於慈愛, 未嘗以聲色呵責, 諄諄誨諭, 使之自悟. 下逮奴僕, 亦不以箠杖曰："世道日下, 人心不古, 豈可責備於無識蠢隷乎？ 只當羈縻善遇而已."居官莅職, 秉公守法, 而亦不爲反情矯激求名干譽之事, 清簡自持, 屢典州郡, 而篋無餘衣, 廐無一騎, 座右無奇玩之具, 田園無尺寸之增. 其爲郡邑, 治尙平易, 政先仁惠, 至於官簿會計, 不煩布籌, 而默運心計, 毫忽不差, 猾胥畏戢, 不敢容奸. 公雅性簡素, 恬於進取, 宦道陞遷, 一任儻來[117]而惟義之比. 己巳以後, 親朋滿朝, 若能稍涉時論, 則榮途在卽, 而一味退縮, 耻與相昵, 棲遑局外, 名位蹭蹬. 及夫時象一變, 世念都灰, 屛居江干, 守拙固窮, 間以郡絃州符, 往來北塞南徼而已. 辛丑新政, 坐於銓官之昏忘, 見漏銀臺之擬. 己酉恩資, 由於黨人之忌忮, 竟阻耆社之班. 此皆有關於世道人心, 而雅懷謙挹, 不少介意, 所謂淸不絶俗和不同流者矣. 配贈貞夫人泗川睦氏, 牧使林馨之女, 生先公一歲, 年四十六卒, 窆于廣州先塋, 丁巳, 移葬祔左. 夫人有婦德能幹事, 宗黨稱之. 生三男二女, 男長震文壽職僉樞, 次履文號古心齋, 以文學稱, 文掌令, 次泰文通德郎, 女長適廣州李錫仁郡守, 次適延安李善迪. 側室二子三女, 子曰謙文・恒文, 婿曰李善學・吳尙誠・李萬長. 僉樞無后, 掌令一子三女. 子思正出系僉樞後, 婿李德胄・李載望・參奉趙恕. 通德二女, 婿李世岳・安載厚. 郡守一子一女, 子進士光蘭, 婿生員洪日煥. 李善迪無后. 謙文一子思安, 二女嫁蔡膺說・洪夏臣. 恒文一女嫁朴羅甲. 李善學一

---

117 儻來 : 외부에서 오는 爵祿을 뜻하는 말이다. 『莊子 繕性』에 "높은 官爵이 내 몸에 있는 것은 타고난 性命이 아니요, 외물이 우연히 내 몸에 와서 붙어 있는 것일 뿐이다.〔軒冕在身, 非性命也, 物之儻來寄者也.〕"라 한 데서 유래하였다.

子世俊. 一女嫁朴永煦. 吳尙誠系子章運. 李萬長一女嫁金■■. 內外曾玄
七十餘人. 銘曰:

君子之道　簡靜爲基　簡不絶物　靜能自持
相彼世人　胡爲奔驚　逞智騁私　恬不覺悟
有美朴公　質稟溫惠　襲訓家庭　敦行孝悌
雖以科進　意在謙挹　黨人進退　我心常慊
入臺出宰　惟職是務　斥奸辭嚴　恤民恩厚
不激而訐　不靡而隨　惆悵無華　惟義之爲
位局于時　德施未普　嗇彼豐此　天以壽報
廣陵之阡　碩人攸宅　我銘不諛　敬奠窀穸

12. 통덕랑 박공 묘지명-병서-

通德郎朴公墓誌銘-幷序-

공은 휘가 정(淨)이고 자는 정오(淨珸)이며 성은 박씨(朴氏)이고
관향은 무안(務安)이다. 고려 현종조(顯宗朝)에 상서좌복야(尙書左
僕射) 휘 섬(暹)이 훈벌(勳閥)로 세상에 드러났고, 본조에 들어와
서는 형조판서 휘 의룡(義龍)이 있었다. 고려 이후로 700여 년 동안
잠영(簪纓)이 이어져 동한(東韓)의 명족이 되었다. 증조 휘 응선(應
善), 호 초정(草亭)은 학행(學行)으로 천거되어 벼슬이 단양군수
(丹陽郡守) 증집의(贈執義)이다. 조부 휘 규(桂)는 형조좌랑(刑曹佐
郎) 증이조참의(贈吏曹參議)이다. 부친 휘 창하(昌夏)는 가선대부
(嘉善大夫) 부호군(副護軍) 증이조참판(贈吏曹參判)이다. 모친 증
정부인(贈貞夫人) 전주이씨(全州李氏)는 장수현감(長水縣監) 휘 억
(繶)의 따님이다.

공은 시례(詩禮)의 가성에서 태어나 일찍부터 부형의 가르침을 받
았다. 자품이 온공(溫恭)하고 행실이 단정하여 평소에 빠른 말 급한
안색이 없었다. 18세에 모친상을 당하여 애훼(哀毀)가 예제(禮制)에
지나친 나머지 건강을 잃어 거의 상(喪)을 치루지 못하고 목숨을 잃
을 뻔했는데, 마침내 평생의 고질이 되고 말았다.

공은 소싯적에 과거 공부를 하여 일찍이 두 차례 사마시(司馬試)에
합격했으나 결국 대과에 낙방하고 말았는데 당시에 당인(黨人)이 세
상을 전횡하던 때라 공은 세상에 맞추어 자기를 굽히지 못하였다.
기묘년(1699, 숙종25) 이후로는 가정에 말씀드리고 드디어 과거를

단념하였으니, 이때 공의 나이는 아직 마흔이 못 되었다. 탁월한 재능을 지니고도 구차히 세상에 나아가려 하지 않았으니, 큰 용기가 아니었다면 능히 이와 같을 수 있었겠는가.

임오년(1702, 숙종28)에 부친상을 당하여 애척(哀戚)하는 마음과 상례의 절차가 모두 지극했고, 거상(居喪)하는 겨를에 중형 파은(坡隱)선생 호(浩)와 함께 경례(經禮)를 강론하여 형제간에 서로 탁마하였다. 복(服)을 벗고 난 뒤에는 절에 가서 『논어』·『심경』·『근사록』을 강독하면서 부지런히 노력하여 나태하지 않고 성현의 본지(本旨)를 알고자 하였다.

일찍이 '맹자도성선장(孟子道性善章)'에 대해 말하기를,

"사람의 본성이 모두 선(善)하니 요순(堯舜)이 나와 똑같다. 내가
만약 선을 하기만 하면 선이 곧 이에 이를 터이거늘, 무엇을 꺼려서
하지 않으리오."

하고는 손수 정자(程子)와 주자(朱子)가 학문에 대하여 논한 요긴한 말을 역서(曆書)에 써 두고 조석으로 살펴보면서 스스로 경계하였다. 또,

"퇴계(退溪)선생이 인심(人心)을 칠정(七情)이라 하고 도심(道心)
을 사단(四端)이라고 한 것은 『중용』의 서(序)와 같은즉, 인심·
도심이 칠정·사단이 되는 것은 당연한 것이다."

라 논하였다. 또 말하기를,

"주자(朱子)가 이르기를 '인(仁)이 마음에 있으니 성(性)이 체(體)
가 되는 바이고, 의(義)가 일을 제어하니 성이 용(用)이 되는 바이
다.'라고 하였다. 그러나 성으로 말하면 모두 체이고, 정(情)으로
말하면 모두 용이며, 음양으로 말하자면 의(義)는 체이고 인(仁)은

용이며, 마음에 있고 일을 제어하는 것으로 말하자면 인은 체이고 의는 용이다."

라 하였다.

공은 소싯적부터 예서(禮書)에 정밀히 공부했다. 일찍이 처가에 있을 때 장인 허공(許公)의 상(喪)을 당하여 상례(喪禮)의 의절(儀節)을 돕기를 오로지 처조부 관설공(觀雪公)의 유규(遺規)를 따랐고, 심의(深衣)·복건(幅巾)의 제도에 이르러서는 손수 재단해 만들어 조금도 법도에 어긋남이 없었으니, 보는 사람들이 모두 "연소한 사람이 예(禮)에 익숙하다."라고 칭찬하였다. 참판(參判) 이세필(李世弼)이 동강(桐江)에 살고 있었는데 평소에 예(禮)에 익숙하였다. 공은 한 마을에 사는 선진(先進)이라 하여 왕복하며 예설을 문답하니, 이공이 자주 칭찬하였다. 숙부 승지공 휘 창한(昌漢)이 만년에 예설(禮說)을 공부할 때 공이 질의하여 탁마한 것이 또한 많았다. 또 중형(仲兄) 및 종형(從兄) 사인공(舍人公) 정(涏)과 더불어 『대학』의 격치설(格致說)을 논했다. 두 공이 처음에는 혹 의견이 서로 달랐으나 끝에는 곧 공과 견해가 합일했으니, 공부가 정밀하고 독실함이 이와 같았다.

공은 집이 가난하여 스스로 살아갈 수 없어 정유년(1717, 숙종43)에 원주(原州) 처가 고을로 이주하였다. 공은 일실(一室)을 지어 벽에 『논어』의 소사음수장(疏食飲水章)을 써서 걸어두고 자호를 낙재와(樂在窩)라고 하였다. 옥동(玉洞) 이공(李公) 서(漵)가 그 계씨 성호(星湖) 선생 익(瀷)과 함께 내방했다가 돌아가 사람들에게 말하기를, "박모는 조용하고 온수(溫粹)하여 파은(坡隱)과 난형난제이다."라 하였다.

이듬해 정월에 병석에 누웠다. 병이 위독해지자 명도(明道)선생의

일생의 누항은 안씨의 즐거움이요

천고의 청풍은 백이의 가난이어라

陋巷一生顔氏樂[118] 淸風千古伯夷貧[119]

라는 시구를 외고 "좋다!"라 하였다. 그리고 이어서 아들에게 붓을
쥐게 하고 입으로 부르기를, "내가 여기에서 죽는 것은 명(命)이다."
라 하였으니, 대개 객지에서 죽는 것을 한스러워한 것이었다. 상구
(喪具)를 준비하도록 명하고 아들과 며느리에게 당부하기를, "무릇
상제(喪祭)는 반드시 집안 형편에 맞도록 하고 정성을 다하고 정결
하면 된다."라 하고, 자리를 바르게 깔라고 명한 다음 부인을 물리
쳐 나가게 하고 "남자는 부인의 손에서 죽지 않는 것이 예(禮)이다."
라 하였다. 사생(死生)이 나뉠 즈음에도 바른 도리를 지켜 정신이
어지럽지 않았으니, 평소의 수양을 알 수 있다.

공은 현종 신축년(1661) 5월 29일에 태어났고, 숙종 무술년(1718)

---

118 陋巷一生顔氏樂 : 孔子가 安貧樂道하는 제자 顔回를 칭찬하여 "한 그릇의
     밥과 한 표주박의 물로 누추한 마을에 사는 것을, 사람들은 그 근심을 견디지
     못하는데, 안회는 그 즐거움을 바꾸지 아니하니 어질구나 안회여.〔一簞食一
     瓢飮 在陋巷 人不堪其憂 回也不改其樂 賢哉回也〕"한 말을 인용하였다. 『論
     語 雍也』

119 淸風千古伯夷貧 : 武王이 殷나라를 정벌하자 伯夷·叔齊가 이를 반대하고
     首陽山에 들어가 고사리를 캐어 먹다 죽었다 한다. 이에 맹자가 "백이의 風聲
     을 들은 자는, 완악한 이는 청렴해지고 나약한 이는 흥기하게 된다.〔聞伯夷
     之風者 頑夫廉 懦夫有立志〕"라 하였다. 『孟子 萬章下』

1월 10일에 세상을 떠났으니, 향년 58세이다. 3월에 구택(舊宅)에서
몇 리 떨어진 곳에 반장했으니, 곧 과천(果川)의 치소(治所) 북쪽
동작진(銅雀津) 남쪽 이수곡(梨樹谷) 임좌(壬坐)의 둔덕이다.

부인 양천허씨(陽川許氏)는 선교랑(宣敎郞) 시(諟)의 따님이고 관
설(觀雪)선생 후(厚)의 손녀이다. 공과 같은 해에 태어났고 영조 병
진년(1736) 4월 6일에 세상을 떠나니 향년 76세이다. 묘소는 서산(瑞
山) 동음암리(冬音嚴里) 모좌(某坐)의 둔덕에 있다.

한 아들 세문(世文)을 낳았는데 수직(壽職)으로 첨지중추부사가
되었다. 세문의 초취(初娶)는 안동(安東) 권후경(權後經)의 따님으
로, 한 아들 사검(思儉)을 낳았다. 재취(再娶)는 한산(韓山) 이담년
(李聃年)의 따님으로, 2남 1녀를 낳았으니, 아들은 사임(思任)·사준
(思儁)이고 사위는 한곽(韓崞)이다. 사검의 한 아들은 처오(處五)이
다. 사임은 후사가 없다. 사준의 두 아들과 두 딸은 모두 어리다.
한곽은 후사가 없다. 처오는 2남 1녀를 낳았으니, 장남은 기진(箕鎭)
이고 나머지는 어리다.

명(銘)

시례의 가르침은
초정에서 비롯하였으니
혹은 현달하고 혹은 은거한 이들
그 가르침을 다 실천하였어라
공이 더욱 재주가 특출하여
어릴 적부터 두드러졌고

동당의 형제들이
다 금옥처럼 훌륭했어라
난초는 본래 뿌리가 있거니
예천이 어찌 근원이 없으랴
저 유택을 바라보니
이수곡의 무덤이로세

公諱淨, 字淨吾, 姓朴氏, 務安人. 高麗顯宗朝, 有尙書左僕射諱暹, 以勳閥
著, 入本朝, 有刑曹判書諱義龍. 自麗以後七百有餘年, 而簪紱相傳, 爲東韓
名族. 曾祖諱應善號草亭, 以學行薦, 官丹陽郡守·贈執義. 祖諱桂, 刑曹佐
郎·贈吏曹參議. 考諱昌夏, 嘉善副護軍·贈吏曹參判. 妣贈貞夫人全州李
氏, 長水縣監諱繿之女. 公生于詩禮之家, 早襲庭訓, 而姿質溫恭, 制行端
飭, 平居無疾言遽色. 年十八丁內艱, 哀毀過制, 幾不勝喪, 遂抱終身之疾.
公少治擧業, 嘗再發解司馬試, 竟屈公車, 而黨人專擅世道, 難與俯仰, 己卯
以後, 禀于家庭, 遂廢擧, 時公年未四十矣. 抱利器而不苟售, 非大勇, 能如
是乎? 壬午丁外憂, 戚易俱至, 哭奠之暇, 與仲兄坡隱先生浩, 講論經禮, 塤
篪相磨. 服闋, 就僧舍, 讀『論語』·『心經』·『近思錄』, 孜孜不懈, 要求聖
賢本旨. 嘗論'孟子道性善'章曰: "人性皆善, 堯舜與我一也. 我若爲善, 善斯
至矣, 何憚而不爲?" 手書程朱論學要語于曆書, 朝夕觀省以自警焉. 又論:
"退溪先生以人心爲七情, 道心爲四端, 與中庸序同, 則二者之爲七情四端固
也." 又曰: "朱子云:'仁存諸心, 性之所以爲體也; 義制夫事, 性之所以爲用
也.'然以性言之則皆體也, 以情言之則皆用也, 以陰陽言之則義體仁用也,
以存心制事言之則仁體義用也." 公自少專精禮書, 嘗在甥舘, 値外舅許公之
喪, 公相禮儀節, 一遵觀雪遺規, 至於深衣·幅巾之制, 手自裁度, 無少訾

違. 見者皆稱其年少習禮. 李參判世弼居桐江, 素習禮. 公以其里閈先進, 往復答問, 李公亟稱之. 叔父承旨公諱昌漢, 晚治禮書, 公稟質磨礲亦多. 又與仲兄及從兄舍人公涎, 論『大學』格致說, 二公始或岐貳, 末乃與公歸一. 工夫之精覈篤實, 有如此者. 公家貧無以自存, 丁酉, 移寓原州贅鄕, 治一室, 壁揭『論語』'飯疏食飲水'章, 因自號樂在窩. 玉洞李公漵與其季星湖先生瀷來訪, 歸語人曰: "朴某從容溫粹, 與坡隱難兄難弟."云. 翌年正月寢疾, 疾革, 誦明道'陋巷一生顏氏樂, 淸風千古伯夷貧'之句曰: "善哉!"因令胤子執筆, 口呼曰: "余之死於此, 命也."盖恨圽於客土也. 命治喪具, 戒子若婦曰: "凡喪祭必稱家, 務從誠潔, 可矣."命正席揮婦人出曰: "男子不絶於婦人之手, 禮也."死生之際, 守正不亂, 平日所養, 可知也已. 公生于顯宗辛丑五月二十九日, 距卒肅宗戊戌正月十日, 壽五十八. 三月, 返櫬葬于舊宅數里許, 卽果川治北銅雀津南梨樹谷負壬之原也. 配陽川許氏, 宣敎郎甂女, 掌令觀雪先生厚孫, 生與公同年, 英廟丙辰四月六日卒, 壽七十六, 墓在瑞山冬音巖里某坐原. 生一男世文, 壽職僉樞. 初娶安東權後經女, 生一子思儉, 再娶韓山李聃年女, 生二子一女, 子思任 · 思儔, 婿韓郭. 思儉一子處五, 思任無后, 思儔二子二女皆幼, 韓郭無后. 處五二子一女, 子長箕鎭, 餘幼. 銘曰:

詩禮之訓 爰自草亭 或顯或隱 罔不服行

公又挺特 始于妙齡 同堂之內 金季玉昆

蘭本有根 醴豈無源[120] 瞻彼幽宅 梨樹之阡

---

120 蘭本……無源: 삼국시대 吳나라 虞翻이 아우에게 보낸 편지에 "지초는 뿌리가 없고 예천은 근원이 없다.〔芝草無根, 醴泉無源.〕"라 한 말을 뒤집어 인용하였다. 『太平御覽 권510』

13. 절충장군 첨지중추부사 박공 묘지명-병서-

折衝將軍僉知中樞府事朴公墓誌銘-幷序-

삼가 살펴보건대, 박씨의 선계(先系)는 무안(務安)에서 나와 먼 조상으로부터 보첩(譜牒)이 있어왔다. 고려를 지나 본조(本朝)에 들어와서까지 관면(冠冕)이 이어진 지 700여 년이다. 초정(草亭)선생 휘 응선(應善)에 이르러서는 유술(儒術)로 이름이 알려져 반정(反正) 초에 포의(布衣)로 발탁되어 곧 현감에 임명되었고 벼슬이 단양군수(丹陽郡守) 증집의(贈執義)에 이르렀으니, 곧 공의 고조이다. 증조 휘 규(桂)는 형조좌랑 증이조참의(贈吏曹參議)이다. 조부 휘 창하(昌夏)는 가선대부 부호군 증이조참판(贈吏曹參判)이다. 부친 휘 징(澄)은 한성부우윤(漢城府右尹)이다. 모친 증정부인(贈貞夫人) 사천목씨(泗川睦氏)는 목사 임형(林馨)의 따님으로, 숭릉(崇陵) 경술년(1670, 현종11) 10월에 공을 낳았다.

공은 휘가 진문(震文)이고 자는 계명(啓明)이다. 평소의 성품이 효성스럽고 우애로우며 근신(謹愼)하고 염결(廉潔)하였다. 어버이를 섬김에는 좌우로 두루 봉양하며 지성스럽게 자식의 직분을 다하여, 오직 어버이의 마음을 순종하려 애썼다. 임신년(1692, 숙종18)에 모친상을 당하여 집상(執喪)을 예제(禮制)대로 하였다. 신해년(1731, 영조7)에 부친 우윤공께서 세상을 떠났을 때 공의 나이가 예순이 넘었으나 상복을 벗지 않고 곡읍(哭泣)을 중단하지 않아 집상의 모든 절차를 어디까지나 모친상 때와 같이 하고, 늙었다고 하여 조금이라도 줄이지 않았다. 제사의 의식은 한결같이 선대(先代)에 정한 규범을 준수하고, 제수와 제기는 제사가 있기 전에 미리 마련해 두어 부족하여 남에게 빌린 적이 없었다.

두 아우, 한 누님과 우애가 매우 지극했다. 한 여동생이 시집간 지 얼마 안 되어 자식도 없이 요절하니, 차마 시댁으로 신주(神主)를 보내지 못하고 30년 동안 제사를 지냈다. 후일에 그 여종생의 후사(後嗣)가 된 사람이 신주를 맞이하여 돌아갔다. 형제들과 재산을 나눌 때 자신은 척박한 전답과 늙은 종을 취하고 좋은 것은 다른 형제들에게 주면서 "나는 종가(宗家)라 그래도 제전(祭田)이 있지만, 다른 형제들은 궁핍하니 어떻게 살아가겠는가."라 하였다. 만년에 이르러 연이어 형제의 상(喪)을 당하여 비통한 심정이 몹시 심하여 마치 스스로 살아갈 수 없을 듯하였다.

대대로 청빈하여 부친 우윤공(右尹公)은 여러 차례 주군(州郡)의 수령을 맡았으나 스스로 염백(廉白)에 힘써서 척촌(尺寸)도 전답이 늘어난 것이 없었기 때문에 세입(歲入)이 늘 부족하였다. 공은 집안의 재용(財用)을 절약하여 수입을 헤아려 지출하고 크고 작은 일에 용노를 조절하여 일에 모두 조리가 있었다. 이러한 까닭에 비록 죽을 자주 먹긴 했으나 양식이 떨어진 적은 없었다. 자형 이공(李公) 석인(錫仁)이 완산통판(完山通判)으로 있을 때 우윤공에게 종립(騣笠 말총으로 만든 갓)을 보냈다. 우윤공은 화미(華美)하다는 이유로 일찍이 한 번도 그 종립을 쓰지 않고 그대로 보관해 둔 지 여러 해가 되었다. 후일에 누님의 형편이 궁핍해지자 공은 그 종립을 돌려보내서 가난한 살림을 도왔다. 이는 비록 작은 일이지만 또한 공의 행실을 볼 수 있다.

갑자년(1744, 영조20)에 우거해오던 동강(桐江)에서 태봉(胎峰)

의 선영 아래로 이주하였다. 기사년(1749, 영조25)에 조정에서 우로 (優老)의 은전을 베풀어 통정대부에 승진시키고 송서(送西)하여 절충장군(折衝將軍) 부호군(副護軍)에 부쳤다.

신미년(1751, 영조27) 윤5월 23일에 세상을 떠나니 향년 82세이다. 이 해 7월에 첨지중추부사에 제수되었으니, 이는 전관(銓官)이 상고 (喪故)를 듣지 못했기 때문이다. 사후에 그 직첩을 받아 고유(告由) 하고 명정(銘旌)을 고쳐 썼다. 모월 모일에 광주(廣州) 경안면(慶安面) 태봉(胎峯) 석수암(石秀巖) 곤좌(坤坐)의 둔덕에 안장하였다.

전배(前配) 증숙부인(贈淑夫人) 풍산홍씨(豊山洪氏)는 지평 중정 (重鼎)의 따님이고 모당(慕堂) 이상(履祥)의 5대손이다. 공과 같은 해에 태어났고, 병인년(1686, 숙종12)에 공에게 시집왔고, 임인년 (1722, 경종2) 7월 28일에 세상을 떠났다. 태봉 선영에 임시로 안장했 다가 신미년(1751, 영조27)에 옮겨서 공의 무덤 오른쪽에 부장(祔葬) 하였다.

부인은 유순하여 부덕(婦德)이 있었다. 부모에 대한 효성을 시부모에게로 옮겼고, 남편에게 순종하고 동서 간에 화목하니, 규문(閨門) 안에서 아무도 흠잡는 말을 하는 이가 없었다.

후배(後配) 숙부인(淑夫人) 장흥고씨(長興高氏)는 학생(學生) 세정(世貞)의 따님이고 임진란에 순절(殉節)한 학유(學諭) 증영의정 (贈領議政) 의열공(毅烈公) 인후(因厚)의 현손이고 참의 증찬성(贈贊成) 충렬공(忠烈公) 제봉(霽峰) 경명(敬命)의 5대손이다. 명릉(明陵) 기묘년(1699, 숙종25)에 태어났고, 계묘년(1723, 경종3)에 공에게 시집왔고, 병술년(1766, 영조42) 정월 15일에 천안(天安)의 장사 (庄舍)에서 세상을 떠났다. 1년 동안 임시로 매장하였다가 정해년

(1767, 영조43) 봄에 반장(返葬)하여 공의 무덤 왼쪽에 부장(祔葬)하였다.

부인은 성품이 통민(通敏)하고 근검하며 효경(孝敬)하고 자혜(慈惠)로워 규문의 범절(凡節)에 어긋나지 않았다. 길쌈 등 일들을 반드시 남보다 곱절로 잘하였으니, 집안 살림을 맡은 40년 동안 대소 길흉사에 쓰인 베가 부인의 손으로부터 나오지 않은 것이 없었고, 자신의 사후에 쓰일 수의와 이불 등도 몸소 마련하여 손수 재봉하고 상자에 보관해 두어 하나도 빠뜨림이 없었다. 이에 종당(宗黨)과 인근에서 '어진 부인'이라고 칭찬하지 않는 사람이 없었다.

전부인(前夫人)이 출산할 나이가 지나도 자녀가 없기에 공의 중씨 장령공(掌令公)의 아들 사정(思正)으로 후사를 삼았고, 후부인(後夫人)에게도 자녀가 없었다. 사정은 통덕랑이고 2남 2녀를 두었다. 아들은 처순(處順)・처현(處顯)이다. 장녀는 광주(廣州) 안정록(安鼎祿)에게 출가했으니 곧 나의 아우이고, 차녀는 안동(安東) 김령(金坽)에게 출가하였다. 처순은 자녀가 없다. 처현은 3남 2녀를 두었는데 모두 이리다. 안정록은 3남 3녀를 두었다. 아들은 경연(景淵)・경하(景夏)이고 막내는 어리다. 딸은 창녕(昌寧) 성효철(成孝喆)・청주(淸州) 한수운(韓秀運)・광주(廣州) 이명억(李命億)에게 각각 출가하였다. 김령은 세기(世箕)를 후사로 삼았다.

나는 공의 집안과 척의(戚誼)가 있고 다행히 한 고을에 살았기에 자주 찾아가 배알(拜謁)할 때마다 공의 청수(淸修)한 고절(苦節)을 보면 나도 모르게 마음의 비린(鄙吝)이 절로 사라지는 듯하였다. 기억해 보건대, 무진년(1748, 영조24) 겨울에 내가 공에게 가서 문후(問候)하니, 아들 통덕군(通德君)이 마침 집에 없었다. 공이 의관을 정제

하고 지팡이를 잡고 나오시기에 길 왼쪽에서 절하고, 어디로 가시는
지 물으니, 성묘하러 가시려던 참이었다. 이 때 공의 연세 여든에
가깝고 쌓인 눈이 아직 녹지 않았기에 나는 공을 모시고 갈 사람이
없는 것을 걱정하여 뒤따라가서 산 아래서 공손히 기다리니, 공은
두루 성묘를 다 마치고 돌아오셨다. 지금에 이르러 생각해보니 마치
엊그제 일처럼 생생하다. 이제 통덕군이 나에게 묘지명을 부탁하니,
어찌 감히 문장을 못한다는 이유로 사양할 수 있겠는가.

명(銘)

면성의 어진 주손이여
능히 선대의 덕을 이었어라
효성과 우애로 가정을 다스리고
공경과 근신으로 자신을 가다듬었네
선한 이에게 복을 내리는 보답으로
만년에 천작을 누렸어라
두 부인이 다 현숙하여
군자의 좋은 배필이 되었으니
규문의 일에 어긋남이 없어
지아비가 근심을 잊었어라
한 무덤에 나란히 묻혔으니
하늘이 좋은 짝 맺어주었도다
그 숨겨진 아름다운 덕행을
뉘라서 발양할 수 있을꼬

내가 묘지명을 지어서
이 무덤에 묻노라

謹按朴氏系出務安, 遠有譜牒. 歷高麗入本朝, 冠冕相承七百餘年, 而至草
亭先生諱應善, 以儒術名, 靖社初, 擢之布衣中, 直拜縣宰, 官丹陽郡守・贈
執義, 寔公高祖. 曾祖諱稑, 刑曹佐郞・贈吏曹參議. 祖諱昌夏, 嘉善副護
軍・贈吏曹參判. 考諱澄, 漢城右尹. 妣贈貞夫人泗川睦氏, 牧使林馨之女,
以我崇陵庚戌十月生公. 公諱震文, 字啓明, 雅性孝友, 志操謹潔. 事親左右
就養[121], 恪勤子職, 惟以順適親心爲意. 壬申丁內艱, 執制如禮. 辛亥, 右尹
公捐舘, 公年踰六旬, 而不脫衰絰, 不廢哭泣, 凡節一如前喪, 不以老而少衰
焉. 祭祀之儀, 一遵先典, 粢盛籩豆之實, 先事措辦, 未嘗有窘乏假貸之患.
與二弟一姊, 友愛甚至, 一妹纔嫁, 無后而夭, 不忍歸主于舅家, 祭之三十
年, 而後所後子迎還. 析産, 自取磽确老羸而歸其優者於諸房曰: "余以宗家
猶有祭田, 諸房窮乏, 何以聊生?" 逮至晚年, 連遭同氣之戚, 孔懷痛甚, 若
不自全. 世業淸貧, 右尹公屢典州郡, 而廉白自勵, 田園無尺寸之增, 歲入常
縮. 公節用謹費, 量入爲出, 大小調度, 咸有條理. 是以, 雖饘粥頻設, 而無
庚癸[122]之呼? 姊兄李公錫仁通判完山時, 送獻鬃笠于右尹公, 右尹公以其華

---

121 左右就養:『禮記』「檀弓」에 "어버이를 섬기되 숨김은 있고 범함은 없으며
좌우로 나아가 봉양함이 일정한 方所가 없으며 죽을 때에 이르기까지 부지런
히 일하여 3년 동안 居喪을 지극히 한다.〔事親, 有隱而無犯, 左右就養無方,
服勤至死, 致喪三年.〕"라 한 데서 온 말로 무슨 일이든 모두 알아서 처리한다
는 뜻이다.

122 庚癸 : 양식과 음료를 뜻하는 隱語이다.『春秋左氏傳』哀公 13년條에 "吳나

美也, 未嘗一着, 匪藏之有年. 後姊氏居窘, 公以其笠歸之, 助其艱乏. 此雖
微事, 亦可以觀公之行矣. 甲子, 自江僑來寓胎峯楸下. 己巳, 朝家用優老之
典, 陞通政送西[123], 付折衝副護軍. 辛未閏五月二十三日卒, 享年八十二.
是年七月, 拜僉知, 盖銓官未聞喪故而然也. 遂告由而易旌云. 某月某日, 葬
于廣州慶安面胎峯石秀巖坤坐之原. 前配贈淑夫人豊山洪氏, 持平重鼎之
女, 慕堂履祥之五世孫也. 生與公同年, 丙寅歸于公, 壬寅七月二十八日卒,
權葬于胎峯先塋, 辛未, 移厝合窆祔右. 夫人柔婉有婦德, 孝於父母而移于
舅姑, 順夫子睦娣姒, 閨門之內, 人無間言. 後配淑夫人長興高氏, 學生世貞
之女, 壬辰殉節臣學諭贈領相毅烈公因厚之玄孫, 參議贈貳相忠烈公霽峯敬
命之五世孫也. 生于我明陵己卯, 癸卯歸于公, 丙戌正月十五日卒于天安庄
舍. 一年權厝, 丁亥春, 返柩合葬祔左. 夫人性通敏勤儉, 孝敬慈惠, 閨儀不
忒. 紡績等事, 必兼人工, 治家四十年, 大小吉凶之需, 莫非自手中出, 身後
衣衾之屬, 躬自措辦, 手自裁縫, 藏于篋笥, 一無所遺. 宗黨鄕鄰莫不曰賢夫
人. 前夫人年過無子女, 取公仲氏掌令公之子思正爲後, 後夫人亦無子女.
思正通德郎, 有二子二女. 子處順·處顯. 女長適廣州安鼎祿, 卽鼎福之弟
也. 次適安東金坽. 處順無子. 處顯三子二女, 幷幼. 鼎祿三子三女, 子景

라 申叔儀가 公孫有山氏에게 양식을 구걸하자, 공손유산씨가 '좋은 곡식은
없으나 거친 곡식은 있으니, 만약 首山에 올라가 庚癸라고 외치면 내가
바로 가져다주겠다.'라고 대답하였다."라 한 데서 온 말이다. 軍中에서는
남에게 군량을 내줄 수 없기 때문에 隱語를 사용한 것이다. 庚은 西方으로
곡식을 주관하고 癸는 北方으로 물을 주관하므로 양식과 음료의 은어로
사용한 것이다.

123 送西:實職에서 물러난 정1품 영의정부터 정3품 文武 堂上官까지 전임 관원
을 우대하기 위하여 西班 소속의 中樞府로 보내는 제도이다.

淵, 景夏, 一幼. 女適昌寧成孝喆·淸州韓秀運·廣州李命億. 玲系子世箕.

鼎福於公家, 有瓜葛之誼, 而幸同鄕井, 頻納床下之拜[124], 每見公淸脩苦節,

不覺悔吝自消. 記昔戊辰冬, 鼎福往候公, 通德君適不在家. 公整衣冠, 携杖

而出, 遂拜于路左, 請其所之, 盖將省墓矣. 時, 公年幾八十, 而積雪未消,

鼎福悶其陪涉之無人也, 乃後而行, 恭竢于山下. 公歷省而還. 至今思之, 若

昨日事. 通德君屬銘于鼎福, 安敢以不文辭? 銘曰:

綿城賢胄 克紹先德 孝友爲政 敬謹自勅

福善之報 晚享天爵[125] 二配賢淑 儷美匹休

壼政無違 夫子忘憂 同阡幷祔 天作好逑

潛光隱德 誰能發揚 我銘以文 用誌幽堂

---

124 床下之拜 : 매우 공경하는 어른을 만나 뵙고 禮를 갖추어 절하는 것이다.
後漢 때 諸葛亮이 龐德公을 찾아가면 반드시 방덕공이 앉은 牀 아래서 공경
히 절하였고 방덕공은 제지하지 않고 태연히 절 받았다는 고사에서 생긴
말이다. 『資治通鑑 권65』

125 天爵 : 천성으로 타고난 훌륭한 인품이다. 맹자가 "천작이 있으며 인작이 있
으니, 인의와 충신을 행하고 선을 즐거워하며 게을리하지 않음이 천작이요,
공경과 대부는 인작이다.〔有天爵者, 有人爵者. 仁義忠信樂善不倦, 此天爵
也; 公卿大夫, 此人爵也.〕"라 한 데서 온 말이다 『孟子 告子上』

14. 통훈대부 행 사헌부 장령 지제교 고심재 박선생 묘지명-병서-
通訓大夫行司憲府掌令知製敎古心齋朴先生墓誌銘-并序-

공은 휘가 이문(履文)이고 자는 중례(仲禮)이다. 무안박씨(務安朴氏)는 종족이 크고 유구(悠久)하여 고려조(高麗朝)로부터 본조(本朝)에 이르기까지 대대로 현달한 이들이 있었다. 고조 휘가 응선(應善), 호 초정(草亭)은 단양군수였고 경술(經術)로 이름났으며, 후일에 집의(執義)에 추증되었다. 증조 휘가 규(桂)는 형조좌랑 증이조참의(贈吏曹參議)이다. 조부 휘 창하(昌夏)는 가선대부 부호군 증이조참판(贈吏曹參判)이다. 부친 휘은 징(澄)은 우윤(右尹)이다. 모친 증정부인(贈貞夫人) 사천목씨(泗川睦氏)는 목사 임형(林馨)의 따님이다.

공은 현종 계축년(1673) 8월 9일에 태어났는데, 자품이 영특하여 보통 아이들과 달랐다. 어려서 취학(就學)하여 글을 송독(誦讀)함에 게으르지 않아서 겨우 열다섯 살 무렵에 이미 명성이 알려졌다.

20세에 모친상을 당해서는 상복을 벗지 않고 채소와 장(醬)도 먹지 않은 채 읍혈(泣血)하면서 삼년상을 마치는 동안 과도한 애훼(哀毀)로 병들고 말았다. 복을 벗고는 더욱 스스로 학문에 힘썼다. 태학사(太學士) 하계(霞溪) 권선생(權先生) 유(愈)가 예산(禮山)에 물러나 노년을 보내면서 후진에게 고문(古文)을 가르친다는 말을 듣고 가서 문하에서 수학한 지 8년 동안 종전에 듣지 못하던 바를 더욱 듣고 문장에 크게 힘써 문장과 학업이 날로 진보하였다. 권선생이 자주 칭찬하기를, "사문(斯文)을 맡길 사람은 이 사람이다."라 하였다.

기묘년(1699, 숙종25)에 성균 생원에 보임(補任)되었고, 신축년(1721, 경종1)에 증광문과(增廣文科)에 급제하고 선발되어 승문원에 들어갔다. 계묘년(1723, 경종3)에는 나이 예순으로 관례에 따라 참봉에 올랐다가 전적(典籍)에 임명되었고 감찰로 옮겼다.

갑진년(1724, 경종4)에 지평현감(砥平縣監)에 제수되었는데, 그리고 얼마 안 되어 공은 평소 질환이 있던 터에 경종이 승하하였다. 공은 놀라고 슬퍼한 나머지 병세가 심해져 누차 사직했지만 윤허를 받지 못하였다. 마침 감영에서 첩자(帖子)를 보내 아사(亞使)의 수연(晬宴)을 도우라고 했다. 현리(縣吏)가 관례라고 고하자, 공이 그만두라고 명하였다. 드디어 추론(推論)하는 거사가 있게 되자, 공이 곧 인구(引咎)하여 글을 올리기를, "현궁(玄宮)이 초빈(草殯)에 있는 날은 인신(人臣)이 술 마시며 즐길 때가 아닙니다."라 하였다. 이에 순찰사가 사과했으나 마침내 공의 고과(考課)를 하(下)로 매기고 "다섯 달 동안 관직에 있는 동안 백성들이 수령의 얼굴을 보지 못했다."라 하였으니, 대개 공의 병을 빙자하여 앞서 품은 유감을 갚은 것이었다. 돌아올 때 아전이 화속(火粟) 50포(包)를 사용(私用)하라고 하자, 공이 "너희 읍에서는 소찬(素餐)을 먹는 것도 부끄러운 터에 어찌 이것을 쓰겠는가?"라 하고 장부에 적어서 올려두라고 명하였다. 뒤에 어사가 이 사실을 들어서 포장(褒獎)했다고 한다.

정미년(1727, 영조3)에 병조좌랑 겸(兼) 기사관(記事官)에 제수되었고, 기유년(1729, 영조5)에 정언(正言)에 임명되었다. 이보다 앞서 적신(賊臣) 임징하(任徵夏)가 선왕(先王)을 '일란(一亂)'이라는 말로 무욕(誣辱)하고 '발란반정(撥亂反正)'이라는 말로 끝맺었다. 또 "예악(禮樂)과 정벌이 천자로부터 나오지 못한다."라 하였으며, 그 피사(避

辭)가 더욱 흉악하여 심지어 "최초에 비망기(備忘記)가 상검(尙儉)의 손에서 나왔다."라 하고, 또 "상검이 죽은 후에 또 상검 같은 자가 있을 줄 어찌 알았으랴."라 하였다. 이 때에 사대부들이 청토(請討)하고 대성(臺省)이 논집(論執)하여 마침내 '법에 따라 바로잡아야 한다'는 계청을 윤허했으나 징하가 완악하여 공사(供辭)를 들이지 않은 지 이미 여러 해였다. 이 때 공이 정언에 임명되자 법에 따라 바로잡을 것을 청하는 계사를 지어 두었으나, 미처 계사를 올리기 전에 외직에 있다 해서 체직되고, 겨울에 또 정언에 임명되었으나 소명(召命)을 어긴 일로 파직되었다.

경술년(1730, 영조6)에 실록청겸사(實錄廳兼史)에 차정(差定)되었다가 몇 달 만에 사직소(辭職疏)를 올리고 체직되었다. 신해년(1731, 영조7)에 부친 우윤공의 상을 당하여 모친상과 같이 예제를 지켰다. 정사년(1737, 영조13)에 지제교(知製敎)로 선발되었다. 이 삼자함(三字啣 지제교의 별칭)은 본디 청선(淸選)으로 일컬어졌기에 세상에서 권세에 빌붙어 이 자리를 얻는 자들이 많았다. 그러나 공은 간정(簡靖)으로 자신을 지켰고 선발을 맡은 이도 또한 당시 사람이라 공의 명성을 들을 수 없었으니, 이 선발을 두고 사람들이 "공의(公議)가 민멸하지 않았다."라고 하였다.

이윽고 장령에 임명되었고, 선친을 이장(移葬)하는 일로 휴가를 청하는 한편 평소 소회를 덧붙여 상소하기를,

"군자는 말하기를, '역량을 헤아린 뒤에 들어가야 하고, 들어간 뒤에 역량을 헤아려서는 안 된다.'라고 하였습니다. 지금 신이 아래로 자신을 헤아려보면, 학식이 멸렬(蔑裂)하여 헌가체부(獻可替否 임금에게 과감하게 직언(直言)하는 일)하기에 부족하며, 의논이 나약하

여 승건규류(繩愆糾謬 임금의 잘못을 규간(規諫)하여 바로잡는 일)하기에 부족합니다. 위로 시국(時局)에 헤아려보면, 탕평(蕩平)의 정치가 마침내 문식이 되고 말았으며 종핵(綜覈 일을 본말을 종합하여 밝힘.)의 정사는 한갓 번쇄(煩碎)함을 더할 뿐입니다. 멀리 있는 신은 어리석은 충정으로 근심하고 탄식하기만 할 뿐 실로 어찌할 수 없습니다. 아첨하는 풍조에 대소(大小) 모든 사람이 휩쓸려가고 알력을 일삼는 습속은 피차가 다 마찬가지입니다. 다만 졸눌(拙訥)하고 고독한 이 몸은 그저 자정(自靖)할 따름이니, 또한 어찌할 수 없습니다. 앞에는 두 가지 '부족함'이 있고 뒤에는 두 가지 '어찌할 수 없음'이 있거늘 한갓 임금의 이목(耳目)이 되는 직책을 맡아 시속(時俗)과 부침하게 될 터이니, 신이 비록 형편없는 사람이지만 이 일을 맡을 수는 없습니다."

라 하였다. 윤허를 받아 이장을 마치고 돌아온 즉시 상소하여 체직을 청하고, 또 말미에 권면하고 경계하는 말 약간 조목을 진달하였으니,

'성학(聖學)을 돈독히 하여 대본(大本)을 세울 것'·'바른 선비를 가려 뽑아 원량(元良 세자(世子))을 보좌하게 할 것'·'황극(皇極)을 세워서 탕평(蕩平)을 이룰 것'·'대의(大義)를 밝혀 국시(國是)를 정할 것'·'사령(辭令)을 간엄(簡嚴)하게 하여 중외로 하여금 천심(淺深)을 엿보지 못하게 할 것'·'권강(權綱)을 총괄하여 신하로 하여금 위세를 완롱(玩弄)하지 못하도록 할 것'·'민첩하여 교언영색(巧言令色)을 잘하는 소인을 오로지 총애하지 말 것'·'아첨하여 임금의 뜻에 영합함으로써 충성스러운 것처럼 보이는 간신에게 기만을 당하지 말 것' 등이었다. 주상이 우납(優納)하였으나 마침내 소명을 어긴 일로

파직되었다. 겨울에 또 장령에 임명되었으나 정론(停論)한 일로 파직되고 서용(敍用)되지 못했다.

공이 처음 벼슬에 나간 해는 경묘(景廟) 초년이라 조정이 일신(一新)하여 다소 큰 일을 할 기회가 있었다. 그러나 소론(少論)이 정권을 잡아 각박하고 시의(猜疑)하는 것이 예전에 비해 더 심하였다. 게다가 10여 년 이래로 청의(淸議)가 점차 민멸하고 몰래 영리(榮利)를 꾀하고 은밀하게 권귀(權貴)와 손잡는 풍조가 퍼져서 친지와 후진(後進) 중에서 평소 이름이 알려진 사람들도 왕왕 예전의 모습을 상실하고 오로지 세상에 용납되고 이익을 좇을 생각을 하였다. 이에 공은 당시의 사람들과는 함께 임금을 섬길 수 없고 세도(世道)는 어찌할 수 없다는 것을 알고 벼슬길에 마음을 접은 채 강교(江郊)에 집을 빌려 살기도 하고 혹 승사(僧舍)에 가서 지내며 날마다 문도들과 옛글을 강론하면서 이대로 여생을 마칠 뜻이 있었다. 입조(立朝)한지 20년 동안 벼슬에 종사했던 날을 세월을 헤아려보면 도합 2년이 채 못된다.

계해년(1743, 영조19) 2월 13일에 역책(易簀)하니 향년 71세이다. 부음이 들리자 식자들이 모두 애석하게 여기며 "이로부터 사문(斯文)이 망하고 정론(正論)이 그치게 되었다."라 하였다. 4월 26일에 광주(廣州) 경안면(慶安面) 태봉리(胎峯里) 곤좌(坤坐)의 둔덕에 안장하였으니 선산이다.

공은 천품이 매우 높아 청명(淸明)・온수(溫粹)하였으며, 처심(處心)과 행사(行事)는 모름지기 고인(古人)을 준칙으로 삼았다. 그 문장은 또한 육경(六經)을 바탕으로 하면서 의사(意思)와 법도는 선진(先秦)과 양한(兩漢)에서 취하였는데, 반연(班掾『한서(漢書)』를 완성한 반고(班固))에서 얻은 것이 많았고 그 이하는 논하지 않았다.

일찍이 「고심자서(古心子序)」를 지어 자신의 뜻을 보였는데, 그 대략에,

"오늘날 세상에 태어나서 옛날에 뜻을 두니, 그 몸은 지금 사람이지만 그 마음은 옛날 사람이다."

라 하고 드디어 자호를 고심자(古心子)라고 하고 찬(贊)을 짓기를,

그 몸은 홀로 외롭고

그 마음은 까다로우니

지금 사람인가

옛날 사람인가

그 행실은 소활(疏闊)하고

그 말은 항직(伉直)하니

고인을 말하면서 말이 행실과 맞지 않는 옛사람인가

명리는 몸 밖의 일로 내던지고

시비는 마음속에서 잊었으니

세상 피하고 시속 버리고 천지의 동쪽에 홀로 선 사람인가

몇 칸 작은 집은

쓸쓸하고 적막한데

만 권의 책을 그 안에 채우고서

정신은 드높이 갈천씨의 고풍(古風)에 노니노라

其身畸然 其心謷然 其今之人耶 其古之人耶
其行踈 其言亢 其古之古之人古之人而言不能顧行¹²⁶者耶

寄聲利於身之外 忘是非於心之中 非遁世遺俗獨立天地東者耶

室數椽 蕭以寂 書萬軸充其間 以翹神於葛天氏之風[127]

라 하였다. 이어서 그 집을 고심재(古心齋)라고 명명했으니, 이는 그 흉중의 참된 의취(意趣)를 시속의 사람들과 말할 수 없는 것이다.

평소에 손에서 책을 놓지 않아 거의 침식을 잊을 지경이었다. 경서를 많게는 1000번, 적게는 300번 내지 500번씩 읽었고, 역대의 역사와 백가의 서적에 이르기까지 모두 아울러 조리를 관통하지 않은 것이 없었다. 일찍이 말하기를, "고인(古人)의 글은 읽을수록 새로우니 노년에 와서는 곱절로 맛이 있음을 깨닫겠다."라 하였다. 그리고 성명(性命)·이기(理氣)의 설과 전례(典禮)·질문(質文)의 뜻에 있어서도 또한 모두 근원을 거슬러 오르고 대강을 파악하여 "사람의 도(道) 중에서 가장 으뜸은 덕성(德性)이고 그 다음은 문학(問學)이다. 송

---

126 古之人……顧行 : 孔子가 "中道를 행하는 사람을 얻어서 함께하지 못할 바에는 반드시 광자나 견자와 함께할 것이다. 광자는 진취적이고 견자는 절조를 지키면서 하지 않는 바가 있다.〔不得中行而與之, 必也狂狷乎! 狂者進取, 狷者有所不爲也.〕"라 하였는데, 맹자가 '광자'를 풀이하기를, "그 뜻이 커서 항상 고인을 말하지만 평소에 그 행실을 돌아보면 말에 미치지 못하는 사람이다.〔其志嘐嘐然, 曰古之人古之人, 夷考其行而不掩焉者也.〕"라 하였다. 『孟子 盡心下』

127 葛天氏 : 葛天氏는 전설상 上古시대의 제왕이다. 이 시대에는 풍속이 순박하여 백성들이 아무런 근심 걱정이 없었다 한다. 陶淵明의 「五柳先生傳」에 "무회씨의 백성인가, 갈천씨의 백성인가?〔無懷氏之民歟? 葛天氏之民歟?〕"라 하였다. 『古文眞寶 後集 권2』

(宋)나라 이후로 선생들이 강론하여 뜻을 다 밝혀놓았으니, 토론하고 몸소 실행하기만 하면 된다."라 하였다.

내행(內行)에 더욱 독실하여, 어버이를 섬김에 뜻을 어김이 없었으며, 백씨와는 백발이 되도록 함께 살면서 형제간에 화락하였고, 한 누이와 한 아우가 각기 한 식경, 두 식경 거리에 살고 있었는데 인편과 서신이 끊이지 않았다. 서매(庶妹)가 일찍 과부가 되어 자식이 없었다. 공은 그 서매를 때때로 데리고 와서 돌보아 주었고, 아직 성인이 못 된 서제(庶弟)도 또한 가르치고 길러서 혼인을 시켰다. 아들 하나를 두었는데 백씨에게 후사(後嗣)로 보냈다. 혹자가 후사를 세우라고 권하니 말하기를,

"실제로 아들이 없는데 아들이 있는 것과, 실제로 아들이 있는데 아들이 없는 것은 모두 상리(常理)가 아니다. 형제가 한 아들을 함께 아들로 삼는 것이 의리에 무슨 문제가 되겠는가. 만약 아들에게 두 아들이 있으면 둘째 손자에게 제사를 받들게 하면 될 것이요, 그렇지 않다면 반부(班祔)하게 하면 될 것이다."

라 하였디.

종족을 대하고 빈붕(賓朋)을 접할 때는 오로지 정성과 신의를 다하고 격의(隔意)를 두지 않으니, 사람들이 모두 공을 좋아하였다. 가르침을 청하는 후진이 있으면, 늘 겸손한 마음으로 대하고 비록 사도(師道)로 자처하지는 않았으나 재능을 따라 가르쳐 주어 유액(誘掖)하고 책려하였다. 이로써 종유(從遊)한 선비들이 모두 분발하여 명분과 절의에 스스로 힘썼다.

매일 일찍 일어나 세수하고 의관을 정제한 다음 종일토록 경건한 모습으로 단정히 앉아 있었다. 집안에서는 내외가 정숙(整肅)하여

질서가 있었고, 자녀를 가르치고 종들을 거느림에는 은혜와 의리가 모두 지극하였다. 집이 본디 청빈하여 혹 끼니를 거를 때가 있어도 편안하게 여겼다. 천성으로 술 마시기를 좋아하여 혹 불평한 일이 있거나 혹 친구가 찾아오는 일이 있으면 잔에 가득 술을 따라 마시며 즐거움이 흡족했으나 취하여 정신이 흐려지는 데 이르지는 않았다.

공의 당제(堂弟) 참봉 지문(趾文)이 공의 유고에 서문을 쓰기를, "우리나라의 고문(古文)은 동고(東皐)로부터 창도(倡道)되고 공암(孔巖)에게서 완비되었는데, 미수의 사후에 고문이 끊어졌다. 우리 집안의 고심자가 두 분의 통서(統緖)를 이었는데, 시는 더 뛰어나니, 참으로 우리 동방의 집대성이로다."

라 하였다. 공의 사위 하정(苛亭) 이덕주(李德胄)가 공에 대한 제문에서 다음과 같이 말하였다.

고심자 자서의 말은
천추를 굽어 본 것이니
고인인 증점·도잠과
손을 잡고 한가히 노닐었지
거간(居簡)의 간(簡)이요
근인(近仁)의 눌(訥)이었으니
좌구명이 부끄러워한 것과
같은 수준으로 명철하였어라
근본인 효제의 근본에 독실하고
성명의 이치는 말하지 않았으니
자유와 자하의 학문이

모두 단지 실학일 뿐이었네

몸은 조정에 잠시 머물지만

심정은 저 기황(綺黃)과 같았고

몸은 저잣거리에 살고 있지만

마치 시상(柴桑) 땅과 같았어라

공은 오직 옛것을 좋아했는데

문장에 가장 조예가 깊었으니

아래로는 후한의 글을 본받고

송나라 이하는 배우지 않았지

옛적에는 최(崔)·허(許)가

실로 고문의 문호를 열었고

하옹(霞翁) 뒤를 이어 일어날 제

공이 실로 함께 우뚝하였지

마사와 한비 같은 명문을

아무도 부탁하는 이 없으니

그 문장을 품은 채 세상을 떠나

우리 청구를 슬프게 하였어라

남들은 고량진미 배불리 먹거늘

공은 시서(詩書)의 고문을 실컷 읽어

맛 없는 맛을 음미하면서

즐거워 배고픈 줄도 잊었도다

自序之言 眇視千秋 點[128]也潛[129]也 携手遨遊
居簡之簡[130] 近仁之訥[131] 左丘之恥[132] 同科并哲

128 點 : 춘추시대 魯나라 사람으로 공자의 제자 孔子의 제자 曾點이다. 자신의
뜻을 말하라는 공자의 말에 그가 대답하기를, "늦은 봄에 봄옷이 이루어지면
어른 대여섯 사람, 동자 예닐곱 사람과 함께 기수에 목욕하고 무우에서 바람
을 쐬고 시를 읊으면서 돌아오겠다.〔莫春者, 春服旣成; 冠者五六人, 童子六
七人, 浴乎沂, 風乎舞雩, 詠而歸.〕"라 하니, 공자가 감탄하며 인정했다고
한다. 『論語 先進』

129 潛 : 晉나라 때 柴桑 사람인 陶潛이다. 그는 자는 元亮이고, 세칭 靖節先生이
라 일컬어진다. 그가 일찍이 彭澤縣令으로 있을 때 郡의 督郵가 순시하러
오니, 縣吏가 衣冠을 갖추고 독우를 뵈어야 한다고 하였다. 그가 탄식하며
말하기를 "나는 겨우 五斗米의 녹봉을 얻으려 허리를 굽혀서 鄕里의 小人을
섬길 수 없다." 하고는, 「歸去來辭」를 읊고 집으로 돌아갔다. 『宋書 권93
陶潛傳』

130 居簡之簡 : 仲弓이 "경에 처해 있으면서 간략함을 행하여 백성을 다스리면
또한 좋지 않겠습니까. 자신이 간략함에 처하여 간략함을 행하면 너무 간략
하지 않겠습니까.〔居敬而行簡, 以臨其民, 不亦可乎? 居簡而行簡, 無乃大簡
乎?〕"라 한 데서 온 말이다. 이는 성품과 행동이 禮敎에 구속받지 않고 소탈
했다는 말이다. 『論語 雍也』

131 近仁之訥 : 공자가 "강하고 굳세고 질박하고 어눌함이 인에 가깝다.〔剛毅木
訥近仁.〕"라 하였다. 『論語 子路』

132 左丘之恥 : 공자가 "말을 잘하고 얼굴빛을 좋게 하고 공손을 지나치게 하는
것을 옛날 좌구명이 부끄럽게 여겼는데, 나 또한 이를 부끄럽게 여기노라.
원망을 감추고 그 사람과 사귀는 것을 좌구명이 부끄럽게 여겼는데, 나 또한
이를 부끄럽게 여기노라.〔巧言令色足恭, 左丘明恥之, 丘亦恥之. 匿怨而友其
人, 左丘明恥之, 丘亦恥之.〕"라 하였다. 『論語 公冶長』

133 游夏……是實 : 游夏는 孔子의 제자인 子游와 子夏를 병칭한 것이다. 이 두
사람은 공자의 제자로 문학에 뛰어난 사람으로 일컬어지는데도 그 학문은
實學이었다는 것이다.

跡寄朝端 情同綺黃[134] 身處城市 境若柴桑[135]

公惟好古 於文最深 下師東京[136] 宋氏則禁

往者崔許[137] 寔闢其門 霞翁[138]繼起 公實偕騫

馬史韓碑[139] 不命不求 蘊而終古 戚我青丘

人饜膏粱 我飫書詩 味無味味 樂而忘飢

라 하였다. 이 두 공은 모두 근세의 걸출한 명사로 그 문장과 절행
이 남들에게 신뢰를 받았으니, 마땅히 이러한 말들은 의당 믿을 수
있으리라.

　나의 조부 양기옹(兩棄翁)이 공과 동문수업(同門受業)하였다. 조
부께서 일찍이 권선생(權先生)이 하신 말씀을 전하기를,

　"후배의 이름은 반드시 선배의 추장(推獎)을 빌어 이루어지는 법이

134　綺黃：秦나라 때 폭정을 피해 商顔山에 은거한 소위 商山四皓 중 綺里季와
夏黃公을 병칭한 것이다. 나머지 두 사람은 네 늙은이인 東園公과 甪里先生
이다. 여기서는 속세를 떠난 隱士를 뜻한다.

135　柴桑：晉나라 陶潛이 살던 縣이다. 위 주 129)'潛'참조.

136　東京：東漢의 수도인 낙양으로 後漢을 가리키는 말로 쓰인다. 後漢 사람
班固가 완성한 『漢書』의 문장을 뜻한다.

137　崔許：簡易 崔岦과 眉叟 許穆을 병칭한 것이다.

138　霞翁：호가 霞谷 또는 霞溪인 權愈(1633~1704)를 가리킨다. 그는 자는 退
甫이고, 본관은 安東이다. 1665년(현종6)에 과거에 급제하고 己巳換局으로
南人이 집권할 때 大司諫, 藝文館大提學을 지냈다. 詩文에 능하였다.

139　馬史韓碑：천하의 명문으로 꼽히는 司馬遷의 『史記』와 韓愈의 「平淮西碑」
를 병칭한 것이다.

다. 내가 젊어서 문장을 지을 때 미수(眉叟)와 백호(白湖) 등 여러 어른이 칭찬해준 덕분에 드디어 문장으로 이름났는데, 지금 박 아무개의 문장은 '청출어람(靑出於藍)'이라고 할 만하지만 오직 나만 알 뿐이고 남들이 칭찬해주는 사람이 없으니, 이것이 탄식할 일이다."라 하였다. 내가 가정에서 들은 것이 이와 같았던 까닭에 또한 두 공의 말 뒤에 부기(附記)한다.

부인 한산이씨(韓山李氏)는 현감 운근(雲根)의 따님이고 영의정 아계(鵝溪) 산해(山海)의 5대손이고 대군사부(大君師傅) 연안(延安) 이심(李襑)의 외손이다. 공과 같은 해에 태어났고 공보다 4년 뒤인 병인년(1746, 영조22) 3월 20일에 세상을 떠났으니, 향년 74세이다. 공의 묘소 오른쪽에 부장(祔葬)하였다.

숙인은 성품과 행실이 아름답고 유순하여 부덕(婦德)을 잘 갖추었다. 1남 3녀를 낳았다. 아들 사정(思正)은 통덕랑(通德郎)으로 백씨 첨지공(僉知公)의 후사(後嗣)가 되었다. 장녀는 전주(全州) 이덕주(李德胄)에게 출가하였고, 차녀는 여주(驪州) 이재망(李載望)에게 출가하였고, 막내딸은 참봉인 한양(漢陽) 조서(趙恕)에게 출가하였다. 사정은 2남 2녀를 두었다. 아들은 처순(處順)·처현(處顯)이다. 장녀는 나의 아우 광주(廣州) 안정록(安鼎祿)에게 출가하였고, 차녀는 안동(安東) 김령(金坽)에게 출가하였다. 이덕주는 1남 1녀를 두었다. 아들은 반(磐)이고 딸은 광주(廣州) 이동저(李東著)에게 출가하였다. 이재망은 시감(是鑑)을 후사로 삼았다. 조서의 세 아들은 정옥(鼎玉)·정기(鼎基)·정열(鼎說)이다. 내외의 증손은 약간 명이다.

명(銘)

그 행실은 높고 깨끗하며
그 뜻은 굳고 곧았으며
그 글은 간약하고 굉대했으니
군자의 덕은
백대에 본보기가 되리라

또

세상의 운세 돌고 돌아
순박하던 기풍이 흩어지니
선악을 분간하기 어렵고
현우가 하나로 온통 뒤섞였네
영달을 꾀하고 출세를 좋아하여
오직 명리만을 쫓아다니니
통달한 선비가 보면
개미떼와 무엇이 다르리오
노하면 원수요 좋으면 친구라
자기편만 동조하고 상대편은 공격하니
올곧은 선비가 보면
혹 자신이 더럽혀질까 두려우리
공은 탁월한 기국을 품었고
공은 큰 재능을 지녀

소과와 대과에 올랐건만
벼슬은 오건 말건 내맡겨두었네
몸은 조정에서 외로웠고
마음은 산림을 그리워했으니
스스로 즐거워하는 바 있어
세상 사람들과는 길이 달랐어라
남산의 기슭과
동강의 물가에서
머무는 곳마다 편안히 살며
저 시끄러운 속진을 멀리했으니
진실하고 순수한 고인의 마음
맑고 빛나는 고인의 용모였어라
상자에는 지은 고문이 가득하고
책상에는 읽은 고경이 쌓였으니
자신을 고인에 견주고
지금 선비와 비기지 않았네
발휘하여 문장을 지으면
이치에 맞고 문사가 힘찼으니
반고(班固)의 정수요 두보(杜甫)의 골수이며
주공(周公)의 마음과 공자(孔子)의 생각이라
아, 우리 공이여!
백대의 스승이로다

公諱履文, 字仲禮. 朴氏出務安, 族大而舊, 自麗及本朝, 代有顯仕. 高祖諱

應善號草亭, 丹陽郡守, 以經術名, 後贈執義. 曾祖諱桂, 刑曹佐郎・贈吏曹
參議, 祖諱昌夏, 嘉善副護軍・贈吏曹參判, 考諱澄, 右尹. 妣贈貞夫人泗川
睦氏, 牧使林馨之女. 公生于顯廟癸丑八月九日, 穎秀異凡兒. 幼而就學, 誦
讀不倦, 甫成童, 已有聲譽. 二十遭太夫人憂, 不脫衰絰, 不食荣醬, 血泣終
三年, 過毀成疾. 服闋, 益自勵爲學, 聞太學士霞溪權先生愈退老于禮山, 以
古文訓後進, 從遊八年, 益聞其所不聞, 大肆力於文章, 藝業日進. 權先生亟
稱之曰: "斯文之托在此矣." 己卯, 補成均生員, 辛丑, 中增廣文科, 選槐院.
癸卯, 以年五十, 例陞參, 拜典籍, 遷監察. 甲辰, 除砥平縣監, 未幾, 公有
疾, 而時景廟賓天, 公驚悼添餒, 屢辭靳許. 適有營帖, 使助亞使晬宴. 縣吏
以例告, 公命置之, 遂有推論之擧. 公乃引咎投狀曰: "當玄宮[140]在殯之日,
非人臣酣樂之時." 巡使摧謝, 而竟置下考曰: "爲官五朔, 民不見面." 盖托公
病而修前憾也. 歸時, 吏告火粟五十包當歸私用. 公曰: "於汝邑, 素餐可愧.
何用此爲?" 命置簿. 後有繡衣擧此褒獎云. 丁未, 除兵曹佐郎兼記事官, 己
酉, 拜正言. 先是, 賊臣任徵夏誣辱先王以一亂[141]之語, 而結之以撥亂反正,
又曰: "禮樂征伐, 不得自天子出." 其避辭尤凶悖, 至曰: "最初備忘, 出於尙
儉之手." 又曰: "尙儉死後, 安知又有尙儉乎?" 時縉紳請討, 臺省論執, 竟允
正刑之啓. 而徵夏頑不納供[142], 已數歲. 至是, 公草啓請正法, 未及上, 以在

---

140 玄宮 : 임금이나 왕후의 관인 梓宮을 묻는 壙中이다.

141 一亂 : 맹자가 "천하에 사람이 살아 온 지 오래니, 한 번 다스려지고 한 번
혼란하였다.〔天下之生久矣, 一治一亂.〕"라 한 데서 온 말이다. 『孟子 滕文公
下』

142 供 : 죄인의 범죄 사실을 진술하는 말로 供辭이다. 供招 또는 招辭라고도
한다.

外遞, 冬又拜正言, 違召罷. 庚戌, 差實錄廳兼史, 數月呈遞. 辛亥, 遭右尹公憂, 守制如前喪. 丁巳, 被抄知製敎. 三字啣素稱淸選, 世多攀援而得者. 公簡靖自守, 而主選者亦時人也, 聲聞不相及, 人謂公議有不泯者. 尋拜掌令, 以親山緬禮, 陳疏請暇, 兼附所懷言: "君子曰: '量而後入, 不入而後量.[143]' 今臣俯而量乎身, 則學識蔑裂, 旣不足以獻可替否[144]; 言議巽懦, 又不足以繩愆糾謬[145]. 仰而量乎時, 則蕩平[146]之治, 終歸文飾; 綜覈之政, 徒益煩瑣. 疎逖愚忠, 憂歎而已, 實無可奈何. 柔佞之風, 大小靡然; 傾軋之習, 彼此一套. 拙訥畸踪, 自靖而已, 亦無可奈何. 前有二不足, 以後有二無

---

143 量而……後量 : 『禮記』「少義」에 "임금을 섬기는 자는 자신의 역량을 헤아려 본 뒤에 들어가야 하고, 들어간 뒤에 헤아려서는 안 된다.〔事君者, 量而後入, 不入而後量.〕"라 하였다.

144 獻可替否 : 춘추시대 齊나라 재상 晏嬰이 "임금이 옳다고 하는 바에 그른 것이 있으면 신은 그 그른 것을 말씀드려 옳은 것을 이루고, 임금이 그르다고 하는 바에 옳은 것이 있으면 신은 그 옳은 것을 말씀드려 그른 것을 제거합니다.〔君所謂可而有否焉, 臣獻其否, 以成其可; 君所謂否而有可焉, 臣獻其可, 以去其否.〕"라 한 데서 온 말로 임금에게 과감하게 直言하는 것을 뜻한다. 『春秋左氏傳 昭公 25年』

145 繩愆糾謬 : 『書經』「周書 冏命」에 "나 한 사람이 어질지 못하여 실로 좌우 전후의 지위에 있는 사람들이 나의 부족한 점을 도우며 허물을 바로잡고 잘못을 바로잡아 나의 나쁜 마음을 바루어 先祖의 功烈을 계승하게 해 준데 힘입고자 하노라.〔惟予一人無良, 實賴左右前後有位之士, 匡其不及, 繩愆糾謬, 格其非心, 俾克紹先.〕"이라 한 데서 온 말이다.

146 蕩平 : 『書經』의 「周書 洪範」에 "편파가 없고 붕당이 없으면 왕도가 탕탕하고, 붕당이 없고 편파가 없으면 왕도가 평평하다.〔無偏無黨, 王道蕩蕩; 無黨無偏, 王道平平.〕"라 한 데서 온 말이다. 조선 시대에 英祖와 正祖가 黨爭으로 인한 폐해를 제거하고 왕권을 신장하고자 蕩平策을 시행하였다.

奈何, 而徒然受耳目之寄, 與俗浮沉. 臣雖無狀, 亦不能爲此." 承批過葬歸,
卽封疏乞遞, 且尾陳勉戒有若干條目, 曰: "敦聖學, 以立大本." 曰: "擇正
士, 以輔元良." 曰: "建皇極[147], 以致蕩平." 曰: "明大義, 以定國是." 曰:
"簡辭令, 毋使中外窺淺深." 曰: "揚權綱, 毋令臣下玩威福." 曰: "毋專寵於
便捷巧令之小才." 曰: "毋受欺於柔佞迎合之似忠." 上優納, 竟以違召罷.
冬, 又拜掌令, 因停論事, 罷職不叙. 公釋褐之歲, 當景廟初元, 朝著一新,
稍當有爲之機, 而少論當局, 操切猜疑, 視往時, 殆有甚焉. 且十數年來, 淸
議漸泯, 鑽穴穿逕, 攀援幽隱, 親知後進中平日知名者, 往往喪失舊步, 一切
爲容身趨利之計. 公知時人之不可與事君, 世道之不可以有爲, 絶意仕宦,
僦舍江郊, 或就煖僧寺, 日與門徒講討舊典, 有終焉之志. 立朝二十年, 歷計
仕宦日月, 不滿二朞. 癸亥二月十三日易簀, 壽七十一. 訃聞, 有識莫不嗟悼
曰: "從此斯文喪矣, 正論熄矣." 四月二十六日, 葬于廣州慶安胎峯里負坤
原, 從先兆也. 公天稟甚高, 淸明溫粹, 處心行事, 要以古人爲準則. 其爲
文, 亦根於六經, 而意匠墨尺, 取裁于先秦兩漢, 得於班椽[148]者爲多, 自以
下不論也. 嘗作「古心子序」, 以見志, 畧曰: "生於今, 志於古. 其身今人, 其

---

147 建皇極 : 『書經』의 「洪範九疇」 중 다섯 번째인 '建用皇極'의 준말이다. 황극
은 제왕이 천하를 다스리는 大中·至正한 법칙, 표준을 뜻한다. 箕子가 周나
라 武王에게 천하를 경륜하는 법을 가르쳐주었다는 아홉 가지 법인 九疇
중에서 다섯 번째로 임금이 중도를 지키고 서서 천하 백성의 표준이 되는
것을 말한다. 『書經 周書 洪範』

148 班椽 : 東漢의 安陵 사람 班固, 자는 孟堅. 9세에 이미 문장에 능했고 자라서
는 더욱 박식 관통하였음. 아버지 彪가 짓다가 이루지 못한 『한서』를 이어받
아 20여 년 동안 각고한 끝에 완성하였음. 班椽은 반고의 저술을 지칭한
듯함. 『後漢書 권40 上』

心古人." 遂自號古心子, 爲之贊曰: "其身畸然, 其心聱然. 其今之人耶? 其古之人耶? 其行踈, 其言㐴. 其古之古之人古之人而言不能顧行者耶? 寄聲利於身之外, 忘是非於心之中. 非遁世遺俗獨立天地東者耶? 室數椽蕭以寂, 書萬軸充其間, 以翹神於葛天氏之風." 仍名其居曰古心齋. 此其胸中眞趣, 不可與俗子道也. 平生手不釋卷, 殆忘寢食. 經書大者千遍, 小者三五百遍, 至如歷代之史, 百家之書, 靡不兼揚條貫. 嘗曰: "古人文, 愈讀愈新, 老來倍覺有味." 其於性命理氣之說 · 典禮質文[149]之宜, 亦皆泝源而挈綱, 曰: "人之有道也, 太上德性, 其次問學. 宋以後諸先生, 講明得盡, 要在討論而體行之而已." 尤篤於內行, 事親無違志, 與伯氏白首同居, 壎箎湛樂, 一姊一弟, 在一息二息之地, 便信絡續. 庶妹早寡無子, 時時挈歸而率育之, 庶弟未成人者, 亦敎養而婚娶之. 有一子歸于伯氏, 或勸立後, 則曰: "無子而有子, 有子而無子, 皆非常理. 兄弟共一子, 何妨於義? 子若有二子, 以次孫承祀, 否則班祔[150]可也." 待宗族接賓朋, 一以誠信, 不設畦畛, 各得其歡心.

---

149 質文:『論語』「爲政」에 "殷나라는 夏나라의 禮를 因襲하였으니 損益한 것을 알 수 있으며, 周나라는 은나라의 예를 인습하였으니 손익한 것을 알 수 있다.〔殷因於夏禮, 所損益, 可知也; 周因於殷禮, 所損益, 可知也.〕"라 하였는데, 馬融이 "인습한 것은 三綱과 五常을 말하고, 손익한 것은 文·質과 三統을 말한다.〔所因, 謂三綱五常; 所損益, 謂文質三統.〕"라 하였고, 朱熹注에는 "文·質이란, 夏나라는 忠을 숭상하고 商나라는 質을 숭상하고 周나라는 文을 숭상한 것을 말한다.〔文質, 謂夏尙忠, 商尙質, 周尙文.〕"라 하였다.

150 班祔: 자식이 없는 사람의 神主를 조상의 사당에 차례로 合祔하는 것이다. 『家禮』「通禮」'班祔'條에 "방친 중에 후사가 없는 자는 그 차례대로 반부한다.〔旁親之無後者 以其班祔〕"라 하고 "백숙조부모는 고조에게 合附하고 백숙부모는 증조에게 합부하며, 처와 형제 및 형제의 처는 조부에게 합부하고 자식과 조카는 부친에게 합부한다.〔伯叔祖父母, 祔于高祖; 伯叔父母, 祔于

後進有摳衣請敎者, 雅懷謙挹, 雖不以師道自居, 而隨才施敎, 誘掖責勉. 以此, 從遊之士, 莫不激昂, 以名節自勵. 每日早起盥洗, 整攝衣冠, 終日穆然端坐. 居家內外斬斬, 敎子女御僮僕, 恩義兼至. 家素淸貧, 或値屢空而處之晏如也. 性喜飮酒, 或有不平事, 或親友造訪, 引滿歡洽而不及於亂. 公堂弟參奉趾文序公稿, 有曰: "我邦古文, 倡於東皐生而備於孔巖叟, 曳死無傳焉. 吾家古心子接二老之統而詩過之, 誠集我東之大成哉!" 公女婿卞亭李德胄祭公文, 有曰: "自序之言, 眇視千秋. 點也潛也, 携手遨遊. 居簡之簡, 近仁之訥. 左丘之恥, 同科幷哲. 篤孝悌本, 後性命舌. 游夏之學, 揚只是實. 跡寄朝端, 情同綺黃. 身處城市, 境若柴桑. 公惟好古, 於文最深. 下師東京, 宋氏則禁. 往者崔許, 寔闖其門. 霞翁繼起, 公實偕騫. 馬史韓碑, 不命不求. 蘊而終古, 戚我靑丘. 人壓膏粱, 我飫書詩. 味無味味, 樂而忘飢." 二公皆近世莊士, 而其文章節行信於人, 宜其言之可徵也. 鼎福王考兩棄翁與公同門受業. 王考嘗道權先生之言曰: "後輩之名, 必藉先達推獎而成. 余少爲文, 眉翁·白湖諸公稱賞延譽, 遂以文名. 今朴某之文, 可謂靑出於藍, 而獨我知之, 他無援藉之所, 是可歎也." 鼎福承聞于家庭者如此, 故亦以附記于二公之後. 配韓山李氏, 縣監雲根之女, 領議政鵝溪山海之五世孫, 大君師傅延安李裪之外孫. 生與公同歲, 後公四年丙寅三月二十日卒, 壽七十四, 祔葬公墓右. 淑人性行徽柔, 婦德克備. 生一子三女, 子思正通德郎, 出系伯氏僉知公後, 女長適全州李德胄, 次適驪州李載望, 季適漢陽趙恕參奉. 思正二子二女, 子處順·處顯, 女長適廣州安鼎祿, 卽鼎福之弟, 次適安東金坽. 李德胄一子一女, 子磐, 女適廣州李東蓍. 李載望系子是鑑. 趙恕三子,

鼎玉・鼎基・鼎說. 內外曾孫若干人. 銘曰:

其行高而潔 其志確而貞 其文簡而宏 君子之德 百世可程

又曰:

世運回斡　淳漓樸散　淑慝難分　賢愚同貫
媒榮慆進　惟利是趨　達人視之　蟻聚何殊
怒讐喜狎　黨同伐異　貞士視之　懼或浼己
公抱利器　公有偉才　攓蓮摘桂　一任儻來[151]
迹孤朝端　心懷遐擧　我自有樂　與俗殊軌
終南之麓　桐江之濱　隨寓安排　遠彼囂塵
古心眞純　古貌淸瑩　篋富古文　案堆古經
與古人稽　非今士擬　發爲文章　理到詞馳
班髓杜骨　周情孔思　於乎我公　百世之師

---

151 儻來 : 주 193) ‘儻來’ 참조.

15. 첨지중추부사 박공 묘지명-병서-
僉知中樞府事朴公墓誌銘-并序-

면성박씨(綿城朴氏)는 동방의 드러난 성씨이니, 고려 때 비로소 현달한 뒤로 지금 성대(聖代)에 이르기까지 잠영(簪纓)이 이어져온 것이 700여 년이다. 인조조(仁祖朝)에 단양군수(丹陽郡守) 휘 응선(應善)은 경술(經術)로 천거를 받아 등용되었고 호가 초정(草亭)선생이니, 공에게 고조가 된다. 이후로 자손들이 대대로 그 학문을 이어 문행(文行)으로 이름을 떨친 이가 많으니, 당시의 사람들이 '예가(禮家)'라 일컬었다. 증조 휘 규(桂)는 형조좌랑 증이조참의(贈吏曹參議)이다. 조부 휘 창하(昌夏)는 수직(壽職)으로 가선대부에 오르고 이조참판에 추증되었다. 부친 휘 정(淨)은 통덕랑이고 호는 낙재와(樂在窩)인데, 은거하고 벼슬하지 않았다. 모친 양천허씨(陽川許氏)는 선교랑(宣敎郎) 시(翟)의 따님이고 돈계(遯溪)선생 후(厚)의 손녀이다.

공은 휘가 세문(世文)이고 자는 계휘(繼輝)이니 어릴 때부터 시례(詩禮)의 가르침을 받아 행실이 단정하였다. 어버이를 모심에 뜻을 어김이 없었고, 어버이가 병환이 들면 근심을 다하여 손가락에 피를 내어 입에 흘려 넣기까지 하였다. 선조의 제사를 받드는 데는 정성을 다하였고 종족과 화목하니 흠잡는 사람이 없었다.

젊을 때 과거 공부를 하다가 중년에 이를 그만두었다. 초서와 예서를 잘 썼으며 미수(眉叟)의 전서(篆書)를 몹시 좋아하여 거의 핍진(逼眞)하게 모사했으나 또한 남에게 자랑하려 하지는 않았다. 성품이 순후(醇厚)하고 근신(謹愼)하여 자신의 분수를 편안히 지켜 액궁(阨窮)이 심할수록 조행(操行)은 더욱 견고하였다.

종질(宗姪)이 천안(天安)과 아산(牙山) 사이에 우거하자 공은 해미(海美)로부터 가솔(家率)을 데리고 이주하여 함께 의지하며 살았다. 비록 융로(隆老)의 고령에도 정력이 왕성하여, 선조의 사당에 제사가 있으면 목욕재계하고 제사에 참여하였으며, 아무리 춥고 더워도 초하루 보름에 사당에 어김없이 참배하였으니, 조상을 존숭하는 의리에 사람들이 모두 탄복하였다.

영조 말년에 누차 우로(優老)의 은전을 내릴 때, 공은 경인년(1770, 영조46)에 조봉대부(朝奉大夫)에 제수되고, 계사년(1773, 영조49)에 통정대부에 오르고 이어 서추(西樞)에 제수되었다. 이 해 9월 1일에 아산 시포(市浦)의 우사(寓舍)에서 세상을 떠나니, 태어나신 해가 신미년(1691, 숙종17)이라 향년 83세이다.

공의 전배(前配) 증숙부인(贈淑夫人)은 안동(安東) 권후경(權後經)의 따님으로, 공보다 1년 먼저 태어났고, 한 아들을 두었다. 갑오년(1774, 영조50) 2월 4일에 세상을 떠나 광주(廣州) 경안면(慶安面) 태봉리(胎峯里) 선영 곁 유좌(酉坐)의 둔덕에 안장하였다. 후배(後配) 증숙부인은 한산(韓山)는 이담년(李聃年)의 따님으로, 공보다 세 살 적었고, 현숙한 행실이 있었고, 2남 1녀를 낳았다. 계미년(1763, 영조39) 6월 17일에 세상을 떠났고, 천안(天安) 모산면(茅山面) 시포리(市浦里) 해좌(亥坐)의 둔덕에 새로 묘소를 잡아 안장했다가, 공이 세상을 떠난 때에 이르러 공의 묘소 오른쪽에 합장하였다.

장남은 사검(思儉)이고, 차남은 사임(思任)이고, 삼남은 사준(思儁)인데, 독서에 힘쓰고 행실을 가다듬어 사우(士友)들 사이에 칭찬이 있다. 딸은 한곽(韓崞)에게 출가하였다. 사검의 한 아들은 처오(處 五)이다. 사임은 후사가 없다. 사준의 2남 2녀는 모두 어리다. 사임과 사검은 모두 공보다 먼저 죽었다. 한곽은 후사가 없다. 처오는 2남 1녀를 낳았으니 장남은 기진(箕鎭)이고 나머지는 어리다.

명(銘)

면성의 후손 대대로 혁혁하니
양대에 걸쳐서 관작이 이어졌어라
공이 뒤를 이었건만 재능을 감추고
초야에 묻힌 채 안락하게 살았네
하늘이 도와 장수와 관작을 누리고
아들이 가업 이어 후손이 번성하여라
울창한 시포리에 새 묘소를 잡았으니
삼가 묘지명 새겨 숨은 덕을 밝히노라

綿城朴氏, 爲東方著姓, 肇顯於高麗, 至聖代, 簪紱相傳七百餘年. 仁祖朝, 有丹陽郡守諱應善, 以經術薦用, 號草亭先生, 於公爲高祖. 自後子姓多世 其學, 以文行名, 時人稱之爲禮家. 曾祖諱桂, 刑曹佐郎・贈吏曹參議, 祖諱 昌夏, 壽爵嘉善・贈吏曹參判, 考諱淨, 通德郎, 號樂在窩, 隱德不仕. 妣陽 川許氏, 宣敎郎䨓女, 遯溪先生厚孫也. 公諱世文, 字繼輝, 幼襲詩禮之訓, 制行端飭, 事親無違志, 疾則致其憂, 至於血指. 祭先盡其誠敬, 睦婣宗黨, 人無間言. 少治擧子業, 中歲棄之, 善草隷, 酷好眉篆, 模倣逼眞, 亦不屑於 夸衒. 性醇謹, 安分守拙, 厄窮甚而操履愈堅. 宗姪家僑居天牙之間, 公自海美契眷移就相依, 雖在耄耋之年, 精力康旺, 先廟有事, 齋沐與祭, 朔望參謁, 寒暑不拘, 尊祖敬宗之義, 人皆歎服. 英宗末, 屢行優老之典, 庚寅, 授朝奉大夫, 癸巳陞通政, 仍付西樞[152]. 是歲九月初一日, 卒于牙山之市浦寓舍, 距其生辛未, 八十三年矣. 公前配贈淑夫人, 安東權後經女, 長公一歲, 生一子, 卒於甲午二月初四日, 葬于廣州慶安面胎峯里先塋側西坐原. 後配贈淑夫人, 韓山李聊年女, 少公三歲, 有淑行, 生二子一女, 卒於癸未六月十七日, 新卜宅兆于天安茅山面市浦里亥坐原, 及公卒, 合窆于墓右. 男長思儉, 次思任, 次思俰, 勅書勅行, 有士友譽. 女適韓郭. 思儉一子處五, 思任無后, 思俰二子二女皆幼. 思儉, 思任皆先公歿. 韓郭無后, 處五生二子一女, 子長箕鎭, 餘幼. 銘曰:

綿城胤胄世烜赫 跨歷兩代簪纓續　公趾其美韞于櫝　混跡農圃聊而樂
自天申佑餉壽爵　有子克家慶遠毓　鬱鬱市浦卜新宅　敬鐫幽堂昭潛德

152　西樞 : 조선조 中樞府의 별칭.

16. 유명 조선국 우찬성 병조판서 겸 판의금부사 금헌 이선생 묘지명-병서-

有明朝鮮國右贊成兵曹判書兼判義禁府事琴軒李先生墓誌銘-幷序-

공은 휘가 장곤(長坤)이고 자는 희강(希剛)이며 호는 금헌(琴軒)이고 관향은 벽진(碧珍)이니, '기묘팔현(己卯八賢)'의 한 사람이다. 신라 말엽에 벽진장군(碧珍將軍) 이총언(李葱言)이 있어 고려 초엽에 현달했으니, 공은 그 후손이다. 이로부터 대대로 잠영(簪纓)이 이어졌다. 7대조 견간(堅幹)은 벼슬이 진현관(進賢館) 대제학이고, 3대를 내려와 희경(希慶)에 이르러서는 벼슬이 도원수(都元帥)이니, 곧 공의 고조이다. 증조 휘 신지(愼之)는 증이조판서(贈吏曹判書)이고, 조부 휘 호겸(好謙)은 지흥해군사(知興海郡事)이다. 부친 휘 승언(承彦)은 점필재(佔畢齋) 김종직(金宗直)선생의 문인으로, 침중하고 관홍(寬弘)하여 도량이 있고 경사(經史)에 널리 통달하였다. 천거를 받아 한성판윤 겸 참군(參軍)이 되고 좌찬성에 추증되었으며, 효령대군의 손자 이조참판 춘양군(春陽君) 내(徠)의 따님에게 장가들어 성화(成化) 갑오년(1474, 성종5)에 공을 낳았다.

공은 천생(天生)으로 뛰어난 재주가 있었고, 성장해서는 한훤당(寒暄堂) 김굉필(金宏弼)선생을 사사(師事)하였다. 을묘년(1495, 연산군1)에 생원이 되어 성균관에 들어가서는 음애(陰崖) 이자(李耔)와 교분이 두터웠다. 임술년(1502, 연산군8)에 문과에 급제하고, 연산군 갑자년(1504)에 홍문관 교리로서 거제도에 귀양 갔다가 화(禍)를 두려워하여 바다를 건너 달아나 함흥(咸興) 양수척(楊水尺) 집에 숨어서 그 집의 사위가 되었다. 일하는 것이 게으르다 하여 '게으름뱅이 사위'라 불렸다.

3년이 지나 중종이 반정(反正)하자 다시 교리에 제수하고 방문(榜文)을 내걸어 공을 찾았다. 방문이 함흥에 이르자 공이 나가 어명에 받으니 함흥부의 사람들이 모두 크게 놀랐다. 드디어 청환(淸宦) 현직을 두루 역임하니 온 조정의 눈길이 공에게 쏠렸다.

을해년(1515, 중종10)에 장경왕후(章敬王后)가 승하하자 충암(沖菴) 김정(金淨)과 눌재(訥齋) 박상(朴祥)이 상소하여 폐비(廢妃) 신씨(愼氏)의 위호(位號)를 회복할 것을 청하였다. 이에 대사간 이행(李荇)과 대사헌 권민수(權敏手)가 사론(邪論)이라고 지목하여 사형(死刑)의 죄로 거론하니, 사태가 거의 불측(不測)한 지경에 이르렀다. 좌의정 정공(鄭公) 광필(光弼)이 정청(庭請)하여 구해(救解)해 주어 사형 대신 곤장을 맞고 유배를 갔다.

이 해 겨울에 조정암(趙靜菴)선생이 정언(正言)에 임명되어 이행 등의 직책을 파면함으로써 언로(言路)를 열 것을 청하니, 주상이 따랐다. 이보다 앞서 응교 이언호(李彦浩)가 이행과 권민수를 두둔했다. 이 때에 이르러 공이 대사헌이 되어 새로 대사간이 된 모재(慕齋) 김공(金公) 안국(安國)과 함께 정암을 편들었다. 장령 유보(柳溥)와 김희수(金希壽)가 이언호의 의논에 동조하고자 하기에, 공이 반복하여 설득했으나 끝내 서로 의견이 맞지 않았다. 드디어 예궐(詣闕)하여 각자 자기 소회(所懷)를 진달하니, 공과 김공은 체직할 것을 명하고 이어서 유보 등은 그대로 행직(行職)할 것을 명하였다. 이로부터 조정의 의논이 각립(角立)하여 서로 공척(攻斥)하여 마침내 사화(士禍)의 장본(張本)이 되었다.

기묘년(1519, 중종14)에 북로(北虜 여진(女眞))가 변란을 일으켰다. 공은 당시 우찬성으로 있었는데, 주상이 특별히 명하여 북도절도사(北道節度使)를 삼았다. 이조판서 신상(申鏛)이 아뢰기를, "찬성은 중요한 자리이니 오래 비워두어서는 안 됩니다."라 하니, 주상이 "나는 중신(重臣)을 보내어 변란을 진압하고자 했는데, 경의 말도 옳다."라 하고 윤허하였다.

당시에 정암이 국정(國政)을 맡아 선류(善類)를 등용하니, 주상도 마음을 가다듬어 정치에 힘썼다.

남곤(南袞)·심정(沈貞)의 무리가 모두 파산(罷散)한 상태에 있으면서 홍경주(洪景舟) 등과 함께 모의하여 일을 꾸몄다. 11월에 경주가 밀지(密旨)를 칭탁하여 직분에서 밀려난 재상에게 말하여 함께 당인(黨人)을 해치고자 하여 남곤·심정과 모략을 꾸몄다. 그러나 거사할 때에 병조판서가 없으면 위사(衛士)를 호령할 수 없었다. 이때 공이 병조판서 겸 판의금부사(判義禁府事)로 있었기에, 남곤이 공이 집에 없는 틈을 타서 세 번 찾아가 명함을 두었다. 15일 밤에는 남곤이 편지를 보내기를, "나라에 대사가 있으니 말을 달려 입궐하라."라 하였다. 공의 집은 흥인문(興仁門) 밖에 있었다. 공이 황급히 달려가 도착하니, 남곤이 "홍판서는 신무문에서 명을 기다리라는 밀지(密旨)가 있다."라 하고, 남곤은 퇴좌(退坐)하여 입궐하지 않았다. 공이 홍경주·김전(金銓)·고형산(高荊山)을 따라 입궐하니 도총관 심정과 참지 성운(成雲)도 직소(直所)로부터 와서 합문(閤門) 밖에 모여 앉아서 주상께 편전에 납실 것을 청하였다. 홍경주가 정암의 죄목을 가지고 들어가 아뢰고, 또 내고(內庫)의 병기를 폐전(陛前)에 늘어놓고 정암을 체포해 와서 격살(格殺)하고자 하였다. 이에 편전에 들어가 아뢰기를, "사태가 시급하니 청컨대 속히 명하여 입직(入直)한 근시(近侍)를 잡아 가두소서."라 하였다. 이에 정원(政院)에서 비로소 사태를 알아차리고 숙직승지(宿直承旨) 윤자임(尹自任) 등이 예궐하여 묻기를, "재상이 입궐하는 것을 정원이 모르게 해서야 되겠습니까?"라 하니, 좌우의 사람들이 서로 눈짓만 할 뿐 말하지 못했다. 공은 홀로 섰다 앉았다 하면서 말하고자 했으나 감히 말하지 못하였다. 이윽고 내관이 나와 성운을 부르니, 성운이 급히 들어갔다가 즉시 나와서 작은 쪽지를 공에게 주며 "어필이니, 이 사람들을 급히 하옥하라."라 하였으니, 공이 판의금부사였기 때문이었다. 공은 쪽지를 도사(都事) 황세헌(黃世獻)에게 주어서, 승지(承旨) 윤자임·공서린(孔瑞麟)·주서(注書) 안정(安珽)·검열(檢閱) 이구(李構)·응교(應敎) 기준(奇遵)·수찬(修撰) 심달원(沈達源)을 보내어 모두 하옥하니, 시각이 삼경(三更)이었다. 이 때 합문 밖에 모였던 재신(宰臣)들이 모두 편전에 들어와 위태한 말로 공동(恐動)하여 주상에게 속히 당인들을 체포하고 나치(拿致)하여 처형할 것을 권하였다. 공이 비로소 그날 밤에 당인을 격살하려는 의논임을 알고 깜짝 놀라서 나아가 아뢰기를,

"군주는 어두운 밤에 형벌을 내려서는 안 되는 법입니다. 만약 도적의 모의를 한 일이 있더라도 영의정에게 알리지 않고 대사를 처리해서는 안 됩니다."

라 하면서 반복하여 힘써 간언하였다. 경주는 주상에게 아뢰어 속히 결단하기를 청하고, 일어나 행동에 옮기려 하기도 하였다. 공이 이에 손을 내저어 물리치며 "공은 어찌하여 이와 같이 하는가?"라 하여, 경주로 하여금 자리를 떠나 간특한 꾀를 부리지 못하게 하였

다. 주상의 노기(怒氣)가 조금 가라앉자 곧 영의정 정광필(鄭光弼)
을 부르라고 명하니, 이로 말미암아 사태가 누그러졌다. 영상이 추
국(推鞫)하여 정죄(定罪)할 것을 청하여, 공이 김전·홍숙(洪淑),
대간, 승지와 더불어 동추(同推)하여 입계(入啓)하니, 시추조율(時
推照律 당시 드러난 죄상을 가지고 법률에 비추어 형벌을 매기는
일)하라는 어명이 내렸다. 시추조율한 결과 조광조·김정(金淨)·
김식(金湜)·김구(金球) 네 사람은 사율(死律)에 해당되었다. 이에
영상이 좌상 안당(安瑭)과 함께 면대하여 눈물로 간언하니, 곧 감사
(減死)하여 곤장을 치고 귀양을 보내라고 명하였다.

그리고 얼마 안 되어 공은 판의금부사를 사직하였다. 대간이 논하
기를, 공이 전일에 추국을 엄중하게 하지 않아 죄인에게 이름과 자를
불렀다고 하여 파직을 청하였던 것이다. 공은 여주(驪州)의 우만(寓
灣)에 물러나 우거하면서 모재(慕齋) 김안국(金安國)·기재(企齋)
신광한(申光漢)과 함께 늘 신륵사에 모여 시를 읊조리니, 군소배(群
小輩)들이 조정을 비방한다고 하였다.

공은 드디어 창녕현(昌寧縣) 구거(舊居)에 돌아와서 한가로이 살
다가 세상을 떠났다. 묘소는 현(縣)의 북쪽 합산(合山) 선영 자좌(子
坐)의 둔덕에 있다. 후일에 창녕 선비들이 연암서원(嚥巖書院)을 건
립하여 공의 부자(父子)를 배향하였다.

부인 청주경씨(淸州慶氏)는 군수 상(祥)의 따님으로, 후사가 없다.
서자는 덕남(德南)이고, 서녀는 김생(金生)에게 출가하였다. 덕남의
아들은 충서(忠恕)이고 김생의 아들은 일양(一陽)이다.

공은 풍채가 괴위(魁偉)하고 재능은 문무(文武)를 겸비하였으며
일찍이 선정(先正)의 문하에 종유하였다. 입조(立朝)해서는 음애(陰

崖)・모재(慕齋)・충재(沖齋) 권발(權橃)과 함께 도의(道義)로써
서로 강마(講磨)하였다. 권공이 일찍이 아들로 하여금 공에게『춘추』
를 배우게 했으니, 공이 경학에 조예가 깊었음을 알 수 있다.

바야흐로 기묘제현(己卯諸賢)이 휘진(彙進)할 즈음 공의 지위가
찬성이고 병무(兵務)를 맡았으니, 제현이 공을 의지하고 믿었을 터임
을 또한 알 수 있다. 궁궐의 북문이 한밤에 열릴 때 재화(災禍)의
조짐이 천지에 가득했지만 공은 홀로 나서서 간언하여 마침내 간특한
꾀를 꺾고 영상을 불러들여 사태를 조금 누그러뜨렸으니, 공을 '기묘
팔현'의 한 사람으로 꼽는 것은 실로 공론이 다 함께 인정하는 바이다.

지금 공의 시대로부터 2백 5,60년인데 후사가 이어지지 못하고 유
문(遺文)이 산일(散佚)하여 공의 평소 언행과 입조(立朝)의 장주(章
奏)들이 모두 인몰하여 세상에 전해지지 못하니, 너무나 애석한 일이
아니겠는가.

대산(大山) 이공(李公) 상정(象靖)이 이미 행장을 짓고 또 묘비명
을 찬술했으나 묘지명이 아직 없다. 산장(山長) 안좌랑(安佐郞) 경점
(景漸)이 사람을 시켜 편지를 보내와 공의 방손(旁孫) 서룡(瑞龍)의
뜻으로 나에게 묘지명을 청하였다. 나는 본래 문장에 능하지 못하고
게다가 몹시 노쇠하여 죽을 날이 가까운 터에 무슨 정력이 있어 하루
사이 짧은 시간 안에 그 부탁에 부응할 수 있겠는가. 그러나 생각해보
건대, 묘지명은 묘도에 드러나게 새기는 묘갈명과는 달라 그 사적만
기록하면 된다. 그래서 이제 이공이 찬술한 행장에 따르고 한두 가지
보고 들은 사실을 덧붙여 이상과 같이 삼가 서술한다.

명(銘)

아, 아름다워라 선생이여
천생으로 온전한 재능 갖췄고
성명의 시대를 만나서
장차 큰 일을 할 듯하였지
오호라, 기묘년의 일은
치란이 나뉘는 기점이었으니
치화가 아직 융성하지 못했거늘
화란이 이에 발발하고 말았어라
북문에 풍우가 사나울 때
제현들이 나란히 포박되었으니
칼과 톱은 앞에 있고
솥과 가마는 뒤에 있었네
온 조정이 벌벌 떨었으니
누가 감히 역린(逆鱗)을 범하랴
공이 바로 이 때에
자신을 돌보지 않고 일어났으니
공이 충직하다는 것은
임금이 환히 살펴 아셨건만
이 일로 말미암아 파직되어
돌아와 초야에 은거하였어라
뛰어난 재능과 큰 기국을
산림에 감추고 살면서

한가로이 유유자적하여

여생을 즐거이 보냈도다

고을 선비들이 향사를 모셔서

백대에 길이 공경하고 본받으니

곽간 시내는 맑게 흐르고

연암 바위는 크고 높아라

천고에 아름다운 명성

길이 흘러 끝이 없으리니

나의 명이 아첨이 아니라

공경히 무덤 안에 안치하노라

公諱長坤, 字希剛, 號琴軒, 碧珍人, 己卯八賢之一. 新羅末, 有碧珍將軍李
忽言顯于麗初, 公其後也. 自是, 世襲簪紱. 七世祖堅幹, 官進賢舘大提學,
三世至希慶, 官都元帥, 寔公之高祖. 曾祖諱愼之, 贈吏判, 祖諱好謙, 知興
海郡事. 考諱承彦, 遊佔畢齋金先生之門, 沉弘有量, 淹貫經史, 薦官漢城兼
參軍, 贈左贊成, 娶孝寧大君孫吏曹參判春陽君綵之女, 以成化甲午生公.
公生有俊才, 及長, 師事寒暄金先生. 乙卯, 魁生員遊太學, 與李陰崖耔相厚
善. 壬戌登第, 燕山甲子, 以弘文校理竄巨濟, 懼禍越海逃竄, 匿於咸興楊水
尺家, 爲其婿, 怠於役作, 號爲懶婿. 居三年, 中廟改玉, 復除校理, 揭榜搜
訪. 榜文到咸興, 公出應命, 一府大驚. 遂歷揚淸顯, 擧朝屬目. 乙亥, 章敬
王后昇遐, 金沖菴淨·朴訥齋祥抗疏請復廢妃愼氏位號. 大諫李荇·大憲權
敏手指爲邪論, 擬死罪, 事幾不測. 左相鄭公光弼庭請救解, 杖贖徒配. 是
冬, 趙靜菴先生拜正言, 請罷荇等職, 以開言路. 從之. 先是, 應敎李彦浩右
荇敏手. 至是公爲大憲與新大諫慕齋金公安國右靜菴. 掌令柳溥·金希壽欲

同彦浩之議, 公反覆曉諭, 竟不相合, 遂詣闕各陳所懷, 命遞公及金公, 因命
溥等行職. 自是廷議角立, 互相攻斥, 終爲士禍張本. 己卯, 北虜梗化. 公時
爲右贊成, 上特命爲北道節度使. 吏判申鏛啓曰: "貳公重地, 不宜久曠." 上
曰: "余欲以重臣鎭之, 卿言亦當." 允之. 時靜菴當國, 善類登庸, 上亦銳意
爲治. 南袞・沈貞之徒, 皆在罷散, 與洪景舟等協謀交構. 十一月, 景舟稱密
旨, 言于被屈宰相, 同害黨人, 與袞・貞定謀. 而擧事之時, 無兵判, 則不能
號令於衛士. 時公爲兵判兼判義禁, 袞瞰公之無, 三往投刺, 十五日夕, 袞馳
書曰: "國有大事, 走馬入來." 公家在興仁門外, 蒼黃馳到. 袞曰: "有密旨洪
判書待命神武門矣." 袞退坐不入. 公隨景舟・金銓・高荊山入闕, 都揚管沈
貞・參知成雲, 亦自職所來會, 坐閤門外, 請上御便殿. 景舟以靜菴罪目入
啓, 且令內庫戎器陳列陛前, 將欲拿致格殺. 乃入啓曰: "事急, 請速命囚入
直近侍." 於是, 政院始覺之. 直宿承旨尹自任等詣闕進問曰: "宰相入闕, 使
政院不知, 可乎?" 左右相目不語. 公獨且立且坐, 欲言而不敢發. 俄而內官
出, 召成雲, 雲趨入卽出, 以小紙授公曰: "御筆也. 此人等亟下獄." 以公判
義禁也. 公以授都事黃世獻, 送承旨尹自任孔瑞麟・注書安玭・檢閱李構・
應敎奇遵・修撰沈達源皆下獄, 漏皷三下矣. 於是, 閤門諸宰皆入, 以危言
恐動之, 勸上速令逮捕黨人, 拿致誅之. 公始知當夜格殺之議, 愕然進啓曰:
"人君不可於昏夜加刑, 有若行盜賊之謀, 亦不可諱首相而行大事." 反覆力
諫. 景舟欲啓上請速決, 或作起動之勢. 公輒揮手却之曰: "公何爲若是?" 使
不得離席, 以售其奸謀. 天威少霽, 乃命招領議政鄭光弼. 由是, 事得寬緩.
領相請推鞫定罪, 公與金銓・洪淑臺諫承旨同推入啓, 命以時推照律, 趙光
祖・金淨・金湜・金球四人擬死律. 領相與左相安瑭面對泣諫, 乃命減死杖
配. 未幾, 公辭遞禁府. 臺諫論公前日推鞫不嚴, 致罪人呼字呼名, 請罷. 退
寓驪州之寓灣, 與金慕齋・申企齋光漢, 常會神勒寺唱酬, 羣小以爲誹訕朝

廷. 公遂還昌寧舊居, 優游以卒. 墓在縣北合山先塋子坐原. 後昌之人士建祠燕巖, 享公父子. 配淸州慶氏, 郡守祥之女, 無后. 庶子德南, 女適金生. 德南子忠恕, 金生子一陽. 公風神魁偉, 才兼文武, 早遊先正之門. 及其立朝, 與陰厓·慕齋·權冲齋橃, 道義交磨. 權公嘗使其子受『春秋』於公, 則公之深於經學, 可知. 而方己卯羣賢彙進之際, 公位貳公判兵務, 則其爲諸公之所倚毗, 亦可知也. 北門夜啓, 禍色滔天, 而公挺身獨諫, 卒能折奸謀召首相, 事得少緩. 八賢之目, 寔公議之所歸也. 今距公之世二百五六十年, 而後嗣不繼, 遺文散佚, 其平日言行, 立朝章奏, 皆湮沒而無傳, 可勝惜哉! 大山李公象靖旣爲之狀, 又撰碑銘, 而竁文有缺. 山長安佐郞景漸專人走書, 以公旁孫瑞龍之意, 請誌于鼎福. 鼎福素不文, 且在衰癃濱死之中, 有何精力, 可以應命於倉卒一日之間哉? 惟其幽堂之文, 異于墓道之顯刻, 記其事, 足矣. 今依李公所撰, 兼附一二聞見, 謹序如右. 銘曰:

於休先生 天賦全才 際遇聖明 若將有爲

嗚呼己卯 治亂之括 治化未隆 亂機斯發

北門風雨 羣賢駢首 刀鋸在前 鼎鑊在後

滿朝悼慄 孰敢嬰鱗[153] 公於是時 奮不顧身

公之忠直 天監孔燭 坐是廢斥 反我初服

長才偉器 蘊于丘樊 優哉游哉 樂此餘年

---

153 嬰鱗：逆鱗과 같은 말로 임금의 노여움을 범하는 것이다. 용이 턱밑에 거슬려 난 비늘이 있는데 이를 건드리면 용이 노하여 건드린 자를 죽인다고 한다. 『韓非子 說難』

多士腏享 百世矜式 藿澗泠泠 燕巖翼翼

千古芳名 永流無疆 我銘不諛 敬奠幽堂

17. 숙인 전씨 묘지

淑人全氏墓誌 병신년(1776, 65세)

창녕(昌寧)의 손좌랑(孫佐郞) 석모(錫謨)에게 현숙한 배필이 있었
으니, 숙인(淑人) 전씨(全氏)이다. 숙인이 세상을 떠나 장사를 지내
려 할 즈음 그의 벗 안군(安君) 경점(景漸)에게 부탁하여 행장을 짓
게 하고, 나에게 묘지명을 지어 달라고 청하며 말하기를,

 "규문(閨門)의 행실은 비록 밖으로 드러내 알려서는 안 되지만 그
 렇다고 해서 차마 민몰(泯沒)하게 둘 수 없는 것이 있으니, 묘지에
 기록하여 우리 어린 자손들에게 가르치고자 한다."
라 하기에, 내가 사양할 수 없었다.

 삼가 그 행장을 살펴보건대, 숙인(淑人)은 어려서부터 유순하고
과묵하며 몸가짐이 정숙하였다. 시집가기 전에는 부모 형제와 함께
살면서 어긋난 행실이 없었고, 19세에 손씨 집에 시집와서는 부도(婦
道)가 잘 갖추어졌으니, 종당(宗黨)과 향리에서 그 덕을 칭찬하지
않는 이가 없었다. 시아버지는 숙인을 좋아하여 늘 "우리 집안의 복며
느리〔福婦〕다."라 하였다.

 을해년(1755, 영조31)에 시어머니의 상을 당했다. 숙인은 매우 애
통해하고 상장(喪葬)의 수의(壽衣)와 의금(衣衾)을 모두 손수 짠 베
로 만들었으며, 애척(哀戚)의 마음과 상례의 절차가 모두 극진하였
다. 이어 숙인이 손군에게 말하기를,

 "생전에 봉양하지도 못하고 문득 큰일을 당하였으니, 지금 홀로
 되신 시아버님 봉양하는 것이 구경(具慶)할 때와 달라야 할 것입니

다."

라 하고, 심려를 다하여 반드시 술과 고기를 마련하고 오직 양지(養
志)에 힘썼다. 이듬해 시아버지가 또 세상을 떠나자 숙인은 절통(切
痛)해 마지 않으며 상장(喪葬)의 절차를 오로지 전상(前喪)과 같이
하였다. 시동생과 시누이를 종전보다 더 잘 보살피고 길렀으며, 혼
인할 때에는 예물과 혼수를 장만하는데 힘을 다하면서 말하기를,

"어찌 부모가 없이 외로운 시동생과 시누이가 돌아가신 부모님을
그리워하는 마음이 더욱 간절하도록 할 수 있겠는가."

라 하였다. 대개 그 효성과 우애는 천성에서 우러나온 것이었다.

손군은 젊을 때부터 과거 공부를 하여 함께 공부하는 친구가 늘
많았다. 그러나 규문 안에 한 번도 큰 소리가 들린 적이 없었고, 음식
을 차려 대접할 때는 자못 머리카락을 잘라서 음식을 마련했던 옛사
람의 풍모가 있었다.

손군이 처음 벼슬에 올라 영화롭게 돌아오자 온 마을 남녀들이 많
이 모여들어 부러워하며 바라보았다. 그런데 숙인은 홀로 보지 못한
듯이 초연한 모습으로 중문을 나오시 않으니, 사람들이 모두 기이하
게 여겼다. 손군이 과부가 된 제수와 누이를 데리고 한 집에 살았고
게다가 소실을 두었는데, 기질과 성격이 저마다 서로 달랐다. 그러나
숙인이 이들을 지성으로 대하니, 모두 숙인을 좋아하였다. 숙인이야
말로 여자이면서 선비의 행실이 있는 사람이라 이를 만하다.

숙인은 경종 신축년(1721) 1월 29일에 태어났고 영조 병신년(1776)
3월 23일에 세상을 떠났으니, 향년 56세이다. 1남 1녀를 두었으니,
아들 일징(日徵)은 경학(經學)에 밝기로 이름났고, 딸은 장윤형(張胤
炯)에게 출가하였다. 모산(某山) 모좌(某坐)의 둔덕에 안장하였다.

전씨의 선계(先系)는 축산(竺山 예천(醴泉))에서 나왔다. 증조는 아무이고 조부는 아무이며 부친은 성임(聖任)이다. 모친 밀양박씨(密陽朴氏)는 만기(萬基)의 따님이다.

안경점은 근졸(謹拙)한 사람이니 의당 그 말이 믿을 만 할 터이기에 지금 절록(節錄)하여 기록한다.

昌寧孫佐郎錫謨有賢配, 曰淑人全氏. 旣沒將葬, 屬其友安君景漸, 狀其行, 請誌於鼎福曰: "閨閫之行, 雖不可宣揚於外, 而不忍有沒沒者, 欲得墓記, 以詔我稤昧." 鼎福不能辭. 謹按其狀, 淑人自幼婉順沉默, 貞靜自守. 其在室, 處父母兄弟之間, 無違行, 年十九歸孫氏, 婦道甚備, 宗黨鄕里, 莫不稱其德. 皇舅嘉悅之, 常曰: "此吾家福婦也." 乙亥, 丁皇姑憂, 淑人甚慟之, 喪庀之節, 皆出自機杼, 戚易俱盡. 仍謂孫君曰: "生不致養, 奄罹大故. 目今奉侍偏親, 當異於具慶之日." 殫竭心慮, 必有酒肉, 惟以養志爲事. 翌年, 皇舅又見背, 哀痛切至, 勿悔之節, 一視前喪. 撫養弟妹, 逾於平日, 及其婚嫁, 聘幣粧奩, 竭力資辦曰: "豈可使孤露之弟妹, 益切感慕之懷也." 盖其友孝天植然也. 孫君自少治擧業, 同硏賓交常多, 而閨門之內, 不聞有一聲, 設饌供饋, 頗有剪髢[154]之風. 孫君之釋褐榮還也, 一村士女, 坌至聳觀. 淑人

---

154 剪髢 : 집안이 가난하여 손님을 대접할 수 없어 부인이 자기 머리털을 잘라 팔아서 음식을 장만했다는 말이다. 杜甫의 「送重表姪王砯評事使南海」에서 唐나라 王珪의 아내 杜氏가 머리털을 잘라 술을 사서 손님을 대접한 것을 읊기를 "집에 들어와 아내의 머리털이 없는 것을 보고 괴이쩍어 오랫동안 탄식했더니, 아내가 스스로 말하기를 머리털을 잘라 저자에서 술을 사 왔다 하였네.[入怪鬢髮空 吁嗟爲之久 自陳剪髢鬟 鬻市充杯酒]"라 하였다

獨超然若無見, 不出中門, 人皆異之. 孫君與孀嫂寡妹同居, 又畜小室, 剛柔異品, 酸醶不齊, 至誠接遇, 咸得其心. 淑人其可謂女而士行者矣. 淑人生于景廟辛丑正月二十九日, 歿于英宗丙申三月二十三日, 得年五十六. 生一子一女, 男曰徵以明經名, 女適張胤炯. 葬于某山某坐之原. 全氏系出竺山, 曾祖某祖某, 考聖任. 妣密陽朴氏, 萬基之女. 安君謹拙人, 宜其言之有徵, 今節錄而爲之記.

18. 의령남씨 묘지명

宜寧南氏墓誌銘 병신년(1776, 65세)

을미년(1775, 영조51)에 마진(痲疹 천연두)이 나라 전역에 퍼졌을 때, 고청거사(孤靑居士) 남군(南君) 필복(必復)이, 이씨(李氏) 집안으로 시집간 지 얼마 안 되어 아직 친정에 있던 현숙한 딸을 잃었다. 거사는 애통하게 곡하고 그 딸의 지행(志行)이 민멸하는 것을 불쌍히 여겨 편지를 보내 나에게 묘지명을 지어달라고 부탁하였다.

거사의 집안은 의령(宜寧)의 세족(世族)이다. 국초에 휘 재(在)가 있었으니 개국공신 영의정으로 시호가 충경공(忠景公)이다. 8대를 내려와 휘 이웅(以雄)은 인조반정을 도와 진무공신(振武功臣)에 책훈되고 벼슬이 좌의정에 이르고 춘성부원군(春城府院君)에 봉해졌으니, 거사는 곧 그 제사를 모시는 이손(耳孫)이다. 전주이씨(全州李氏)를 아내로 맞아 영조 정축년(1757)에 한양에서 딸을 낳고, 후에 공주(公州)로 이주하였다.

딸은 어려서부터 유순하고 인자하며 효성과 우애가 돈독하였다. 어머니는 평소 심복통(心腹痛)을 앓았고 오빠 영(泳)은 병치레가 잦았는데, 병이 발작하면 딸이 반드시 좌우에서 보살펴 친히 미음을 끓이고 약을 달였으며 옷에 띠를 풀지 않고 병이 다 나을 때까지도 해이하지 않았다. 제사를 지낼 때는 조두(俎豆)를 잡고 제수를 갖추느라 새벽까지 자지 않고 일을 마쳤다. 종족과 돈목(敦睦)하여 촌수의 친소(親疎)에 따라 차별을 두지 않았다. 경대(鏡臺)와 같은 화장 도구는 하나도 없었고, 철따라 집안사람에게 옷을 지어줄 때면 어른을 대신하여 바느질을 하는데 반드시 남보다 먼저 시작하고 뒤에 그쳤다. 이로써 집안사람들 상하와 내외의 친척들이 '현숙한 딸'이라고 칭찬하지 않는 이가 없었다.

18세에 칠곡(漆谷)의 이인운(李寅運)에게 시집갔다. 이씨도 광주(廣州)가 관향이고 명망이 드러난 성씨로 그 선대에 휘 집(集), 호 둔촌(遁村)이 있었으니, 고려 말의 이름난 인물이었다. 그리고 석담(石潭) 윤우(潤雨)와 감사(監司) 원록(元祿)이 각각 그 7대조와 5대조이다. 부친은 동수(東洙)이다. 이씨가 중세에 영남으로 이주하여 종족이 번성했으니, 영남에서 명문을 일컬을 때 반드시 돌밭〔石田〕이씨를 꼽았으니, 돌밭은 곧 이씨가 사는 마을 이름이다.

이듬해 10월에 딸이 오빠 영과 함께 동시에 마진에 걸렸는데 자신은 병들지 않은 것처럼 하고 성심을 다하여 오빠를 치료하였다. 질병이 심해져서 견디기 어려운 후에야 비로소 자리에 누웠으나 병은 이미 손쓸 수 없었다. 마침내 남편의 집에서 온 서찰을 다 찾아서 일일이 살펴보고 간수하며 말하기를, "이미 남에게 시집가서 남편의 집 문정(門庭)을 알지 못하니 이것이 한스러운 일이다."라 하고, 또 부모에게 말하기를, "딸 하나의 죽음은 문호(門戶)에 무관하니 원컨대 슬퍼하여 훼상(毁傷)하지 마십시오."라 하였다. 말을 마치자 숨을 거두니 바로 이 달 23일이고 이 때의 나이 19세였다.

예(禮)에 "여자가 결혼하여 시댁의 사당에 배알하기 전에 죽으면 친정에서 장사지낸다."로 되어 있으나 자식도 없이 죽은 것을 불쌍히 여겨 영상(迎喪 객지나 타향에서 죽은 사람을 맞아서 고향 집으로 반장(返葬)하는 일)하여 시댁으로 돌아가 장사지냈다. 인정을 따르면서 의리에 어긋나지 않는 것이 예(禮)에서 실로 중요하다. 이에 명(銘)을 짓노라.

이씨는 대대로 주봉 기슭에 안장했나니
건좌의 둔덕은 여사의 유택이로다

歲乙未, 痲疹遍域中, 孤青居士南君必復, 喪其賢女爲李氏婦之未歸者. 居
士哭之慟, 憐其志行之泯也, 走書屬余誌其墓. 居士宜寧世族也, 國初有諱
在, 開國功臣領議政, 謚忠景公. 八世而有諱以雄, 佐仁祖, 策振武勳, 官左
議政, 封春城府院君, 居士卽其承祀耳孫也. 娶全州李氏, 以英宗丁丑, 生女
于漢師, 後移公州. 女自幼婉順仁恕, 篤於孝友. 母素患心腹, 兄泳善病. 病
必左右扶將, 粥飯藥餌, 親自炒鬻, 衣不解帶, 疾已而猶不懈. 祭祀之時, 執
籩豆具饍羞, 達曉不寐以卒事. 敦睦宗族, 不以戚疎有厚薄. 奩藏無一私儲,
每當授衣之時, 代長者執針線, 必先人而後已. 以是, 家人上下內外親戚, 莫
不稱之曰賢女. 年十八, 歸于渼谷李寅運, 李亦廣州著姓也. 其先有諱集號
遁村, 麗末名人. 石潭潤雨·監司元祿, 其七世五世祖也. 父東洙. 中世移嶺
南, 族大而盛, 嶺人之稱華族, 必曰石田之李, 石田卽其所居里名也. 翌年十
月, 女與兄泳同時染疹, 而己若不病也, 盡心救療, 及其疾甚難强而後, 始臥
而病已不可爲矣. 遂盡索夫家書札, 點閱藏置曰: "旣歸於人, 不識夫家門庭,
是可恨也." 且謂其父母曰: "一女子之死, 不關門戶. 願勿悲毁." 言已而歿,
卽是月二十三日, 時, 年十九. 禮女未廟見而死, 則葬于女氏之黨[155], 而夫

---

155 禮女……之黨 : 『禮記』「曾子問」에 보인다. 曾子가 "여자가 시집가서 아직
사당에 알현하지 못하고 죽으면 어찌해야 합니까?〔女未廟見而死, 則如之

家哀其無后而死也, 迎喪以歸葬焉. 順人情而不悖于義, 實禮之所貴也. 遂
爲之銘曰:

李氏世葬珠峯麓 負乾之原女士宅

何?〕"라 하니, 공자 "사당에 영구를 옮겨 배알하지 못하고 시어머니 신주에
붙여 祔祭를 지내지 못하며, 남편은 喪杖을 짚지 않고 草屨를 신지 않으며
喪次에 머물지 않고 부인의 집으로 돌려보내 장사 지내니 아직 부인이 되지
못함을 보인 것이다.〔不遷於祖, 不祔於皇姑, 壻不杖, 不菲不次, 歸葬于女氏
之黨, 示未成婦也.〕"라 하였다.

묘지
墓誌

1. 성균 진사 독성재 황공 묘지명-병서-

成均進士獨醒齋黃公墓誌銘-幷序- 기해년(1779, 68세)

공은 휘가 최(最)이고 자는 낙원(樂元)이다. 황씨(黃氏)는 본관이 창원(昌原)이니 고려 때 시중(侍中) 충준(忠俊)이 그 원조(遠祖)이다. 본조에 들어와서는 의원군(義原君) 거정(居正)이 있었고 잠영(簪纓)이 이어져 7대를 지나 호조참판 숙(璹)에 이르렀고, 또 2대를 지나 홍천현감 휘 집(潗)에 이르러 문학과 기절(氣節)이 인사들의 긍식(矜式)이 되었으니, 공에게 고조가 된다. 증조 휘 여구(汝耉)는 병자호란 때 강화도에서 창의(倡義)하였고 모친 심씨(沈氏)를 모시고 온 집이 순절하여 정려를 받았으며, 사헌부지평(司憲府持平)에 추증되었다. 조부 휘 의(鏶)는 병자호란 이후에 은거하여, 청나라 수도 연경(燕京) 쪽을 향해서는 앉지도 않았고 호를 후촌일인(後村逸人)이라 하였다. 부친 휘 우성(遇聖)은 가정의 가르침을 따라 형제 다섯 사람이 모두 과거에 응시하지 않았다. 모친 함평이씨(咸平李氏)는 직장(直長) 정화(廷華)의 따님이다.

공은 명릉(明陵) 경신년(1680, 숙종6) 윤8월 23일에 태어났다. 어릴 때부터 준위(俊偉)하여 기국과 도량이 있었기에 선배들이 모두 큰 인물이 될 것으로 기대하였다. 성장해서는 스스로 학문에 힘써 과문(科文)의 각 문체를 모두 다 붓을 잡으면 곧바로 지었으니, 과장의 선비들이 모두 추중하였다. 누차 과거에 응시했으나 합격하지 못하다가 영조 을사년(1725)에 비로소 진사에 올랐으나 끝내 대과에 급제하지는 못했으니, 군자가 명(命)이라 하였다.

경오년(1750, 영조26) 9월 23일에 정침에서 숨을 거두니 향년 71세이다. 양천현(陽川縣) 남산리(南山里)에 안장했다가 후일에 부평부(富平府) 계양산(桂陽山) 동쪽 맥현(陌峴) 정좌(丁坐) 둔덕에 이장하였다.

공은 성품이 효성스럽고 우애로워 어버이를 섬김에 뜻을 어김이 없었다. 겨우 약관의 나이에 모친이 등창을 앓아 오래도록 낫지 않자 입으로 종기를 빨기를 3년 동안이나 게을리 하지 않았다. 상(喪)을 당해서는 애훼(哀毁)가 예제(禮制)에 지나쳤다. 무술년(1718, 숙종 42) 여름에 부친상을 당했을 때도 또한 이와 같이 하였다. 계모 정부인(鄭夫人)은 성품이 엄하여 조금도 용서가 없었는데, 공이 받들어 섬김에 지성스러워 사랑과 공경이 극진하였다. 한 아우와 세 누이는 모두 계모 소생이었는데 어루만져 사랑하고 가르쳐 인도하여 모두 성취시켰고, 집에서 정부인의 모친 이씨를 봉양하는 것도 마치 정부인을 섬기듯이 하였으며 상장(喪葬)의 의물(儀物)을 잘 구비하여 정부인의 뜻에 서운함이 없게 하니, 정부인이 이에 감동하고 공을 좋아하였다. 경향(京鄕)의 사림이 공의 행의(行誼)를 열거하여 적어서 위로 조정에 보고하려고 하였다. 공이 이 사실을 듣고 "이는 나의 불효를 무겁게 하는 것이다."라 하고, 곧 힘써 만류하여 중지시켰다.

공은 평소에 빈객을 좋아하여 문 밖에는 찾아온 사람들의 신발이 날마다 가득하였다. 공은 흉회가 평탄하여 담소하고 수작할 때에 친소(親疎)와 경중(輕重)에 따른 접대가 모두 법도에 맞았다. 남과 교제할 때는 은혜와 의리가 모두 지극해서 오래 지나도록 변함없이 한결같았다. 친구가 죽어 그 가솔(家率)이 의지할 곳이 없는 경우에는 그 집을 도와주었고, 먼 지방의 선비들이 서울에 와서 기거할 곳이 없는 경우에는 자기 집에 와서 묵게 하고, 혹 객지에서 죽어 귀장(歸葬)하지 못하는 경우에는 장례를 치를 수 있도록 도와주었다. 만년에는 후진을 가르치면서 다양한 방법으로 인도하여 마침내 성취한 이가 많았다. 원근에서 배우는 이들이 모두 모여들었는데, 반드시 지행(志行)을 우선으로 삼고 문예(文藝)를 여사(餘事)로 삼았다.

공은 본디 포부가 있었으나 늦도록 성취한 바가 없었다. 비록 부침하는 말세에 살았으나 입지(立志)가 확고하여 만부(萬夫)의 힘으로도 빼앗기 어려운 지조가 있었다. 당시에는 당의(黨議)가 횡류(橫流)하여 선비의 추향(趨向)이 정도를 잃은 때라 적당히 현실에 영합하여 그 행실이 안팎으로 다른 자가 많았다. 공은 이러한 사람을 보면 마치 가까이했다가는 자신도 더럽혀질 것처럼 여겨 번번이 침을 뱉고 꾸짖었다. 요로(要路)에 있는 한 재신(宰臣)이 산림(山林)의 명망을 빙자하여 지위를 사양함으로써 임금의 총애를 얻으려 하니, 선비들 중에서 벼슬을 얻고자 하는 자들이 장차 소장을 지어 올려 임금에게 그 재상을 돈소(敦召)할 것을 주청하려 하면서 그 소장의 명단에 공의 아들의 이름을 함부로 적어 넣었다. 공은 준엄한 말로 배척하여 빨리 그 이름을 지우게 하니, 그 의론이 드디어 저지되었다. 이어서 대신(臺臣)이 그 재상의 풍지(風旨)를 받들어 상장(上章)하여 그 일을 말하였다. 그 대신은 공이 평소에 익히 아는 사람이라 그에게 편지를 보내 "인간 세상에 염치라는 글자가 있는 줄을 알지 못한다."라고 꾸짖었다. 이로 말미암아 사람들이 혹 질시했으나 공은 조금도 굽히지 않았다.

학문할 때는 각고면려하여 경서의 본문은 모두 천 번씩 읽었고 특히 『서경(書經)』에 힘을 쏟으며 말하기를,

"성현의 글은 근량(斤兩)이 무겁고 의미가 깊으니 잠깐 보고 읽어
서 알 수가 없다."

라 하고, 글을 읽을 때는 반드시 그 의미를 관통하고야 말았다. 제
자들이 경전의 뜻을 질문하면 깊은 뜻을 드러내 밝히고 소주(小註)
에 모씨(某氏)의 해석이 몇 째 줄에 있다고 방증(傍證)하곤 했는데,
책을 펴지 않고도 한 글자의 착오도 없었다. 백가(百家)의 책에 이
르러서도 두루 통달하지 않은 것이 없었으니, 음씨(陰氏)의 『운부
(韻府)』는 유서(類書) 중에서 미쇄(微瑣)한 것인데도 무슨 대목이
건 줄줄 외웠다. 일찍이 말하기를, "나는 문장에 있어서는 재능으로
된 것이 아니라 부지런히 노력하여 이루었다."라 하였다.

소싯적에 가난하여 글을 읽을 때는 새끼줄을 태워서 글자를 비추었
고 글씨를 익힐 때는 버들을 꺾어 붓을 삼았다. 그 붓과 새끼줄이
만년까지도 남아 있었다. 공의 서법은 촉체(蜀體 조맹부체(趙孟頫體))
에 능했다. 공은 과장에 들어가면 반드시 직접 시권(試卷)을 쓰니,
사람들이 당시의 유행하는 서체(書體)와 맞지 않는다고 탓하자, 공은
"나의 기량을 다할 뿐이니 대필(代筆)로써 요행을 바라는 것은 나는
하지 않겠다."라 하였다.

집안에서는 검소를 숭상하였다. 향장(鄕庄)에서는 작은 집에 토상
(土床)에 거처하고, 거친 밥과 나물국을 먹으면서도 천성인 양 편안
히 여겼다. 일용의 그릇들은 대부분 질그릇을 사용했고, 화려한 물건
은 눈에 접하지 않았다. 공은 일찍이 말하기를,

"사람은 인시(寅時)에 났으니, 범사의 시작은 인시에 있다. 반드시
날이 샐 무렵에 일어나 자기 맡은 일을 부지런히 하는 것이 옳다."

라 하였다. 공이 세상을 떠나자 원근의 식자들이 탄식하고 애도하

면서 말하기를,

"이로부터 사림의 정론(正論)이 그쳤다."

라 하였다. 공의 저술로『독성재집(獨醒齋集)』약간 권, 『맹자부동
심장부설(孟子不動心章附說)』, 『설창잡지(雪窓雜識)』등이 있는데
모두 평소에 수용(受用)한 것이다.

부인은 유인(孺人) 광주안씨(廣州安氏)이고, 부친은 진사 휘 서채
(瑞采)인데 나에게 종조부가 된다. 유인은 유순하고 차분하여 기쁨과
노여움을 안색에 드러내지 않았다. 시부모를 섬김에 효성을 다하고
남편을 섬김에 공경을 다하여 집안이 정숙(整肅)했으며, 종일토록
일을 해도 큰 소리가 밖으로 들리지 않았으니, 내외의 종족들이 어질
다고 칭찬하지 않은 이가 없었다. 경오년(1750, 영종26)의 상변(喪
變) 이후로 가업(家業)이 쇠락하여 생계를 꾸려 갈 수 없을 지경이었
는데, 공의 계씨가 아무 곳에 있는 밭을 달라고 하자 유인이 문서를
만들어 주고 조금도 아끼지 않으니, 사람들이 어려운 일이라고 하였
다. 공보다 한 살이 적고 공의 사후 7년인 병자년(1756, 영종32)에
세상을 떠났고, 공과 합장하였다.

1남 1녀를 낳았다. 아들의 유명(幼名)은 노랑(老郞)으로, 재예(才
藝)가 있었는데 성동(成童)이 되기 전에 요절하였다. 그래서 공은
종제 욱(昱)의 아들 이곤(以坤)으로 후사를 삼았다. 이곤은 문학을
갈고 닦아 장차 성취할 가망이 있었는데, 불행하게 공보다 먼저 죽었
다. 이곤은 두 아들 덕일(德壹)·덕길(德吉)을 두었다. 딸은 심해보
(沈海普)에게 출가했고, 3남 1녀를 두었다. 장남 연한(連漢)은 문과
에 급제하여 승문원 정자(正字)가 되었는데 요절했다. 차남은 통한
(通漢)이다. 삼남 달한(達漢)은 문과에 급제하여 지금 정언(正言)이

다. 딸은 조수간(趙守簡)에게 출가했다.

공이 일찍이 나의 조부의 행장을 지으면서 "공을 아는 사람으로 나만한 이가 없다."라 하면서 심지어 원우완인(元祐完人)에 비겼고, 나의 선인도 일찍이 말씀하시기를, "모씨를 아는 사람으로 나만한 이가 없다. 엄동설한에 우뚝 홀로 빼어난 사람은 모씨가 그러하다."라 하였고, 나 또한 공의 장려와 기대를 입은 것이 결코 적지 않았으니, 공이 우리 집안 3대에 걸쳐 세의(世誼)가 특별히 두터웠다. 공의 손자 덕일이 행장을 가지고 와서 묘지명을 청하기에 의리상 감히 사양하지 못하고 이상과 같이 찬술한다. 나는 늙고 병들어 정신이 혼미하여 공의 숨은 덕(德)을 만의 하나도 형용하지 못하지만, 금석(今昔)을 돌이켜 생각해 보노라니 나도 모르게 눈물이 흐른다. 삼가 명(銘)을 쓴다.

아, 아름다워라 황공이여
천품이 우뚝이 빼어났으니
효우의 전성이 지극하고
시서의 학업이 돈독했어라
세상에 모범이 되는 행실이요
세상을 구제할 학문이었건만
천일의 만남은 어긋났고
백륙의 운수를 만났어라
당쟁의 폐습이 시속을 마치니
갈림길에 잘못 가는 이 많았건만
언어가 장중하고 안색이 바르니

간사한 선비들 눈을 흘겼지
공은 확고히 지조를 지켜서
재능을 감추고 즐겨 은거하여
파릉의 구장과
만현의 가숙에서
밭 갈고 김매기도 하고
가르치고 인도하기도 했지
한가로이 노닐며 여생을 마쳐
아름다운 덕을 온전히 지켰어라
현숙한 배필이 있어
온혜하고 정숙하니
종당이 보고 본받았으며
규문의 위의가 정숙하였네
빛나는 이 산기슭이여
실로 공의 유택이로다
백대에 징험할 수 있으니
이 묘지명을 볼지어다

公諱最, 字樂元. 黃氏出昌原, 高麗侍中忠俊其遠祖也. 入本朝, 有義原君居
正, 簪組相繼, 七世至戶曹參判瑃, 又二世至洪川縣監諱溁, 文學氣節, 爲人
士矜式, 於公爲高祖. 曾祖諱汝耇, 丙子虜變, 倡義江都, 奉母夫人沈氏, 闔
門殉節旌閭, 贈司憲府持平. 祖諱鑲, 虜變後隱居, 坐不向燕, 號後村逸人.
考諱遇聖, 遵家訓, 兄弟五人不應擧. 妣咸平李氏, 直長廷華之女. 公以明陵
庚申閏八月二十三日生, 幼俊偉有器度, 先進皆以遠到期之. 及長, 自力爲

學, 程文各體, 皆操筆立就, 場屋之士, 咸推重焉. 屢擧不中, 英宗乙巳, 始登進士, 竟未大闡, 君子曰命也. 庚午九月二十三日, 卒于正寢, 享年七十一, 葬于陽川縣南山里, 後遂移窆于富平府桂陽山之東陌峴丁坐原. 公性孝友, 事親無違. 年甫冠, 母夫人患疽久未瘳, 公吮之三年不怠. 及丁憂, 哀毁踰節. 戊戌夏, 丁外艱, 亦如之. 繼妣鄭夫人, 性嚴無少貸, 公承事洞屬, 愛敬備至. 一弟三妹, 皆繼妣出也, 撫愛敎誨, 咸至成立, 奉鄭夫人母李氏於家, 如事鄭夫人, 喪葬儀物備, 無憾於鄭夫人志, 鄭夫人爲之感悅. 京鄕士林, 列公行誼, 爲登聞計. 公聞之曰: "是重吾不孝也." 乃力止而止之. 平生喜賓客, 戶外之屨日盈. 公胸懷坦夷, 談諧酬酢, 戚踈輕重, 率中規度. 其於交際, 恩義兼至, 久而無甘壞. 朋舊有死而無依者, 恤其家, 遠方之士遊洛下而無寄者, 延于舘, 或旅死而未歸葬, 則營辦而資之. 晚來訓誨後進, 誘掖多術, 卒之成就者衆. 遠近從學者咸萃, 必以志行爲先而文藝爲餘事. 公雅有抱負, 晚無所成, 雖處於浮沉末俗, 而立志牢確, 有萬夫難奪之操. 當黨議橫流, 士趨失正之時, 刓方逐圓, 陰陽其行者, 滔滔然也. 公視若浼己, 輒唾罵之. 一要宰冒山林名, 辭位邀寵. 章甫干進輩, 將治疏請敦召, 冒錄公之子疏中. 公嚴辭斥之, 亟令割其名, 議遂沮. 繼而臺臣承風旨上章爲言, 臺臣公之素熟者, 貽書責以不識人間有廉恥字. 由是, 人或嫉之而不少撓也. 其爲學, 勤苦刻厲, 經書正文, 讀皆千遍, 尤致力於『書經』曰: "聖賢之文, 斤兩重而意味深, 不可乍看旋讀而知也." 讀必貫透而後已. 門人質問經義, 則發明奧旨, 旁証小註某氏釋在第幾行, 不開卷而不錯一字. 至於百家之書, 無不淹通. 若陰氏『韻府』[156], 類書之微瑣者, 猶能擧輒成誦. 嘗言; "吾於文, 非以

才也, 勤以得之." 少時讀書, 燃繩照字, 習書折柳爲筆, 其筆與繩, 晚歲猶

存. 公之書法, 長於蜀體[157], 入試場, 必躬自寫卷, 人以不合時樣尤之. 公

曰: "盡吾技而已, 借書僥倖, 吾不爲也." 居家尙儉素, 在鄕庄, 斗屋土床,

麤飯菜羹, 安之若性. 日用器皿, 多範土制之, 什物華鮮者, 不接於目. 嘗

曰: "人生寅, 凡事之剏始在寅. 必昧爽而興, 勤其所業, 可也." 及歿, 遠近

知識嗟悼曰: "從此士林之正論熄矣." 公所著『獨醒齋集』若干卷·『孟子不動

心章附說』·『雪窓雜識』等, 皆其平日受用也. 配孺人廣州安氏, 考進士諱

瑞采, 於鼎福爲從祖. 孺人柔嘉靜重, 喜慍不形, 事舅姑殫其誠, 事所天盡其

敬, 閫內整肅, 終日治事, 聲音不聞於外, 內外宗族, 莫不曰賢. 庚午喪變以

後, 家業剝落, 無以爲生, 而公季氏欲得某田, 孺人成券給之, 不少恡, 人以

爲難. 少公一歲, 後公七年丙子卒, 與公合葬. 生一子一女, 子幼名老郞, 有

才藝, 未成童夭, 取從弟昱子以坤爲後, 砥礪文學, 將有成, 不幸先公歿. 有

二男德壹·德吉. 女適沈海普, 有三男一女. 男長連漢, 文科承文正字, 早

夭, 次通漢, 季達漢, 文科今正言. 女適趙守簡. 公嘗狀我王考行曰: "知公

者莫如我, 至比於元祐完人.[158]" 我先人亦嘗曰: "知某氏者莫如我. 大冬嚴

雪, 挺然獨秀者, 某氏爲然." 鼎福亦被公獎勉期許者不少. 公處我三世, 契

가리킨다. 이 책은 모두 20권이고, 고사와 문장을 채록하여 각 韻字의 아래에
붙인 類書이다.

157 蜀體 : 서체의 한 종류로 元나라 사람 趙孟頫의 松雪體를 말한다. 조맹부의
서체를 촉체라고 부른 것에 대해서는, 英正朝 때의 서예가 道川 黃運祚가
"조맹부의 글씨가 소동파에게서 유래하는데, 소동파가 蜀 지방 사람이었기
때문에 그렇게 일컫는다."라 하였다.『一夢稿 書家錄』

158 元祐完人 : 주 105) '元祐完人' 참조.

分特厚, 公孫德壹持狀文來請誌, 義不敢辭, 撰次如右, 而老病昏謬, 不能侔
狀潛德之萬一, 俯仰今昔, 不覺掩泣. 謹爲之銘曰:

於休黃公　禀質挺特　孝友天至　詩書業篤

範世其行　濟時其學　期邾千一[159]　運丁百六[160]

黨習敗俗　岐路多錯　莊言正色　壬士側目

確然有守　卷懷自樂　巴陵舊庄　萬峴家塾

乃耕乃耘　乃訓乃廸　優遊卒歲　克全令德

爰有賢配　溫惠貞淑　宗黨視效　閨儀整肅

有赫斯丘　實惟玄宅　百世有徵　視此幽刻

---

159 千一 : 聖君과 賢臣의 드문 만남을 뜻하는 千載一遇의 준말로, 漢나라 王褒
의 「聖主得賢臣頌」에서 나왔다. 『古文眞寶後集 권1』

160 百六 : 액운을 뜻하는 말이다. 백륙은 106년이다. 4500년이 1元이고 1元 중
에 5번의 陽厄과 4번의 陰厄이 있어 106년마다 액운이 있으므로 백륙이라고
한 것이다. 『漢書 권21 律歷志上』

2. 노야 황군 용여 묘지명-병서-

魯野黃君用汝墓誌銘-幷序- 기해년(1779, 68세)

경오년(1750, 영조26) 여름에 내가 심전랑(沁殿郎)의 직임을 벗고
향리로 돌아가는 길에 파릉(巴陵)의 전사(田舍)로 군을 찾아갔다.
군의 용모와 사기(辭氣)를 보니 예전과 달랐다. 내가 장난삼아 말하
기를, "그대가 학문을 하고자 하는가?"라 하니, 군이 답하기를, "학
문은 위기(爲己)하는 것인데, 그밖에 별다른 법이 있는가?"라고 하
였다. 나는 속으로 기특하게 여기고 유숙하여 학문의 차제(次第)를
얘기하고 돌아왔다. 그 후 몇 달 뒤에 군의 부음을 들었으니, 아아,
애통하도다!

군은 휘가 이곤(以坤)이고 자는 용여(用汝)이다. 황씨(黃氏)는 관
향이 창원(昌原)인데 국초(國初)의 의원군(義原君) 거정(居正)이 그
원조(遠祖)이다. 증조는 휘가 의(鏡)요, 조부는 휘가 우성(遇聖)이
다. 부친 진사 휘 최(最)는 나에게 종고모부가 된다. 후사가 없어
종제 욱(昱)의 아들로 후사를 삼았으니, 곧 군이다.

군은 명릉 기해년(1719, 숙종45) 8월 15일에 태어났다. 어릴 때부
터 성품이 성실하고 질직(質直)하여 오직 어른의 말씀을 믿고 따랐
다. 8세에 글을 배우기 시작했는데 자품이 노둔하고 어눌했다. 부친
진사공이 엄히 독책(督責)하니 공은 종일토록 태만하지 않고 노력하
였으나 배운 글을 외우지는 못하였다. 처음에『소미통감(少微通鑑)』
을 배워서 다 읽은 다음 반복 숙독하여 통투(通透)한 다음 다른 책을
배웠다. 경서(經書)와 자집(子集)을 읽을 때도 모두 이 방법을 써서

잠시도 게으른 적이 없었다. 글을 배우고 읽을 때는 누차 회초리를 맞아도 군은 편안한 뜻으로 순종하여 기뻐하는 안색이 절로 드러났으니, 계모 안부인(安夫人)이 늘 칭찬하기를, "이 아이의 효성은 천성이다."라 하였다.

약관의 나이가 넘어서는 군서(群書)에 박통하였다. 일찍이 성균관에 들어갔을 때 시제(試題)가『중용』에서 나왔다. 같이 응시한 이들은 그 해석을 기억하지 못했으나 군은 소주(小註)까지 빠짐없이 다 외니, 사람들이 모두 탄복하기를, "이른바 '노둔함으로 얻었다.'는 것이 이를 두고 말하는 것이다."라고 하였다.

군은 독서를 하다가 문득 개연(慨然)히 깨닫고 말하기를,

"성현(聖賢)의 입언(立言)은 사람들에게 글을 짓고 과거에 응시하도록 하기 위한 것이 아니고 장차 이 도(道)를 밝히고자 한 것이다."

라 하였다. 이웃 어른 이상사(李上舍) 제익(齊益)은 선달(先達)의 선비였다. 군이『심경(心經)』을 가지고 가서 질문하여 깊은 뜻을 밝힌 것이 많으니, 이공이 감탄하고 칭찬하였다.

경오넌(1750, 영조26) 봄에 성호(星湖) 이선생(李先生)을 찾아가서 배알하였다. 선생이 공과 함께 학문을 강론하고는 기뻐하면서,

"말마다 모두 독학(篤學)하고 실천하는 의사(意思)가 있으니, 오당(吾黨)에 사람이 있도다."

라 하였다.

군은 앉은 자리 곁에 '신독(愼獨)' 두 글자를 써서 자신을 경계(警戒)하였다. 아침저녁으로 부모의 안부를 살피는 이외에는 종일 단정하게 앉아 성경(聖經)·현전(賢傳)을 읽고 연구하며 때로 묵묵히 사색하는 중에 깨달아 얻는 바가 있는 듯하였다. 「자경문(自警文)」·『논학

(論學)』 등의 글들을 보면 그 조예를 대략 알 수 있다.

이 해 여름에 괴질(怪疾)에 걸려 향장(鄕庄)으로부터 가마에 실려 만현(萬峴)의 경제(京第)에 돌아와 죽었다. 곧 경오년 7월 26일이었으니, 32세이다. 아, 애석하도다! 군의 상(喪)에 부친 진사공(進士公)이 애통하게 곡하면서 말하기를,

"내 아이가 예(禮)를 좋아했으니 마땅히 예복으로써 염할 것이다." 라 하고, 심의(深衣)를 지어서 입혔다. 양천현(陽川縣) 남산(南山)에 안장했다가 후일에 부평부(富平府) 계양산(桂陽山) 동쪽 정좌(丁坐) 둔덕에 이장하였다.

전취(前娶)는 완산(完山) 이정윤(李靖胤)의 따님으로 자녀가 없다. 후취(後娶)는 배천(白川) 조경채(趙景采)의 따님으로 두 아들 덕일(德壹) · 덕길(德吉)을 낳았으니 모두 문행(文行)으로 일컬어진다.

명(銘)

사람이 학문에 있어
뜻을 두기가 어렵고
이미 뜻을 두어도
이루기가 어렵다네
뜻을 둠은 사람에게 달렸고
이루는 것은 하늘에 달렸어라
군과 같은 이는
사람의 도리는 다했으나
하늘이 돕지 않았다 할 만하네

슬프도다!

庚午夏, 余以沁殿郎[161]解直, 過君於巴陵田舍, 見君容貌辭氣異昔時. 余戲
謂曰: "君欲爲學乎?" 君答曰: "學以爲己, 其有別法乎?" 余心奇之, 留宿講
爲學次第而歸. 後數月而聞君訃, 噫噫痛哉! 君諱以坤, 字用汝. 黃氏貫昌
原, 國初有義原君居正, 其遠祖也. 曾祖諱鏶, 祖諱遇聖. 考進士諱最, 於余
爲從姑夫, 無嗣, 取從弟昱子爲後, 卽君是也. 君以明陵己亥八月十五日生,
自幼性愿謹樸直, 惟長者言, 是信是聽. 八歲入學, 姿性鈍訥. 進士公敎督
嚴, 終日不怠, 而不能成誦. 始授『少微史』旣畢, 反覆熟讀, 通透而後, 及于
他書, 經書子集, 皆用此法, 無一時之懈. 受讀之際, 榎楚屢加, 而君安意承
順, 怡愉之色, 有不可掩. 所後妣安夫人每稱之曰: "此兒孝性, 天植然也."
年踰弱冠, 博通諸書, 嘗入庠, 試題出『思傳』, 同試者不能記其解, 君幷小註
誦說之無遺. 人咸歎服曰: "所謂魯而得之[162]者, 此之謂也." 君讀書, 忽慨悟
曰: "聖賢立言, 非爲人作文應擧地, 將欲以明此道也." 鄰丈李上舍齊益先達
士也. 君袖『心經』往問之, 多發奧義, 李公嗟賞之. 庚午春, 往拜于星湖李先
生, 先生與之講學, 喜曰: "言言皆篤學實踐底意, 吾黨乃有人矣." 君於座

---

161 沁殿郎 : 萬寧殿 參奉을 말한다. 沁殿은 만녕전의 이칭으로 만녕전이 江華府
에 있었기 때문에 이렇게 부른 것이다. 만녕전은 숙종 39년(1713)에 창건하
고 그 이름을 別殿이라 하였다. 처음에는 長寧殿의 輦輿를 이곳에 영종 21년
(1745)에 御容을 봉안하고 만녕전이란 호칭을 내렸다.

162 魯而得之 : 공자가 "증삼은 노둔하다.〔參也魯.〕"라 하였는데, 程子는 "증삼
은 마침내 노둔함으로써 얻었다.〔參也竟以魯得.〕"라 하였다. 노둔한 제자인
증삼이 마침내 학문을 성취하여 공자의 道統을 이어받았음을 말한 것이다.
『論語集註 先進』

右, 書愼獨二字以自警, 晨昏定省之餘, 終日端坐, 玩繹經傳, 有時默契潛思, 如有所得焉. 觀於「自警文」·『論學』諸書, 槩知其造詣矣. 是夏得奇疾, 自鄕庄興歸萬峴京第而歿, 卽庚午七月二十六日也, 得年三十二. 嗚呼惜哉! 君之喪, 進士公哭之慟曰: "吾兒好禮, 當以禮服斂." 製深衣用之. 葬于陽川縣南山, 後移窆于富平府桂陽山之東丁坐原. 前娶完山李靖胤之女, 無子女. 後娶白川趙景采女, 生二子, 曰德壹, 德吉, 并以文行稱. 銘曰:

人之於學 有志爲難 旣有志矣 成之爲難

志在人 成在天 如君者 可謂盡人而不盡于天 悲夫

3. 처사 남군 묘지명-병서-

處士南君墓誌銘-幷序- 경자년(1780, 69세)

내게 평소 외우(畏友)가 있었으니 남백첨(南伯瞻)이 바로 그 사람이다. 어릴 때부터 늙은 나이에 이르기까지 서로 만나면 공경하고 사랑하였으며, 서로 무람없이 군 적이 없었으니, 막역한 침개(針芥)의 교분이었다. 애석하게도 독서궁행(讀書躬行)한 지 40여 년 만에 마침내 곤궁하게 죽고 말았으니, 천도(天道)를 이에 알기 어렵구나.

그 아들 윤협(允協)과 윤성(允性)이 군의 행장을 써서 나에게 찾아와 말하기를, "선친을 아는 이로 어른만한 분이 없으니 글을 지어주십시오."라고 하였다. 나는 문장에 능하지 못하다는 이유로 사양했으나, 문득 생각해보건대 이 일은 사실을 그대로 기록하면 되는 것이니 어찌 문장으로 수식할 필요가 있겠는가. 그래서 행장을 받아서 읽어보았다.

군은 휘가 혁(赫)이고 백첨(伯瞻)은 그 자이다. 선계(先系)는 의령(宜寧)에서 나왔으니, 고려 때 밀직부사(密直副使) 군보(君甫)가 시조이다. 4대를 지나 휘 재(在)가 있으니 우리 태조를 보좌하여 개국공신에 책훈(策勳)되고 영의정에 올랐고 시호는 충경(忠景)이다. 그 손자 휘 지(智)는 좌의정이고 시호는 충간(忠簡)이니 덕업(德業)이 국승(國乘)에 실려 있다. 또 4대를 내려와 휘 응운(應雲)이 있으니 이조참판이고 호는 국창(菊窓)으로, 군에게 7대조가 된다. 대대로 잠영(簪纓)이 이어져 동방의 이름난 문벌로는 반드시 의령남씨(宜寧南氏)를 일컫는다. 증조는 대흥군수(大興郡守) 휘는 중유(重維)이다. 조부는 생원 휘는 수교(壽喬)이다. 부친 휘 하영(夏永)은 문행(文行)이 있었는데 불행히 일찍 세상을 떠났다. 모친 전주이씨(全州李氏)는 정규(鼎揆)의 따님으로 계파(系派)가 태종의 별자(別子) 효령대군 보(補)에서 나왔고 선조조(宣祖朝)의 명신 이조 참판손암(損菴) 식(拭)의 5대손이다.

군은 명릉(明陵) 신묘년(1711, 숙종37) 2월 18일에 공주(公州) 갈산(葛山) 우사(寓舍)에서 태어났고, 영조 을해년(1755) 7월 1일에 세상을 떠났으니, 향년 45세이다.

군은 6세에 부친을 여의고 애모(哀慕)하며 곡읍(哭泣)하는 것이 어른과 같으니, 사람들이 모두 '옛날의 효자'라 칭송하였다. 모친 이부인은 현숙하여 부도(婦道)가 있었고 아울러 서사(書史)에 밝았다. 이부인은 사는 고을의 풍습이 무지하여 자녀를 가르칠 곳이 못 된다고 하여 가솔을 데리고 진위(振威) 동천(桐泉) 구택(舊宅)으로 돌아와 『소학』을 일과로 군을 가르쳤다. 군은 굳이 꾸짖고 독책하지 않아도 독송하기를 그치지 않았고 가언(嘉言)·선행(善行) 두 편에 읽으면 반드시 고무하여 장차 그대로 실행할 듯이 하였다. 백부 동소공(桐巢公)이 기특하게 여기고 사랑하여 말하기를, "과연 현숙한 어머니에게 좋은 아들이 있구나."라 하였다.

겨우 성동(成童)이 되자 문리(文理)가 크게 진보하였고, 성장하여서는 경사(經史)에 침잠하고 자집(子集)에 출입하여 문장을 지으면 문사(文史)가 섬부(贍富)하고 조리가 통창하여 문장과 이치가 찬연하였다. 다른 사람을 대신하여 편지나 제문을 지으면, 저마다 경중과 친소에 마땅하여 그 사람이 말하고자 하나 말하지 못한 것을 말하되 바르고 지나치지 않았다. 군의 재능이 이와 같았건만 마침내 과거에는 낙방하고 말았으니, 바로 나은(羅隱)이 급제하지 못하고 임춘(林椿)이 곤궁했던 경우라 예로부터 군자가 이를 명(命)이라고 한다.

군은 가정에서는 효우(孝友)를 실천하고 고을에서는 충신(忠信)이 드러났다. 모친을 섬김에는 날마다 곁에서 모시며 기쁜 음성과 부드러운 용모로 좌우에서 받듦에 있어 터럭만큼도 마지못해 억지로 하는 의태(意態)가 없었으며, 만약 가르침을 받든 것이 있으면 종신토록 명심하였다. 모친상을 당해서는 애훼(哀毁)가 예제(禮制)에 지나쳤고, 3년 동안 상복을 벗지 않고 여막을 떠나지 않았으며, 모친의 언행을 찬술하여 백부 동소공(桐巢公)에게 묘지명을 받아 무덤에 묻었다. 아우 철(喆)과는 우애가 매우 지극하여 잠시라도 서로 떨어진 적이 없었고, 의복을 입을 때나 음식을 먹을 때도 차마 아우보다 먼저 입고 먹지 못하였다. 이에 자기 자제에게 효성과 우애를 당부하는 이들은 반드시 "아무개를 본받으라."고 하였다.

규문 안에서는 예도(禮度)가 엄정하여 처음 결혼했을 때로부터 마치 손님을 대하듯이 부부가 서로 공경하여 세월이 오랠수록 더욱 근신(勤愼)하니, 계부 잠옹공(潛翁公)이 "우리 집안의 기결(冀缺)이다."라 하였다.

기일을 만나면 한 달 전부터 이미 처창(悽愴)한 안색을 띠고 함부로 말하거나 웃지 않았으며, 재계하는 날에는 추모하는 마음을 가누지 못하였다. 제수는 비록 집안 형편에 맞게 갖추었으나 반드시 미리 준비하여 그 심력(心力)을 다하였다. 늘 집안사람에게 당부하기를, "신도(神道)는 정결하니 정성이 있는 곳에 신이 이에 이른다. 비록 이궤(二簋)의 간소한 제수를 올릴지라도 마땅히 정성과 정결을 다해야만 하니, 굳이 제수를 많이 갖출 필요는 없다. 제수를 많이 갖추다 보면 정결하지 못하게 될 우려가 있다."

라 하였다. 제수로 쓰고 남는 음식은 제사를 지내기 전에는 감히 입에 대지 않았고, 무지한 어린 아이들도 먼저 맛보지 못하게 하였다. 집 밖에 있을 때 아직 천신(薦新)하지 않은 새로 난 식물(食物)을 만나면 차마 먼저 맛보지 못하였다. 일찍이 지구(知舊) 집에 들렀다가 하룻밤 묵은 적이 있었다. 마침 그 집에 기제사가 있었는데, 군은 새벽까지 단정히 앉아 제사가 끝날 때까지 기다렸으니, 제사에 공경(恭敬)을 다하는 정성은 내 집과 남의 집의 차이를 두지 않았던 것이다.

제부(諸父)들을 섬기고 종형제들과 지내는 사이에 진정이 가득하고 성의가 넘치니, 보는 사람들이 누가 친부자이며 누가 친형제인지 알지 못하였다. 자질들을 가르칠 때는 여러 가지 방도로 권면하고 인도하여 한 번 군의 가르침을 받으면 한 달이 못 되어 절로 언행(言行)이 법도에 맞게 되었다. 고을 사람들을 접할 때는 온화함과 공경함이 모두 지극하고 서로 수작(酬酌)함에 정이 가득하니, 사람들이 모두 좋아하였다. 그러나 만일 옳지 않은 일이 있으면 반드시 바른 도리를 끌어와서 깨우쳐 온화한 말로 자세히 타이르니, 듣는 사람들이 감동하고 기뻐하였다.

군은 성품이 강직(剛直)하고 간이(簡易)하였다. 당론이 일어난 이후로 선비들의 추향이 정도(正道)를 잃었기 때문에 군은 공부할 때에 교제를 반드시 조심하였다. 언론(言論)할 때는 친구라 하여 아호(阿好)하지도 않고 세위(勢位)가 있다고 하여 굴복하지 않으며 의리에 절충하여 스스로 하나의 견해를 세우니, 사람들이 모두 사랑하고 경탄(敬憚)하였다. 만년에는 사는 집에 존와(存窩)라는 편액을 걸었으니, '마음을 보존한다.〔存心〕'는 뜻이다. 군은 비록 학문을 한다고 자처하지는 않았으나 언행이 일치하고 많은 선(善)이 한 몸에 다 모였으니, 이는 진실로 마음을 보존한 데서 나온 것이다.

공이 세상을 떠나자 종당(宗黨)과 향리에서 애도(哀悼)하지 않는 사람이 없었다. 계부 잠와공(潛窩公)이 애통하게 곡하면서 말하기를, "이로부터 우리 집안의 예악(禮樂)이 무너지고 말았으니, 내가 장차 누구를 의지할꼬."

라 하였다. 숙부 동소공은 문장이 있고 기절을 숭상하였으며, 계부 잠와공은 효제를 돈독히 실행하고 학문에 힘써 마지않는 한편 성호(星湖) 이선생(李先生)을 사사하였으니, 군이 군이 될 수 있었던 것은 비록 그 타고난 바탕이 좋기도 했지만 대개 가정에서 얻은 바가 많았던 것이다.

군의 전배(前配) 남양홍씨(南陽洪氏)는 부친은 필원(弼源)이고, 조부는 서공(敍功)이고, 증조는 찰방 익형(益亨)이며, 당양위(唐陽尉) 우경(友敬)의 후손이니, 나에게는 종모자(從母姊)가 된다. 군보다는 3세가 많고 유순하여 부도(婦道)가 있었는데, 영조 병진년(1736) 3월 14일에 마침내 후사도 없이 세상을 떠났다. 용인(龍仁) 영장곡(英臧谷) 해좌(亥坐) 둔덕에 안장했다가 군이 세상을 마친 해 10월에 합장하였다. 후배(後配) 청송심씨(靑松沈氏)는 부친은 해조(海朝)이고, 조부는 진사 일관(一貫)이고, 증조는 문과에 급제하여 좌랑(佐郞)이 된 한필(漢弼)이고, 안효공(安孝公) 온(溫)의 후손이다. 세 아들을 낳았으니 윤협(允協)·윤성(允性)·윤학(允學)이다. 윤협과 윤성은 문학으로 이름났으니, 음덕(陰德)의 보답을 받는 이치가 아마 여기에 있을 것이다!

나는 늙고 쓸모없는 몸이라 문장이 거칠고 서툴러 고인의 숨은 덕(德)을 만분의 일도 드러내지 못하지만, 금석(今昔)을 돌이켜 생각하노라니 존몰(存歿)의 감회를 이길 수 없다.

명(銘)

옥은 정결하여 흠이 없고
금은 단련할수록 더욱 강하나니
어이하여 큰 뜻은 있고 좋은 운명은 없어
천도로 하여금 상리에 어긋나게 하였는가
아, 슬프다

鼎福平生有畏友, 南伯瞻其人也. 自幼童至老大, 相逢敬而愛之, 未嘗加以狎昵, 針芥¹⁶³之契莫逆也. 惜其讀書躬行四十有餘年, 竟以窮沒, 天道於是乎難定矣. 其孤允協·允性狀其行, 款余而言曰: "知先子, 莫如吾丈, 宜有以文之." 余以不文辭, 旋思之, 事在記實而已, 亦何用文爲? 遂受而讀之. 君諱赫, 伯瞻其字也. 系出宜寧, 自高麗密直副使君甫始. 歷四世有諱在, 佐我太祖, 策開國勳, 位上相, 諡忠景. 孫諱智左相, 諡忠簡, 德業著國乘. 又四世有諱應雲, 吏曹參判, 號菊窓, 於君爲七世祖. 歷世簪紳, 東方名閥, 必

稱宜寧之南. 曾祖大興郡守諱重維, 祖生員諱壽喬, 考諱夏永有文行, 不幸
早世. 妣全州李氏, 鼎揆之女, 派出太宗別子孝寧大君補, 宣祖名臣吏曹參
判損菴拭之五世孫也. 君以明陵辛卯二月十八日生于公州葛山之寓舍, 英宗
乙亥七月一日終, 得年四十五. 君六歲而孤, 哀慕哭泣如成人, 人皆稱曰:
"古之孝子也." 李夫人賢有婦道, 兼通書史, 以寓鄉貿貿, 非教子之所, 挈歸
振威之桐泉舊庄, 課授『小學』, 不煩呵責, 而誦讀不掇, 至「嘉言」・「善行」,
必鼓舞而若將行之. 伯父桐巢公奇愛之曰: "果是賢母有佳子." 甫成童, 文理
驟進, 及長, 沉潛乎經史, 出入乎子集, 爲文章, 贍敏條暢, 詞理燦然. 至於
代人書牘祭誄之文, 輕重疎密, 各得其宜, 道其人所欲言而未能者, 禰正平
不是過也. 君才如是而竟屈公車, 則羅隱之不第[164]・林椿之阨竆[165], 自古君
子謂之命也. 君孝友行於家而忠信著於鄉, 事大夫人, 日侍其側, 怡聲婉容,
左右承奉, 無一毫勉强意, 若承教訓, 終身佩服. 及丁憂, 哀毀踰節, 三年之
內, 不脫衰絰, 不離廬次, 撰輯夫人言行, 受誌於桐巢公而藏之. 與弟喆友愛
甚隆, 未嘗須臾相離, 至於衣服飲食之節, 不忍先之. 人之戒子弟以孝友者,
必曰: "以某爲法." 閨門之內, 禮度斬斬, 自燕爾之初, 相敬如賓, 久而益謹,
季父潛翁公曰: "吾家之冀缺[166]也." 遇忌日, 前期月餘, 已有悽愴之色, 不妄

---

164 羅隱之不第 : 나은은 唐나라 말엽 五代 때 사람으로, 자가 照諫이며 시를
잘 지어 명성을 천하에 떨쳤다. 그러나 성품이 오만하였으므로 여러 차례
과거에 응시하였으나 급제하지 못하였다. 본명은 橫인데 도합 십여 차례
과거에 낙방하자, 隱으로 이름을 고쳤다고 한다. 『舊五代史 권24 羅隱傳』
165 林椿之阨竆 : 임춘은 고려조의 문인으로 자는 耆之이다. 李仁老 등과 함께
江左七賢의 한 사람으로 일컬어졌고 시문에 뛰어났으나 과거에는 여러 차례
떨어져 곤궁하게 지냈다.
166 冀缺 : 춘추시대 晉나라 文公 때 冀邑에 살았던 郤缺을 말한다. 그는 처음

言笑, 至齋日, 追慕皇皇, 祭需雖稱家有無, 而必先周旋, 竭其心力. 常戒家人曰: "神道潔淨, 而誠之所存, 神斯在焉. 雖二簋[167]之享, 當盡誠潔, 不必多品, 多品恐欠潔也." 祭饌餘物, 未祭之前, 不敢近口, 至穉孩無知者, 使不先嘗. 在外而遇新物之未薦者, 不忍先食. 嘗過宿知舊家, 適有忌祀, 君達曉整坐, 以俟事畢. 其事神之敬謹, 不以內外而有間也. 承事諸父與羣從處, 眞情藹然, 誠意灌注, 人之見者, 不知誰是親父子, 誰是親兄弟. 敎誨子侄, 勸誘多方, 一入爐錘, 不月而自歸繩墨. 與鄕人處, 和敬相濟, 酬酢款洽, 各得其歡心. 而苟有不是, 必引義曉譬, 溫言委曲, 聞者感悅. 性素剛簡, 黨論以後, 士趨失正, 鉛槧之間, 交際必謹, 發爲言論, 不以親舊而阿好, 不以勢位而撓屈, 折衷義理, 自立一見, 人皆愛而敬憚. 晩扁所居屋曰存窩, 存心之義也. 君雖不以學問自處, 而言行一致, 衆善咸萃, 斯固存心中所由出也. 及歿, 宗黨鄕鄰, 莫不悲悼. 潛窩公哭之慟曰: "從此吾家禮樂崩壞, 我將疇依?" 桐巢公有文章尙氣節, 潛窩公惇行孝悌, 力學不已, 師事星湖李先生. 君之爲君, 雖其天質之美, 而得於家庭者盖多云. 君前配南陽洪氏, 考弼源, 祖叙功, 曾祖察訪益亨, 唐陽尉友敬之後, 於余爲從母姊. 長於君三歲, 柔婉有婦道, 以英宗丙辰三月十四日, 竟以無后而歿, 葬於龍仁英藏谷負亥原, 君歿之年十月, 合封焉. 後配靑松沈氏, 考海朝, 祖進士一貫, 曾祖文佐郎漢弼, 安孝公溫之後. 生三男, 允恊·允性·允學. 恊與性也以文學名, 食報之

기읍에서 농사를 짓고 살면서 부부간에 서로 공경하기를 서로 손님을 대하듯이 했다. 대부 臼季의 천거를 받아 문공에게 쓰여서 下軍大夫가 되었다. 『小學 稽古』

167 二簋: 黍와 稷을 담는 두 祭器로, 『周易』「損卦」에 "이궤로도 祭享할 수 있다.〔二簋可用享〕"라 한 데서 온 말로 매우 간소한 제물을 뜻한다.

理, 其在斯歟! 鼎福衰癃廢棄之餘, 文詞荒拙, 不能贊揚幽光之萬一, 俯仰今昔, 不勝存歿之感. 謹銘曰:

玉之潔兮無瑕 金之鍊兮益剛 胡有志而無命 使天道而反常耶 噫

4. 통훈대부 홍문관 수찬 이군 묘지명-병서-

通訓大夫弘文館修撰李君墓誌銘-幷序- 임인년(1782, 71세)

나의 벗 이계승(李季承)이 그의 아들 수찬군(修撰君)의 행장을 가지고 와서 나에게 보이며 말하기를, "이 아이가 죽은 지 이미 7년이다. 내가 차마 자취가 민몰(泯沒)하게 둘 수 없으니, 나를 위하여 묘지명을 지어줄 수 있겠는가?"라 하였다. 내가 갑오년(1774, 영조 50) 봄에 사환(仕宦)하느라 도성 서쪽에 우거(寓居)할 때 군이 찾아온 적이 있었다. 그 모습을 살펴보니 옥처럼 윤택하고 얼음처럼 청결하며 그 말을 들어보니 난초처럼 향기롭고 혜초처럼 아름답기에 내가 군을 사랑하여 차마 떠나보내지 못하였다. 그런데 한 해도 못 되어 군의 부음을 듣고 깜짝 놀라서 마음을 진정할 수 없었다. 지금까지도 군을 잊지 못하고 있으니, 어찌 문장에 능하지 못하다는 이유로 사양할 수 있겠는가

행장을 살펴보건대, 군은 휘가 기숭(基嵩)이고 자는 신중(申仲)이며 관향은 광주(廣州)이니, 둔촌(遁村) 집(集)의 후손이고, 선조조(宣祖朝) 중흥의 명재상인 문익공(文翼公) 한음(漢陰) 휘 덕형(德馨)의 7대손이다. 증조는 봉교 휘 수인(壽仁)이고, 조부는 생원 휘 광세(光世)이다. 부친은 지한(趾漢)이니, 계승(季承)은 그의 자다. 모친 풍산홍씨(豊山洪氏)는 현감 순보(純輔)의 따님이고 양효공(良孝公) 중징(重徵)의 손녀이다.

군은 영조(英祖) 갑자년(1744) 1월 21일에 태어났다. 조부 생원공(生員公)이 흰 학이 방 앞에서 춤추는 꿈을 꾼 뒤 얼마 안 되어 군이

태어났기에 매우 기이하게 여겨 사랑하였다. 어릴 때부터 총명하고
재주가 있었다. 외증조부 양효공(良孝公)이 칭찬하기를, "이 아이는
대인의 상모(像貌)가 있으니 이씨의 가문이 다시 번창하리라."라 하
였다.

11세 때 제야(除夜)에 어떤 손님이 운을 불러주고 시를 짓게 하니,
군이 곧바로 응대하여 읊기를,

해가 왔다가 해가 또 가니
오고 감이 어느 해에 그칠꼬

年來年又去 來去止何年

라 하니, 그 손님이 경탄하기를, "한음공(漢陰公)이 13세에 양봉래
(楊蓬萊 양사언(楊士彦))와 시를 창화(唱和)할 때, 봉래가 붓을 던졌
으니, 네가 능히 선조의 뒤를 잇겠구나."라 하였다.

성장해서는 집이 가난하고 어버이가 연로하다는 이유로 공부와 집
안일을 함께 하였다.

기축년(1769, 영조45)에 전강(殿講)할 때 『주역(周易)』의 「계사
(繫辭)」를 강(講)하여 순통(純通)을 받았다. 시관(試官)이 주상의 하
교를 받들어 묻기를,

"본문에 '하늘이 높고 땅이 낮으니 건곤이 정해진다.〔天尊地卑, 乾
坤定矣.〕'라고 했다. 이미 하늘과 땅을 말하고 또 건곤이라고 했으
니, 과연 다른 점이 있는가?"
라고 하니, 군이 대답하기를,

"하늘과 땅은 형체를 말한 것이고 건곤은 괘체(卦體)로 말한 것이
니, 가리키는 바는 비록 다르지만 기실 하나입니다."
라고 하였다. 주상은 훌륭하다고 칭찬했는데, 비교시(比較試) 때 군
이 실수로 한 글자를 지나치니, 주상이 깜짝 놀라면서 "운수로다."
라 하고, 재(齋)에 머물러 있다가 후강(後講)을 기다리라 명하였으
니, 특별한 대우였다. 겨울에 전강(殿講)할 때 『상서(尙書)』를 강
(講)하여 또 통(通)을 받았지만 당시에 순통(純通)을 받은 사람이
있어 떨어지고 말았으니, 주상이 매우 애석하게 여겼다.

신묘년(1771, 영조47)에 식년과(式年科)에 급제하고 선발되어 승
문원(承文院)에 들어갔고, 임진년(1772, 영조48) 4월에 예문관(藝文
館)에 들어가 검열(檢閱)이 되어 하번(下番)으로서 입시하여 누차
주상의 칭찬을 받았다.

계사년(1773, 영조49) 2월에 어가(御駕)를 따라 육상궁(毓祥宮)에
갔을 때 주상이 특명으로 승참(陞參)하게 하고, 이어서 하교하기를,
"장래에 나의 세손(世孫)을 잘 섬기라."라 하였다. 3월에 성균관 전적
(典籍)에 임명되었고, 4월에 병조좌랑에 임명되었다가 얼마 뒤 사직
소를 올려 체직되었고, 6월에 사간원정언(司諫院正言)에 임명되었
고, 8월에 사헌부지평에 임명되었고, 11월에 또 정언이 되었다. 군은
누차 언관(言官)의 자리에 있었으나 모두 잠깐 만에 벼슬을 그만두었
고, 도성 서쪽에 우거(寓居)하면서 문을 닫고 글을 읽으며 사람들과
교유하는 것을 좋아하지 않으니, 인망이 군에게 많이 쏠렸다.

갑오년(1774, 영조50) 4월에 온양(溫陽)으로 귀근(歸覲)하러 갔다
가 질병에 걸렸다. 이 때 이조좌랑에 임명되었으나 사직소를 올리고
체직되었다. 8월에 홍문관 수찬에 임명되었으나 병으로 부임하지 않

앉다. 병세가 점차 위독해져서 여러 달 동안 앓다가 이듬해 정월 14일에 세상을 떠났으니, 향년 32세이다.

죽기 며칠 전에 자신에 대해 서술하는 글 한 편을 짓다가 미처 완성하지 못하였는데,

일실에 속세의 인연을 남겼으니
서하와 기부의 곡성을 어이 차마 들을꼬
이제 저 하늘로 먼 길을 떠나니
덧없이 변하는 지상의 세계를 굽어보리

貽塵累於一室 忍聞西河[168]·杞婦[169]之哭聲
起長程於雲霄 俯視下界滄桑之百變

라 하였다. 또 몽중시(夢中詩)에,

---

168 西河 : 공자의 제자 子夏가 살면서 제자들을 가르쳤던 곳으로, 아들을 잃은 아비를 뜻한다. 공자의 제자 子夏가 西河에 있을 때 아들을 잃고 지나치게 슬퍼한 나머지 실명하는 데 이르렀다. 『禮記 檀弓上』

169 杞婦 : 남편을 잃은 아내를 뜻한다. 춘추시대 齊나라 莊公의 大夫 杞梁의 아내이다. 齊나라 莊公이 莒를 칠 때 기량이 전사했는데 그의 아내가 남편의 시신을 성 아래에 놓고 열흘 동안 통곡하니 성이 무너졌다 한다. 『列女傳 권4 貞順傳 齊杞梁妻』 일설에는 秦始皇 때 杞良이란 사람이 長城을 쌓다가 억울하게 죽어 돌무더기 속에 묻혔는데, 그의 아내가 가서 통곡하자 성이 무너지고 기량의 시체가 나타났다 한다.

곡우라 오늘 아침 후에는
아마도 청산에 돌아다니리

穀雨今朝後 靑山意周旋

라 하였는데, 장지(葬地)를 잡은 날이 바로 곡우일(穀雨日)이었다.
아, 기이한 일이도다! 유언하여 상장(喪葬)은 되도록이면 검약하게
치르게 하고, 남에게 빌려 온 서책을 일일이 지시하여 되돌려 주게
하였으니, 그 마음이 차분하고 정신이 또렷하기가 이와 같았다. 오
호라, 애석하도다! 도(道)가 쇠미해지자 기화(氣化)가 흐려져 청숙
(淸淑)한 기운을 받은 사람이 오래 살지 못하고 왕왕 요절하는 경우
가 많으니, 슬프도다!

　군은 파평윤씨(坡平尹氏)를 아내로 맞았으니, 부인의 부친은 덕중
(德中)이고, 조부는 참판 정화(鼎和)이다. 1남 1녀를 낳았다. 아들
명억(命億)은 광주안씨(廣州安氏)를 아내로 맞았으니, 곧 나의 아우
정록(鼎祿)의 딸이다. 딸을 낳았는데, 아직 어리다. 모월 모일에 진위
(振威) 오룡동(五龍洞) 선영 경좌(庚坐)의 둔덕에 안장하였다.

명(銘)

명재상의 어진 후손이
용문에 일찍 올랐어라
하늘이 이 때에
장차 큰일을 시킬 듯하더니

어찌 그리 빨리 돌아갔는고
안자의 나이에 그치고 말았구나
음덕에 보답하는 이치 있으니
의당 그 후손이 창성하리라

友人李季承袖其胤氏修撰君狀, 示余而諭之曰：“兒之歿, 已七年矣. 我不忍
其泯然而無迹也. 爲我誌其墓可乎?” 余於甲午春, 旅宿寓城西, 君惠然來
顧, 觀其貌, 玉潤而氷淸也；聽其言, 蘭香而蕙芬也. 余愛之不能捨, 歲未周
而聞君訃, 愕然無以爲心, 至今有不忘者存, 何可以不文辭. 按狀, 君諱基
崧, 字申仲, 其先廣州人, 遁村集之後, 宣廟朝中興, 名相文翼公漢陰諱德馨
之七世孫也. 曾祖奉敎諱壽仁, 祖生員諱光世. 父趾漢, 卽季承其字也. 妣豐
山洪氏, 縣監純輔之女, 良孝公重徵之孫也. 君生於英宗甲子正月二十一日.
生員公夢, 有白鶴舞於房前, 俄而得君, 甚奇愛之. 幼聰穎有才藻. 良孝公稱
之曰：“此兒有大人像, 李氏之門, 其再昌乎?” 年十一, 除夜, 有客呼韻令賦
詩, 君應口卽對, 有“年來年又去, 來去止何年”之句, 客驚歎曰：“漢陰十三
歲, 與楊蓬萊唱和, 蓬萊閣筆, 汝能趾美矣.” 及長, 以家貧親老, 兼治經業.
己丑, 入殿講, 遇「繫辭」純通, 試官承敎問曰：“天尊地卑, 乾坤定矣. 旣曰
天地, 又曰乾坤, 果有異乎?” 君曰：“天地以形體言, 乾坤以卦體言, 所指雖
異而其實一也.” 上稱善之, 及比較[170], 誤過一字, 上愕然曰：“數也.” 因命留

---

170 比較：과거 시험에서 동점자가 발생하여 우열을 가려야 할 때 다시 보는
시험이다. 예컨대 33인을 뽑는 式年文科 覆試의 경우 初場의 講書에서 14分
이상을 받은 32인을 뽑은 뒤, 다시 製述 시험을 보고 강서의 점수까지 합산해
서 나머지 1인을 뽑았다. 14분 이상이 32인 미만일 경우에는 生劃에서 여럿

齋待後講, 異數也. 冬殿講, 講『尙書』又通, 時有純通人, 見屈, 上甚惜之.
辛卯, 登式年科, 選槐院, 壬辰四月, 入藝文館爲檢閱, 以下番入侍, 屢蒙天
褒. 癸巳二月, 隨駕毓祥宮, 特命陪參, 因下教曰: "將來善事我世孫也." 三
月, 拜成均典籍, 四月, 拜兵曹佐郞, 尋呈遞, 六月, 拜司諫院正言, 八月,
拜司憲府持平, 十一月, 又爲正言. 君屢居言地, 皆旋遞, 僦居城西, 杜門讀
書, 不喜交遊, 人望多歸之. 甲午四月, 歸覲溫陽感疾, 拜吏曹佐郞, 呈遞.
八月, 拜弘文舘修撰, 以病不赴. 病勢轉劇, 沉綿屢朔, 至明年正月十四日
卒, 得年三十二. 臨歿前數日, 作自道文一篇未成, 有曰: "眙塵累於一室,
忍聞西河・杞婦之哭聲; 起長程於雲霄, 俯視下界滄桑之百變." 翌曉又吟夢
中詩曰: "穀雨今朝後, 靑山意周旋." 及定宅兆, 卽穀雨日也. 吁亦異矣! 遺
言喪葬務從儉約, 借人書冊, 一一指教而令還之, 其意緖之安詳・精神之不
亂如此. 嗚呼惜哉! 自道之衰也. 氣化漓而禀得淸淑者, 多不得壽, 往往夭
閼, 悲夫! 君娶坡平尹氏, 考德中, 祖參判鼎和. 生一子一女, 子命億娶廣州
安氏, 卽余弟鼎祿女, 女幼. 某月日, 葬于振威五龍洞先塋庚坐原. 銘曰:

名相賢孫 早登龍門 天於是時 若將有爲
胡歸其遄 顔子之年 理有食報 宜昌厥後

을 뽑아 33인을 채웠고, 33인 이상일 때는 14분인 사람끼리 比較를 보여
32인을 뽑고 여기서 떨어진 사람들에게 생획을 보였다. 『典律通補 禮典 諸科』
『經世遺表 권15 春官修制 科擧之規1』

5. 학생 정공과 유인 이씨 합폄 묘지명-병서-

學生鄭公孺人李氏合窆墓誌銘-幷序- 을사년(1785, 74세)

공자(孔子)는 "십실(十室)의 작은 고을에도 반드시 충신(忠信)한 사람이 있다."라 하였으니, 나는 성여(盛如)에게서 그런 사람을 보았다. 내가 그와 수십 년 동안 한 마을에 살면서 일찍이 그가 기뻐하거나 성내는 기색을 본 적이 없었으며, 타고난 바탕이 순박하고 인후하여 언행에 거짓이 없었다. 그는 소싯적에 무과(武科) 공부를 하다가 그만두고 향장(鄕庄)에 물러나 농사를 짓고 자제를 가르치며 애오라지 자적(自適)할 뿐 터럭만큼이라도 분수에 넘치는 것을 바라는 마음이 없었으니, 향리에서 선인(善人)이라고 칭찬하였다. 부박(浮薄)하고 방광(放曠)하거나 남을 시기하여 이기기를 좋아하는 사람을 보면 마치 자신도 더럽혀질 듯이 여겨 멀리하였다. 일찍이 자질(子姪)들을 경계하여 말하기를,

"우리 정씨(鄭氏)의 가법(家法)은 근졸(謹拙)하여 남을 해롭게 하지 않으니, 너희들이 힘쓰라."

라 하였으니, 어질도다! 진실로 충신(忠信)한 마음이 없으면 능히 이와 같을 수 있겠는가.

공은 휘가 덕빈(德彬)이고 성여(盛如)는 그의 자다. 동래정씨(東萊鄭氏)는 해동의 저성(著姓)으로, 신라에서 처음 일어났고 고려에서 성대하였고 아조(我朝)에서 크게 창성하였으니, 직제학 사(賜)·판서 광세(光世)·도승지 충량(忠樑)이 그 12대, 10대, 9대조이다. 증조 휘 상주(相周)는 증도승지(贈都承旨)이고, 조부 휘 석조(碩祚)는

통덕랑(通德郞)이고, 부친 휘 태구(泰久)는 무과에 급제하였고 경력
(經歷)이다. 모친은 담양(潭陽) 전복(田馥)의 따님이다.

공은 명릉 갑신년(1704, 숙종30)에 태어났고 원릉 기축년(1769,
영조45) 9월 26일에 세상을 마치니 향년 66세이다. 처음에는 선영
아래 안장했다가 묘터가 좋지 못하다고 하여 광주(廣州)의 치소 동쪽
초월면(草月面) 대쌍령(大雙嶺) 아래 사좌(巳坐)의 둔덕에 이장하
였다.

공에게 현숙한 부인이 있었으니 덕수이씨(德水李氏)로, 명문가에
서 생장하여 부행(婦行)에 어그러짐이 없었다. 시집오기 전에는 어버
이를 섬김에 효성을 다하였고, 정씨 집안으로 시집와서는 시어머니를
봉양함에 그 정성을 다하였다. 자매와 동서 사이으로부터 복첩(僕妾)
과 마을 할미들에 이르기까지 모두 부인을 좋아하였다. 재리(財利)에
는 욕심이 없어 친가에서 받은 재산을 돌려보내어 부모의 제사를 받
드는 데 쓰도록 하였다. 손님을 접대하고 궁핍한 사람을 도와줄 때는
반드시 심력(心力)을 다하고 집안 형편은 계산하지 않았다. 이 어찌
세속의 부녀(婦女)가 누구나 다 할 수 있는 일이겠는가!

부인의 6대조 함(菡)은 정국공신(靖國功臣)에 책훈되어 해풍군(海
豊郡)에 봉해졌고, 증조 경민(景閔)은 군수(郡守) 증좌의정(贈左議
政)이고, 조부는 지(榰)이고, 부친은 희배(喜培)이다. 외조부는 강릉
(江陵) 김익성(金益聲)이다.

부인은 공보다 1년 먼저 태어났고 12년 후인 경자년(1780, 영조46)
6월 28일에 세상을 떠났으니, 향년 78세이다. 공의 묘소에 부장(祔葬)
하였다.

1남 1녀를 낳았다. 아들 현동(顯東)은 나와 종유하는 사람으로,

문예(文藝)가 있으나 누차 과거에 응시하여 합격하지 못했다. 딸은 양천(陽川) 허혼(許俒)에게 출가하였다. 현동은 1남 1녀를 두었으니, 아들은 진묵(晉默)이고 딸은 허수(許穟)에게 출가했다. 허혼의 두 딸은 김정량(金廷亮)과 구광현(具匡賢)에게 각각 출가하였다. 진묵은 두 아들을 낳았는데, 아직 어리다.

명(銘)

아름다운 부부 서로 만났으니
덕과 행실이 모두 갖추어졌어라
여경이 발복(發福)하는 것은
장래 후손을 기다리리

孔子曰：“十室之邑, 必有忠信.” 吾於盛如見之矣. 同里閈數十年, 未嘗見其有喜慍之色, 禀質淳厚, 言行無僞. 少業武棄之, 屛居鄕庄, 治農敎子, 聊以自適, 無一毫分外心, 鄕里稱善人. 見人有浮薄放曠或喜忌克人者, 若將浼己. 嘗戒子侄輩曰：“我鄭氏家法謹拙, 無害於人. 汝曹勉之!” 其賢矣哉! 苟無忠信之心, 能如是乎? 公諱德彬, 盛如其字也. 東萊之鄭, 爲海東著姓, 始於羅盛於麗, 大昌於我朝, 直提學賜‧判書光世‧都承旨忠樑, 其十二世十世九世祖也. 曾祖諱相周, 贈都承旨, 祖諱碩祚通德郞, 考諱泰久武經歷. 妣潭陽田馥女. 明陵甲申公生, 元陵己丑九月二十六日卒, 壽六十六. 初葬先隴下, 以宅兆不利, 移窆于廣州治東草月面大雙嶺下巳坐原. 公有賢配, 德水李氏, 生長名門, 婦行無虧, 在室事親竭其孝, 及歸鄭氏, 奉姑殫其誠. 自姉妹娣姒, 至于僕妾村媼, 皆得其歡心. 恬於財利, 親家之析産者, 歸之爲父母奉祀之物. 接賓客, 賑窮乏, 必盡心力而爲之, 不計家之有無. 此豈世俗婦女所可人人爲之者哉? 六世祖菡, 參靖國勳, 封海豊君, 曾祖景閔郡守・贈左議政, 祖楷, 考喜培, 外祖江陵金益聲. 生先公一歲, 後公十二年庚子六月二十八日卒, 壽七十八, 葬祔公墓. 生一男一女, 男顯東, 卽從余遊者也, 有文藝, 累擧不中. 女適陽川許侊. 顯東一子一女, 子晉默, 女適許穗. 許侊二女適金廷亮・具匡賢. 晉默生二子幼. 銘曰:

兩美相合 德行俱備 餘慶之發 其待後嗣

6. 통덕랑 정군 묘지

通德郎鄭君墓誌 을사년(1785, 74세)

기억하건대, 오래 전 을해년(1755, 영조31) 설날 뒤에 정군(鄭君)
사일(士一)이 나를 찾아와 걱정스러운 낯빛으로 말하기를, "새해의
꿈은 한 해의 길흉을 나타내는 경우가 많은 법인데, 지금 내가 불길
한 꿈을 꾸었으니, 아마 위태할 것이다."라 하였다. 나는 웃으며 대
답하기를, "세상 사람들이 믿기 어려운 일을 꿈같다고 말하는데,『
주례(周禮)』에 비록 악몽(噩夢)을 점친다는 기록이 있지만, 이는
믿을 것이 못 된다. 마음에 있는 생각이 꿈에 나타나는 것이다. 마
음이 안정하여 동요하지 않으면 요기(妖氣)는 덕(德)을 이기지 못
하는 법이니, 군은 우려하지 말라."라 하였다. 군이 나의 말을 믿고
기뻐하더니, 뜻밖에도 그 해 6월 10일에 시감(時感 돌림병)으로 죽
고 말았다. 아! 화환(禍患)이 닥칠 때 과연 길흉의 조짐이 먼저 나
타나는 것인가. 향당(鄕黨)에서 이 좋은 벗을 잃고 노년에 이르기까
지 늘 생각나곤 했는데, 지금 그 아들 익조(翼祚)와 규조(奎祚)가
행장을 갖추어 묘지명을 청하니, 차마 사양할 수 있겠는가.

군은 휘가 광도(廣道)이고 사일(士一)은 자다. 관향은 해주(海州)
로 국초(國初) 정도공(貞度公) 역(易)의 후손이다. 정도공으로부터
4대를 내려와 선마(洗馬) 희윤(希尹)에 이르니, 곧 허암(虛菴) 희량
(希良)의 아우이다. 증조 휘 유징(有徵)은 헌납(獻納)이다. 조부는
휘 치중(致重)이고, 부친은 휘가 진후(震垕)인데, 모두 문행(文行)이
있었다. 모친은 첨추(僉樞) 양천(陽川) 허장(許樟)의 따님이고 충정

공(忠貞公) 종(琮)의 후손이다.

군은 명릉(明陵) 병신년(1716, 숙종42) 4월 18일에 태어났다. 태어난 지 4년 만에 모친을 여의었고 어릴 때 병치레가 많았다. 10세에 비로소 글을 배우기 시작하여 부지런히 공부하고 나태하지 않아 문리가 날로 진보하였다. 과거 공부를 하여 여러 차례 응시했으나 낙방하니, 백씨 사성공(司成公)이 탄식하기를, "내 아우가 불우한 것은 사람의 일이 아니라 하늘의 명(命)이다."라 하였다. 세상을 떠날 때 나이 마흔이었다. 광주(廣州) 대쌍령(大雙嶺) 오좌(午坐)의 둔덕에 안장하였다.

군은 타고난 바탕이 온화하고 중후하며 화락하고 평이하였다. 사람들과 함께 말할 때는 언변이 좋아 들을 만하였고 속마음을 환히 드러내보였다. 성품이 효성스럽고 우애로웠으니, 계모 이부인(李夫人)은 말하기를, "이 아이가 나를 지성으로 섬기니 내가 낳은 자식이 아니라는 생각이 들지 않는다."라 하였고, 백씨 사성공을 엄부(嚴父)처럼 섬겨 말할 때에는 감히 쟁변(爭辨)하지 않고 "손아래 사람이 스스로 잘났다고 하여 자기 마음대로 해서는 안 된다."라 하였다. 늘 자질들을 경계하여 말하기를,

"남자는 마땅히 몸가짐은 홍중(弘重)하고 마음가짐은 관대해야 하니, 그런 뒤에야 처기(處己)와 접물(接物)을 다 잘 할 수 있다."
라 하였으니, 이 말로써 군의 평생을 개괄(槪括)할 수 있다.

부인 기계유씨(杞溪兪氏)는 부사(府使) 일기(一基)의 따님으로, 세 아들을 낳았다.

장남은 두조(斗祚)이다. 그 초취(初娶)는 장령 이징하(李徵夏)의 따님으로 한 딸을 낳았는데 채제환(蔡齊煥)에게 출가하였다. 재취(再

娶)는 홍중해(洪重海)의 따님인데 후사가 없다. 삼취(三娶)는 박제두(朴齊斗)의 따님이다. 차남은 익조(翼祚)이다. 그 초취는 유사혜(柳師惠)의 따님인데 후사가 없다. 재취는 이광효(李光孝)의 따님으로 2남 1녀를 낳았는데, 모두 어리다. 삼남은 규조(奎祚)로 이석화(李錫和)의 따님에게 장가들어 4남을 낳았는데, 모두 어리다.

　군은 나보다 네 살 적고 기운이 건장하여 질병이 없었고, 나는 어릴 때부터 병을 앓았거늘, 어찌 내가 군의 묘지명을 지으리라고 생각이나 했겠는가. 사람의 일이 일정치 않음이 이와 같으니, 슬프도다!

記昔乙亥新正後, 鄭君士一來見余, 因愀然不樂曰:"新歲之夢, 多應一歲之休咎, 今余有夢不吉, 恐其殆也." 余笑而答曰:"世人以事之難信者謂之如夢, 『周禮』雖有噩夢[171]之占, 此不足信. 心之所存, 發于夢寐, 若心定而不動, 則妖不勝德, 君其勿憂." 君信余言而喜, 不意其年六月十日, 以時感卒. 噫! 禍患之來, 果有吉凶之先兆而然歟! 鄕黨之內, 失此良友, 到老懷思不已, 今其胤翼祚·奎祚具狀, 請幽堂之誌, 其忍辭諸! 君諱廣道, 士一字也, 海州人, 國初貞度公易之後. 四世至洗馬希尹, 卽虛菴希良之弟也. 曾祖諱有徵獻納, 祖諱致重, 考諱震垕, 并有文行. 妣僉樞陽川許樟女, 忠貞公琮之

---

171 噩夢 : 상서롭지 못하여 놀라는 꿈이다. 『周禮』「春官 占夢」에 "占夢은 세시로 천지의 회합을 관찰하고 음양의 기운을 분별하는 일을 관장한다. 해와 달과 별로 육몽의 길흉을 점치니, 첫째는 정몽이요 둘째는 악몽이요 셋째는 사몽이요 넷째는 오몽이요 다섯째는 희몽이요 여섯째는 구몽이다.〔占夢 掌其歲時觀天地之會辨陰陽之氣, 以日月星辰占六夢之吉凶:一曰正夢, 二曰噩夢, 三曰思夢, 四曰寤夢, 五曰喜夢, 六曰懼夢.〕"라 하였다.

後. 明陵丙申四月十八日君生, 生四歲失恃, 幼多病. 十歲始入學, 勤劬不怠, 文理日進. 業公車累不中, 伯氏司成公歎曰: "吾弟之蹇屯, 非人也命也!"及卒, 年四十, 葬于廣州之大雙嶺午坐. 君天質和厚樂易, 與人言, 纚纚可聽, 洞見心腑. 性孝友, 繼妣李夫人曰: "此兒事我至誠, 我不知其非己出也."事司成公如嚴父, 語言之際, 不敢爭辨曰: "在下者不可自賢而自遂其意."常戒子侄曰: "男子當以弘重律己, 寬容持心, 然後處己接物, 庶可兩得."此足以蔽君之平生矣. 配杞溪兪氏, 府使一基之女, 舉三男. 長斗祚, 初娶掌令李徵夏女, 生一女, 適蔡齊煥, 再娶洪重海女, 無后, 三娶朴齊斗女. 次翼祚初娶柳師惠女, 無后. 后娶李光孝女, 生二子一女, 皆幼. 次奎祚娶李錫和女, 生四子皆幼. 君少我四歲, 氣健無疾病, 余則自少癃廢, 豈意余誌君墓乎? 人事之不可常如此, 悲夫!

7. 공인 기계유씨 묘지

恭人杞溪兪氏墓誌 을사년(1785, 74세)

고우(故友) 정군(鄭君) 광도(廣道)에게 현숙한 배필이 있었으니, 유공인(兪恭人)이다. 공인은 명릉 병신년(1716, 숙종42) 4월 5일에 태어났고 금상(今上) 계묘년(1783, 정조7) 6월 21일에 세상을 떠났으니, 군이 세상을 떠난 지 29년 뒤이다. 군의 무덤 오른쪽에 부장하였다.

아들 익조(翼祚)가 행장을 갖추어 묘지명을 지어달라고 청하였다. 나는 군과 친한 벗이고 게다가 한 마을에 살았던 터라 공인의 아름다운 덕(德)을 익히 들었다.

행장을 살펴보건대, 공인은 기계(杞溪)의 저성(著姓) 집안에서 출생했으니, 경안공(景安公) 여림(汝霖)의 후손이고 문과에 급제하여 부사가 된 대수(大修)의 5대손이다. 증조 휘 진(槇)은 감찰이다. 조부는 휘 명침(命諶)이고, 부친은 휘 일기(一基)로 부사(府使)이다. 모친은 정재도(丁載燾)의 따님이다.

공인은 시집오기 전부터 아름다운 행실이 많았고, 군에게 시집와서는 부도(婦道)가 잘 갖추어졌기에 시누이나 동서들이 모두 칭찬하였다. 군은 형제가 셋인데 군은 그 중 둘째이다. 정씨 집안은 본디 청빈하여 생계를 이을 수 없었다. 공인이 10년 동안 부지런히 고생하여 집안 살림을 이루어, 군으로 하여금 안으로 집안을 걱정하지 않도록 하였다. 시부모에게는 효성과 공경을 다하여 다른 집에 산다고 하여 차이를 두지 않았다. 시부모가 살아계실 때는 극진히 봉양하고 돌아가신 뒤에는 제수(祭需)를 도와, 비록 노병으로 위독한 와중에도 감히 조금도 해이하지 않았다.

을해년(1755, 영조31)에 정군이 죽자 공인은 그 남은 자식들을 양육하였다. 아들 셋을 두었으니, 두조(斗祚)·익조·규조(奎祚)이다. 이들을 저마다 자질에 따라 가르치고 인도하였다. 장남은 집안일을 맡게 하여 가업이 쇠퇴하지 않도록 하였고, 둘째와 막내는 자못 아칙(雅飭)하였기에 스승을 맞이하여 글을 가르쳐서 성취시켰으니, 모두 문행(文行)으로 향리에서 일컬어진다.

이씨(李氏) 집안 며느리가 된 군의 둘째 누님이 자식이 없어 군에게 돌아와 의지했다. 공인은 그 누님을 매우 지성스럽게 섬기고 둘째 아들로 하여금 봉양에게 하니, 그 누님이 은덕에 감사하였다.

군의 아우 판관 광적(廣迪) 내외와 그 독자 갑조(甲祚)가 모두 죽어 갑조의 아들과 부인이 의지할 곳이 없게 되자 공인이 불쌍히 여겨 자기 자식처럼 양육하는 한편 둘째 아들로 하여금 임시로 판관 부자(父子)의 제사를 받들게 하였다. 갑조가 죽자 사람들이 모두 판관과 그 부인 이씨의 묘터가 좋지 못하기 때문이라고 하였다. 이에 공인은 남은 아이마저 보전하기 어려울까 염려하여 둘째 아들을 시켜 이장하는 일을 맡아서 묘터를 따로 잡아서 합장하게 하였다. 공인의 덕행과 간국(幹局)은 세상의 여느 부녀자가 미칠 바가 아니었다.

늘 자질들에게 반드시 실행하도록 당부하기를,

"명색이 사족(士族)으로서 사지를 게을리 놀리다 곤궁해지면 불의(不義)에 빠지는 이가 많다. 너희는 글을 공부하여 만약 성취하지 못하면 농사를 짓고 집안일을 보살피는 것이 옳다. 이도 저도 아닌 사람이 되어서는 안 된다."

라 하였고, 또 말하기를,

"아무리 작은 은혜라도 반드시 갚을 것을 생각해야 하니, 갚지 않으면 그 사람을 저버리는 것이다. 친족의 원망은 반드시 잊을 것을 생각해야 하니, 잊지 않으면 은의(恩義)를 해치는 것이다. 너희들은 힘쓰라."

라 하였으니, 참으로 어진 말이다!

대략을 모아 묘지를 기록하되, 이미 군의 묘지(墓誌)에 있는 것은 생략한다.

故友鄭君諱廣道有賢配, 曰兪恭人. 生明陵丙申四月五日, 卒今上癸卯六月二十一日, 距君歿二十九年, 葬祔君墓右. 孤子翼祚具狀請誌, 余與君善, 且同閈, 恭人令德, 聞之熟矣. 按狀, 恭人杞溪著姓, 景安公汝霖之後, 文府使大修五世孫也. 曾祖諱橝監察, 祖諱命諶, 考諱一基府使, 妣丁載燾女. 在室多令儀, 及歸于君, 婦道甚備, 公姑娣姒無間言. 君兄弟三人, 君其仲也. 鄭氏本淸貧, 無以資生. 恭人十年勤苦, 克家成業, 使君忘內顧之憂. 孝敬舅姑, 不以異宮而有間, 生則盡供奉之節, 歿則助粢盛之具, 雖在老病危篤之中, 不敢少懈. 乙亥鄭君卒, 恭人撫養遺孤, 有子三人, 曰斗祚·翼祚·奎祚, 隨才敎導, 使長子幹家, 家業不替, 仲季頗雅勅, 故迎師敎訓, 至於成立, 皆以文行稱於鄕里. 君仲姊爲李氏婦者無子, 歸依於君, 恭人事之甚謹, 使仲子受養, 姊氏恩之. 君季判官君廣迪內外及其獨子甲祚幷歿, 甲祚之孤寡無依, 恭人哀之, 鞠養如己出, 又使仲子權奉判官君父子祀. 甲祚之死, 人皆歸咎於判官君及其配李氏宅兆之不利. 恭人恐其遺孤難保, 命仲子主其事, 別擇地合葬. 恭人德行幹局, 實非世俗婦人所及也. 常戒子侄, 必以實行曰: "名爲士族而惰其四體, 及至困窮, 陷於不義者多. 汝輩業文, 若不能成,

則歸農幹家可也, 不可爲半間不界之人." 又曰:"細微之恩, 必思所以相報,
不報則背人也; 親族之怨, 必思所以忘之, 不忘則傷恩也. 汝輩勉之." 賢哉
言乎! 聊掇其槩, 以誌其幽, 已在君誌中者畧之.

8. 조선국 의령 남영 묘지명-병서-

朝鮮國宜寧南泳[172]墓誌銘-并序- 을사년(1785, 74세)

고청거사(孤靑居士) 남군(南君) 필복(必復)은 훌륭한 아들을 두었
으니, 이름은 영(泳)이고 자는 영옥(永玉)인데, 33세의 나이로 요절
하였다. 거사가 매우 슬퍼하여 나에게 묘지명을 지어달라고 부탁하
며 말하기를, "사람이 누군들 자식이 없으랴마는 이 아이의 재주와
행실을 차마 인몰(湮沒)할 수 없으니, 집사는 묘지명을 지어 주십시
오."라 하였다. 생(生)의 아내는 바로 광주안씨(廣州安氏)이니 나의
아들 생원 경증(景曾)의 딸이며, 생은 일찍이 나와 종유(從遊)하였
으니, 오직 그 아버지만 슬퍼할 뿐 아니라 나의 슬픔도 그 아버지보
다 못지않다. 어찌 차마 사양하겠는가.

생은 원릉 계유년(1753, 영조29)에 태어났다. 어릴 때부터 남다른
기상이 있어 방달(放達)하였는데, 거사가 올바른 도리로 바로잡아주
니 곧 종선의 태도를 꺾고 언행이 법도에 맞게 되었다. 제법 성장해서
는 독서에 힘쓰고 과거공부를 하여 혹 먼 곳에 있는 스승에게 가서
배우기도 하고 혹 산당(山堂)으로 책상자를 메고 가서 공부하는 등
헛되이 보낸 날이 없었으니, 문사가 숙성(夙成)하여 가히 볼만하였
다. 이에 사람들이 "소과·대과에 급제하는 것은 곧 조만간의 일이
다."라고 했는데, 불행히 올해 을사년(1785, 정조9) 1월 19일 돌림병

---

172 泳 : 원문은 沫자로 되어 있는데 교감하여 고쳤다.

으로 죽고 말았으니, 아, 슬프도다!

생은 부모에게 효도하고 종족에게 화목하며 향리에서 돈후(敦厚)하고 붕우에게 신의가 있었다. 구휼하기를 좋아하여 남의 곤궁한 사정을 잘 돌보았으며, 성품이 강직하고 과단하여 남이 옳지 못한 짓을 하는 것을 보면 마치 자신이 더럽혀질 듯이 여기고 조금도 굽히지 않으니, 사람들이 모두 애중(愛重)하고 경탄(敬憚)하였다. 생이 죽자 조문하는 이들은 슬프게 곡하고 부음을 들은 사람들은 눈물을 닦으며 모두 "하늘도 무심하여 이 사람으로 하여금 이 지경에 이르게 하였다." 라고 하였다. 여기에서 생의 사람됨을 알 수 있다. 아, 애석하도다! 순박(淳樸)한 기운이 흩어져 없어지면서부터 청숙(淸淑)한 기운을 타고난 사람이 그 수명을 다하지 못함이 많아 왕왕 요절하고 마니, 운명이로다!

생의 선대(先代)는 의령(宜寧) 사람으로 신라로부터 고려에 이르기까지 관작이 이어진 세족(世族)이 되었다. 국초에 개국공신으로 재상의 반열에 오른 충경공 재(在)가 생에게 15대조가 된다. 7대조 이웅(以雄)은 좌의정 춘성부원군(春城府院君)이고 호는 시북(市北)이니 인조조(仁祖朝)의 명재상이다. 거사는 곧 시북공의 주손(胄孫)이고 생은 그의 독자이니, 문호를 맡길 곳이 오로지 생에게 있었는데 생이 이에 이르고 말았으니, 거사의 깊은 슬픔은 오직 부자의 정 때문만이 아니다. 거사의 부친 질(耋)과 조부는 하성(夏成)은 벼슬하지 않았다. 생의 외조부는 왕실의 후예 이혜령(李惠齡)이니, 곧 황해도 관찰사 유사(幼泗)의 증손이다. 생은 2남 1녀를 두었는데, 모두 어리다.

생의 무덤은 춘성공 묘소 앞 마암(馬巖) 아래 축좌(丑坐)의 둔덕에 있다.

명(銘)

네가 세상에 온 것은
장차 큰 일을 하기 위함이거늘
그대가 세상을 떠는 것이
어쩌면 이토록 갑작스러운가
넉 자 높이 봉분은
아름다운 선비 묻힌 곳일세

孤靑居士南君必復有良子, 曰泳, 字永玉, 年三十三而夭. 居士哀之甚, 屬余
以幽堂之文曰:"人孰無子, 而此子之才行不忍沒. 執事其圖之."生之妻, 卽
廣州之安, 余子生員景曾之女也, 亦嘗從余而遊, 則非惟其父哀之, 余之哀
之也, 亦不後於其父也. 豈忍辭諸? 生生於元陵癸酉, 幼有奇氣, 頗不羈, 居
士矯揉義方, 卽折節就矩度. 稍長, 勤讀書業程文, 或從師遠遊, 或負笈山
堂, 無虛日, 文詞夙成有可觀. 人謂摘蓮折桂, 是朝暮事也, 不幸以今年乙巳
正月十九日染時氣而歿, 嗚呼痛哉! 生孝於父母, 睦於宗族, 厚於鄕里, 信
於朋友, 喜周恤, 急人之困, 性又能剛果, 見人有不是, 若浼己, 不少撓, 人
皆愛重而敬憚之. 及其死也, 吊者哀哭, 聞者掩淚, 莫不曰:"天道無心, 使
斯人至於此."於此, 可以觀生之爲人矣. 嗚呼惜哉! 自淳漓樸散, 而稟氣之
淸淑者, 多不得其壽, 往往夭閼則命矣哉! 生之先宜寧人, 自羅歷麗, 爲衣
冠世族, 國初開國勳相忠景公, 在於生爲十五世祖. 七世祖以雄, 左議政春
城府院君, 號市北, 仁廟名相也. 居士卽其承祀之孫, 而生其獨子也, 則門戶

之託, 專在於生, 而生至於此, 居士之哀之甚也, 不獨父子之情而已. 居士之

考曰荃, 祖曰夏成, 不仕. 生之外祖, 璿源後裔李惠齡, 卽黃海伯幼泗之曾

孫. 生有二子一女, 幷幼. 葬于春城公墓前馬巖下丑坐原. 銘曰:

爾之來也　將有爲也　爾之歿也　何奄忽也　四尺之封　佳士藏兮

9. 권군 진 묘지명-병서-

-權君賮墓誌銘-幷序- 병오년(1786, 75세)

나의 벗으로 권씨(權氏)의 아들 진(賮)이 있으니, 자는 우사(于四)이고 후일에 원관(元觀)으로 고쳤다. 그는 지조와 문행(文行)이 있었는데 29세에 죽었다. 어진 아내 정씨(鄭氏)가 군의 자취가 인몰하여 후대에 전해지지 못하는 것을 슬퍼하여 언문(諺文)으로 군의 평소 언행을 기록하여 그 부친에게 울면서 말하기를,

"죽은 남편의 일은 아버님께서 아시는 바입니다. 불행히 요절했으니, 만약 행적을 기록한 글이 없으면 우리 남편이 있었는 줄 누가 알겠습니까? 남편이 일찍이 순암(順菴) 안공(安公)을 말하면서 경모(景慕)하는 마음이 깊었으니, 한문으로 옮겨 적어서 안공에게 묘지명을 청하기를 원합니다."

하였다. 그 부친이 울면서 허락하고 한문으로 옮겨서 행장을 지어 나에게 글을 청하였다. 내가 일어나 받아보고 말하기를,

"부인이 남편을 잃은 슬픔을 만나서는 몹시 슬퍼할 줄만 알 뿐이니, 어찌 사군자(士君子)는 불후(不朽)한 이름이 있다는 것을 알 수 있겠는가. 아아, 어질도다!"

라 하고, 그 행장을 살펴보니 모두 가정에서의 실행(實行)이었다.

군의 집안은 안동(安東)의 대성(大姓)이다. 본조에 들어와 양촌(陽村)선생 근(近)이 있었으니, 곧 그의 14대조이다. 대대로 관작이 이어졌으니, 증이조참의(贈吏曹參議) 휘 경(頲)·선교랑(宣敎郞) 휘 최(宷)·통덕랑(通德郞) 휘 협(挾)·진사 휘 태(玲)가 군의 바로 위

4대이다. 모친 나주정씨(羅州丁氏)는 휘 지해(志諧)의 따님이다.

군은 영조(英祖) 정축년(1757)에 출생했다. 부친 진사공의 중형 휘 흡(瑜)이 부사인 진주(晋州) 유규운(柳奎運)의 따님을 아내로 맞았는데 아들이 없고 일찍 죽게 되자 군이 출계(出系)하여 그 후사가 되었다.

군은 어릴 때부터 지성(至性)이 있어 부모를 섬김에 효성을 다하여 온화한 안색으로 봉양하며 조석으로 안부를 살피며 부지런히 복무(服務)하는 절차가 예(禮)에 어긋남이 없었다. 모친 유부인(柳夫人)은 여러 해 동안 담적(痰積)을 앓았고 부친 진사공은 만년에 괴질을 앓은 것이 거의 10년이었는데, 거리가 하룻길인 생가와 양가를 군은 오가며 봉양하여 곁에서 보살피며 하루도 해이하지 않았다. 생가에 남동생 하나와 여동생 하나가 있었는데 수족처럼 사랑하여 마음에 잊은 적이 없었다. 성품이 관대하고 온화하며 아랫사람을 부리는 데 법도가 있어 빠른 말을 하거나 급한 기색을 보인 적이 없었다. 종백모(宗伯母)가 가산이 영락했는데, 종백모를 생모처럼 섬겨 일마다 도와주기를 한 번도 빠뜨린 적이 없었다. 규문 안에서는 게으른 모습을 보이지 않았고 부부 사이에 마치 손님을 대하듯이 서로 공경하고 일찍이 친압(親狎)한 적이 없었다. 벗은 반드시 단정한 사람을 사귀었고 우스갯소리를 하지 않고 간절하고 자상하게 권면하였으며, 일찍이 손을 잡거나 팔뚝을 잡으며 무람없이 굴고 가볍게 허락하는 일이 없었다.

세상 사람들은 과명(科名)을 중시하였으나 군은 과거 공부 외에 위기지학(爲己之學)이 있음을 알고, 선배들과 종유하기를 좋아하여 날마다 공맹(孔孟)·정주(程朱)의 책을 읽어 실리(實理)를 힘써 궁구하였으며, 세상에서 색다른 것을 자랑하여 능사(能事)로 삼고 말만 많이 하는 것으로 학문을 삼는 사람을 보면 마치 자신이 더럽혀질 듯이 여겨 멀리하였다. 거처하는 집에 귀복당(龜伏堂)이란 편액을 내걸었으니, 대개 거북이가 머리와 네 발과 꼬리를 감춘다는 뜻을 취한 것이고, 공부에 독실하여 소홀한 적이 없었다. 몇 해 전부터 이른바 '천학(天學)'이란 것이 나오자 세상에서 휩쓸려 들어 따르는 사람이 많았다. 군은 처음에는 조금 마음이 쏠렸다가 마침내 그르다는 것을 깨닫고 그의 벗 김군(金君) 원성(源星)과 더불어 정론을 힘써 주장하여 조금도 꺾이지 않았고 일찍이 천학(天學)에 물든 적이 없었다.

이상이 모두 군의 대절(大節)이다. 하늘이 나이를 더 주어 그 포부를 다 펴게 했더라면 성취한 바가 어떠했겠는가!

병신년(1778, 영조52) 겨울에 내가 군의 집에서 열흘 남짓 머물며 군의 거가(居家)의 행실을 보았고, 군을 만나 응대하는 사이에 마음으로 인정한 바가 있었다. 그 후 무술년(1778, 정조2)에 내가 호읍(湖邑)에 있으면 뜻밖의 구설수에 올랐을 때 군이 편지를 보내어 경계(警戒)한 적이 있었다. 이때 군은 나이 어렸는데도 일을 멀리까지 헤아려 볼 줄 알기에 내가 몹시 감격하고 애중하였다. 이제 죽을 때에 가까운 여든의 나이에 구설수에 오르는 곤경에 처한 게 지난 무술년보다 더욱 심하니, 만약 군이 있었다면 어찌 어지러운 사태를 해결하여 선처할 방도가 없겠는가. 이제는 그럴 수 없으니, 실로 군을 위하여 가슴을 치며 한번 크게 통곡하고 싶다. 아아, 슬프다!

군은 갑진년(1784, 정조8) 봄에 부친 진사공의 상(喪)을 당하였고 그 이듬해 겨울에 또 아우의 상을 당하였다. 이렇게 거듭 큰 상척(喪戚)을 겪느라 몸속의 기혈(氣血)이 다 말랐다. 아우가 죽고 난 3일

뒤에 공도 질병에 걸려 마침내 세상을 떠나고 말았으니, 곧 을사년(1785, 정조9) 12월 8일이었다. 이듬해 2월 20일에 광주(廣州) 귀천(龜川) 향둔곡(鄕遁谷) 곤좌(坤坐)의 둔덕에 안장하였다.

군의 부인은 정씨(鄭氏)이니, 곧 나와 종유(從遊)한 해주(海州) 정군(鄭君) 응조(應祚)의 따님이다. 한 아들만 두었는데 나이가 어리다.

아! 군과 같은 선행으로도 하늘의 보답이 이에 그친단 말인가! 도(道)가 쇠미해지자 청숙(淸淑)한 기운을 타고난 사람이 장수하지 못하는 경우가 많고 악한 사람이 도리어 장수한다. 그 옛날 안회(顔回)와 도척(盜蹠)이 이미 그러하였으니, 어찌 하늘의 호오(好惡)가 사람과 다르단 말인가. 이에 군자가 '명(命)'이라고 하였으니, 명을 어찌하리오! 눈물을 섞어 먹을 갈아서 단사(短詞)를 지어 명(銘)을 붙인다.

옛날에 한문공이
일찍이 이원빈의 명을 짓기를
재주는 당세에 높고
행실은 고인보다 뛰어났다 하였지
지금 우리 권군 진은
이름과 자가 그와 비슷하네
재주와 행실은 그와 같거늘
나이마저 어찌 그리 같은가
아쉽게도 나는 글재주가 없어
군의 이름 길이 전하지 못하지만
나의 이 글은 부끄럽지 않으니
유명의 사이에 저버림이 없으리라

余有友權氏子晶, 字于四, 改元觀, 有志操文行, 年二十九而歿. 有賢妻鄭氏, 痛其泯而無傳也, 以俚語錄其平日言行, 號泣于其父曰:"亡夫事, 大人所知也. 不幸夭閼, 若無記事之文, 誰知有吾夫者? 吾夫嘗道順菴安公而敬慕之深矣. 願譯以文字, 請銘于安公."其父泣而許之, 翻其語而爲狀, 求文于余. 余起而受之曰:"婦人遭崩城之戚, 惟知悲痛哀苦而已, 豈能知士君子有不朽之名者哉? 嗚呼賢哉!"按其狀, 皆家庭實行也. 君是安東大姓, 而入我朝, 有陽村先生近, 卽其十四世祖也. 世有冠紱, 贈吏議諱頲·宣敎郞諱最·通德郞諱挾·進士諱玲, 其四世也. 妣羅州丁氏, 諱志諧女. 君生于英宗丁丑. 進士公仲兄諱瑈, 娶府使晉州柳奎運女, 無子早歿, 君出系爲后. 自幼有至性, 事父母盡其孝, 色養定省服勤之節, 無違於禮. 柳夫人患痰積, 沉婁多年, 進士公晩罹奇疾幾十年, 兩家相距一日程, 君去來奉養, 左右扶持, 未嘗一日有懈也. 本生家有一弟一妹, 撫愛如手足, 未嘗忘于懷也. 性質寬和, 御下有法, 未嘗有疾言遽色也. 宗伯母家業零替, 事之如母, 隨事周給, 未嘗有所闕也. 閨門之內, 不設惰容, 相敬如賓, 未嘗有狎昵也. 取友必端, 不以謔言相加, 勉以切偲, 未嘗有握手把臂, 輕於然諾也. 世重科名, 而能知科名之外, 有爲己之學, 喜從先輩遊, 日取鄒魯濂洛書讀之, 務窮實義, 視世之衒奇而爲能, 多言而爲學者, 若將浼己. 顔其所居之堂曰龜伏, 盖取韜晦藏六之義, 而用工之篤, 未嘗有忽也. 數年以來, 有所謂天學者出, 而世多波靡而從之, 君始疑而終覺其非, 與其友金君源星力持正論, 不少撓屈, 未嘗有所染汚也. 此皆君之大節也. 天假之年而能充其操, 則成就當如何哉! 丙申冬, 余寓君所, 留止旬餘, 觀君居家之行, 承接之際, 有所心之者矣. 及歲戊戌, 余在湖邑, 橫罹多口, 君移書有戒. 此時君年少而慮事及遠, 余感愛之深矣. 及此八十垂死之年, 而頰舌之困, 又甚於戊戌. 使君而在, 則豈無解紛善處之道, 而今不可得矣, 實欲爲君椎胸而一大哭也. 嗚呼痛哉! 甲辰春,丁進士公憂, 翌年冬, 又遭弟喪, 荐罹喪威, 腔血殫竭. 弟死之越三日, 而感疾竟不起, 卽乙巳十二月八日也. 明年二月二十日, 葬于廣州之龜川鄉遁谷坤坐原. 君配鄭氏, 卽從余遊者海州鄭君應祚之女也. 只有一子年幼. 噫! 以君之善行, 而其報止於是耶? 自道之衰也, 得淸淑之氣者, 多不得壽, 而惡者反是. 陋巷[173] · 東陵[174], 自古已然, 豈天之好惡與人殊耶? 於是而君子曰命也, 奈命何! 和淚磨墨, 爲短詞而銘之曰:

在昔韓文公 曾銘李元賓[175] 才高乎當世 行出乎古人

---

173 陋巷 : 孔子 제자 顔回를 가리킨다. 공자가 안회를 칭찬하여 "한 그릇의 밥과 한 표주박의 물로 누추한 마을에 사는 것을, 사람들은 그 근심을 견디지 못하는데, 안회는 그 즐거움을 바꾸지 아니하니, 어질구나 안회여.〔一簞食 一瓢飮, 在陋巷, 人不堪其憂, 回也不改其樂. 賢哉回也!〕"라 하였다. 『論語 雍也』 안회는 32세에 죽었다.

174 東陵 : 춘추시대 때 악독하기 이름난 盜蹠을 가리킨다. 『莊子』「騈拇」에 "백이는 명예를 위하여 수양산 밑에서 죽었고 도척은 이익을 위해서 東陵 위에서 죽었다.〔伯夷死名於首陽之下, 盜蹠死利於東陵之上.〕라 하였고, 『史記』 권61「伯夷傳」에는 "백이와 숙제는 선인이라 할 만하지 않은가. 어질고 고결한 행실이 이와 같았는데도 굶어 죽었고, 70명의 문도 중에 공자께서 유독 안회가 배우기를 좋아한다고 칭찬하였으나 안회는 자주 굶으며 술지게미조차 배불리 먹지 못하고 일찍 죽었으니, 하늘이 선인에게 보답하는 것이 어떠한가? 도척은 날마다 죄 없는 자를 죽이고 사람의 살을 회쳐 먹으며 포악함을 자행했고, 수천 명의 무리를 모아 천하를 횡행했는데도 결국 天壽를 다 누리고 죽었으니, 이것은 무슨 덕을 따른 것인가.〔若伯夷叔齊, 可謂善人者非耶? 積仁絜行如此而餓死, 且七十子之徒, 仲尼獨薦顔淵爲好學. 然回也屢空, 糟糠不厭, 而卒蚤夭. 天之報施善人, 其何如哉! 盜跖日殺不辜, 肝人之肉, 暴戾恣睢, 聚黨數千人, 橫行天下, 竟以壽終, 是遵何德哉!〕"라 하였다.

今我權君賮 名字宛相類 才行與之同 得年何其似

恨無如椽筆 狀君不朽名 我辭旣無愧 庶不負幽明

---

175 在昔……元賓 : 韓文公은 시호가 문공인 唐나라 때 大文豪 韓愈이다. 元賓은
唐나라 때의 문장가 李觀의 자이다. 그는 貞元 연간에 進士가 되었고, 문장을
잘 지어 당대에 韓愈와 서로 우열을 다툰다는 명성이 있었는데, 29세에 요절
하였다. 한유가 그의 墓銘을 지었다. 『新唐書 권144 李觀傳』『東雅堂昌黎集
註 권24』

10. 고 성균진사 한거 최공 묘지명-병서-

故成均進士寒居崔公墓誌銘-幷序- 병오년(1786, 75세)

이제 막 급제한 성주(星州) 최군(崔君) 붕해(鵬海)가 그의 부친 생원군(生員君)이 쓴 편지와 가장(家狀)을 가지고 나의 집을 찾아와 말하기를,

"증조부께서 세상을 떠나신 지 이미 40년이 더 지났습니다. 행장과 묘갈은 이미 영남의 한두 사우(士友)에게 부탁했지만 묘지명은 아직 없습니다. 가대인께서 어른의 글을 받아서 행적을 후세에 불후(不朽)히 전하고자 하셔서 소자에게 명하여 대신 오게 했으니, 감히 재배하고 청합니다."

라 하였다. 나는 생각건대, 사람을 불후하게 하는 것은 누구나 할 수 있는 일이 아니다. 더구나 나는 늙고 병들어 정력이 글 짓는 일에 미치지 못하는 터라 굳이 사양하고 감히 받아들일 수 없었다. 그러나 최군이 부친의 명을 받고서 왔고, 생원군의 편지에 담긴 뜻이 정중하기에 의리상 사양할 수 없었다.

삼가 가장을 받아서 읽어보건대, 공은 휘가 후대(后大)이고 자는 자응(子應)이며 호는 한거(寒居)이다. 시조 한(漢)이 연산(燃山)을 식읍으로 받았으니 지금의 영천(永川)이다. 이어 자손들이 영천을 관향으로 삼았다. 6대를 지나 원도(元道)는 고려 말에 간관(諫官)이 되었고 둔촌(遁村) 이집(李集)과 서로 친한 벗이었다. 이공이 신돈(辛旽)의 비위를 거슬러 그의 부친과 함께 공의 집으로 화를 피하러 오자 공이 숨겨주어 무사히 살게 하였으니, 사람들이 모두 의롭게

여겼다. 고조 휘 항경(恒慶)은 사마시에 합격하고 한양에서 성주로 와서 살면서 정한강(鄭寒岡)선생을 사사했으며, 호가 죽헌(竹軒)이다. 증조 휘 급(級), 호 관봉(鸛峯)은 사마시에 합격하였고 증판결사(贈判決事)이며, 또한 한강의 문하에서 수학하였다. 조부 휘 진형(震衡)은 증좌윤(贈左尹)이고 아들이 없다. 좌윤의 아우 휘 진화(震華), 호 월주(月洲)는 학문을 좋아하는 군자이고 아들 휘 기(琦)를 두었는 출계(出系)하여 좌윤의 후사가 되었다. 이 분이 공에게 부친이 된다. 초취(初娶)는 진사 전의(全義) 이유(李瑜)의 따님으로 한 딸을 두었고, 재취는 승의랑(承議郎) 완산(完山) 이곽(李皐)의 따님으로, 회임한 지 열여섯 달 만에 공을 낳았으니, 곧 현종(顯宗) 기유년(1669) 6월 5일이다.

공은 풍채가 준수하고 성품이 효우(孝友)하니, 월주공이 매우 애중(愛重)하였다. 공은 9세에 부친을 여의고 상중(喪中)에 능히 슬픔을 다했으며, 조금 성장해서는 모친을 봉양하면서 온화한 안색으로 모시고 조석으로 안부를 살피고 곁에서 부지런히 일하며 손임이 있는 경우가 아니면 곁을 떠난 적이 없었다.

무술년(1718, 숙종44)에 모친상을 당했다. 이때는 이미 상례를 준수하는 것으로 이미 불훼지년(不毁之年 60세)이었지만 예제(禮制)를 더욱 삼가 지켰다. 세 누님, 두 아우와 정애(情愛)가 매우 돈독하였다. 세 누님의 집이 모두 가난했는데 재산을 나누어 주어 살아가게 하였다. 두 아우가 일찍 죽었는데, 중제(仲弟)는 아들이 없으니 자기 아들로써 아들을 삼아주었으며, 계제(季弟)의 아들을 마치 자기 아들처럼 길렀다. 외조부 승의공(承議公)은 후사가 없고 가세가 또한 영락하여 묘소를 지킬 수 없게 되었는데, 공이 전답과 노복(奴僕)을 두어 제사를 지내고 묘소를 보살피게 하였다. 종족과 향당에서는 진실하고 화락하여 은혜와 의리가 모두 지극하였다. 다른 사람의 급난(急難)을 보면 비록 힘으로 도와주지는 못하더라도 안타깝게 여기는 마음이 안색과 말에 넘쳤다. 남에게 불의(不義)한 일이 있으면 완곡한 말로 은미하게 일러주어 스스로 부끄러워하도록 하였다. 혹자가 도리에 어긋나는 일을 자신에게 해도 일절 따지지 않았고, 종신토록 기뻐하거나 성내는 기색을 보인 적이 없고 원망하고 탓하는 마음이 없었다. 이 때문에 친소(親疏)와 존비(尊卑)를 막론하고 모두 공을 좋아하였고, 공을 공경하고 사랑하지 않는 사람이 없었다.

공은 재예(才藝)가 숙성(夙成)하여 문사(文詞)가 호한(浩澣)했지만 명리(名利)를 달갑게 여기지 않았다. 모친이 반드시 과거에 급제하기를 바라서 권면하여 마지않으니, 공은 마지못해 과거에 응시하였다. 일찍이 향시에 나아갔는데, 시험을 주관하는 사람이 외가 쪽 인척(姻戚)이라 사정(私情)을 써서 합격하게 해주겠다고 하면서 공에게 모친을 위하여 자신의 뜻을 굽히라는 뜻으로 회유하니, 공은 "자신에게 돌이켜 성실하지 못하면 어버이가 기뻐하지 않는다."는 맹자의 말을 인용하여 사양하였다. 공은 행기(行己)와 처사(處事)는 관대하고 평이함을 위주로 하였지만, 의(義)가 있는 곳에는 확연히 지키는 것이 이와 같았던 것이다. 모친마저 돌아가신 뒤에도 과거 공부를 계속하여 정미년(1727, 영조3)에 진사에 급제하였으니, 차마 모친의 분부를 저버릴 수 없었던 것이다.

자질들을 반드시 문행충신(文行忠信)으로 가르쳤으며, 또 "남이 한 번에 능하거든 자기는 열 번 하고 남이 열 번에 능하거든 자기는 천 번 한다."라고 한『중용』의 말로써 잠(箴)을 지어 써서 붙여두고 경계함으로써 일상생활 중에 힘써 실천하도록 하였으며, 늘 남의 과실을 말라고 경계하였다.

가정에서는 일찍이 큰 소리로 꾸짖은 적이 없었지만 자제들이 가르침을 따라 성취한 이들이 많다. 하인들이 잘못한 일이 있어도 매를 치는 것을 좋아하지 않았으며, 혹 물건을 훔친 사람이 있어도 매양 숨겨서 덮어주는 한편으로 좋은 말로 타이르니, 이로써 마음을 고쳐 선인(善人)이 있었다.

가동(家僮)이 마을의 청년과 싸우다가 상대방의 과실로 죽는 사건이 발생하여 사람들이 장차 이 사실을 관가에 소송하려 하였다. 공이 타이르기를, "서로 싸운 것은 죄가 같고, 한 사람은 죽고 한 사람은 산 것은 운명이다."라 하여 관가에 알리지 못하게 막고 다만 죽은 사람을 후장(厚葬)하도록 하였다. 죽인 사람이 은혜에 감격하여 자신이 대신 종이 되기를 원하니, 공은 물리쳤다. 공은 평상시에 입으로는 사리(私利)를 말하지 않고 손에는 돈과 재물을 가까이하지 않았으며, 종들이 장사치와 이익을 다투면 반드시 엄금하였다.

죽헌(竹軒) 이후로 대대로 문학에 독실했다. 공은 일찍 부친을 여의고 선대(先代)의 유업을 잘 이어 매일 새벽 일어나 문을 열고 밤까지 단정히 앉아 경사(經史)를 읽었다. 손수 주자(朱子) 「경재잠(敬齋箴)」의 '그 의관을 정제하고 그 시선을 높게 한다.〔整其衣冠, 尊其瞻視.〕'는 여덟 글자를 써서 벽에 붙여 두고 스스로 경계하였다. 소싯적부터 노년에 이르기까지 위의와 용모의 법칙이 시종 어긋나지 않았으며, 늘 '경근(敬謹)' 두 글자로써 스스로 면려(勉勵)하기를, "모름지기 하루 동안 한 일을 남에게 말하지 못할 것이 없도록 해야만 된다."라 하였다. 영조 을축년(1745) 정월 9일에 감기가 든 지 며칠 만에 세상을 떠났으니, 향년 77세이다. 모월 모일에 이현(梨峴) 간좌(艮坐)의 둔덕에 안장하였다.

부인 창녕조씨(昌寧曺氏)는 모(某)의 따님인데 공보다 먼저 세상을 떠났고, 묘소는 법산촌(法山村) 뒷산에 있다.

아들 여섯을 두었으니, 곤(崑)·중부(仲父)의 후사(後嗣)가 된 윤(崙)·업(嶪)·헌(巚)·무과에 급제하고 부사(府使)가 된 급(岋)·유(崳)이다. 곤의 계자(系子)는 석중(錫重)이다. 윤의 아들은 익중(益重)이니, 바로 생원군이고 문행(文行)이 있다. 업의 아들은 출계(出系)한 석중(錫重)·현중(鉉重)이다. 헌의 아들은 권중(權重)이다. 급의 아들은 운중(運重)·적중(迪重)이다. 유의 아들은 문중(文重)·국중(國重)·하중(厚重)·학중(學重)이다. 증손은 약간 명이다.

명(銘)

아름다워라 최공이여! 영남에 빼어난 선비로다
학문에 힘쓰고 몸을 닦아 선사라 일컬어졌어라
소산의 행장과 매양의 묘갈명은
글자마다 실록이라 과도한 말이 없네
내가 이어 묘지명을 지어 무덤에 묻노니
이현의 산록은 덕인이 잠든 곳이로세

有新及第星州崔君鵬海, 袖其爺生員君之書及家狀, 款余門而言曰: "曾王考之卽世, 已四十年餘矣. 狀碣之文, 已求於嶺中一二士友, 而幽竁闕誌刻. 家大人願得吾丈之語, 圖所以不朽, 命小子替行, 敢再拜請." 余惟不朽人, 非

人人可能, 況且耄癃精力, 無以及此, 固辭不敢當. 然崔君受親命而來, 生員
君書意鄭重, 義不可辭. 謹受而讀之, 公諱后大, 字子應, 號寒居. 鼻祖漢食
朵於燃山, 今永川也, 子孫仍貫焉. 六傳而有元道麗季爲諫官, 與李遁村集
相友善. 李公忤賊肭, 與父避禍于公所, 公匿而全之, 人皆義之. 高祖諱恒
慶, 中司馬, 自漢京來居于星, 師事鄭寒岡先生, 號竹軒. 曾祖諱轂號鶴峯,
中司馬, 贈判決事, 亦遊岡門. 祖諱震衡, 贈左尹, 無子. 弟諱震華, 號月洲,
好學君子也, 有子諱琦, 出爲左尹後, 於公爲考. 初娶進士全義李瑜女, 有一
女, 再娶承議郎完山李㫆女, 娠公十六月而生, 卽我顯廟己酉六月五日也.
公風儀俊爽, 性孝友, 月洲公甚器重之. 九歲而孤, 能致哀, 稍長, 奉母夫
人, 色養定省, 左右服勤, 非有客, 未嘗離側. 戊戌丁憂時, 已不毀之年[176]
而執制愈謹. 與三姊二弟, 情愛篤摯, 三姊家皆貧, 析産資生, 二弟早歿, 仲
無子, 以己子子之, 季有孤, 教育如己出. 外王考承議公無後, 家又剝落, 墓
闕守護, 公爲置田僕, 供香火禁樵牧. 其在宗族鄕黨, 恂恂和易, 恩義兼至.
見人急難, 雖力未周, 惻怛之意, 溢於色辭. 人有不義, 緩辭微諷, 使之自
媿. 或以非理相加, 一切無校, 終身無喜慍之色, 絶怨尤之心. 以是, 無論親
踈尊卑, 各得歡心, 而人莫不敬愛. 公才藝夙成, 文詞浩澣, 不屑屑於名利,
而母夫人必欲成一名, 勸勉不已, 公黾勉應擧. 嘗赴鄕試, 主司者外黨, 欲行
私, 誘公以爲親屈之意, 公引鄒聖反身不誠不悅於親[177]之語辭之. 公行己處

---

176 不毀之年 : 『禮記』 「曲禮上」에 "거상의 예는 60세인 사람은 애훼하지 않고,
70세인 사람은 다만 최마복을 입을 뿐 술을 마시고 고기를 먹으며 집안에서
거처한다.〔居喪之禮, 六十不毀, 七十唯衰麻在身, 飮酒食肉, 處於內.〕"라 한
데서 온 말로 60세를 가리킨다.

177 鄒聖……於親 : 맹자가 "어버이에게 사랑받는 데 방도가 있으니, 자신의 몸

事, 主於寬平. 義之所在, 確然有守如此. 永感之後, 不廢程文, 丁未中進
士, 盖不忍負慈敎也. 敎子姪必以文行忠信[178], 又以人一己十人十己千之語
作箴書籤以戒之, 使用力於日用常行之事, 而常戒不得言人過失. 家庭之間,
未嘗訶叱, 而子弟服行, 多有成就者. 婢僕有過, 不喜箠撻, 或有窃盜者, 每
多掩覆而誨諭之. 以是, 有革心從化者. 家僮與村丁鬪, 過誤致死, 將擧狀成
獄. 公曉之曰: "相鬪罪均, 一生一死, 命也." 禁不得聞官, 但令厚葬死者.
其人感恩, 願以身代爲奴, 公却之. 平居口不言私利, 手不近錢貨, 僕隷與賈
人爭利, 必禁之. 自竹軒以後, 世篤文學, 公早孤, 克紹先業, 每晨起拓戶,
竟夕危坐, 紬繹經史. 手寫'整其衣冠尊其瞻視'八字, 揭壁以自警. 自少至老,
威儀容止之則, 終始不差, 常以敬謹二字自勵曰: "要使日間所爲, 無不可對
人言者, 可也." 英廟乙丑正月初九日, 微感數日而卒, 壽七十七, 用某月日
窆于梨峴負艮原. 配昌寧曺氏某女, 先公卒, 墓在法山村後. 有男子子六人,
崑・崙出爲仲父後・巢・巘・岋武府使・嶮. 崑系子錫重. 崙子益重, 卽生
員君, 有文行. 巢子錫重出系・鉉重. 巘子權重. 岋子運重・迪重. 嶮子文
重・國重・廈重・學重. 曾孫若干人. 銘曰:

有美崔公嶺之秀 劬學禔身稱善士 小山之狀梅陽碣 字字實錄辭無溢
我繼爲誌冥幽堂 梨峴之麓德人藏

을 돌이켜 보아 성실하지 못하면 어버이에게 사랑받지 못할 것이다.〔悅親有
道, 反身不誠, 不悅於親矣.〕"라 하였다. 『孟子 離婁上』
178 文行忠信:『論語 述而』에 "공자는 네 가지로 가르쳤으니 곧 文・行・忠・信
이었다.〔子以四敎, 文行忠信.〕"라 하였다.

11. 통훈대부 행전주판관 이공 묘지명-병서-

洞訓大夫行全州判官李公墓誌銘-幷序- 병오년(1786, 75세)

이군(李君) 술한(述漢)이 돌아가신 그의 조부 판관공(判官公)의 행
장을 가지고 나를 찾아와 말하기를,

"조부께서 세상을 떠나신 지 지금 60년에 가깝습니다. 실로 민멸(泯
滅)해서는 안 되는 언행이 있는 까닭에 일찍이 농와(聾窩)에게 행
장을 받았으나 아직 묘지명이 없으니, 어르신이 글을 지어주시기
바랍니다."

라 하였다. 내가 생각해보건대 돌아가신 나의 조부 양기공(兩棄公)
이 공과는 동문(同門)이고 게다가 금란(金蘭)의 친교가 있었으니,
어찌 감히 사양할 수 있겠는가.

행장을 살펴보건대, 공은 휘가 석인(錫仁)이고 자는 계수(季受)이
며 본관은 광주(廣州)이니, 고려 말의 명신 둔촌(遁村) 집(集)의 후
손이다. 대대로 경상(卿相)이 이어졌으니, 공은 선조조(宣祖朝)의 어
진 재상 문익공(文翼公) 휘 덕형(德馨)의 현손이다. 증조는 판결사
휘 여규(如圭)이고, 조부는 군수 휘 상정(象鼎)이다. 부친은 휘 윤적
(允迪)으로 숙부 상겸(象謙)의 후사(後嗣)가 되었다. 모친 한양조씨
(漢陽趙氏)는 응교 위봉(威鳳)의 따님이고, 문간공(文簡公) 경(絅)
의 손녀이다.

공은 현종 무신년(1668)에 태어났고 8세에 부친을 여의었다. 태학
사(太學士) 권공(權公) 유(愈)의 문하에서 수업하여 돈독한 뜻으로
학문에 힘써 경오년(1690, 숙종16)에 진사로 뽑히고, 정해년(1707,

숙종33)에 처음 벼슬길에 나아가 경녕전참봉(敬寧殿參奉)을 지내고 기축년(1709, 숙종35)에 제용감부봉사(濟用監副奉事)로 옮겼다. 경인년(1710, 숙종36)에 상서원직장(尙瑞院直長)으로 전보되었다. 신묘년(1711, 숙종37)에 군자감주부(軍資監主簿)로 승진하고 공조좌랑으로 옮겼다가 사소한 일로 파직되었다.

계사년(1713, 숙종39)에 모친상을 당하여 거상(居喪) 중에 예(禮)를 다하였고, 신축년(1721, 경종1)에 다시 내섬시주부(內瞻寺主簿)에 제수되었다가, 얼마 뒤에 외직으로 나가 창평현령(昌平縣令)이 되어 풍교(風敎)를 돈후하게 하고 절효(節孝)를 숭상하는 한편 백성들의 고충을 살피고 폐정(弊政)을 혁파하였으며, 기근을 만나 백성을 진휼하여 백성들이 궁핍하지 않으니, 어사(御史)가 칭찬하는 장계(狀啓)를 올렸다. 갑진년(1724, 경종4)에 익산군수(益山郡守)로 승진하였는데, 그 치적이 창평(昌平)에 있을 때와 같았다. 익산에는 불법을 많이 자행하는 호족(豪族)이 있었다. 공이 법으로 규제하니, 그 사람이 대관(臺官)을 사주하여 공을 탄핵하여 파직시켰다. 이에 공은 은진(恩津)의 농사(農舍)로 돌아왔다. 당시 사명(使命)을 받들고 남쪽으로 내려온 사람이 그 실정을 알고서 돌아가 아뢰어, 다시 서용(叙用)되어 사도시주부(司䆃寺主簿)에 제수되었다가 자리를 옮겨서 김포군수(金浦郡守)에 제수된 지 1년 만에 병으로 사직하고 향리로 돌아왔다.

정미년(1727, 영조3)에 예빈시주부(禮賓寺主簿)로 임명되었다가 다시 외직으로 나가 전주판관(全州判官)이 되었다. 전주는 호남의 웅부(雄府)라 사람이 많고 땅이 크며 아전은 교활하고 백성들은 횡포(橫暴)하여 본디 다스리기 어려운 곳이라는 평판이 있었다. 부(府)의 물산은 본래 창고에 가득하였으나 전후로 이곳에 부임한 자들이 많이 들 창고를 관리하는 아전과 짜고서 다른 명목으로 유용하고 농간을 부려놓고는 문서를 위조하거나 숨겨 마침내 적발하기 어려웠다. 공이 통렬히 그 폐단을 고치고 과조(科條)를 만들어 엄하게 방지하니, 사람들이 모두 훌륭하다 하였다.

신축년(1721, 경종1)에 건저(建儲)할 때부터 당의(黨議)가 더욱 극심해져 불령(不逞)한 무리가 흉모(凶謀)를 꾸미고 근거 없는 말을 퍼뜨렸다. 이 해 겨울에 부문(府門)에 흉서(凶書)가 들어왔기에 공이 감영에 보고하여 주상에게까지 알려지게 되었다. 주상은 익명의 투서를 위에 알리는 것이 제도에 어긋난 일이라는 이유로 문책하니, 공은 이로 인해 파직되었다. 며칠 후에 또 남원(南原)에서 흉서가 나붙은 변고가 있자 조정에서 비로소 놀라서 범인을 잡으라고 명하고 공에게 그대로 판관(判官)의 직책을 유임하게 하였다. 이듬해 봄에 역적이 호서(湖西)에서 일어나 청주(淸州)를 함락하고 절도사를 죽였다. 공이 병력을 가다듬고 비상사태에 대비하고자 하니, 감사가 조정의 명령이 없다는 이유로 난처하게 여겼다. 공은 먼저 일을 일으키고 뒤에 보고하자고 쟁변(爭辨)하여 그날로 병사를 점검하였다. 당시 역괴(逆魁) 필현(弼顯)이 태인군수(泰仁郡守)로 있으면서 근왕(覲王)을 칭탁하고 병사를 동원하여 북상하여 부(府)의 서쪽 10리 거리의 삼천(三川) 땅까지 이르렀다. 이에 온 부(府)가 마치 솥 안의 물이 끓듯 소란하고 감사는 벌벌 떨며 어찌할 줄을 몰랐다. 공이 적을 막는 일을 자임하여 장졸(將卒)들로 하여금 성을 나누어 지키게 하였다. 이튿날 아침에 흰 노새를 탄 한 적이 성 밖에 이르러 이쪽 정황을 살피고 있기에 공이 첩자를 놓아 알아보니, 곧 필몽(弼夢)의 아들 사관(師

寬)으로서 필현을 따라왔던 것이었다. 공은 그 뜻을 헤아리고 엄하게 문졸(門卒)에게 신칙하여 수상한 사람을 들이지 말게 하고 곧바로 감영에 가니, 감사가 문을 닫고 질병을 칭탁하여 문지기를 시켜 공이 들어오지 못하게 막았다. 공이 도끼로 문을 부수고 들어가려 하니, 이윽고 문이 열렸다. 공이 곧바로 감사의 침소로 들어가 "지금이 어찌 질병을 칭탁할 때이겠습니까? 어째서 질병을 무릅쓰고 성에 올라 생사를 걸고 싸우려 하지 않는 것입니까?"라고 하며 음성과 안색이 모두 준엄하였다. 감사가 급히 일어나 사죄하고는 또 "장차 어떤 계책을 내야 하겠는가?"라 하니, 공이 "적이 내부에서 일어나 인심을 측량하기 어려우니, 청컨대 사방 성문의 장졸을 바꾸어 배치하고 그 변화를 살펴야 할 것입니다."라 하였다. 감사가 마침내 군중에 명령하기를, "성을 수비하는 절제(節制)를 일체 판관의 지시에 따르라."라 하고, 공으로 하여금 서문을 수비하게 하였다. 서문은 적들이 쳐들어오는 곳이었다.

공이 관아에 들어가 가묘에 하직하고 가족과 작별한 뒤 서문으로 달려갔다. 군졸을 다 배치하고 나자 적이 또 사람을 성 아래로 보내와서는 진영에 서찰을 전하러 왔다고 하였다. 공이 은밀하게 장교를 시켜 붙잡게 하니 적이 달아나 돌아갔다. 이에 적의 무리가 필현에게 기만을 당한 줄 알고 일시에 무너져 흩어지고, 필현도 달아났다. 이 때에 만약 적의 계략이 이루어져 적이 승세를 타고 깊이 쳐들어와 북상하여 호서의 적과 합세했더라면 국가의 안위를 알 수 없었을 터이니, 공의 공로가 어찌 크지 않겠는가.

당시 영남은 적의 성세(聲勢)가 매우 급박하여 장차 팔량치(八良峙)를 넘어 곧바로 완산(完山)의 감영을 칠 기세라 군민(君民)의 뒤

승승하였다. 이 때 한 군졸이 말을 퍼뜨려 군중을 미혹시키거늘 공은
그 자리에서 그를 참수하여 효수하니 인심이 조금 진정되었다. 공은
밤낮으로 군졸을 보살펴 몸소 음식을 날라주고 충의로써 격려하니
군졸들이 감복하였다. 이윽고 난리가 진정된 이후 도순무사(都巡撫
使) 오명항(吳命恒)의 행차가 전주부(全州府)를 지나가고 찬획사(贊
畫使) 윤순계(尹淳繼)와 원장(援將) 박동추(朴東樞)가 군사를 거느
리고 와서 모였다. 공이 잘 조처하고 응접하니 이들이 모두 좋아하였
으며, 장졸들이 모두 입을 모아 칭찬하였다. 가을에 세선(稅船)에
부패한 곡식을 실었다는 이유로 나포(拿捕)되어 조사를 받은 뒤 직책
을 띤 채 임소로 돌아와서 공은 질병을 이유로 사직을 청하여 체직되
었다.

이듬해 여름에 전라도 관찰사 이광덕(李匡德)이, 공이 힘을 다하여
성을 수비한 정상을 칭찬하는 내용으로 보고하니, 주상이 특명으로
가자(加資)하려 했다. 그러나 방해하는 사람이 있어 실행되지 못하고
말았다. 이 해 윤7월 23일에 미질(微疾)로 광주(廣州) 사촌(莎村)
구택에서 임종하니 향년 62세이다. 탑곡(塔谷) 선영 해좌(亥坐)의
둔덕에 안장하였다.

공은 천품이 높아 준수하며 기국(器局)이 있었고, 성품이 효우(孝
友)하고 관인(寬仁)하였다. 어릴 때 부친을 여읜 뒤로 녹봉으로 부친
봉양하지 못한 것을 늘 몹시 애통하게 생각하였다. 그래서 제사에는
정성을 다하여 매양 기일을 만나면 반드시 목욕재계하고 제수를 갖춘
다음 엄숙하게 서서 새벽을 기다려 성심껏 제사를 지냈다. 백씨가
일찍 죽고 중씨 부부도 모두 죽었는데, 살았을 때 봉양과 죽은 뒤
장례를 유감이 없도록 하였고, 큰 형수를 마치 모친처럼 받들어 모셨

다. 내외의 친척에게는 은애(恩愛)로 대하여 일마다 보살피고 도와주었다. 교제하는 벗들은 성신(誠信)으로 대하고 늘 우정이 변하지 않았다.

전후로 고을 수령이 되어서는 관문(官門)을 활짝 열어놓으니, 곤궁한 벗과 가난한 일족이 팔을 흔들며 마음대로 들어왔다가 마음에 흡족하여 돌아갔다. 고을을 다스릴 때 백성에게는 인자하고 아전은 엄히 단속하였으며, 자신은 청렴하고 송사는 밝게 처결하였다. 일찍이 말하기를, "관직에 있으면서 이 마음에 부끄러움이 없으면 만족하다. 도리를 어기고 명예를 구함으로써 이름을 훔치는 것은 내가 부끄러워하는 바이다."라 하였다.

공은 재식(才識)과 기량(器量)으로 일찍부터 촉망을 받았으니, 사람들이 재상감으로 기대하였다. 그러나 좋지 못한 시운을 만나 낮은 벼슬에 침체하여 온축한 재능을 크게 펴지 못하고 말았으니, 사람들이 모두 애석하게 여겼다.

부인 무안박씨(務安朴氏)는 우윤(右尹) 징(澄)의 따님으로, 부덕을 잘 갖추었다. 공과 같은 해에 태어났고 공보다 13년 뒤에 세상을 떠났으며, 공의 묘소 왼편에 부장(祔葬)하였다.

1남 1녀를 낳았다. 아들 광란(光蘭)은 진사이고 효우(孝友)하며 문행(文行)이 있다. 아들이 없어 재종질 술한(述漢)으로 후사를 삼았고, 네 딸을 두었으니 정사급(鄭師伋)·생원 한유인(韓有仁)·이순섭(李舜燮)·권준(權浚)이 그 사위이다. 딸은 진사 홍일환(洪日煥)에게 출가했으며, 세 아들을 두었으니 간(侃)·단(儃)·참(傪)이고, 세 딸을 두었으니 권덕신(權德身)·오처중(吳處中)·정언 신사욱(申史澳)에게 각각 출가했다.

명(銘)

아, 공은 큰 그릇이었건만

재능을 크게 펼치지 못했으니

군현에 머물러 침체하였으나

낮은 자리라 여기지 않았어라

백성의 고충 제거하고 은혜 내리니

아전은 두려워하고 백성은 사랑하였지

위태한 성에서 적을 막았으니

남쪽 지방의 보장이었어라

역적의 수괴가 달아나자

흉적의 무리 거꾸러졌으니

난리를 평정한 공로는

공이 실로 으뜸이라

성상이 포장하려 했건만

또한 방해하는 이가 있었지

공에게야 무슨 손상 있으랴

세도가 개탄할 만하였네

저 탑곡의 둔덕에

공의 무덤이 있으니

먼 백세의 뒤에

청컨대 이 명을 보라

李君逑漢袖其先王考判官公狀, 款余而言曰: "王考卽世, 今幾六十年矣. 實

有言行之不可泯者, 故曾受狀于聾窩, 而幽堂闕誌, 願吾丈之文之也." 余惟
我先祖兩棄公與公同門, 又有金蘭之契, 其敢辭諸? 按狀, 公諱錫仁, 字季
受, 廣州人, 麗末名臣遁村集之後. 歷世卿相, 我穆陵賢相文翼公諱德馨之
女孫也. 曾祖判決事諱如圭, 祖郡守諱象鼎. 考諱允廸, 出後叔父象謙, 妣漢
陽趙氏, 應教威鳳之女, 文簡公絅之孫. 以顯廟戊申生, 八歲而孤, 受業於太
學士權公愈之門, 篤志劬學, 庚午選進士, 丁亥筮仕, 由敬寧殿參奉, 己丑遷
濟用副奉事. 庚寅轉尙瑞直長, 辛卯陞軍資主簿, 移工曹佐郎, 以微事罷. 癸
巳丁內艱, 居喪盡禮. 辛丑復除內贍主簿, 尋出爲昌平縣令, 敦風教崇節孝,
詢民瘼革弊政, 遇飢賑民, 民無捐瘠, 繡衣褒啓. 甲辰陞益山郡守, 其治如
昌. 邑有豪族多不法, 公繩以律, 其人嗾臺官劾罷. 歸恩津農舍, 時有奉使南
下者, 得其實歸奏, 收叙拜司導主簿, 移授金浦郡守, 一年謝病歸. 丁未拜禮
賓主簿, 旋外遷爲全州判官. 全是湖南雄府, 物衆地大, 吏猾民橫, 素號難
治. 府藏充溢, 前後莅此者, 多有與該吏挪移舞弄, 文牘詭秘, 卒難摘發. 公
痛革其弊, 作科條而嚴防之, 人皆趦趄. 自辛丑建儲時, 黨議益劇, 群不逞之
徒, 醞釀凶謀, 鼓唱浮言. 是歲冬, 投凶書於府門, 公報營至啓聞. 上以匿名
書上達違制, 公坐罷. 數日又有南原掛書之變, 朝廷始驚動, 命跟捕, 令公仍
任. 明春賊起湖西, 陷淸州殪帥臣. 公欲治兵戒嚴, 監司以無朝令難之. 公以
先發後聞爭之, 卽日點兵. 時, 逆魁弼顯爲泰仁守, 託以覲王, 擧兵北上, 至
府西十里三川地. 一府鼎沸, 監司怔忪失措. 公請自當, 令將卒分守城堞. 詰
朝, 有騎白騾一賊, 往來城外, 有窺覘狀. 公諜知之, 乃弼夢子師寬, 從顯賊
來也. 公揣其意, 嚴勅門卒, 勿與客通, 卽詣營門, 監司閉門托疾, 戒閽者禁
刺謁. 公將斧門而入, 俄而門開. 公直入臥內曰: "此豈稱疾時耶?" 何不强疾
登堞, 死生以之, 聲色俱厲. 監司蹴然起謝, 且曰: "計將安出?" 公曰: "賊自
中起, 人心難測, 請易置四門將士, 以觀其變." 監司遂令軍中曰: "守城節

制, 一聽半刺史." 使公守西門, 西門賊衝也. 公入衙, 辭家廟訣家眷, 馳往信地. 排布已畢, 賊又使人來城底, 稱傳札鎭營. 公密使將校掩捕, 賊逸歸. 賊衆知爲顯賊所欺, 一時潰散, 顯賊亦遁. 此時若使賊計得行, 長驅而北, 與湖西賊合勢, 則國家安危, 未可知也. 公之功, 豈不偉歟? 時, 嶺南賊聲甚急, 將踰八良峙, 直擣完營, 軍民洶洶. 有一卒訛言惑衆, 公立斬以徇, 人心稍定. 公晝夜撫循, 親自傳饌, 激以忠義, 軍情感服. 旣已亂定, 都巡撫使吳命恒路由全府, 而贊畫使尹淳繼·援將朴東樞領軍來會. 公應接措辦, 各得歡心, 將士皆嘖嘖稱善. 秋, 以稅船臭載, 被拿伸理, 帶職還任, 公引疾辭遞. 翌年夏, 湖南伯李匡德襃聞公竭力守城狀, 上特命加資, 有惎之者不果. 是年閏七月二十三日, 以微感卒於廣州莎村舊第, 壽六十二, 葬于塔谷先塋亥坐原. 公天禀旣高, 俊爽有器局, 性孝友寬仁. 早失所怙, 常以祿不逮養於偏親爲深痛, 致謹於祭祀, 每値諱辰, 必齋沐具羞, 肅立待曉, 殫其如在之誠. 伯氏早逝, 仲氏夫妻俱歿, 養生送死無憾, 而奉伯嫂如事親. 內外親戚, 接以恩愛, 隨事周恤. 交際之間, 待以誠信, 不以甘壞[179]有異. 前後作宰, 洞開官門, 窮交貧族, 掉臂而入, 稱意而歸. 其治臨民仁束吏嚴, 律己廉聽訟明. 嘗曰: "居官無愧, 此心足矣. 違道干譽以睹名, 吾所恥也." 公之才識器量, 早負時望, 人以公輔期之. 遭時抹摋, 沉頓下僚, 不大展其所蘊, 人皆惜之. 配務安朴氏, 右尹澄女, 婦德俱備, 生與公同年, 歿後公十三年, 葬祔公墓左. 生一子一女, 子光蘭進士, 孝友有文行, 無子, 以再從侄述漢爲後, 有四女,

---

179 甘壞 : 서로 몹시 좋아하다가 사이가 나빠지는 것을 말한다. 『禮記』 「表記」 에 "군자의 만남은 물과 같고 소인의 만남은 단술과 같다. 군자는 담담한 가운데 친교가 이루어지고 소인은 달콤하다가 친교가 무너진다.〔君子之接如水, 小人之接如醴. 君子淡以成, 小人甘以壞.〕"라 한 데서 온 말이다.

鄭師伋・韓有仁・上庠李舜燮・權浚, 其婿也. 女適洪日煥進士, 三子侃・

僴・儵, 三女權德身・吳處中・申史澳正言其婿也. 銘曰:

緊公偉器　用未大施　棲遲郡縣　不以爲卑

瘝櫛惠孚　吏畏民懷　危城捍賊　保障江淮

逆酋遁逃　凶醜顚踣　勘亂之功　公實爲首

聖主褒嘉　亦或惎之　在公何損　世道可噫

塔谷之原　鬱鬱佳城　百世在後　請徵斯銘

12. 성균진사 오공 묘지명-병서-

成均進士吳公墓誌銘-幷序-

오군(吳君) 심운(心運)이 그의 선친의 가장(家狀)을 써가지고 나에게 부탁하기를, "나의 선친은 지행(志行)이 있었으니, 자식된 사람으로서 차마 민몰하여 알려지지 않게 둘 수 없습니다. 그대가 묘지명을 지어주기 바랍니다."라고 하였다. 내가 비록 문장을 잘하지 못하지만 오군의 뜻이 정중하고 또 인척의 정의가 있는 터에 어찌 감히 사양할 수 있겠는가.

행장을 살펴보건대, 공은 휘가 상보(尙溥)이고 자는 천여(天如)이며 관향은 동복(同福)이니, 고려 시중(侍中) 문헌공 대승(大陞)의 후손이다. 고조 휘 백령(百齡), 호 묵재(默齋)는 관직이 이조참판이고 형 만취공(晩翠公) 휘 억령(億齡)과 함께 모두 선조・인조 양대(兩代)의 명신이다. 증조 휘 단(端), 호 동암(東巖)은 관직이 황해감사이다. 조부 휘 성원(挺垣), 호 취옹(醉翁)은 관직은 충청감사이며, 숙부 증좌찬성(贈左贊成) 휘 굉(竑)의 후사(後嗣)가 되었다. 이 3대가 모두 영의정에 추증되었다. 부친 휘 시수(始壽) 호 수촌(水村)은 관직이 우의정이다. 모친 정경부인(貞敬夫人) 안동권씨(安東權氏)는 봉사(奉事) 증이조참의(贈吏曹參議) 휘 진(瑱)의 따님이고 길성위(吉城尉) 휘 대임(大任)의 손녀이다.

공은 현종 경술년(1670)에 태어났다. 용모가 옥처럼 아름다웠고 장성해서는 기국과 도량이 있으니 사람들이 모두 큰 인물이 될 것으로 기대하였다.

경신년(1680, 숙종6)에 정국이 일변(一變)할 때 선친이 당인(黨人)의 모함을 받아 삼수(三水)로 귀양가자 모친 권부인(權夫人)이 근심과 울분으로 세상을 떠났고 이듬해에 선친이 마침내 사사(賜死)되었다. 이 때 공의 나이가 12세였다. 기사년(1689, 숙종15)에 대신(大臣)이 경연에서 부친 의정공(議政公)의 억울한 사정을 아뢰어 관작을 회복하고 치제(致祭)하게 하였다. 계유년(1693, 숙종19)에 공이 비로소 진사시(進士試)에 뽑혔다. 갑술년(1694, 숙종20)에 당인이 다시 집권하자 선친이 다시 죄적(罪籍)에 들었다. 공은 백씨와 더불어 너무나 억울하고 애통한 나머지 더 이상 살고 싶지 않은 듯하였다. 을미년(1715, 숙종41)에 백씨가 세상을 떠났고, 병오년(1726, 영조2)에 공이 격고(擊鼓)하여 억울한 사정을 호소하였지만 당로자(當路者)에게 저지되자 한이 쌓여 병이 되고 말았다.

정유년(1777, 정조1) 7월 5일에 수촌(水村)에서 세상을 떠났으니 향년 48세이다. 당시에 중형의 아들 재운(載運)이 공주(公州)의 묘소 아래 있다가 홀연히 의정공의 묘정(墓庭)에서 곡하는 소리가 나는 것을 듣고 마음속으로 몹시 의아하게 생각했는데, 며칠 만에 공의 부고가 왔기에 날짜를 따져보니 공이 돌아가신 날이었다. 이는 그 원통하고 억울한 기운이 감촉(感觸)하여 그렇게 된 것이니, 아, 또한 기이한 일이로다!

금상(今上) 갑진년(1784, 정조8)에 공의 손자 석충(錫忠)이 공의 뜻을 이어서 또 격고(擊鼓)하여 호소하니, 주상이 특명을 내려 신원(伸寃)하고 관작을 회복시켜 주었다. 이 때는 당인의 자손이 저지했으나 뜻을 이루지 못하였다. 이에 공의 뜻이 이루어져 유명(幽冥)에 모두 유감이 없게 되었으니, 공론은 백 년이 지난 뒤에 정해진다는 옛말이 과연 빈말이 아니었다.

공은 성품이 너그럽고 온화하며 효우(孝友)가 돈독하였다. 높은 벼슬에 올라 뭇사람을 다스리기에 넉넉한 기국(器局)을 갖추었으나 어려서 흉한 일을 당하여 지극한 슬픔이 마음에 쌓인 나머지 마침내 중년에 죽고 말았으니, 슬픈 일이다. 모월 모일에 공주(公州)의 선영 동쪽 산기슭 감좌(坎坐)의 둔덕에 안장하였다.

전배(前配)는 한산(韓山) 이상홍(李尙鴻)의 따님으로 한 아들 성운(星運)을 낳았다. 후배(後配)는 하동(河東) 정원건(鄭元鍵)의 따님으로 현숙하여 부행(婦行)이 있었고 세 아들을 낳았으니 익운(翼運)·심운(心運)·기운(箕運)이고, 딸은 출가하기 전에 요절하였다.

성운의 두 아들은 석문(錫文)·석명(錫明)이고, 세 딸은 이지민(李之民)·윤동원(尹東元)·유낙원(柳樂源)에게 각각 출가했다. 익운은 아들이 없어 기운의 아들 석일(錫一)로 후사를 삼았고, 두 딸은 남이백(南履百)·최정(崔炡)에게 각각 출가했다. 심운의 두 아들은 진사 석리(錫履)·석경(錫庚)이고, 네 딸은 진사 권규(權揆)·홍진(洪)·최해문(崔海聞)·윤행복(尹行復)에게 각각 출가했다. 기운의 두 아들은 석일(錫一)·석충(錫忠)이고, 딸 하나는 김득인(金得仁)에게 출가했다. 내외의 증손·현손은 30여 명이다.

명(銘)

복천의 오씨는
해동의 빛나는 종족이라
대대로 잠영이 이어졌으니

공경의 높은 관작이었네

공은 천품이 탁월하였으니

큰 일을 할 수 있었건만

망극한 세상 만나

만사가 그만 무산되고 말았네

부친의 원통한 누명 씻지 못해

피맺힌 마음이 속에서 탔으니

한을 품고서 죽으매

슬픔이 선영을 감동시켰어라

어진 손자가 뜻을 이어 호소하자

성주께서 굽어 통촉하셨으니

죄인의 명부에서 이름 빠지고

작질이 예전처럼 회복되었어라

공의 혼령이 하늘 위에서

필시 알고 느꺼워하리니

효자 마음에

거의 유감이 없으리라

나의 명은 넘치는 말 없으니

공경히 무덤에 묻노라

여기 월굴산 동쪽은

군자가 묻힌 유택이로다

吳君心運狀其先府君行, 託鼎福曰:"我先人有志行, 而爲子者不忍使沒沒無

聞. 願吾子之誌其墓也."余雖不文, 吳君之寄意鄭重, 又有姻好之誼. 其敢

辭諸? 按狀, 公諱尙溥, 字天如, 同福人, 高麗侍中文獻公大陞之後. 高祖諱百齡, 號默齋, 官吏曹參判, 與兄晩翠公諱億齡, 俱爲宣仁兩朝名臣. 曾祖諱端, 號東巖, 官黃海監司. 祖諱挺垣號醉翁, 官忠淸監司, 出系叔父贈左贊成諱竑之後. 三世俱贈領議政. 考諱始壽, 號水村, 官右議政. 妣貞敬夫人安東權氏, 奉事贈吏曹參議諱瑱之女, 吉城尉諱大任之孫. 公生于顯廟庚戌, 丰標如玉, 及長, 秀偉有器度, 人皆以遠大期之. 庚申朝局一變, 先公爲黨人所螫, 謫三水, 權夫人憂憤而卒, 翌年先公竟被後命, 公時年十二. 己巳大臣筵奏暴議政公寃, 使之復爵致祭. 癸酉公始選進士試, 甲戌黨人復入, 先公復罹罪籍. 公與伯氏含寃抱慟, 如不欲生. 乙未伯氏歿, 丙午公擊鼓, 竟爲當路所沮, 積恨成疾. 丁酉七月五日, 卒于水村, 得年四十八. 時, 仲侹載運在公州墓下, 忽聞哭聲出於議政公墓庭, 心甚訝之, 數日而公訃至, 考其日則卽公喪逝日也. 此其冤鬱之氣感觸而然也. 吁亦異哉! 今上甲辰, 公之孫錫忠繼公志, 又擊鼓上聞, 上特命伸理, 復其官爵, 黨人子孫沮之而不得. 遂於是公志得伸, 而神人無憾矣. 古語云: "公論百年而後定." 果非虛語也. 公性質寬和, 孝友篤至, 宰物濟衆, 綽有其具, 而少遭閔凶, 至痛在心, 竟闕其年. 悲夫! 某月日, 葬于公州先塋東麓負坎原. 前配韓山李尙鴻女, 生一男星運. 後配河東鄭元鍵女, 賢淑有女行, 生三男, 翼運・心運・箕運, 女未笄而夭. 星運二男錫文・錫明, 三女適李之民・尹東元・柳樂源. 翼運無子, 取箕運子錫一爲後, 二女適南履百・崔炡. 心運二男錫履進士・錫庚, 四女適權挨進士・洪璭・崔海聞・尹行復. 箕運二男錫一・錫忠, 一女適金得仁. 內外曾玄三十餘人. 銘曰:

福川之吳 海東華宗 歷世簪紱 乃卿乃公

公乃挺生 若將有爲 遭世罔涯 萬事凌夷

家冤未泄 血腔內薰 抱恨而歿 哀動先墳

賢孫繼志 聖主下矚 名刊丹書 爵秩如昔

公靈在上 想必興感 孝子之心 庶幾無憾

銘無溢辭 敬奠窀穸 月窟之東 君子攸宅

13. 공인 하동정씨 묘지명-병서-

恭人河東鄭氏墓誌銘-幷序- 병오년(1786, 75세)

내가 소싯적에 어른들의 말을 듣기로, "오상국(吳相國) 손자의 집이
과천(果川)에 있고 형제 네 사람이 모부인을 모시고 산다. 부인은
가정을 다스리는 것이 엄정하여 법도가 있다. 매일 이른 아침에 아
들들이 나아가 안부를 살피고 물러나면, 며느리들이 뒤를 따라 안
부를 살핀다. 이렇게 하루 세 번씩 안부를 살펴서 규문의 법도가 정
연하여 시종 태만한 적이 없다."라 하였으니, 과연 현숙한 부인이었
다. 내가 공경하여 마음에 잊지 않은 지 오래였는데, 지금 오우(吳
友) 심운(心運)씨가 공인(恭人)의 행록(行錄)을 적어 보이며 묘지
명을 지어달라고 청하였다. 내가 이미 그의 선친 묘지명을 지었거
늘 어찌 감히 사양하겠는가.

행록을 살펴보건대, 공인은 하동정씨(河東鄭氏)로 진사 오공(吳
公) 상보(尙溥)의 계실(繼室)이다. 증조 휘 홍량(弘量)은 관직이 군
자감봉사(軍資監奉事)이다. 조부 휘 용(墉)은 무공랑(務功郎)이다.
부친 휘 원건(元鍵)은 호가 각헌(覺軒)이며 세상에서 처사(處士)로
일컬어진다. 모친 성주이씨(星洲李氏)는 통덕랑(通德郎) 휘 익하(翊
夏)의 따님이고 지평(持平) 휘 유석(惟碩)의 손녀이다.

공인은 용모가 풍윤(豊潤)하고 순수했으며 식견과 도량이 순명(純
明)하였다. 출가하기 전부터 현숙한 덕과 효우(孝友)의 행실이 있어
부모와 형제의 사랑을 받았다. 계미년(1763, 영조39)에 오공에게 출
가하여 남편을 섬김에 어긋난 덕이 없었으니, 늘 말하기를, "부부는

비록 일체(一體)라고는 하지만 어찌 감히 지아비에게 태만할 수 있으리오."라 하였다.

공의 전배(前配) 이씨(李氏)는 한 아들 성운(星運)을 낳고 아들이 겨우 네 살 때 죽었는데, 공인은 성운을 마치 자기 소생처럼 보살피고 길렀다. 공인은 연이어 세 아들을 낳았지만, 자기 소생과 성운을 똑같이 사랑하여 가르치고 길렀다. 자식들을 아기 때부터 바른 길로 가르치고, 화려한 의복과 기름진 음식은 아예 가까이하지 못하게 하니, 아들들이 순순히 가르침을 받들어 따라서 감히 태만하지 않았다.

공인은 치가(治家)를 특히 잘하여 가정이 숙연(肅然)하고 화목하였다. 날마다 길쌈을 하고 일찍이 편안히 논 적이 없었으며, 여종들에게 일거리를 나누어 주어 일없이 놀고 먹는 일이 없도록 하였다. 쓸데없는 비용을 줄이고 겉치레를 없앴으며, 또 물자를 여유롭게 남겨 두어 뜻하지 않은 상황에 대비하여 살림을 넉넉하도록 경영하여 남편에게 집안을 걱정하는 일이 없도록 하였다. 마음이 어질고 너그러워 비록 미천한 하인에게도 은혜와 신의가 두루 흡족하였다. 친친(親親)의 정의(情誼)가 도타워 종족들이 다 좋아하였고, 이웃을 돌보고 보살펴 있는 대로 베풀어 주어 인색하게 아끼는 뜻이 전혀 없었던 까닭에 사람들이 모두 떠받들고 존모(尊慕)하였다.

정유년(1777, 정조1)에 남편의 상(喪)을 당하여 한 줌 쌀도 입에 넣지 않은 것이 여러 날이었고, 상복을 벗지 않고 곡읍하여 거의 목숨을 잃을 뻔했던 것이 3년이었다. 일찍이 말하기를,

"지아비를 잃은 몸으로 이 한 목숨 여전히 남아 죽지 못하는 것은 어린 자식들을 맡길 곳이 없고 제전(祭奠)을 맡을 사람이 없어서 그런 것이다. 죽기 전에 힘을 다할 바는 오직 제사에 있다."

라 하고, 매양 제삿날을 맞으면 반드시 친히 제수를 장만하는 것이 50년 동안 하루 같았다.

무술년(1778, 정조2)에 친정 부모의 상(喪)을 당해서는 애훼(哀毁)가 예제(禮制)에 지나쳤고, 염습(殮襲)과 장례에 필요한 물품들을 갖추어 금천(衿川)에 안장하였다. 그리고 봄가을의 절사(節祀)에 몸소 제수를 장만하기를 종신토록 그치지 않는 한편 제전(祭田)을 사주어 향화(香火)를 올릴 바탕을 마련해 주었으니, 사람들이 모두 그 효성을 칭찬하였다.

공인은 숙종 갑자년(1684)에 태어났고 영조 경인년(1770) 7월 6일에 세상을 떠났으니 향년 87세이다. 9월 모일에 공주(公州) 치소(治所) 동쪽 10리 거리 대오동(大梧洞) 경좌(庚坐)의 둔덕에 안장하였다.

세 아들은 익운(翼運)·심운(心運)·기운(箕運)이고 한 딸은 시집가기 전에 요절하였다. 익운의 양자는 석일(錫一)이고 두 딸은 남리백(南履百)·최정(崔炡)에게 각각 출가했다. 심운의 두 아들은 진사 석리(錫履)·석경(錫庚)이고 네 딸은 진사 권규(權揆)·홍진(洪璡)·최해문(崔海聞)·윤행복(尹行復)에게 각각 출가했다. 기운의 두 아들은 중부의 양자로 나간 석일(錫一)·석충(錫忠)이고 한 딸은 김득인(金得仁)에게 출가했다. 내외 증손·현손은 약간 명이다.

아아! 공인은 부모를 섬김에 효성스럽고 남편을 섬김에 순종하고 자녀를 옳은 도리로 가르쳤으며 근검으로 치가(治家)하여 가도(家道)가 그 덕분에 실추되지 않았으니, 부인의 행실이 어찌 이보다 더할 것이 있으리오. 시어른의 원통한 누명을 씻지 못한 것을 종신의 슬픔으로 여겼는데, 금상(今上) 갑진년(1784, 정조8)에 손자 석충이 원통한 실정을 호소하여 신원(伸寃)하게 되었으니 사람들이 모두 혀를 차며 탄식하기를, "오씨 집안에 훌륭한 자손이 있다."라고 하였다.

공인의 아름다운 범절과 좋은 평판을 익히 들어왔던 터에 이제 현윤(賢胤)이 지은 행록을 보고 상세한 곡절을 더욱 잘 알게 되었다. 이에 그 대략을 이상과 같이 찬술하고 명(銘)을 붙인다.

군자의 배필이요
여사의 행실이니
인효하고 유순한 덕은
천성에서 나온 것이었네
남편을 공경하고 순종하여
예를 따르고 어긋남이 없었으며
슬하의 자식을 잘 훈육하여
바르게 인도함이 법도에 맞았어라
근검으로 집안을 이루었고
장수하여 덕이 높았으니
친척이 모두 은덕에 감사하고
이웃이 그 공덕을 칭송하였어라
동관이 붓을 잡으면
의당 숙원에 넣으리라
나의 명은 아첨하는 말 아니니
공경히 후손에게 고하노라

鼎福少時聞諸長老之言, 吳相國孫家在果川, 兄弟四人奉母夫人. 夫人持家嚴正有法度, 每早諸子進省而退次, 諸婦從之, 日三如此, 閨門井井, 終始無

怠云，果是賢夫人也．余敬而心之者久矣．今者吳友心運氏狀恭人行錄，請
幽竁之文．鼎福旣誌其先公之墓，則復何敢辭？按狀，恭人河東鄭氏，進士
吳公尙溥之繼室也．曾祖諱弘量，官軍資奉事．祖諱塸務功郞．考諱元鍵號
覺軒，世稱處士，妣星州李氏，通德郞諱翊夏之女，持平諱惟碩之孫也．恭人
容儀丰粹，識度純明．自未笄也，賢淑之德・孝友之行，爲父母昆弟所愛重．
癸未歸于吳公，事夫子無違德．常曰："夫婦雖齊體，何敢惰慢也？"公前配李
氏生一子星運，年纔四歲．恭人鞠育如己出．恭人連生三子，敎養恩愛，鳲鳩
均一．自在孩提示以義方，至於華美之服・膏粱之食，使不得近焉．諸子循
循奉承，不敢怠忽．恭人尤長於治家，閨政肅穆，日治紡績，未嘗自逸，分課
女僕，使無無事而食，省浮費祛文餙，或留贏餘，以備不虞，經理瞻悉，不使
公有內顧之憂．處心仁恕，雖僕隷之賤，恩信周洽．篤於親親，宗族歸心，眷
恤鄰井，隨有隨施，絶無吝惜之意，故人皆戴慕．丁酉遭公喪，溢米不入口者
累日，不脫衰絰，哭泣幾殆者三年．嘗言："險釁一息，尙存未亡者，以幼孤
無託，祭奠無主而然也．未死之前，所以竭力者，惟在祀典．"每値祭日，必親
自具羞，五十年如一日．戊戌，幷遭父母喪，哀毀逾禮，辦備斂葬之具，葬于
衿川．春秋節祀，躬執祭需，終身不衰，又置祭田，俾爲香火之資，人皆稱其
孝．恭人生于我肅廟甲子，歿于英宗庚寅七月初六日，享年八十有七．九月
某日，葬于公州治東十里大梧洞庚坐之原．三男翼運・心運・箕運，一女未
笄夭．翼運系子錫一，二女適南履百・崔炡．心運二子錫履進士・錫庚，四
女適權揆進士・洪璡・崔海聞・尹行復．箕運二子，錫一出系仲父後・錫
忠，一女適金得仁．內外曾玄若干人．嗚呼！恭人事親孝，事夫順，敎子義，
勤儉治家，家道賴以不墜．婦人之行，豈有過於是者乎？常以舅寃之未伸爲
終身之痛，今上甲辰孫錫忠鳴寃得伸，人皆咨嗟歎息曰："吳氏有子矣．"恭人
之懿範令譽，聞之熟矣．今得賢胤所撰狀文，益得其詳，掇其大略如右，而爲

之銘曰:

君子之配 女士之行 仁孝婉娩 本乎天性

敬順夫子 率禮無違 撫敎膝下 化導中規

勤以家成 壽以德隆 宗戚感恩 鄕鄰頌功

彤管秉筆 宜編淑媛[180] 我銘不諛 敬告後昆

---

180 彤管……淑媛 : 彤管은 붓대에 붉은 칠을 한 붓으로 고대에 女史가 쓰던 붓이다. 고대에 后夫人은 반드시 女士를 두어 행실을 기록하게 하였다. 『詩經』 「邶風 靜女」에 "얌전한 여인이여 아름답기도 한데, 나에게 붉은 붓대을 주었네. 붉은 붓대가 붉기도 하니, 그대의 아름다움 좋아하노라.〔靜女其孌, 貽我彤管. 彤管有煒, 說懌女美.〕"라 하였다. 淑媛은 賢淑한 부인이다. 즉 옛날의 女史가 있으면 행실을 기록하여 현숙한 여인 속에 넣을 것이라는 말이다.

14. 선공감 직장 홍공 묘지명-병서-

繕工監直長洪公墓誌銘-幷序- 정미년(1787, 76세)

효종·현종 때 사대부의 가문에 가법(家法)이 바르고 내행(內行)이
훌륭하기로는 반드시 남파(南坡) 홍선생(洪先生 홍우원(洪宇遠))을
꼽는다. 선생의 장남 면(冕)은 어릴 때부터 효성으로 알려졌고 성
장해서는 과거를 버리고 오로지 부모 봉양에만 힘썼다. 집이 본디
가난한지라 부모의 음식을 공이 손수 만들었고 잠시라도 곁을 떠나
지 않았다.

경자년(1780, 정조4)에 모친상을 당하여 집상(執喪)이 예제(禮制)
에 지나치니, 선공(先公)이 일에 따라 보살펴주어 건강을 해치지 않
게 하였다. 임인년(1782, 정조6)에 선공이 권부인(權夫人)을 계실로
들였다. 공이 권부인을 섬김에 반드시 정성을 다하여 출입할 때는
손을 모으고 섬돌 아래 서 있었다. 머리가 세어 백발이 되어도 여전히
그렇게 하였다. 부인은 그 예(禮)가 너무 지나치다고 하여 그치게
했으나 공은 끝내 그만두지 않았다.

선공의 지위가 재상에 오르니, 조정에 벼슬하는 벗들이 공을 음보
(蔭補)로 나가게 하라고 권하는 이가 많았다. 선공이 이 일을 말하니,
공이 대답하기를, "한번 벼슬길에 나가면 부모님 곁을 오래 비울 터인
데 아우들이 모두 어려서 대행할 수 없습니다. 벼슬하기를 원치 않습
니다."라 하니, 선공이 그 성의에 감동하여 더 이상 강요하지 않았다.

경신년(1800, 정조24)에 선공이 당인(黨人)의 모함을 받아 명천
(明川)으로 귀양 가자 공이 따라갔고, 신유년(1801, 순조1)에는 계모

를 모시고 적소(謫所)에 가서 선공을 만나 뵈었다. 계해년(1803, 순조 3)에 선공이 문천(文川)으로 양이(量移)되었는데, 연세가 높고 병세가 위독하였다. 공은 눈물을 흘리며 곁에서 약을 달여 올리며 밤낮으로 해이하지 않았다. 당시 공의 나이 예순에 이르렀으나 부친 앞에서는 몸가짐이 어린 아이와 같았고 부친을 부지하고 공봉(供奉)하는 일에 혹시라도 소홀한 적이 없었다. 집안을 소제하는 일과 이부자리를 펴고 개며 속옷을 빠는 일에 이르기까지 반드시 공이 몸소 하였다. 곁의 사람이 혹 대신하겠다고 하면 "지정(至情)이 자식인 나보다 더한 사람은 없다."라 하고 따르지 않았다. 북쪽 변방은 먼 외지라 음식 거리가 서울만 못했으나 공은 지극한 정성으로 구해 모아서 부족한 적이 없었으니, 귀양지에서 모시는 8년 동안 정성스럽고 전일하기가 한결같았다.

병인년(1806, 순조6)에 계모의 상(喪)을 당하였고, 정묘년(1807, 순조7)에 선공이 적소(謫所)에서 역책(易簀)하였다. 공은 가슴을 치며 슬피 울부짖는 모습이 마치 살고 싶지 않은 것 같았고, 안성(安城)에 반장(返葬)하고 여막을 지켰다. 이에 군자가 말하기를, "효자의 행실이로다."라 하였다. 계모는 세 아들을 두었는데, 이 때 모두 어렸다. 공은 우애가 돈독하여 이 아우들을 교육하고 무양(撫養)하였다. 기사년(1809, 순조9)에 복(服)을 벗고 청암도찰방(靑巖道察訪)에 제수되었다. 공은 은우(恩遇)에 감격하여 힘써 직책에 나아갔다. 이에 공의 벗이 시를 지어 주기를,

집안에서 묵묵히 효행을 하니
이 사람을 아무도 아는 이 없었네

벼슬 하나를 이제야 얻었으니
이미 노쇠한 몸을 어찌 아끼리오

隱嘿躬行孝 無人識此人 一官今始得 誰惜已衰身

라 하였으니, 사람들이 이를 실록(實錄)이라 하였다. 뒤에 선공감
직장(繕工監直長)에 제수되었으나 취임하지 않았다.

무인년(1818, 순조18) 7월에 세상을 떠났으니 태어난 해가 갑자년
(1744, 영조20)이라 향년 75세이다. 9월에 선공의 묘소 왼편 을좌(乙
坐)의 둔덕에 안장하였다.

공은 효우(孝友)가 천성으로 지극하여 부모를 다 여의고 홀로남은
이후로는 더욱 제사에 정성을 다하였다. 기일(忌日)과 절일, 묘사(墓
祀)를 만나면, 그 날에 앞서 집안을 깨끗이 소제하고 미리 제수를
갖추어 정성과 공경을 다하였으며, 나이 일흔이 넘어서도 몸소 제사
를 모셨다.

게다가 성품이 청백하였다. 선공이 생존할 때 외읍(外邑)에서 으레
물품을 보내서 문후하면 터럭만큼도 마음대로 처리하지 않았다. 선공
이 일찍이 의정부에 들어갔을 때 어떤 사람이 오징어 한 꾸러미를
집안에 바쳤는데, 공이 이 사실을 알고서 다시 돌려준 일이 있었다.
이 일로 선공의 청렴한 덕이 당세에 더욱 이름나게 되었다. 청암도찰
방(靑巖道察訪)으로 있을 때는 청렴하게 일을 보아 티끌 한 점도 묻은
적이 없었다. 돌아올 무렵에 노비가 물품을 바치자 공이 관고(官庫)
에 남겨두니, 사람들이 말하기를, "이는 국가에 무익하고 한갓 아전의
차지가 될 뿐입니다."라고 하였다. 공이 웃으며 "나의 마음에 부끄러

움이 없으면 그만이다."라 하였다. 떠날 때 역리(驛吏)들이 술과 음식을 성대하게 차려 전별하니, 공은 술 한 잔만 마시고 다른 음식들은 돌려보내며 말하기를, "이로써 그대들의 정을 알기에 충분하다."라 하였다. 공이 매사에 구차하지 않은 것이 대개 이와 같다.

참찬(參贊) 이봉징(李鳳徵)이 지은 남파공의 유사(遺事)에,

"장남 직장공(直長公)은 선생의 곁에 사람이 없으면 종일토록 모시고 앉았고, 손님이 오면 손수 손님의 자리를 바르게 놓고는 물러나 피했으니, 가법(家法)이 그러했던 것이다. 사람들이 선생의 자제 중에 직장공이 있음을 아는 이가 드문 것은 대개 재덕(才德)을 숨겨 사람들이 아는 이가 없어서 그런 것이다."

라 하였다.

공의 선계(先系)는 남양인(南陽人)으로 별장동정(別將同正) 선행(先幸)으로부터 비롯하였다. 고려로부터 소대(昭代)에 이르기까지 잠영(簪纓)이 계속 이어졌다. 증조 휘 가신(可臣), 호는 만전(晚全)은 학행으로 천거되었고 홍주목사(洪州牧使)로 재임할 때 난적(亂賊)을 토벌한 공로로 정난공신(靖難功臣)에 책훈(策勳)되고 영원군(寧原君)에 봉해졌으며, 관직은 형조판서 증우의정(贈右議政)이고 시호는 문장공(文莊公)이다. 조부 휘 영(榮)은 한성서윤(漢城庶尹)이다. 부친 휘 우원(宇遠)은 바로 남파선생이고 관직은 이조판서 증영의정(贈領議政)이다. 모친 증정경부인(贈貞敬夫人) 연안이씨(延安李氏)는 연원부원군(延原府院君) 광정(光庭)의 따님이다.

공의 부인 신평이씨(新平李氏)는 부친이 휘 정익(廷翊)이다. 세 딸을 낳았으니 진사 경가회(慶嘉會)·정석규(鄭錫圭)·이응운(李應運)이 그 사위들이다. 종형의 아들 일지(日知)를 후사로 삼았으니,

장사랑(將仕郎)이다. 측실 소생 아들은 일진(日鎭)이다. 일지는 여섯 아들을 낳았으니 임(任)·건(健)·수(脩)·단(僞)·학(㷀)·혁(㑲)이고, 한 딸은 오응운(吳應運)에게 출가했다. 일진의 한 아들은 길(佶)이고, 경가회의 한 아들은 숭(嵩)이다. 정석규의 세 아들은 창명(昌明), 최명(最明), 호명(昊明)이다. 이응운의 두 아들은 식(寔)·복(宓)이다. 내외의 증손·현손은 40여 명이다.

명(銘)

옛사람은 효를 일러서
백행의 으뜸이라 하였지
공의 마음 지성스러워
한결같아서 허물이 없었어라
집 안에서나 집 밖에서나
부친을 받들어 모셨으니
팔 년 동안 머나민 변방에서
정성과 공경을 다하였도다
음식을 몸소 장만하고
속옷을 손수 빨았으니
이 순덕을 미루어 나가
일마다 막히는 것이 없었네
만년에 와서 찰방을 맡았건만
돌아올 땐 손에 든 말채찍 하나 뿐
나의 명에 부끄러운 말이 없으니

孝顯之際縉紳家, 家法之正・內行之修, 必推南坡洪先生, 而先生長子諱冕
字某, 幼以孝聞, 及長棄擧業, 專意養親, 家本清貧, 瀡瀡之節, 手自供辦,
未嘗須臾離側. 庚子丁內艱, 執制逾節, 先公隨事扶護, 俾不毀傷. 壬寅先公
繼娶權夫人, 公事之必謹, 出入之際, 拱立階下, 白首猶然. 夫人以其執禮太
過止之, 而終不廢焉. 先公位躋宰輔, 僚友多勸公蔭補. 先公語之故, 公對
曰: "一出仕路, 侍側多曠, 諸弟皆幼, 無可替行, 不願仕也." 先公感其誠意,
不復强焉. 庚申先公爲黨人所螫, 謫明川, 公隨往, 辛酉陪繼妣會謫所. 癸亥
先公量移文川, 年高病餓. 公涕泣侍湯, 晝夜不懈. 時公年至六旬, 持身如嬰
兒, 扶持供奉, 無或怠忽, 至於灑掃之役及展卷衾褥, 洗滌廁牏, 必自爲之,
旁人或請代行, 則曰: "至情無過我." 不之從焉, 北土荒遠, 甘旨之物, 不如
京洛, 公至誠求聚, 不至缺乏, 侍謫八年, 洞屬如一. 丙寅丁繼妣憂, 丁卯先
公易簀于鵬舍. 公攀擗哀號, 如不欲生, 返葬于安城, 因守廬, 君子曰: "孝
子之行也." 繼妣有三子, 年皆幼, 公友愛篤至, 敎育撫養. 己巳服闋, 除靑巖
道察訪. 公感激恩遇, 黽勉就職. 公友人贈以詩曰: "隱嘿躬行孝, 無人識此
人. 一官今始得, 誰惜已衰身?" 人謂實錄. 後除繕工監直長, 不就. 戊寅七
月卒, 距其生甲子, 壽七十五. 九月, 葬于先公墓左乙坐原. 公孝友天至, 孤
露以後, 尤謹祀典, 每遇忌辰及節日墓祀, 前期灑掃, 預具祭需, 務盡誠敬,
雖年踰七十, 躬自將事. 性又淸白, 先公在時, 外邑例問, 無絲毫私徑. 先公
嘗入政府, 有人納烏賊魚一包於內, 公知之追還. 以是先公淸德, 尤有名於
當世. 其在靑巖, 洗手爲政, 一塵不染. 歸時奴婢貢物, 封留官庫. 人曰: "是
無益於國, 而徒爲下吏所私." 公笑曰: "不愧我心足矣." 臨行, 驛吏盛辦酒食
以餞. 公只飮一杯還之曰: "此足以知汝輩情矣." 臨事不苟盖如此. 李三宰鳳

徵「南坡公遺事」有曰：“長子直長公, 無人於先生之側, 則竟日侍坐; 客至則手正客坐退避, 家法然也. 人罕知先生子弟有直長公者, 盖其韜晦隱德, 人無知者而云然也.” 公之先南陽人, 自同正先幸始, 勝國至昭代, 簪紱相繼. 曾祖諱可臣, 號晚全, 以學行薦用, 爲洪州牧, 討賊策靖難勳, 封寧原君, 判刑曹・贈右議政, 謚文莊公. 祖諱榮, 漢城庶尹. 考諱宇遠, 卽南坡先生, 判吏曹・贈領議政. 妣贈貞敬夫人延安李氏, 延原府院君光庭之女. 公配新平李氏, 考諱廷翊, 生三女, 慶嘉會進士・鄭錫圭・李應運其壻也. 取從兄子日知爲後, 將仕郎. 側室子日鎭. 日知生六男, 任・健・脩・傄・傪・俠, 一女適吳應運. 日鎭一子佶, 慶嘉會一子嵩. 鄭錫圭三子昌明・最明・昊明. 李應運二子寔・宓. 內外曾玄四十餘人. 銘曰：

先民言孝　百行之先　公心洞屬　一此無愆
處內居外　奉以周旋　八載關塞　殫竭誠虔
甘旨躬執　厠牏手涮　順德[181]之推　觸事沛然
晚麋郵官　歸來一鞭　銘無愧辭　昭示永年

---

181 順德：孝를 뜻하는 말이다. 『論語集註』「學而」의 2장 大注에 “정자가 ‘효제는 순덕이다. 그러므로 윗사람을 범하기를 좋아하지 않으니, 어찌 다시 도리를 거스르고 綱常을 어지럽히는 일이 있으리오.’〔程子曰：‘孝弟順德也, 故不好犯上, 豈復有逆理亂常之事?’〕라 하였다.

15. 처사 포서 홍공 묘지명-병서-

處士苞西洪公墓誌銘-幷序- 정미년(1787, 76세)

홍군(洪君) 진(璡)이 그의 선친의 행록(行錄)을 엮어 상복을 입고서 나에게 와서 말하기를,

"선친은 의행(懿行)과 은덕(隱德)이 있었으나 세상에 아는 사람이 없습니다. 만약 인몰(湮沒)하여 후세에 전해지지 못하면 무엇으로써 후손에게 가르치겠습니까. 원컨대 한 말씀 받아서 후세에 길이 전하고자 합니다."

라 하였다. 내가 홍군과 망년(忘年)의 교분이 있는데다 공의 사적을 익히 들어온 터라, 감히 노쇠하고 문장을 잘 짓지 못한다는 이유로 사양하지 못하였다.

삼가 살펴보건대, 공은 휘가 복전(福全)이고 자는 —두 글자가 원문 빠져 있다.—이며 포서(苞西)는 그의 호다. 관향은 남양(南陽)으로 증우의정(贈右議政) 문장공(文莊公) 영원군(寧原君) 만전(晩全) 선생 휘 가신(可臣)의 6대손이고, 증영의정(贈領議政) 행이조판서(行吏曹判書) 남파(南坡)선생 휘 우원(宇遠)의 현손이다. 증조는 직장 휘 면(冕)이고, 조부는 휘 일지(日知)로 장사랑이고, 부친은 휘 건(健)이다. 모친은 배천조씨(白川趙氏)는 북병사(北兵使) 상주(相周)의 따님이다.

공은 명릉(明陵) 병술년(1706) 12월 25일에 태어났고 81년 후인 병오년(1786, 정조10) 5월 17일에 세상을 떠났으며, 윤7월 무인에 본군(本郡) 보산(寶山) 용석문(龍石門) 을좌(乙坐)의 둔덕에 안장하

였다.

공은 어려서 지극한 효성이 있어 놀 때도 어버이 곁을 떠나지 않았고, 성장해서는 자식의 직무를 부지런히 수행하여 오로지 예도(禮度)를 따랐다. 경오년(1750, 영조26)에 부친상을 당하여서는 집상(執喪)이 더욱 지성스러웠고 모친을 봉양함에 정성이 지극하였다. 갑술년(1754, 영조30)에 모친의 병환이 위독하자 손가락에 피를 내어 입에 흘려 넣고 하늘에 기도했다. 상(喪)을 당해서는 애훼(哀毀)가 예제(禮制)에 지나쳤으며, 새벽이면 사당에 참배하기를 늙어서까지 그만두지 않았다.

제사에 더욱 정성을 다하여 삼가 재계하고 정결하게 제수를 갖추었으며 그대로 앉아서 새벽이 올 때까지 기다렸다. 혹 역질(疫疾)이 돌아 마을이 불안할 때에도 시속(時俗)을 따라 제사를 지내지 않은 적이 없었다. 어버이 묘소의 잔디는 반드시 손수 베어 정돈하고, 선대의 분묘에도 1년에 두 번씩 성묘하여 손질하였다. 셋째 숙부가 만년에 빈궁해지니, 그 숙부를 부친처럼 섬겨 시식(時食)과 절복(節服)을 마음을 다해 갖추어 드렸다. 이렇게 하는 것이 20년 동안 하루 같았다. 두 사람의 자매가 있었는데 우애가 매우 돈독하였다. 누님이 돌아가시고 아들 하나가 있었는데 겨우 세 살이었다. 공은 생질을 안고 돌아와 젖을 먹여 길러서 성취시켰다. 그리고 여동생에게는 재산을 나누어 주어 편안히 살 수 있게 하였다. 당질(堂姪) 중에 일찍 실명(失明)하고 의지할 곳이 없는 사람이 있었다. 공이 그를 거두어 가르치고 양육하였으며, 그가 성장하자 살림을 내주고 혼인을 시켜 그의 부모 제사를 모시게 하였다. 가정에서 자녀를 가르치는 것은 옳은 도리가 아님이 없었으며, 종족과는 돈목하고 친지와는 다정하여 저마다 친소(親疏)에 따라 은의(恩義)를 다하였다.

곤궁하고 다급한 사람을 도와 줄 때는 성심을 다하였다. 이웃에 자주 끼니를 거르는 사람이 있다는 말을 듣고 끼니마다 반드시 밥을 덜어내고 다른 밥을 더 보태 그 집에 보내주며 말하기를, "이웃에 굶는 사람이 있는데 차마 혼자 배불리 먹을 수 있겠는가." 하였으니, 그 어진 마음이 이와 같았다. 내가 『주례(周禮)』를 읽어보니, 대사도(大司徒)가 향삼물(鄕三物)로써 만민(萬民)을 가르치는데 그 중 둘째가 육행(六行) 즉 '효(孝)·우(友)·목(睦)·인(婣)·임(任)·휼(恤)'이라고 하였다. 공과 같은 이는 육행을 다 갖춘 군자라 할 수 있겠다.

공은 그 효사(孝思)를 미루어 선대에까지 미쳤다. 8대조의 묘소가 과천(果川)에 있는데, 오래 흘러 향화(香火)가 끊어졌다. 공이 제전(祭田)을 마련하여 10월 정일(丁日)에 묘제(墓祭)를 지내도록 하였다. 남파공의 대수(代數)가 다하여 조매(祧埋)할 때가 되었다. 장방(長房)이 몹시 가난하기에 공이 사당을 세우고 제전을 마련하는 일을 발의하는 한편 또 종계(宗契)를 맺어 향사(享祀)를 빠뜨리지 않았다. 경자년(1780, 정조4)에 사위(四位)의 석물을 세우고, 간행하지 못하고 있던 만전공(晚全公 홍가신(洪可臣))과 남파공의 유집을 공이 주창하여 주자(鑄字)를 사서 수백 질을 인쇄하였다. 이러한 일들이 어찌 사력(私力)으로 할 수 있는 것이겠는가.

공은 중후하여 기국과 도량이 있었다. 함부로 말하거나 웃지 않았고 빠른 말과 급한 안색이 없었으며 남의 과실을 말하지 않고 남이 잘못을 범해도 따지지 않았다. 성품이 검소하여 음식은 여러 가지 반찬을 놓지 않고 의복은 몸을 가리는 정도로 만족하여 베옷을 입고 짚신을 신고서 혹 걸어서 다니기도 하였다. 아랫사람에게는 관대하여 노복들이 혹 속이는 일이 있으면 회초리를 조금 치고 훔친 물건을 다시 돌려주며 말하기를, "네가 쓸 곳이 있어서 훔쳤겠지만 이후로는 다시는 이런 짓을 하지 마라."라 하고, 집안사람들에게 말하기를, "이러한 습속은 노복들에게 으레 있는 일이니, 너무 지나치게 방비하면 그들이 어디에 수족을 두겠는가."라고 하였다. 남을 대할 때는 성의를 다하였다. 석물을 세우는 일과 유집을 인쇄할 때 공역(工役)이 매우 많았으나 음성을 높이거나 안색을 움직이지 않아도 사람들이 모두 기꺼이 나아가 일하니, 보는 이들이 탄복하였다.

소시에 과거 공부를 하여 과문의 각체(各體)를 다 잘 지었다. 일찍이 향시에는 합격했으나 대과에는 낙방하였고, 부친상을 당한 뒤로는 과거를 그만두었다. 글씨는 해정(楷正)하여 아무리 다급할 때라도 글씨를 흘려 쓴 적이 없었다. 만년에 종제 성전(性全)에게 시를 지어 주기를,

노년에 두려워하는 마음 가져야 하니
내 나이가 바야흐로 일흔 네 살이로세
조상을 더럽히지 않길 밤낮으로 기약하노니
하늘 우러르고 사람 굽어보매 경외심이 깊어라

耄歲當存兢惕心 吾方七十四年今 夙宵耿耿期無忝 俯仰人天敬畏深

라 하였으니, 이 시를 보면 공의 마음을 알 수 있다.

아! 공의 행의(行義)와 간국(幹局)은 누가 이만하리오. 그러나 끝

내 초야에서 곤궁하게 일생을 마쳐 한 고을의 선사(善士)가 되는 데 그치고 말았으니, 어찌 애석하지 않겠는가. 공은 평소에 강녕(康寧)하고 질병이 없어 작은 글씨를 보고 딱딱한 음식을 씹는 것이 젊은이와 다름없었고, 임인년(1782, 정조6)에는 회혼연(回婚宴)을 열었으니, 사람들이 오복(五福)을 온전히 갖추었다고 일컬었다.

부인 한양조씨(漢陽趙氏)는 휘 모(某)의 따님이다. 한 아들 진(璡)을 낳았으니, 문행(文行)이 있다. 진의 두 아들은 시준(始濬)·시연(始淵)이다.

명(銘)

『주례』의 육행을
공이 실로 겸비하였고
기주의 오복에
공이 거의 가까웠어라
크게 현달할 터인데 막혔으니
덧없는 영화가 어찌 대수로우랴
훌륭한 아들이 뒤를 이었으니
가문의 명성이 실추하지 않았네
선을 쌓은 집안은 여경이 있다는
『주역』의 말씀을 여기서 알겠네
명을 지어 글로 써서
공경히 후손에게 고하노라

洪君璡編其先人行錄, 曳衰而來, 叩余言曰:"先人有懿行隱德而世無知者, 若湮沒無傳, 其何以詔後昆乎? 願得一言以圖不朽."余於洪君, 有忘年之契, 且慣聞公之事矣, 不敢以老耄不文辭. 謹按公諱福全, 字-二字缺-, 苞西其號也. 南陽人, 贈右議政文莊公寧原君晚全先生諱可臣之六世孫, 贈領議政行吏判南坡先生諱宇遠之玄孫. 曾祖直長諱冕, 祖諱日知, 將仕郎, 考諱健. 妣白川趙氏, 北兵使相周之女. 公以我明陵丙戌十二月二十五日生, 後八十一年丙午五月十七日卒, 閏七月戊寅, 葬于本郡寶山龍石門乙坐原. 公幼有至性, 遊戲不離親側, 及長, 左右服勤[182], 一遵禮度. 庚午丁外艱, 執制愈謹, 而色養先夫人備至. 甲戌先夫人病革, 血指禱天, 及遭憂, 哀毀逾禮, 晨謁祠廟, 到老不廢, 尤致謹於祭祀, 謹齋戒潔粢盛, 坐以待曉. 或閭里不安, 未嘗隨俗廢祭, 親墓莎草, 必手自芟治, 及于先代墳塋, 定以一年二度. 第三叔父晚來貧窘, 事之如父, 時食節服, 盡心供奉, 二十年如一日. 有姊妹二人, 友愛無間. 姊歿, 有一子纔三歲. 公抱歸乳養, 至于成立, 又分産於妹氏, 使安生理. 有堂侄早失明無歸, 公率育教養, 既長, 爲之治産授室, 使奉其祀. 家居教子, 無非義方, 敦睦宗族, 款接親知, 各隨踈戚, 致其恩義. 周窮振急, 如恐不及, 聞鄰里有屢空者, 每食必除半, 添以他飯, 以送之曰:"鄰有饑, 忍獨飽乎?" 其仁心有如此者. 余讀『周禮』, 大司徒以鄉三物[183]教萬民, 其二曰六行, 孝友睦婣任[184]恤. 公可謂六行俱備之君子矣. 公

---

182 左右服勤 : 『禮記』「檀弓」에 "어버이를 섬기되 숨김은 있고 범함은 없으며 좌우로 나아가 봉양함이 일정한 方所가 없으며 죽을 때에 이르기까지 부지런히 일하여 3년 동안 居喪을 지극히 한다.〔事親, 有隱而無犯, 左右就養無方, 服勤至死, 致喪三年.〕"라 한 데서 온 말로 무슨 일이든 모두 알아서 처리한다는 뜻이다.

推¹⁸⁵其孝思, 以及於先, 八世祖墓在果川, 歲久缺享, 置墓田, 祭以十月丁日. 南坡公世盡當祧, 長房貧甚, 公議建廟置田, 又結宗契, 享祀無闕. 庚子建四位石物, 晩全¹⁸⁶·南坡遺集未刊, 公唱論貿鑄字, 印行數百本. 此豈私力所辦者耶? 公重厚有器度, 不妄言笑, 無疾言遽色, 不言人過失, 不與人校. 性儉素, 食不兼饌, 衣取蔽體, 布褐藁屨, 或徒步而行. 御下寬簡, 奴僕或有欺蔽, 略施箠楚, 還給所偸之物曰:"汝有所用而爲此, 後勿復爲." 謂家人曰:"此習人奴常事, 防閑太過, 渠安所措手足乎?" 待人接物, 誠意相孚, 石役印集之際, 工役繁興, 而不動聲色, 人皆樂赴, 觀者歎服. 少治擧業, 程文各體俱備, 嘗發解, 不利公車, 先君喪後仍廢擧. 作字楷正, 急遽無胡草. 晩來與從弟性全詩曰:"老歲當存兢惕心, 吾方七十四年今. 夙宵耿耿期無忝, 俯仰人天敬畏深." 觀此可以知其所存矣. 噫! 公之行義幹局, 誰之不如, 而竟窮沒草澤, 不過爲一鄕之善士而止, 豈不惜哉? 公素康寧無疾病, 燭細嚼堅, 與少壯等, 壬寅行重牢宴, 人以五福俱全稱之. 配漢陽趙氏, 諱某女, 生一子璉, 有文行. 璉二子始濬·始淵. 銘曰:

---

183 鄕三物 : 『周禮』에서 大司徒가 萬民을 가르치는 세 가지 조목으로 六德·六行·六藝이다. 육행에서 孝는 부모를 잘 섬기는 것이고, 友는 형제간에 우애 있는 것이고, 睦은 친족과 친한 것이고, 婣은 인척과 친한 것이고, 任은 붕우에게 신의가 있는 것이고, 恤은 가난한 사람을 도와주는 것이다.

184 任 : 저본에는 妊자로 되어 있는데, 교감하여 고쳤다.

185 推 : 저본에는 追자로 되어 있는데, 오자로 판단하여 고쳤다.

186 晩全 : 洪可臣(1541~1615)의 호이다. 그는 자는 興道이고 호는 晩全堂 또는 艮翁이며, 본관은 南陽이고 시호는 文莊이다. 저서로 『晩全集』과 『晩全堂漫錄』이 있다.

周禮六行 公實兼之 箕疇五福[187] 公庶幾而

宜揚而窒 浮榮何貴 賢胤克肖 家聲不墜

積善餘慶 易訓可徵 銘以爲文 敬告雲仍

---

187 箕疇五福 : 箕疇는 箕子의 洪範九疇이다. 『書經』홍범구주 중에 五福이 있는
데, 壽・富・康寧・攸好德・考終命이다. 『書經 洪範』

16. 운곡처사 조군 묘지명-병서-

雲谷處士趙君墓誌銘-幷序-

구성(駒城) 운곡(雲谷)에 은군자(隱君子) 조군(趙君)이 있으니, 행의(行義)로 알려졌다. 내가 그를 한번 방문하고자 했으나 병으로 뜻을 이루지 못했다. 을사년(1785, 정조9) 여름에 군이 내 집을 찾아왔는데, 나와 동갑이고 나보다 생일은 조금 빨랐다. 한번 만났는데도 마치 오래 사귄 벗처럼 친해져 진심을 토로하면서 뜻이 정답고 말이 다정하였으니, '화락한 군자'라 할 만하였다. 후일에 만날 약속을 남기고 작별했는데, 작별한 지 열 달 만에 군의 부음을 받았으니, 아아, 슬프도다!

군은 휘가 정중(鼎重)이고 자는 대수(大受)이며 관향은 한양(漢陽)이니, 국초의 좌명공신(佐命功臣) 좌의정 양렬공(襄烈公) 인벽(仁璧)의 후손이다. 대대로 잠영(簪纓)이 이어졌다. 6대를 내려와 증좌찬성(贈左贊成) 변(忭)에 이르러서는 기묘명인(己卯名人)이고, 3대를 내려와서 봉사(奉事) 국로(國老)에 이르러서는 학행(學行)으로 천거를 받아 벼슬에 나아갔다. 증조는 휘 구(耈)이다. 조부 휘 봉흥(鳳興)은 문행(文行)이 있었으며, 아들이 없어 숙부 휘 기(耆)의 아들 귀흥(龜興)의 둘째 아들 탁(擢)으로 후사를 삼았으니, 바로 공의 부친이다. 모친 안동권씨(安東權氏)는 현령 흡(歙)의 따님이다.

공은 숙종 임진년(1712) 12월 24일에 태어났다. 어릴 때부터 재능이 빼어나고 학문에 부지런하여 동류들이 미치지 못하였다. 성장해서는 세도(世道)는 위태하고 가업은 쇠락한 것을 보고 오로지 집안을 일으키는 데에 뜻을 두어 부지런히 치산(治産)하고 근검절약하니 오래지 않아 가산이 요족(饒足)해졌다.

공은 성품이 효성스럽고 우애로워 날마다 어버이를 곁에서 모시면서 즐거운 안색과 유순한 모습으로 마음을 즐겁게 해드렸으니, 한갓 음식만으로 봉양할 뿐만이 아니었다. 혼정신성(昏定晨省)의 예절에 혹시라도 태만한 적이 없었다. 부친 첨지공(僉知公)이 노래와 술을 즐겨 빈객을 좋아하니, 공이 집안사람에게 별도로 술을 빚을 재료를 갖추어 두게 하고 자주 어른들과 친지를 청하여 수연(壽宴)을 베풀어 즐겁게 해드리기도 하였다. 이러한 일을 만년에 이르도록 정성스럽게 하는 것이 한결같았다.

임신년(1752, 영조28)에 모친상을 당하였는데, 부친이 생존했기 때문에 기년(朞年) 만에 궤연(几筵)을 치워야 했다. 그렇지만 공은 차마 그렇게 하지 못하고 부친 첨지공께 말씀드리고 3년 동안 하실(下室)에서 조석으로 상식(上食)하니, 식자(識者)가 그르다고 하지 않았다. 계미년(1763, 영조39)에 부친상을 당했을 때는 거상(居喪)의 절차들을 자신이 노쇠하다고 하여 조금도 감쇄(減衰)하지 않았다. 복(服)을 벗은 뒤에는 매양 부모의 기일을 만나면 처음 상(喪)을 당했을 때처럼 슬퍼하였다. 그 효사(孝思)를 미루어 선조의 제사를 더욱 정성스럽게 받들었다. 제수와 제기는 반드시 미리 장만해두고 정성을 다하여 목욕재계하여 제사를 지극히 정결(淨潔)하게 지냈다. 각각 다른 곳에 있던 선조(先祖)의 분묘들을 한 곳에 모아 안장하였고, 부친과 조부, 두 산소에는 묘도(墓道)에 갈석(碣石)을 세웠으며, 게다가 선대의 묘전(墓田)을 마련해두니, 사람들이 그 효성을 칭찬하였다.

세 아우와 자매가 있었는데, 우애가 돈독하여 형제들과 한 동네에 같이 살면서 식사 때는 반드시 한 상에서 먹고 잘 때는 반드시 한 이불을 덮으며 기쁨과 슬픔을 같이하였다. 두 누님이 50리 거리에 있었는데 자주 가서 안부를 살피고 혹 단란하게 모여 여러 날 동안 함께 지내기도 하였다. 한 여동생이 과부가 되어 빈곤했는데 특별히 더 보살펴 주고 300금(金)을 내어 전장(田庄)을 사서 살게 해주는 한편 무릇 질병에 치료하는 물품과 길흉사에 드는 비용을 몸소 마련하여 도와주었으니, 사람들이 그 우애를 칭찬하였다.

빈곤한 벗과 곤궁한 친족 중에서 혼사(婚事)나 상사(喪事)를 치를 수 없는 사람이 있으면 반드시 넉넉히 도와주었다. 아동 시절에 글을 배웠던 스승이 늙었을 때는 의복과 음식을 보냈고 세상을 떠났을 때는 부의(賻儀)를 보냈다. 종족을 대할 때는 사랑과 공경이 모두 지극하였다.

공은 평소에 술을 좋아하여 늘 술을 빚어 두고 빈객과 대작하면서 취하지 않으면 돌려보내지 않았다. 좋은 날이나 명절에는 일족(一族)이 모두 단란하게 모여 혹 내외가 함께 즐기되 반드시 제철 음식을 장만했으니, 진달래를 넣어 화전(花煎)을 부치기도 하고 회화꽃을 넣어 증편을 만들기도 하며, 개를 잡기도 하고 물고기를 잡기도 하여 서로 함께 즐기니 인척과 종족들이 모두 좋아하였다. 이에 사람들이 공의 친족과 화목함[睦], 외척과 친밀함[嫻]과 붕우와 신의가 있음[任], 가난한 사람을 도와줌[恤]이 있다고 칭찬하였으니, 공은 육행(六行)을 구비했다고 할 만하다.

공은 일을 내다보는 것이 민첩하고 시무(時務)를 아는 것이 통명(通明)하였으니, 실로 세상에 크게 쓰일 재능이 있었다. 그러나 세상에서 알아주는 이가 없어 한 고을의 선사(善士)에 그치고 말았으니, 애석하도다! 병오년(1786, 정조10) 1월 10일에 세상을 떠났고, 3월에 집 뒤 신좌(辛坐)의 둔덕에 안장하였다.

전배(前配) 안동권씨(安東權氏)는 우(佑)의 따님으로, 공보다 3년 먼저 태어났고 무오년(1798, 정조22) 10월에 세상을 떠났으며, 운곡(雲谷) 선영 아래 안장하였다. 중배(中配) 청주한씨(淸州韓氏)는 명래(命來)의 따님으로, 공보다 10년 뒤에 태어났고 을유년(1765, 영조41) 10월에 세상을 떠났으며, 처음에는 운곡 동강(東岡)에 안장했다가 후에 공의 묘소 왼편으로 옮겨 부장(祔葬)하였다. 권씨와 한씨 모두 부덕(婦德)이 있었다. 후배(後配) 전주이씨(全州李氏)는 명식(命植)의 따님이다.

공의 세 부인이 모두 자녀를 낳지 못하여 중제(仲弟) 정대(鼎大)의 아들 환(煥)으로 후사를 삼았다. 환은 어진 행실이 있었는데, 공의 상(喪)에 성복(成服)한 후 죽었다. 환은 여산(礪山) 송경운(宋慶運)의 따님을 아내로 맞아 4남 2녀를 낳았다. 아들은 규태(奎泰)·규항(奎恒)·규승(奎昇)이고 막내는 어리다. 심화윤(沈華潤)·권혜(權傿)가 두 사위이다.

공의 승중손(承重孫) 규태가 박군(朴君) 처현(處顯)이 지은 행장을 가지고 상복을 입은 채 와서 묘지명을 청하니, 의리상 사양할 수 없어 이상과 같이 서술하고 명(銘)을 붙인다.

공의 덕행은
고인을 우러러 사모했고
공의 재능은

고인에 부끄러울 것 없어라
이와 같은 재능과 덕행으로
초야에서 곤궁하게 일생을 마쳤으니
내 누구를 탓하리오
운명이 비색한 것이로세

駒城之雲谷, 有隱君子趙君, 以行義聞. 余欲一訪而病未果焉. 歲乙巳夏, 君
枉顧衡門, 與余同庚而長余一日. 一見如舊, 洞露心肝, 意款款而語諄諄, 可
謂樂易君子者矣. 留後約而別, 別纔十朔而承君訃. 嗚呼痛哉! 君諱鼎重,
字大受, 漢陽人, 國初佐命功臣左議政襄烈公仁璧之後. 簪紱相繼, 六世至
贈左贊成忭, 爲己卯名人, 三世至奉事國老, 以學行進. 曾祖諱耆, 祖諱鳳
興, 有文行無子, 以叔父諱耆子龜興之仲子擢爲後, 卽公考也. 妣安東權氏,
縣令歙之女. 公生于明陵壬辰十二月二十四日, 幼穎悟勤學, 儕流莫及. 及
長, 見世道危巇, 家業剝落, 專意幹蠱, 勤於理財, 儉於節用, 未幾而産業饒
厚. 性孝友, 日侍親側, 愉色惋容, 以樂其意, 不徒以飮食忠養之而已, 定省
之禮·溫凊之節, 未嘗或怠. 僉知公歌酒自娛, 喜賓客, 勑家人別具釀資, 數
請長老親知, 或設壽宴以樂之, 至于季年, 洞屬如一. 壬申丁內憂, 耋而當撤
筵, 公有不忍, 稟于僉知公, 行三年下室之饋, 識者不以爲非. 癸未遭外艱,
居喪諸節, 不以老而少衰. 服闋, 每遇親忌, 悲慕如始喪, 推其孝思, 尤謹於
奉先, 粢盛之具·籩豆之需, 必先辦備, 竭誠齋沐, 務致蠲潔. 遷祖墳之各葬
者, 合窆之, 父祖兩山, 皆立石以表墓道, 又置先代墓田, 人稱其孝. 有三弟
姊妹, 友愛篤至, 與兄弟同居一堅, 食必共卓, 寢必同衾, 休戚與同. 兩姊在
半百里之地, 頻頻往省, 或團會累日. 一妹寡而貧窶, 特加周恤, 出三百金,
買庄以居之, 凡於疾病救療之物·吉凶費用之需, 無不躬辦以助之, 人稱其

友. 貧交窮族之不能婚喪者, 必優助之. 兒時句讀之師, 其老也衣食之, 其死
也賻賵之. 待宗黨, 愛敬備至. 公素喜酒, 常有時釀, 與客對酌, 不醉無歸.
佳辰令節, 闔族團欒, 或內外同樂, 必具時食, 若煮花蒸槐, 烹狗擊鮮, 相與
爲樂, 姻婭宗族, 各得其歡心. 人稱其睦姻婣恤, 公可謂六行之俱備也. 公敏
於見事, 通於識務, 實有需世之才, 而世無所知, 不過爲一鄕之善士而止, 惜
哉! 丙午正月初十日卒, 三月, 葬于家後辛坐原. 前配安東權氏, 佑之女, 先
公三年生, 戊午十月卒, 葬雲谷先塋下. 中配淸州韓氏, 命來之女, 後公十年
而生, 乙酉十月卒, 初葬雲谷東岡, 後遷祔公墓左. 二配皆有婦德. 後配全州
李氏, 命植之女. 公三娶俱不育, 以仲弟鼎大子煥爲後. 煥有賢行, 歿於公喪
成服後. 娶礪山宋慶運女, 生四男二女, 男奎泰・奎恒・奎昇, 次幼, 沈華
潤・權德二女婿也. 公承重孫奎泰袖朴君處顯狀, 曳衰來求幽堂之文, 義不
可辭, 敍之如右, 爲銘曰:

公之德行 古人是景 公之才敏 無愧古人
有如是之才之德 而窮歿於草澤 吾誰咎乎 命之否也

17. 명은와 한공 묘지명-병서-

銘恩窩韓公墓誌銘-幷序- 무신년(1788, 77세)

공은 휘가 주악(柱岳)이고 자는 종보(宗甫)이며 성은 한씨(韓氏)이
고 본관은 청주(淸州)이다. 시조 난(蘭)이 고려 태조를 도와 공신으
로 책봉되니 이로부터 종족이 창대하고 번성하여 고려와 본조의 양
대에 걸쳐 잠영(簪纓)이 이어졌다. 고려 말에 문경공(文敬公) 휘 수
(脩), 호 유항(柳巷)은 문장과 덕업이 일세의 사범(師範)이 되었다.
그 아들 문열공(文烈公) 상질(尙質)은 본조에 들어와 관직이 대제
학이었으며 사명(使命)을 받들고 중국에 가서 조선이라는 국호를
받아가지고 왔으니, 호는 죽소(竹所)이다. 문열공의 손자 명진(明
溍)은 정난공신(靖難功臣)에 녹훈(錄勳)되고 서원군(西原君)에 봉
해졌으며, 서원군의 아들 언(堰)은 대사헌 청평군(淸平君)이다. 4
대를 내려와 좌참찬 준(準)은 평난공신(平難功臣)으로 녹훈되고 청
천군(淸川君)에 봉해졌으니, 호는 남강(南崗)이다. 이 분이 예조판
서(禮曹判書) 증우의정(贈右議政) 여직(汝稷)을 낳았으니, 호는 십
주(十洲)이고, 공에게 6대조가 된다. 증조 휘 숙(塾)은 미수(眉叟)
허선생(許先生 허목(許穆))을 사사(師事)하여 경행(經行)으로 천거
를 받았고 관직은 금천군수(金川郡守)이다. 조부 휘가 덕흠(德欽)
은 19세에 사마시에 합격하였으며, 효성을 다하다가 일찍 죽었다.
부친 휘 순(洵)은 통덕랑이다. 모친은 진사 유이장(柳以章)의 따님
으로, 숙종 기축년(1709)에 회현동(會賢洞) 집에서 공을 낳았다.

공은 체구가 크고 훤칠하며 우뚝한 기국과 도량이 있기에 증조부가

기특하게 여겨 소자(小字)를 산악(山嶽)이라고 지어 주었으니, 그 기상과 용모가 산악을 닮았기 때문이었다. 성장해서는 문예가 숙성(夙成)하여 약관이 되기도 전에 연이어 향시에 합격하니, 사람들이 "한씨의 집이 훌륭한 아들이 두었다."라고 하였다. 영조 무신년(1728)에 역변(逆變)이 일어났을 때 부친 통덕공과 삼촌인 주서(主書) 유(游)와 선전관 광(洸)이 흉적의 무고를 당하여 함께 형신(刑訊)을 받다가 운명하니, 원통하게 여기지 않는 사람이 없었다. 당시 공의 나이 겨우 20세였다. 공은 모친을 모시고 부평(富平)의 향장(鄕庄)으로 돌아가 농사에 힘쓰고 모친을 봉양하면서 25년 동안 원통한 마음을 품고 죄인으로 자처하였다.

계유년(1753, 영조29) 여름에 주상이 가뭄을 걱정하여 억울한 옥사를 조사하여 바로잡고자 하였다. 이 때 공이 임금의 수레 앞에 나아가 사실을 아뢰었는데 마침 다른 원통한 옥사를 당한 집안 다섯 사람의 호소가 일시에 함께 올라오니, 주상이 모두 귀양을 보내라고 명하였다. 공은 진해현(鎭海縣)으로 귀양갔다가 이듬해에 사면되어 돌아왔다. 이로부터 서울에 오래 있으면서 떨어진 옷과 짚신 차림으로 날마다 요로(要路)에 있는 사람의 집 앞에 가서 부르짖으며 호소하니, 당시의 경재(卿宰)들이 안색을 고쳐 공경한 자세로 공을 대하고 그 원통한 사정을 불쌍히 여기지 않는 이가 없었다.

을유년(1765, 영조41) 겨울에는 주상의 환후가 생겨 이듬해 4월에까지 이르니, 조정이 조석으로 문안하였다. 공은 날마다 반드시 미리 대궐 아래 나아가 대신들이 오기를 기다렸다가 앞에서 눈물로 호소하기를 몇 달 동안 그치지 않았다. 매우 날씨가 춥거나 큰 비가 내릴 때도 변함없이 이렇게 하니, 대신들이 '한효자(韓孝子)'라고 일컬었

다. 대신이 이를 진달하여, 자손들을 금고(禁錮)하지 말라는 어명이
있었는데, 곧이어 공이 임금의 수레 앞에 나아가 아뢰다가 함부로
임금의 행차를 범했다는 이유로 또 고군산도(古群山島)로 귀양 갔다.
이듬해 봄에 석방되었으나 공은 조금도 기가 꺾이지 않고 여전히 울
부짖으며 호소하였다.

신묘년(1771, 영조47)에 주상이 신문고를 설치하여 원통한 사정을
알리게 했는데 공이 제일 먼저 신문고를 치니 주상이 그 원통한 사정
을 알고 죄인의 명부에서 이름을 빼고 관작을 회복할 것을 명하였다.
공은 전지(傳旨)를 듣고는 쓰러져 엎드려 슬피 울부짖고 사배(四拜)
를 올린 뒤 물러나 다음날 아침에 자제들을 거느리고 또 사배를 올렸
다. 사대부들이 놀라서 탄식하고 각사(各司)의 예대(隸臺)가 서로
하례하여 말하기를, "수염이 많은 한로(韓老)가 오늘에야 신원이 되
었다."고 하였다.

공은 집안의 원통한 누명을 씻지 못한 일로 슬픔이 심골(心骨)에
사무쳐서 늘 살고 싶지 않은 듯한 심정이었다. 비록 길바닥에 넘어지
고 비바람을 무릅쓸지라도 한결같은 마음은 해이하지 않아 쓰러졌다
가 다시 일어나기를 20년을 하루같이 하여 마침내 능히 천심(天心)이
도와 임금의 마음을 돌이켜 지극한 원통한 누명을 깨끗이 씻어 그
소원을 이루었으니, 지기(志氣)가 강하고 성효(誠孝)가 돈독하지 않
았다면 이와 같을 수 있었겠는가. 아! 고금에 원통한 누명을 품고
씻지 못한 이가 어찌 한량이 있겠으며, 그 자손들의 마음은 어찌 다름
이 있겠는가. 그러나 혹 시운(時運)이 좋을 때도 있고 나쁠 때도 있으
며, 또한 자손이 두려워하고 겁내서 하지 못하기도 하였으니, 공의
일을 보면 어떻게 해야 할지 알 것이다.

공은 즉시 향리의 집으로 돌아가 사는 집에 명은와(銘恩窩)라는 편액을 걸고, 날마다 가묘에 배알할 때 반드시 별도로 한 자리를 설치하여 동쪽을 향해 먼저 사배를 올렸다. 해마다 섣달그믐 저녁에 도성에 들어가서 정월 초하루 새벽에 대궐 아래 나아가 절하였으며, 나라에 애경(哀慶)이 있을 때에도 또한 이와 같이 하였다. 노쇠하다고 자처한 적이 없고 영조(英祖)의 시대가 끝날 때까지 이와 같이 하였다.

공은 평소 간국(幹局)이 있어 화변(禍變)을 겪은 뒤 가산이 흩어져 없어졌는데, 남은 재물을 수습하여 옛 규모를 잃지 않았다. 어린 아우 세 사람과 종제·종매 네 사람이 있었고 또 나이 어린 당숙 두 사람이 있었다. 공이 한 몸으로 다섯 집의 가장이 되어 모두 거느리고 양육하여 성취시켰다. 종족과 화목하고 집안의 고아와 과부를 구휼하는 데 부지런하여 은의(恩義)가 두루 흡족하니 흠잡는 말을 하는 사람이 없었다. 남의 어려운 사정을 보면 형편에 따라 구제해 주었다. 남과 교제할 때는 시종 정의(情誼)를 변하지 않았으며 보답을 받지 못할 곳에 더욱 정성을 더하였다.

그 효사(孝思)를 미루어 집안의 제사 외도 선대(先代)에 관계된 일이면 반드시 다른 족인(族人)들보다 먼저 나서서 힘을 다하였다. 선조 서원군(西原君)의 후사가 끊어지고 제사가 끊어지자 공이 종통(宗統)을 세워 그 제사를 맡게 하는 한편 청평군(淸平君) 산소 아래에 제전(祭典)을 마련해 두고 봄가을로 향사를 지냈다.

종인(宗人)들과 약속하여 화수회(花樹會)를 만들었는데, 공은 반드시 스스로 후하게 음식을 장만하여 규약대로 하지 못하는 사람들을 모이게 하였다. 비록 화환(禍患)을 당한 집안으로 곤궁하게 살아 갖은 곤욕(困辱)을 겪었으나 너그럽게 마음을 달래 남과 득실(得失)을 따지기를 좋아하지 않고 되도록 선(善)으로써 마음을 감동시키니, 고을 사람들 중 평소에 공을 능멸하던 사람도 마침내 감화되어 공의 어진 덕을 칭찬하였다.

병오년(1786, 정조10) 봄에 조정에서 군읍(郡邑)에 명하여 재행(才行)이 있는 선비를 천거하라고 했다. 고을에서 "충효가 다 온전하고 재덕을 겸비했다."는 명목으로 공을 천거하였으니, 여기서 공론이 민멸하지 않았음을 알 수 있다. 공이 이에 이른 것은 모두 순덕(順德)인 효(孝)를 미루어 나간 데 연유한 것이다.

이 해 12월 8일 기운이 평안하지 못하다가 마침내 침석에 누워 세상을 떠났으니 향년 78세이다. 이듬해 2월에 부평 갈월리(葛月里) 임좌(壬坐)의 둔덕에 안장하였다.

전배(前配) 청송심씨(靑松沈氏)는 참의(參議) 일희(一羲)의 따님으로 부덕(婦德)이 있었고 집안을 잘 다스렸으며, 기축년(1709, 숙종35)에 태어났고 무인년(1758, 영조34) 9월 19일에 세상을 떠났다. 1남 1녀를 낳았으니 아들 병겸(秉謙)은 생원이고 딸은 송취준(宋聚儁)에게 출가했다. 계배(繼配) 연안이씨(延安李氏)는 한익(漢翊)의 따님으로, 또한 온순하고 근검하였으며, 무오년(1738, 영조14)에 태어났고 을미년(1775, 영조51) 5월 21일에 세상을 떠났다. 두 부인은 모두 공의 묘소에 부장하였다.

공은 일찍이 학문에 종사한 적은 없었으나 효성과 우애가 천성에서 나와 내행(內行)이 순후(醇厚)하게 갖추어졌고, 평소 언행이 절로 법도에 맞았다. 자기의 허물을 듣기를 좋아하여 혹 사실과는 다른 비방을 받더라도 일찍이 변명하지 않고 반드시 스스로 반성하였다. 항상 "뜻과 행실은 위로 견주고 분수와 복은 아래로 비긴다."라고 한 고인의 말을 외워 자질들을 경계하였다. 날마다 반드시 일찍 일어나 가묘에 배알하고 물러나 서실에 가서 종일토록 책상 앞에 앉아 글 읽기를 그치지 않았다. 늘 "만약 칠십 년을 산다면 곧 백사십 년일세〔若話七十年 便是百四十〕"라고 한 소동파(蘇東坡) 시구를 들어서 사람들에게 말하기를, "사람이 세간에 사는 것이 밤과 낮이 서로 반이니, 어찌 잠자기를 좋아하여 인생의 반을 헛되이 보낼 것인가?"라고 하였다. 또 "화변(禍變)을 당한 집들은 늘 자제를 가르치는 것이 게을러 집안에 글 읽는 사람이 끊어져 가업을 잇지 못하게 된다."라 하고 자제에게 일과를 주어 근면하고 독실하게 공부하도록 하니, 한 아들은 소성(小成)하고 조카 성겸(性謙)도 또한 문장으로 이름을 떨쳤는데, 모두 차분하고 아칙(雅勅)하여 법가(法家)의 기풍이 있었다.

내가 공의 이름을 익히 듣고 늘 사귀고 싶은 마음이 있었다. 을미년(1775, 영조51)에 공이 서울 집으로 나를 방문하고 무술년(1778, 정조2)에 또 목천(木川) 관아로 나를 방문하였는데, 한 번 보고서 후덕한 군자인 줄 알 수 있었다. 생원군이 이영해(李寧海) 인섭(寅燮)이 지은 행장을 가지고 와서 묘지명을 청하니, 의리상 사양할 수 없을 뿐 아니라 실로 공의 글에 나의 이름을 붙이고 싶은 마음이 있어 문장에 능하지 못하다는 이유로 사양하지 않고 삼가 행장에 의거하여 대략 이상과 같이 서술한다.

명(銘)

옛사람이 말하기를
효는 백행의 근원이라 했나니

이를 백사에 미루어 가면

모든 일에서 근원을 만나는 법

아름다워라 한공이여

이러한 순덕을 받았도다

일찍 집안의 화변을 당했지만

만년에 밝게 신원할 수 있었어라

하늘에 부르짖고 대궐문에 호소하니

지극한 정성이 귀신을 감동시켰네

이름이 경향을 진동하였고

교화가 집안과 이웃에 흡족했으며

임천에서 한가로이 은거하니

굳은 절개로 정길하였어라

마음에 즐기는 바가 있었으니

밖에 오는 작록 따위 아랑곳하랴

이 갈월산의 기슭은

군자가 묻힌 유택이로세

나의 명은 아첨이 아니니

공경히 무덤 속에 안치하노라

公諱柱岳, 字宗甫, 姓韓氏, 上黨人. 鼻祖蘭佐麗祖策勳封, 自是族大而盛, 跨歷兩代, 纓黻相望, 而麗季文敬公脩號柳巷, 文章德業, 師範一世, 其子文烈公尙質, 入我朝, 官大提學, 奉使如京師, 受朝鮮國號而來, 號竹所. 文烈孫明澮錄靖難勳, 封西原君, 西原子堰, 大司憲淸平君. 四世而至左參贊準, 錄平難勳, 封淸川君, 號南崗, 生禮曹判書贈右議政汝稷, 號十洲, 於公爲六代祖. 曾祖諱墊, 師事眉叟許先生, 經行薦, 官金川郡守. 祖諱德欽, 十九司馬, 以孝早歿. 考諱洵, 通德郎. 妣進士晉州柳以章之女, 以明陵己丑生公于會賢洞第. 豐姿偉幹, 嶷然有器度, 金川公奇之, 命小字曰山嶽, 以其氣貌似之也. 及長, 文藝夙成, 未冠, 連發解, 人謂韓氏有子矣. 英宗戊申逆變, 通德公及弟注書游・宣傳洸, 爲凶逆所誣, 騈殞於栲訊之下, 人莫不冤之. 時, 公年才二十, 奉母歸富平鄉庄, 力耕養親, 含冤忍痛二十五年, 以罪人自處. 癸酉夏, 上悶旱理冤獄, 公駕前上言, 適值他冤家五人之訴一時沓奏, 上命皆竄配. 公謫鎭海縣, 明年宥還. 自是長在洛下, 弊衣草屨, 日號訴於當路之門, 一時卿宰動色敬接, 莫不矜其情而哀其冤. 乙酉冬上違豫, 至翌年四月, 朝廷朝晡問安. 公日必先期詣闕下, 待大臣之來, 泣訴於前, 累月未已, 祈寒甚雨無變. 諸公稱之曰: "韓孝子." 大臣陳達, 有勿錮子孫之命, 旋又駕前上言, 以猥屑又配古群山島. 翌年春蒙放, 而公不少沮, 呼籲猶前. 辛卯上設申聞鼓以達冤, 公首擊之, 上知其冤, 命去罪籍, 復其官. 公聽傳旨, 顚仆號痛, 四拜而退, 翌朝率子弟, 又行四拜. 縉紳驚歎, 各司隸臺交相賀曰: "多髥韓老, 今日得伸雪矣." 公常以家冤之未伸, 痛切心骨, 如不欲生, 雖顚覆道路, 觸冒風雨, 一心不懈, 躓而復起, 二十年如一日, 卒能天心助順, 聖意回悟, 夬雪至冤, 以遂其願. 非志氣之强誠孝之篤, 能如是乎? 噫! 古今之抱冤而未伸者何限, 子孫之心, 豈有異哉? 然或時有利鈍, 亦懦怯而未能爲. 觀公之事, 可以知所處矣. 公卽歸鄉廬, 扁所居室曰銘恩窩, 逐日謁廟, 必別設一席, 東向先四拜, 每除夕入城, 元曉詣闕行拜, 國有哀慶, 亦如之. 未嘗以衰老自處, 以終英廟之世. 公素有幹局, 禍變之餘, 産業蕩析, 而收拾遺物, 不失舊規. 有幼弟三人・從弟妹四人, 又有堂叔二人年幼. 公以一身爲五家之長, 皆率育而成就之. 孶孶於睦宗族恤孤寡, 恩義周洽, 人無間言. 見人有難, 方便周濟, 與人交, 終始不渝, 尤加意於不報之地. 推[188]其孝思, 家

祭之外, 事關先代, 必先諸族, 竭力爲之. 先祖西原君嗣絶闕享, 公爲立宗而
主其祭, 又置田於淸平君墓下, 春秋修事. 約宗人爲花樹會, 公必自厚辦, 以
率其不如約者. 雖以禍家窮處, 淬辱備至, 而曠然理遣, 不喜與人較, 務以善
感其心. 鄕人之素凌侮者, 末乃化而稱其賢. 丙午春朝家命郡邑擧才行, 鄕
論以忠孝俱全才德兼備爲薦目, 此可見公論之不泯者, 而公之致此者, 皆順
德之推[188]而然也. 是年臘月八日, 氣不平, 遂就枕卒, 壽七十八. 翌年二月, 葬
于富平葛月里壬坐原. 配靑松沈氏, 參議一義之女, 有婦德善克家, 生以己
丑, 卒以戊寅九月十九日, 生一男一女, 男秉謙生員, 女適宋聚儁. 繼配延安
李氏, 漢翊之女, 亦婉順勤儉, 生以戊午, 卒以乙未五月二十一日. 兩夫人皆
從祔公墓. 公未嘗從事學問, 而孝友根性, 內行淳備, 平生言行, 自合規度.
樂聞己過, 或値情外之謗, 未嘗分解而必自反焉. 常誦古人志行上方分福下
比[189]之語, 以戒子侄. 日必早起拜廟, 退詣書室, 終日對案, 諷誦不撤. 常擧
東坡若活[190]七十年便是百四十之句以語人曰: "人生世間, 晝夜相半. 豈可
耽睡空送一半歲月?" 又以爲禍變之家, 常懈於敎子弟, 人家讀書種絶, 無以
世其家, 勸課勤篤, 一子小成, 姪性謙亦以文名, 皆循循雅勅, 有法家風. 余
熟聞公名, 恒有願交之意, 乙未公訪余于京邸, 戊戌又訪于木州之衙舍, 一
見可知爲厚德君子也. 生員君以李寧海寅燦狀來, 請幽竁之文, 義不可辭,

---

188 推: 저본에는 追 자로 되어 있는데, 오자로 판단하여 고쳤다.

189 志行……下比: 『澤堂集』 권3 「完平府院君李公謚狀」에 李元翼(1547~1634)
　　이 자손에게 준 敎訓으로 기록되어 있다. 전문은 "無怨於人, 無惡於己; 志行
　　上方, 分福下比.]"로 되어 있다.

190 活: 저본에는 話자로 되어 있는데, 오자이므로 『鶴林玉露』에 의거하여 고쳤
　　다.

實有託名之願, 不以不文辭, 謹依狀畧敍如右. 銘曰:

先民有言 孝爲行源 推之百事 左右逢原[191]

有美韓公 禀此順德 早嬰家禍 晩被昭釋

籲天叫閽 至誠假神 名動京外 化洽眘鄰

養德林泉 介石貞吉[192] 所樂者存 儻來[193]何恤

葛月之麓 君子攸宅 銘辭不諛 敬奠窆尛

---

191 左右逢原 : 孟子가 "군자가 학문의 방도에 따라 깊이 나아가는 것은 自得하고
자 해서이니, 자득하면 거기에 처함이 편안하고, 처함이 편안하면 資賴함이
깊고, 자뢰함이 깊으면 좌우에서 취함에 그 근원을 만나게 된다.〔君子深造之
以道, 欲其自得之也. 自得之, 則居之安 ; 居之安, 則資之深, 資之深, 則取之
左右逢其原.〕"라 한 데서 온 말로, 학문이 깊어지면 일상생활 중에서 도의
근원을 알게 된다는 뜻이다. 『孟子 離婁下』

192 介石貞吉 : 지조가 돌과 같이 단단함을 말한다. 『周易 豫卦』 六二에 "지조가
돌보다 단단한지라 하루가 다 안 가서 떠나니 정하고 길하다.〔介于石 不終日
貞吉〕" 하였다. 여기서는 조정에서 벼슬을 그만 두고 은거했음을 뜻한다.

193 儻來 : 외부에서 오는 爵祿을 뜻하는 말이다. 『莊子 繕性』에 "높은 官爵이
내 몸에 있는 것은 타고난 性命이 아니요, 외물이 우연히 내 몸에 와서 붙어
있는 것일 뿐이다.〔軒冕在身, 非性命也, 物之儻來寄者也.〕"라 한 데서 유래
하였다.

18. 통덕랑 농와 박공 묘지명-병서-

通德郎聾窩朴公墓誌銘-幷序- 무신년(1788, 77세)

지기(知己)의 벗이 없으면 누가 지기의 뜻을 드러내 밝혀주겠으며, 뒤에 죽는 사람의 말이 없으면 누가 먼저 죽은 사람의 행실을 기록하리오. 나는 살아 있고 공은 죽었으니 어찌 차마 공의 뜻과 행실이 마멸되게 둘 수 있겠는가?

공은 휘가 사정(思正)이고 자는 자중(子中)이며 호는 농와(聾窩)이고 관향은 무안(務安)이다. 원조(遠祖) 섬(暹)은 고려 현종을 보좌하여 훈업(勳業)이 드러났고 관직은 좌복야(左僕射)이다. 이후로 잠영(簪纓)이 이어졌다. 본조에 들어와서는 형조판서 의룡(義龍)이 있었고, 이후로도 관면(冠冕)이 끊어지지 않았다. 7대를 내려와 군수 응선(應善), 호 초정(草亭)에 이르러서는 인조반정 후에 유일(遺逸)로 천거를 받아 곧바로 은진현감(恩津縣監)에 임명되었으니, 바로 공의 5대조이다. 증조 휘 창하(昌夏)는 가선대부 증이조참판(贈吏曹參判)이고, 조부 휘 징(澄)은 한성우윤(漢城右尹)이다. 부친 휘 이문(履文), 호 고심재(古心齋)는 관직이 장령(掌令)이고 문장으로 세상에 이름났다. 모친 숙인(淑人) 한산이씨(韓山李氏)는 현감 운근(雲根)의 따님이다. 공의 백부 첨지(僉知) 휘 진문(震文)이 풍산홍씨(豊山洪氏)를 아내로 맞았으니 지평(持平) 중정(重鼎)의 따님이고, 후취(後娶)는 장흥고씨(長興高氏)인데, 두 부인 모두 자식이 없어 공을 후사로 삼았다.

공은 숙종 계사년(1713) 3월에 태어났고 금상(今上) 정미년(1787,

정조11) 정월 7일에 세상을 떠났으니 향년 75세이다. 3월에 광주(廣州) 경안리(慶安里) 망령동(望靈洞) 곤좌(坤坐)의 둔덕에 안장하였다.

공은 어릴 때부터 총명하고 문예가 있어 세상 사람들이 기동(奇童)이라 일컬었다. 장성해서는 세도(世道)가 위태한 것을 보고 벼슬할 뜻이 없어 과거 공부에 전념하지 않으니, 애석하게 여기는 사람이 많았다.

공은 지극한 행실이 있어 부모에게 효순(孝順)하여 양지(養志)하고 뜻을 어김이 없었다. 생가와 양가의 부모상에 모두 3년 동안 소식(素食)을 하였으며, 제사에 근신(謹慎)하여 정성과 공경을 힘써 다했으며, 날마다 반드시 새벽에 가묘에 배알하기를 노년에 이르도록 그만두지 않았으니, 이는 내가 눈으로 본 바다.

부친 고심재공(古心齋公)이 지평현감(砥平縣監)에 재임하던 중에 병환으로 체직을 기다리는 중에 관사(官事)가 매우 번쇄(煩碎)하였다. 이에 공이 아전들과 각방(各房)의 문서를 고찰함에 아전들이 털 끝만큼도 감히 속이지 못했으니, 당시 나이가 13세였다. 어른들이 이 사실을 듣고 경탄하기를, "이 아이는 육조(六曹)의 낭임(郎任)을 아울러 맡을 만하다."라 하였으니, 이는 내가 귀로 들은 바이다.

관혼상제(冠婚喪祭) 사례(四禮)에 대해 힘을 다해 공부하여 작게는 의장(儀章)·도수(度數)로부터 크게는 의문(疑文)·오의(奧義)에 이르기까지 명백하게 변석(辨釋)하였다. 수학(數學)에 깊은 조예가 있어 가감승제(加減乘除)로부터 시작하여 천원(天元)·개방(開方)·정부(正負)·구고(句股)의 산술에 이르기까지 환하게 알고 정확하게 계산하였다. 보학(譜學)에 밝아 동방의 대성(大姓)을 훤히 꿰뚫어 모르는 것이 없었고 벽성(僻姓)과 은파(隱派)까지도 또한 묻는 대로 척척 대답하였다. 그래서 사람들 중에 자기의 세계(世系)를 잃고 족적(族跡)을 모르는 이들이 많이들 와서 자문하였으니, 참으로 옛적에 이른바 육보(肉譜)라 하겠다. 이는 모두 공이 공부를 하여 득력(得力)한 것이다.

특히 경륜에 능하였다. 늘 말하기를, "정치를 하면서 삼대(三代 하(夏)·은(殷)·주(周))를 본받지 않으면 모두 구차할 따름이다."라 하면서 담론하는 바는 옛날을 참작하고 지금에 의거하여 모두 조리에 맞고 근거가 있었다. 아, 공은 남보다 뛰어난 행실과 세상에 드문 재능을 가졌으면서도 끝내 세상에 나가 한 번도 시험해보지 못하고 초야에서 늙고 말았으니, 슬프다! 공의 저술로 『가례작통(家禮酌通)』 4권·『산학지남(算學指南)』 2권·『백씨보략(百氏譜略)』 수십여 권이 집에 보관되어 있다.

전취(前娶) 안동권씨(安東權氏)는 세광(世光)의 따님이고 부제학 해(瑎)의 증손녀로, 공과 같은 해에 태어났고 영조 임신년(1752) 5월에 세상을 떠났다. 2남 2녀를 두었다. 후취(後娶) 사천목씨(泗川睦氏)는 상주(尙周)의 따님으로, 기유년(1729, 영조5)에 태어났고 신사년(1761, 영조37) 9월에 세상을 떠났으며 자녀가 없다. 두 부인은 천안(天安) 모산면(毛山面) 유좌(酉坐)의 둔덕에 안장되었다. 아들은 처순(處順)·처현(處顯)이고, 맏딸은 안정록(安鼎祿)에게 출가했다. 안정록은 바로 나의 아우이다. 둘째딸은 김령(金坽)에게 출가했다. 처순은 아들이 없어 처현의 아들로 후사를 삼았다. 처현은 3남 1녀를 두었다. 아들 명진(命鎭)은 처순의 후사가 되었고, 나머지는 모두 어리다. 안정록은 3남 3녀를 두었다. 아들은 경연(景淵)·경하(景夏)·경사(景思)이고 딸은 성효철(成孝喆)·한수운(韓秀運)·

이명억(李命億)에게 각각 출가했다. 김령의 양자는 세기(世箕)이다.
이에 명(銘)을 붙인다.

재능은 있으나 행실이 없는 사람도 있으며
행실은 있으나 재능이 없는 사람도 있으니
재능과 행실이 서로 걸맞지 않은 지가 오래일세
공은 두 가지를 다 겸비하고서
초야에서 곤궁하게 살다 일생을 마쳤네
운명이 어렵고
시운이 막힌 탓이니
그 누구를 원망하리오

不有知己之友, 誰發知己之志? 不有後死者之言, 誰識先死者之行? 我生而
公死, 豈忍使公志行磨滅哉? 公諱思正, 字子中, 號聾窩, 務安人. 遠祖遑,
佐麗顯宗, 著勳業, 官左僕射. 簪纓相傳, 入我朝, 有刑曹判書義龍, 冠冕不
絶. 七傳至郡守應善號草亭, 仁廟改玉, 薦遺逸, 直拜恩津縣監, 卽公之五世
祖也. 曾祖諱昌夏, 嘉善・贈吏曹參判. 祖諱澄, 漢城右尹. 考諱履文, 號古
心齋, 官掌令, 文章鳴世. 妣淑人韓山李氏, 縣監雲根女. 公伯父僉知諱震
文, 娶豊山洪氏, 持平重鼎女, 繼娶長興高氏, 皆無子, 以公爲後. 公生于蕭
廟癸巳三月, 卒于今上丁未正月七日, 壽七十五. 三月, 葬于廣州慶安望靈
洞坤坐原. 公夙悟有文藝, 世稱奇童. 及長, 見世道危巇, 無進取之意, 不專
意於擧業, 人多惜之. 公有至行, 孝順父母, 養志無違. 生養家前後喪, 皆三
年食素, 謹祀典, 務盡誠敬, 日必晨謁祠廟, 至老不廢, 此余所目覩也. 心齋
公任砥平病遞, 官事叢脞, 公與諸吏, 考察各房文書, 分毫不敢欺, 時年十

三. 長老聞之驚歎曰:"此兒可兼六曹郎任." 此余所耳聞也. 致力於四禮, 小而儀章度數, 大而疑文奧義, 辨釋明白. 深於數學, 始以乘除加減, 終於天元[194]開方[195]正負[196]句股[197]之術, 燭照而龜計. 長於譜學, 東方大姓, 無不貫穿而統會, 至於僻姓隱派, 亦能隨問而答, 人之缺世而失跡者, 多來取考, 眞古所謂肉譜[198]也. 此皆公用工而得力者也. 尤長於經綸, 常曰:"爲治不法三代, 皆苟而已." 其所談論, 酌古依今, 皆鑿鑿有據. 噫! 公有絶人之行 · 希世之才, 而竟未一試, 終老草澤, 嗚呼! 公著述有『家禮酌通』四卷 · 『筭學指南』二卷 · 『百氏譜畧』數十餘卷藏于家. 配安東權氏, 世光之女, 副學瑎之曾孫, 生與公同年, 歿于英廟壬申五月, 有二子二女. 後配泗川睦氏, 尙周之女, 生于己酉, 歿于辛巳九月, 無育, 葬于天安毛山面西坐. 子處順 · 處顯, 女適安鼎祿, 卽余之弟也. 次適金垍. 處順無子, 取處顯子爲后. 處顯三子一女, 子命鎭出系處順, 餘幷幼. 安鼎祿三子三女, 子景淵 · 景夏 · 景思,

---

194 天元 : 산술의 일종이다. 天元인 一을 빌어 미지수를 대신 하기 때문에 '천원'이라 한다.

195 開方 : 수학 용어로, 平方根이나 立方根, 즉 세제곱근이나 제곱근을 산출하는 공식이다.

196 正負 : 수학 용어로, 正號와 負號이다. 정호는 '더하기' 부호이고, 부호는 '빼기' 부호이다.

197 句股 : 직각삼각형을 표시하는 수학 용어이다. 수학을 뜻하는 말로도 쓰인다. 직각삼각형의 짧은 邊이 句이고 긴 변이 股이다. 직접 수학을 이르기도 한다.

198 肉譜 : 唐나라 趙州사람 李守素의 별명이다. 그는 姓氏에 밝아 세상에서 살아 있는 족보라는 의미로 '육보'라고 불다. 虞世南이 그와 함께 인물을 논하다가 감탄하기를 "육보가 정히 敬畏할 만하다.[肉譜定可畏]"라 하였다.『新唐書 권102 李守素傳』

女適成孝喆・韓秀運・李命億. 金坽有系子世箕. 遂爲之銘曰:

人或有有才而無行 亦或有有行而無才 才行之不相稱久矣

公能揚貫而兼有 竟窮歿於莉榛 命之屯矣 時之否矣 將誰咎乎

묘지

墓誌

1. 처사 잠옹 남공 묘지명-병서-

處士潛翁南公墓誌銘-幷序- 기유년(1789, 78세)

우리 동방에 근세에 독행(篤行)한 처사(處士) 잠옹(潛翁) 남공(南公)이 있었는데, 금상(今上)이 즉위한 지 6년 신축(1781) 11월 6일에 진위(振威)의 동천(桐泉)에서 세상을 떠나니 향년 85세이다. 다음 달에 용인현(龍仁縣) 서쪽 영장곡(英藏谷) 건좌(乾坐)의 둔덕에 안장하였다.

공의 증손 유원(有源)이 공의 조카 육(㴐)이 지은 행장을 소매 속에 넣어가지고 와서 나에게 묘지명을 청하기를, "증조부의 지극한 행실과 순수한 덕을 세상에 아는 사람이 없으니, 부디 그대가 글을 지어주기 바랍니다."라 하였다. 공은 나에게 부집(父執)이라 어려서부터 익히 공의 일을 들었으니 감히 사양할 수 있겠는가.

행장을 살펴보건대, 공은 휘가 하행(夏行)이고 자는 성시(聖時)이며 관향은 의령(宜寧)이니, 보계(譜系)가 고려조에 시작되었다. 본조에 들어와 충경공(忠景公) 휘 재(在)와 충간공(忠簡公) 휘 지(智)가 있으니 곧 공의 11대조와 10대조이다. 4대를 내려와 국창(菊窓) 휘 응운(應雲)에 이르러서는 공에게 6대조가 된다. 감찰 증좌승지(贈左承旨) 휘 두화(斗華)·대흥군수(大興郡守) 휘 중유(重維)·성균진사(成均進士) 휘 수교(壽喬)가 곧 공의 증조·조부·부친 3대이다. 모친 진주강씨(晋州姜氏)는 부사 석로(碩老)의 따님이다.

공은 숙종 정축년(1697) 8월에 태어났으니, 곧 부친이 돌아가신 뒤 여섯 달 만이었다. 공은 성품이 지극히 효성스러워 부친의 얼굴을 알지 못하는 슬픔이 하늘에 사무쳐 평생 죄인으로 자처하여 화려한 옷을 입지 않고 노는 연석(宴席)에 가지 않았으며, 글을 읽다가 '부모' 두 글자에 이르면 어김없이 책을 덮고 눈물을 흘리며 오열하느라 글을 읽지 못하였다. 선친의 묘소를 지나갈 때면 반드시 애통하게 곡하였다. 어버이를 잘 섬기는 사람이 있다는 말을 들으면 반드시 그 일을 기록하여 존모하는 마음을 담고, 길을 가다가 효자비(孝子碑)를 만나면 반드시 말에서 내려 경의를 표하고 지나갔다. 이러한 일들은 돈독한 성품이 아니고서 할 수 있겠는가.

모친을 섬김에 사랑과 공경이 아울러 지극하였다. 병오년(1726, 영조4)에 모친상을 당하여 애훼(哀毀)가 예제(禮制)에 지나쳤고 슬퍼하는 모습이 주위의 사람들을 감동시켰다. 매번 기일이 돌아오면 목욕재계한 다음 엄숙하고 경건하게 제사를 지내고 조금이도 해이하지 않았다. 이렇게 하는 것이 80년 동안 하루같았다.

정축년(1757, 영조33)에 선친이 세상을 버린 지 60년이 되었다. 공이 뒤늦게나마 상복을 입고자 하여 성호선생에게 그 일을 여쭈었는데, 선생이 예(禮)에 없다는 이유로 그만두게 하였다. 공이 비록 감히 실행하지는 못했지만 3년 동안 거상(居喪)의 예(禮)로 처신하였다. 시를 지어 회포를 말하기를,

누가 회갑의 날이 없으랴만
심정이 나 같은 이는 드물리라
이내 죄악이 천지에 가득하니
슬픈 회포는 죽은들 어찌 다하랴

誰無周甲日 情事罕吾同 罪惡盈天地 悲懷死何窮

라 하였다. 공은 생일이 되면 종일 비통한 생각에 잠기니, 집안사람들이 감히 술과 음식을 차리지 못하였다. 만년에 증손 유원(有源)이 대략 음식을 갖추어 드리니 공이 물리치고 시를 짓기를,

이 세상 불효가 나 같이 이 있을까
매년 오늘이 오면 눈물이 나는구나
어린 손자가 내 마음 속의 한을 모르고
손을 씻고 은근히 한 잔 술을 권하는구나

人間不孝惟我獨 每年今日淚些兒 小孫不識中心恨 洗手慇懃勸一巵

라 하였다. 일찍이 손수 『효경(孝經)』을 써서 죽은 뒤에 관에 함께 넣으라고 명하였으니, 여기에서 공의 돈독한 성품을 볼 수 있다.

공은 효사(孝思)를 미루어 선대에 미쳐, 광주(廣州)의 탄곡(炭谷)과 공옥(公沃)의 선묘에 석물(石物)·지문(誌文)·제전(祭田)·사전(祀典) 중 미비한 것들을 종인들과 의논하여 모두 영구히 전할 규례로 제정하니, 종족들이 "선조를 위하는 종인(宗人)이다."라고 칭찬하였다. 또 선대의 사적과 언행을 추술(追述)하여 외파(外派)까지 미쳐 널리 공사(公私) 문적을 수집·기록하고 묘소의 좌향에 이르기까지 상세히 기록하지 않음이 없었으니, 이를 『술선록(述先錄)』이라 하였다. 성호선생이 이 『술선록』에 서문을 썼는데, "이는 다만 남씨(南氏)의 문헌일 뿐만 아니라 가정을 가진 이들의 의칙(儀則)이 될 만하다."

라 하였다.

종인 태보(泰輔)가 익산현감(益山縣監)으로 있을 때 족보를 간행할 때 공에게 질정(質正)하여, 선계(先系)의 의혹을 변별하거나 누락된 파(派)를 수록하는 문제에 공의 말을 많이 따랐다.

공은 형제가 다섯이다. 맏형은 동소공(桐巢公)이고 공은 막내이다. 공은 형들을 섬기기를 아버지처럼 섬겨 아침저녁으로 의관을 갖추고 공경히 문후(問候)하였고 화락한 기색이 얼굴에 가득 넘쳤다. 형들에게 질병이 있으면 지극한 정성으로 간호하여 병이 나아야 물러났다. 종족과는 되도록 돈목(敦睦)하고 서로 허물하거나 책망하지 않았으며, 늘 『시경』「사간편(斯干篇)」의 "서로 좋아할 것이고, 허물하지 말 것이다.〔式相好矣, 無相猶矣.〕"라는 말을 외우면서 자신을 경각시켰다.

공은 일찍이 옥동(玉洞)과 성호(星湖) 두 선생의 문하에 종유(從遊)하여 위기지학(爲己之學)을 듣고서, 마음을 다스리고 몸을 가다듬어 본분을 편안히 지키고 실질에 힘썼으며, 선을 좋아하기를 마치 힘이 미치지 못할 듯이 하고 악을 미워하기를 마치 자기를 더럽힐 듯이 하였다. 성품이 인후하고 관대하며 겸손하고 근신(勤愼)하여 남이 잘못해도 따지지 않았으니, 사람들이 모두 "옛사람이로다, 옛사람이로다!〔古之人, 古之人.〕"라 하였다.

평상시에는 날마다 반드시 일찍 일어나 세수하고 양치한 다음 단정히 앉아 글을 읽었다. 경사자집(經史子集)으로부터 동방의 전적에 이르기까지 그 귀취(歸趣)를 힘써 궁구하였고 고인의 가언(嘉言) · 선행(善行)을 편집하여 책을 만들었다. 그리고 집안의 서책에서 지면이 빈 곳에는 모두 글을 초록해 두었다가 참고하고 고증하였다.

평소에 산수를 유람하기를 좋아했으나 나라 안의 산천을 두루 다닐 수 없어 선배들의 유산록(遊山錄)을 모아서 와유록(臥遊錄)을 만들어 때때로 이를 읽음으로써 멀리 산천을 유람하고픈 생각을 달래니, 표표(飄飄)히 물외(物外)에 노니는 의취(意趣)가 있었다.

공은 팔분체(八分體)를 잘 썼다. 일찍이 "마음이 바르면 붓을 잡음이 견고하여 자획이 절로 바르게 된다. 다만 붓을 잡고 필획을 그을 때 뿐만 아니라 비록 허공에 그리고 땅에 그을 때라도 진실로 그 마음을 전일하게 하면 자획이 절로 바르게 된다."라 하였으니, '필가(筆家)의 삼매(三昧)'를 얻었다고 할 만하다. 이러한 까닭에 비록 아무렇게나 붓을 휘둘러도 은구(銀鉤)·철삭(鐵索)과 같아 자획이 정연하고 천균(千勻)의 힘이 있었으니, 일찍이 보기 좋게 써서 남의 마음에 들게 하려는 태도가 없었다.

특히 인욕(人慾)을 힘써 제어하였으니, 주량이 매우 많았으나 술을 마실 때는 작은 잔으로 한 잔을 넘기지 않으면서 "절제하지 않으면 정신이 혼란하게 되는 법이니, 어찌 입의 욕심 때문에 위의(威儀)를 잃을 수 있겠는가."라 하였다. 또 바둑과 장기를 잘 두어서 수법이 있었는데 문득 그릇되다는 것을 깨닫고 "이는 자제들의 허랑한 놀이에 불과하다."라 하고는 끊고 하지 않았다. 또 담배 피우는 해를 지적하여 말하기를 "귀천과 남녀의 구별이 없다. 정결한 제향(祭享)에서 중에 훈독(薰毒)의 냄새를 섞이는 것은 더욱 옳지 못하다."라 하였다.

공은 누차 참척(慘慽)을 당한 나머지 노년에는 곤궁하고 고독한 형편이 더욱 심하여 거친 밥과 거친 옷도 때로는 잇지 못할 때가 있었지만 본성의 당연한 일처럼 편안히 여겼으니, 심성(心性)을 함양하는 데 절도가 있고 분수를 편안히 여기는 마음이 견고하지 않고서야 이렇게 할 수 있겠는가.

　태어나기 전에 부친을 여읜 것을 늘 애통하게 여기더니 드디어 과거를 그만두고 자호를 잠옹(潛翁) 또는 돈암(遯菴)이라고 하여 자신의 뜻을 보였다. 시문 약간 편이 집에 보관되어 있다.

　전배(前配) 성산이씨(星山李氏)는 휘(徽)의 따님으로, 공과 같은 해에 태어났고 병오년(1726, 영조3)에 세상을 떠났으며, 한 아들 길(坦)을 낳았다. 묘소는 공의 무덤 왼쪽에 부장하였다. 후배(後配) 광주이씨(廣州李氏)는 재룡(再龍)의 따님으로, 을유년(1705, 숙종31)에 태어났고 병진년(1736, 영조12)에 세상을 떠났으며 슬하에 자녀가 없다. 묘소는 광주 선영 안에 있다. 별실(別室) 소생에 2남 2녀를 두었다. 아들은 옥(珏)・훈(塤)이고, 딸은 이달화(李達和)・권세반(權世槃)에게 각각 출가하였다. 길은 진사인 진주(晉州) 유래(柳來)의 따님을 아내로 맞아 2남 1녀를 낳았다. 장남 윤천(允天)은 일찍 죽었고 차남 윤문(允文)은 당숙 은(垠)의 후사가 되었으며 딸은 송형준(宋亨俊)에게 출가하였다. 윤천은 1남 1녀를 두었다. 아들은 유원(有源)이고 딸은 어리다. 옥은 1남을 두었고, 훈은 2남 1녀를 두었다. 이달화는 2남 1녀를 두었고, 권세반은 3남 1녀를 두었다.

명(銘)

아, 아름다워라 남공이여
타고난 천성이 순수하였으니
서주의 일사요
동한의 독행이로세

유도군자(有道君子)에 부끄러움이 없으니
감히 자운에게 비기노라
공을 알고자 하는 이는
청컨대 이 글을 볼지어다

我東近世有篤行處士潛翁南公, 以今上卽位之六年辛丑十一月六日卒于振威
之桐泉. 享年八十五. 翌月, 葬于龍仁縣西英藏谷乾坐原. 公曾孫有源袖公
從子垕狀草, 請誌于鼎福曰: "曾考至行純德, 世無知者, 願吾丈之文之也."
公於鼎福, 父執也, 自幼習知公事, 其敢辭諸? 按狀, 公諱夏行, 字聖時, 其
先宜寧人, 興於麗朝. 入本朝, 有忠景公諱在·忠簡公諱智, 卽其十一代十
代祖也. 四世至菊窓諱應雲, 於公爲六代祖. 監察贈左承旨諱斗華·大興郡
守諱重維·成均進士諱壽喬, 卽公三代也. 妣晉州姜氏, 府使碩老之女. 公
生于明陵丁丑八月, 卽其考棄世之六月也. 公性至孝, 以不識父顏, 痛甚終
天, 平生自處以罪人, 不御華彩, 不赴遊宴, 讀書至父母二字, 必掩泣哽咽,
不能讀, 過先考墓, 必哭之慟, 聞人有善事其親者, 必記其事, 以寓尊慕, 道
途遇孝子碑, 必下馬致敬而去. 此非篤性而然歟? 事大碩人, 愛敬備至, 丙
午遭艱, 哀毀逾節, 悲動傍人. 每値忌日, 齋素濯沐, 肅敬將事, 未嘗小懈,
八十年如一日. 丁丑爲先考下世之周甲, 公欲追服, 稟于星湖先生, 以無於
禮止之. 公雖不敢行, 而三年之內, 處以憂服之節, 有詩言懷曰: "誰無周甲
日? 情事罕吾同. 罪惡盈天地, 悲懷死何窮?" 若値晬辰, 竟日悲愾, 家人不
敢設酌. 晚來曾孫有源畧具以進, 公却之有詩曰: "人間不孝惟我獨, 每年今
日淚些兒. 小孫不識中心恨, 洗手慇懃勸一巵." 嘗手書『孝經』, 命死後入棺,
此可以觀公之篤性也. 公推其孝思, 及於先世, 廣州之炭谷公沃先墓石物誌
文, 祭田祀典之未備者, 莫不謀于宗人, 定爲永式, 宗族稱之曰: "爲先宗

人." 又追述先代事迹言行, 以及外派, 旁搜公私文籍紀之, 至於塋墓坐向,
靡不該錄, 爲『述先錄』. 星湖先生序之曰: "此不但爲南氏文獻, 足爲有家之
儀則也." 宗人泰輔宰盆山時刊譜, 就質於公, 先系卜疑, 漏派收錄, 多從公
言. 公昆弟五人, 長桐巢公, 公其季也. 事諸兄如父, 朝夕冠帶候謁敬恭, 湛
洽之色, 藹然可掬. 有疾病, 至誠救護, 疾已而退. 與宗族務敦睦, 不相咎
責, 常誦式相好無相猶之言以自警. 公常遊玉洞[199]·星湖二先生之門, 得聞
爲己之學, 治心飭躬, 安分務實, 好善如不及, 惡惡如浼己. 而性仁恕謙謹,
未嘗與人校, 人皆謂曰: "古之人! 古之人!" 平居日必早起盥漱, 端坐讀書,
經史子集, 以至東方典籍, 務究其歸趣, 嘉言善行, 纂輯成書, 家中書冊紙面
空張, 莫不抄錄, 以相參證. 素好山澤之遊, 而域中山川, 不可以遍, 乃聚先
輩遊山文字, 爲臥遊錄, 時時讀之, 以寓遐想, 飄飄然有物外之志. 公善八
法, 嘗曰: "心正則把筆堅牢而畫自正. 不特把筆而得畫, 雖模空畫地, 苟專
其心則畫自得矣." 可謂得筆家三昧矣. 是以, 雖謾筆揮灑, 銀鉤鐵索[200], 井
井方方, 有千勻之力, 未嘗爲妍媚取悅之態. 尤以制慾爲務, 酒戶頗寬, 而飮

---

199 玉洞 : 李漵(1662~1723)의 호이다. 그는 자는 澄之이고, 성호 이익의 셋째
형이다. 抱川 玉洞山 아래에서 살았다. 천거를 받아 麒麟道察訪에 제수되었
으나 나아가지 않고 일생을 마쳤다. 『星湖全集 권68 三兄玉洞先生家傳』

200 銀鉤鐵索 : 자획과 필체가 굳세고 강한 것을 형용한 말이다. 銀鉤는 은으로
만든 갈고리이니, 字劃이 굳셈을 형용한 말이다. 杜甫의 「陳拾遺古宅」에
"지금 흰 벽이 매끄러운데, 글씨가 은구를 이어 놓은 듯하네.〔到今素壁滑
灑翰銀鉤連〕" 鐵索는 쇠사슬이니, 강한 필체를 형용한 말이다. 韓愈의 「石鼓
歌」에 "금줄과 쇠사슬을 얽어 놓은 듯 웅장도 하고, 고정이 물에 뛰어들고
용이 북처럼 나는 듯도 하네.〔金繩鐵索鎖紐壯, 古鼎躍水龍騰梭.〕"라 하였
다. 『韓昌黎集 권5』

不過一小酌曰: "不節則亂, 奈何以脣吻之慾, 而致失威儀耶?" 又善博奕, 有
手法, 旋覺其非曰: "此不過爲子弟輩浪遊之資." 遂絶不爲. 又斥烟茶之害
曰: "無貴賤男女之別, 而祭祀芬苾之享, 尤不可以薰毒之氣雜亂於其間矣."
公累遭慘慽, 老年窮獨益甚, 糲飯鷆衣, 有時不繼, 而安之若性, 非頤養有節
素履堅定而然乎? 常痛在娠而孤, 遂廢擧, 自號潛翁, 又曰遯菴, 以示其志
焉. 有詩文若干篇藏于家. 前配星山李氏, 徽女, 生與公同年, 丙午卒, 生一
男垈, 墓祔公墓左. 後配廣州李氏, 再龍女, 生乙酉, 丙辰卒, 無育, 葬廣州
先塋局內. 別室二子拪‧塤, 二女適李達和‧權世綮. 垈娶進士晉州柳來女,
生二男一女. 男長允天早歿, 次允文出后堂叔垠, 女適宋亨俊. 允天一子一
女, 子有源, 女幼. 拪一子. 塤二子一女. 李達和二子一女. 權世綮三子一
女. 銘曰:

於休南公 稟天純性 西周逸士 東漢篤行
無媿有道 敢托子雲[201] 欲知公者 請徵斯文

---

201 無媿……子雲: 有道는 有道君子의 준말로 道學이 깊은 학자를 가리키는 말
이다. 子雲은 漢나라 때의 학자인 揚雄의 字이다. 양웅은 어눌했지만 학문이
해박하였고 詞賦와 같은 浮華한 글을 짓지 않고 『周易』의 이치를 본떠서
『太玄經』을 짓고 『論語』를 본떠서 『法言』을 지었다. 『漢書 권87 揚雄傳』

2. 장령 오공 묘지명-병서-

掌令吳公墓誌銘-幷序- 기유년(1789, 78세)

우리 국가의 붕당(朋黨)의 화는 선조 을해년(1575)부터 일어났다. 처음에는 의논이 서로 맞지 않다는 이유로 붕당이 나누어 배척하다가 마침내 살육하는 데 이르고 말았다. 100여 년 사이에 날로 새롭고 달로 심해져 숙종 경신년(1680)에 이르러 극심하였다. 수촌(水村) 오상국(吳相國)의 경우는 천고에 지극히 원통한 일이지만 당인(黨人)들이 국정을 쥐고 있었기 때문에 신원(伸冤)할 수 없었다. 이것이 바로 효자 순손(順孫)이 원통한 마음을 품게 된 까닭이요, 상국의 아들 장령공(掌令公)은 마침내 효(孝)를 다하다 죽고 말았으니, 슬프도다!

공은 휘가 상유(尙游)이고 자는 경언(景言)이며 그 선대(先代)는 동복(同福) 사람이니, 고려 문헌공(文獻公) 대승(大陞)의 후손이다. 고조 휘 백령(百齡)은 이조참의이고 호는 묵재(默齋)로, 형 참찬 휘 억령(億齡) 만취공(晩翠公)과 함께 세상에 쌍벽(悉璧)으로 일컬어졌고 국가의 명신(名臣)이었다. 증조 휘 단(端)은 관찰사이고 호는 동암(東巖)이다. 조부 휘 정원(挺垣)은 관찰사이고 호는 취옹(醉翁)인데 숙부 증찬성(贈贊成) 휘 굉(竤)의 후사가 되었다. 이상 3대는 모두 영의정에 추증되었다. 부친은 바로 수촌 상국 휘 시수(始壽)이니, 우의정이다. 모친은 정경부인 안동권씨(安東權氏)이니 봉사 진(瑱)의 따님이고 길성위(吉城尉) 대임(大任)의 손녀이다.

공은 효종 무술년(1658) 2월에 경성(京城) 주자동(鑄字洞)에서 태어났다. 어릴 때부터 자질이 준수하고 헌칠하여 석인(碩人)과 같았고 성품이 인후하고 돈목(敦睦)하니, 조부 관찰공(觀察公)이 기특하게 여겨 사랑하였다. 18세에 성균관에 올랐고, 21세에 문과에 급제하여 승문원에 들어갔다. 경신년(1680, 숙종6)에는 정자(正字)에 승진하였다. 5월에 당인(黨人)이 다시 조정에 들어와 집권하자 부친 상국공(相國公)이 삼수(三水)로 귀양을 가게 되었는데, 공이 모시고 갔다. 8월에 모친상을 당하여 급히 달려 왔다. 9월에 상국공이 왕옥(王獄)에 잡혀 왔고, 이듬해 10월에 마침내 사사(賜死)되니, 공이 피눈물을 흘리며 살고 싶은 마음이 없었다.

기사년(1689, 숙종15)에 정국이 막 바뀌었을 때 대신이 경연(經筵)에서 상국공의 관작을 회복할 것을 주청하였다. 3월에는 공이 격쟁(擊錚)하여 억울한 사정을 호소하기를,

"윤개(尹堦)가 무망(誣罔)한 것을 조사하지 않고 설관(舌官)의 변사(變辭 말을 바꾸어 거짓말을 함.)한 것을 탄핵하지 않고 수항(壽恒) 등의 단련(鍛鍊 허물을 날조하여 죄에 빠뜨림.)한 것을 다스리지 않는다면 부친의 원통함을 밝힐 수 없습니다."

라 하니, 이에 모두 대략 처분이 있었다. 그러나 윤개는 끝내 불문에 부쳐지고 귀양을 가는 데 그쳤다. 공은 이 때문에 더욱 세상에 뜻이 없어졌다. 이 달에 대신이 진계(陳啓)하여 전적(典籍)으로 승진하였다.

경오년(1690, 숙종16)에 병조좌랑·직강(直講)·예조좌랑을 역임하고 해운판관(海運判官)으로 옮기게 되자 공이 청요직(淸要職)이란 이유로 사임하니, 이조판서 유명현(柳命賢)이 경탄하기를, "이러한 자리도 오히려 청요직이란 이유로 사임하니 어찌 이리도 지나친가!"

라 하였다.

임신년(1692, 숙종18)에 다시 정언(正言)에 임명되었다가 재차 체직되었다. 8월에 서천군수(舒川郡守)가 되었다가 이듬해 감사와 상피(相避)하여 체직되었다.

갑술년(1694, 숙종20) 2월에 장령(掌令)에 제수되었고, 3월에 공주(公州)로 돌아왔다. 4월에 정국(政局)이 다시 바뀌자 경연의 신하들이 아뢰어 공의 본직을 체차(遞差)하고 상국공의 관작을 추삭(追削)하였다. 공은 이로부터 물러나 선영 아래에 살면서 밤낮으로 부심(腐心)하며 아우 진사공과 함께 죄인으로 자처하여 거친 옷을 입고 거친 음식을 먹음으로써 스스로 자신을 고달프게 하면서 한번 그 원통한 사정을 호소하고자 하였다. 그러나 으르렁거리는 무리들이 곁에서 엿보고 있는지라 뜻밖의 화난(禍難)을 촉발할까 두려워 송장(訟章)을 품은 채 기회를 엿본 것이 20여 년이었다. 이에 공은 정신이 안에서 마르고 형체가 밖에서 녹았으니, 보는 사람들이 모두 공을 걱정하였다. 을미년(1715, 숙종41) 5월 22일에 세상을 떠나니 향년 58세이다.

공은 관홍(寬弘)하고 간묵(簡默)하여 사람을 대할 때 한결같이 공경하고 너그러웠다. 우애가 돈독하여 이씨 집안으로 출가한 큰 누님을 어머니처럼 섬기기를 30년 동안 하루같이 하였다. 공은 비록 검소하여 사치를 좋아하지 않았지만 막내 여동생이 출가할 때에는 혼수를 넉넉하게 해주었으니, 대개 부모를 여의고 외롭게 자란 여동생이 불쌍하여 차마 재물을 아낄 수 없었던 것이었다.

중부(仲父) 판관공(判官公)은 공보다 다섯 살이 많았고 집이 서로 조금 떨어진 거리에 있었다. 공은 짚신을 신고 지팡이를 짚고는 날마다 찾아가 문안하였고 말할 때에는 공경과 예(禮)를 다하였으며, 머리를 숙여 일을 여쭈었고 종일토록 모시고 있으면서 한 번도 태만한 모습을 보인 적이 없었다.

부친 상국공이 옥중에 있을 때 소주를 마시고 싶어 했는데, 소주를 갖다 드리기 전에 운명하고 말았다. 공은 이를 지극히 애통하게 생각하여 종신토록 소주를 마시지 않았고 소주를 보면 반드시 눈물을 줄줄 흘렸으며, 평소 길을 갈 때 도성문(都城門)을 경유하지 않았으니, 이는 모두 공의 깊은 슬픔이 마음 속에 있어 그렇게 했던 것이다. 날마다 반드시 부친의 묘소에 절하기를 풍우와 한서에도 그만두지 않았다. 만년에 근력이 부족하자 무덤 곁 박달나무 아래를 소제하여 첨배(瞻拜)는 장소로 삼았다. 지금도 그 곳에 잎이 무성한 박달나무가 남아 있다.

제사에 특히 정성을 다하여 "죄 많은 몸이 부모님을 여의고 살아남아 부모님을 봉양할 곳이 없으니, 장차 어떻게 부모님의 망극한 은혜를 갚으리오!"라 하고, 크고 작은 제사에 반드시 몸소 제기와 제수를 살피며 목욕재계하고 제수(祭羞)를 올리기를 노년에 이르러서도 계속하였으며, 묘소 앞에는 갈석(碣石)과 상석을 모두 구비하였다. 만년에는 더욱 경적(經籍)을 좋아하여 고인의 격언(格言)을 초록하여 항상 스스로 반성하는 한편 조상을 받들고 가정을 다스리는 법식(法式)을 지어서 자손을 일깨웠다.

아, 공에게 이와 같은 뜻과 행실이 있었거늘 끝내 세상에 쓰이지 못하고 한을 머금은 채 세상을 떠나고 말았으니, 애석하도다!

공이 세상을 떠난 지 70년이 지난 갑진년(1784, 정조8)에 공의 종손자 석충(錫忠)이 공의 원통한 사정을 호소하자, 주상께서 특명으로

신원하고 상국공의 관작을 회복하게 하였으니, 공의 눈도 이제 감을
수 있으리라.

전배(前配) 숙인(淑人) 여흥민씨(驪興閔氏)는 과거에 급제한 암
(黯)의 따님으로, 한 아들 중운(重運)을 낳았다. 후배(後配) 숙인 경
주김씨(慶州金氏)는 회(澮)의 따님으로, 한 아들 재운(載雲)을 낳았
다. 중운은 1남 3녀를 두었다. 아들은 석희(錫禧)이고 딸은 정내서(鄭
萊瑞)·이지최(李之最)·권상혁(權尙赫)에게 각각 출가했다. 재운
은 2남 2녀를 두었다. 아들은 석구(錫耉)·석기(錫耆)이고 딸은 홍만
(洪晩)·한성중(韓聖中)에게 각각 출가했다.

공은 처음에는 선영에 안장되었다. 을축년(1745, 영조21)에 공주
(公州) 유구(維鳩)의 간좌(艮坐)의 둔덕으로 이장했고, 두 부인도
합장하였다.

명(銘)

오씨는 덕문이니
복천의 근원이 깊어라
대대로 현덕이 있었으니
유파가 길게 이어졌어라
공이 또 우뚝 빼어나
그 맑은 향기를 드날렸어라
과거에 급제하고 벼슬했건만
환로가 막히고 어려웠네
이내 흉한 참변을 만나니

당화가 이에 치열하였지

비통한 한을 품고 살아온 지

삼십여 년이 지났는데

마침내 효를 다하다 죽었으니

행인들도 눈물을 뿌렸지

하늘이 마음을 돌이키고

성주가 굽어 통촉하시니

공론이 다시 바로잡혀

백년 만에 신원되었으니

공의 혼령이 저승에서 도와

지극한 원통이 이에 씻겨졌어라

소자가 무엇을 알리오

묵묵히 공의 뜻을 생각한다오

묘지명을 지어서

공경히 무덤 속에 묻노라

我國家朋黨之禍, 起於宣廟乙亥, 始以言議之不合而分朋排擯, 終於殺戮而後已. 百餘年間, 日新月盛, 至于肅廟庚申而甚矣. 水村吳相國之事, 千古至冤, 而黨人秉國, 不得伸白. 此孝子順孫之含冤忍痛, 而相國之胤掌令公, 竟以孝殞, 悲夫! 公諱尙游, 字景言, 其先同福人, 麗朝文獻公大陞之後. 高祖諱百齡, 吏曹參議號默齋, 與兄參贊諱億齡晩翠公, 世稱雙璧, 爲國名臣. 曾祖諱端, 觀察使號東巖. 祖諱挺垣, 觀察使號醉翁, 出系叔父贈贊成諱竑. 三世俱贈領議政. 考卽水村相國諱始壽, 官右議政. 妣貞敬夫人安東權氏, 奉事瑱之女, 吉城尉大任之孫. 公以孝廟戊戌二月生于京城之鑄字洞, 姿質秀

朗, 頎然如碩人, 性仁厚敦睦, 觀察公奇愛之. 十八登上庠, 二十一擢文科,
入槐院. 庚申序陞正字, 五月黨人復入, 相國謫配三水, 公陪往. 八月遭內艱
星奔. 九月相國拿致王獄, 翌年十月, 竟有後命. 公沬血飲泣, 如不欲生. 己
巳更化之初, 大臣筵奏復相國官爵, 三月公擊錚訟寃曰: "尹堦之誣罔不查,
舌官之變辭不覈, 壽恒等之鍛鍊不治, 則父寃不白." 於是, 皆略有處分, 而
堦終不問, 止於竄配. 公以是尤無意於世. 是月, 大臣陳啓, 陞參拜典籍. 庚
午歷兵曹佐郞・直講・禮曹佐郞, 移海運判官. 公以其爲淸要之任辭之. 銓
長柳公命賢歎曰: "此猶謂之淸顯而辭, 何其過也!" 壬申再除正言再遞. 八月
爲舒川郡守, 翌年以監司相避[202]遞. 甲戌二月除掌令, 三月, 告歸公州. 四
月, 朝局又變, 筵臣啓遞本職, 追削相國官爵. 自是屛居墓下, 日夜腐心, 與
弟進士公以罪人自處, 麤衣薄食, 自苦其身, 雖欲一籲其寃, 而猾哮傍伺, 恐
觸駭機, 懷訟章而周章者, 二十餘年, 神精內消, 形骸外鑠. 見者皆爲公危
之. 乙未五月二十二日卒, 壽五十八. 公寬弘簡默, 待人接物, 一於敬恕. 篤
於友愛, 事長姊李氏如母, 三十年如一日. 公雖儉素, 不喜侈美, 而季妹之
嫁, 資裝豐厚, 蓋傷孤露之餘, 不忍撙節故也. 仲父判官公長於公五歲, 家稍
間, 公芒鞋杖策, 逐日進候, 言語之際, 致敬盡禮, 俯首請稟, 終日侍坐, 未
嘗有惰慢之容. 相國之在逮, 思嘗燒酒而不及, 公以爲至痛, 終身不飲燒酒,
見之必泫然流涕, 平日經過, 不由白門. 此皆公隱痛在心而然也. 日必拜墓,
風雨寒暑不廢, 晚來筋力不逮, 掃塋側檀木下, 爲瞻拜之所, 至今檀木童童

---

202 相避: 친척 관계에 있는 사람들이 같은 관청에 재임하거나 업무상 서로 혐의
가 있을 자리에 재직하는 것을 피하는 제도이다. 『經國大典』에 의하면, 監司
와 守令은 同姓 三寸과 姪女의 남편까지 相避法이 적용된다.

然猶在也. 尤致謹於祭祀之節曰："險釁餘喘, 致養無所, 將何以報罔涯之恩乎?" 大小祀享, 必躬看檢, 齋沐薦羞, 至老不替, 墓道碑碣及像設, 無不備具. 晩來尤喜經籍, 抄錄格言, 常常自省, 又著奉先齊家之式, 以警子孫. 嗚呼! 公有如此志行而竟未有試, 齎恨而歿, 惜哉! 公歿後七十年甲辰, 公之從孫錫忠鳴冤, 自上特命伸雪, 復相國官爵. 公之目, 亦將瞑矣. 配淑人驪興閔氏, 及第黯女, 生一子重運. 後配淑人慶州金氏, 澮女, 生一子載運. 重運一男三女, 男錫禧, 女適鄭萊瑞·李之最·權尙赫. 載運二男二女, 男錫耉·錫耆, 女適洪晩·韓聖中. 公初葬于先麓, 乙丑遷窆于公州維鳩之艮坐原, 二夫人合窆焉. 銘曰：

吳爲德門　福川濬源　世有顯德　流派漫延
公又挺生　揚其淸芬　策名登朝　雲路匪屯
旋遭閔凶　黨禍斯熾　抱痛含恤　餘三十載
竟以孝殞　行路揮涕　天心悔禍　聖主鑑矚
公議之定　百年而復　公靈陰祐　至冤斯滌
小子何知　嘿想公意　作爲銘詞　敬奠幽窆

3. 권고 묘지명

權皐墓誌銘 기유년(1789, 78세)

권생(權生) 고(皐)는 권씨 집안의 좋은 자제인데, 나이 27세에 요절했다. 그의 벗 황덕길(黃德吉)과 조신행(趙愼行)이 생(生)의 지행(志行)이 알려지지 못한 것을 안타깝게 여겨 저마다 생의 언행을 대략 기록하여 생의 부친 도사공(都事公)에게 보내니, 도사공이 매우 애통한 심정으로 두 사람의 글과 함께 편지를 보내 나에게 묘지명을 청하였다. 갑진년(1784, 정조8)에 생이 서울 집으로 나를 찾아왔을 때 내가 한 번 그 얼굴을 보고는 이미 단정한 선비인 줄 알았다. 또한 듣건대, 생이 조군(趙君)의 처소에서 내가 편찬한 『하학지남(下學指南)』을 보고 기뻐하면서 말하기를, "학문의 과정이 여기에 있구나."라 하고 빌려서 읽어 마지않았다고 하니, 내가 생에 대하여 실로 시대를 함께 한 자운(子雲 양웅(揚雄)의 자)이라는 느낌이 있었다. 차마 사양할 수 있겠는가.

행장을 살펴보건대, 생은 자가 산여(山如)이며, 어릴 때부터 매우 총명하고 학문에 힘썼다. 성장해서는 경사(經史)에 통달했고 아울러 과문(科文)을 잘 지어 과장(科場)에서 매번 전열(前列)에 들었다. 임인년(1782, 정조7) 국제(菊製)에 처음 율시로써 시사(試士)할 때 뽑히니, 임금이 소견(召見)하고 상을 내렸다. 이로 말미암아 화문(華聞)이 더욱 퍼지니, 생이 부끄럽게 여겨 말하기를, "문장으로 허명(虛名)을 이루는 것이 어찌 학문에 힘써서 실덕(實德)이 있는 것만 하리오."라 하고는 성현의 경전(經傳)에 잠심(潛心)하고 일상의 윤리에 힘을 썼으니, 비록 절문근사(切問近思)하였으나 실천에 치중하였다. 생은 자기 서재를 구재(懼齋)라고 명명하고 말하기를, "나는 사람으로서의 도리를 하지 못할까 두렵다."라 하였다. 일찍이 세상 사람들이 거짓된 언행을 하고 명리(名利)를 따르는 것을 병통으로 여겨 오직 자신의 재덕(才德)을 숨겼고 자임(自任)한 바가 매우 무거웠으며, 세무(世務)에는 모두 구획(區劃)하는 바가 있다. 혹 시정(時政)에 궐실이 있다는 말을 들으면 문득 강개(慷慨)하여 눈물을 흘렸다. 일찍이 말하기를,

한 마디 말로써 강상(綱常)을 부지하고 한 번 죽음으로 의리를 밝히는 일이 있으면 비록 죽더라도 또한 사는 것이요, 그렇지 못하면 궁행(躬行)하고 논도(論道)하면서 초라한 집에서 목숨을 마치더라도 후회가 없을 것이다.

라 하였다.

을사년(1785, 정조9) 봄에 북한산 절에서 공부를 하다가 병들어 돌아왔다. 병세가 위독해졌을 때 황군이 와서 문병하니, 생이 얘기하다가 서학(西學)이 사람을 그르친다는 데 미쳐서 한참동안 탄식하며 말하기를,

"이단(異端)이 횡행(橫行)하니 오직 오도(吾道)를 부식(扶植)해야만 할 것이다. 어찌 서로 힘쓰지 않으리오?"

라 하였으니, 이는 숨이 끊어지기 사흘 전이었다. 도(道)를 보위하는 마음이 죽을 때 이르러서도 그치지 않았으니, 생이야말로 『논어』에 이른바 "독신(篤信)하고 호학(好學)하여 목숨을 다해 바른 도를 지키는 사람"이라 할 만하다. 마침내 2월 9일에 세상을 떠났다. 생의 문사(文辭)와 식견은 떠오르는 해요, 흘러가는 샘물과 같아 사문

(斯文)을 의탁할 만했건만 불행히도 요절하고 말았으니, 참으로 비통하고 애석하다. 그 다음 달 정축(丁丑)에 장단(長湍) 감암(坎巖) 선영 유좌(酉坐)의 둔덕에 안장하였다. 상종하던 사우(士友)들은 친척을 잃은 듯이 애곡(哀哭)하며 많이들 만사와 제문을 지어 조상하였다.

창원(昌原) 황효언(黃孝彦)의 따님을 아내로 맞아 유복자인 한 딸을 두었다.

생은 초년에는 성품이 급하고 악을 미워함이 매우 심하였다. 그러나 나중에는 너그럽고 온화함으로 성품을 조화하여 충신(忠信)하고 독경(篤敬)함에 언행에 흠잡을 것이 없었다. 어버이를 섬기는 데는 사랑과 공경이 모두 지극하였으며, 규문 안에서는 희학(戲謔)하는 말이 없었으며, 평소에 희노(喜怒)를 드러내지 않아 꾸짖는 소리가 하인들에게 미치지 않았으니, 집안이 화락하였다.

남과 교유할 때는 두루 화합하면서도 규계(規戒)를 잘하였다 일찍이 밤에 모여서 술자리를 열었을 때 담소와 해학으로 떠들썩했는데 생은 단정히 앉아 낭랑하게 『서경』의 두 전(典 요전(堯典)·순전(舜典))을 외우니 벗들이 숙연하여 안색을 가다듬었다. 조군이 일찍이 수백 리 밖으로 부친의 상에 달려갔을 때 노모를 봉양할 사람이 없었다. 생이 날마다 반드시 조군의 집에 가서 노모의 안부를 살피고 어린 여종에게 잘 보살펴 드리도록 분부하였다. 석 달 남짓 되는 기간 동안 이렇게 하기를 비록 눈보라가 쳐도 거르지 않으니, 사람들이 비로소 붕우의 의리가 무엇인 줄 알고 감탄하였다.

생이 세상을 떠나 장차 염할 무렵에 부인 황씨(黃氏)가 척독(尺牘) 하나를 가지고 와 울면서 부친 도사공(都事公)에게 바치며 말하기를,

"망인이 평소에 송습(誦習)하며 밤낮으로 손에서 놓지 않았던 것이니, 이제 차마 볼 수 없습니다. 청컨대 관 속에 함께 넣고자 합니다."

라 하였다. 곁의 사람이 가져다 보니 곧 도사공이 훈계한 말씀이었다. 그 내용에,

"마음이란 우리 사람의 주재(主宰)이니 먼저 그 마음을 안정하여 편사(偏邪)와 분치(忿懫)를 경계하고 반드시 부동(浮動)할 움직일 때 마음을 안정(安靜)하라. 입은 추기(樞機)이니 입을 신중히 지켜 말을 할 때 반드시 조망(躁妄)하여 격발하는 것을 경계하고 참고 침묵하도록 하라. 몸은 표준(標準)이 되니 삼가 그 몸을 닦아서 기거할 때 반드시 장경(莊敬)할 것이며, 방자하고 태만한 태도를 경계하라. 태만하지 말고 방일하지 말아서 가문의 명성을 삼가 이어라."

라 하였으니, 이 훈사(訓辭)를 읽어보면 과연 이 아버지가 있고서 이 아들이 있는 것이다.

생의 선계는 안동(安東) 사람이니 고려 태사(太師) 행(幸)이 시조이다. 고려와 본조(本朝)의 양조(兩朝)를 거치면서 달관(達官)과 문인(聞人)이 많이 나와 세상의 대족(大族)이 되었다. 동흥부원군(東興府院君) 상(常)은 선행이 있었으니 생의 8대조이다. 증조는 휘 집경(執經)이고, 조부는 휘 세성(世聖)이다. 부친은 곧 도사공이니 이름은 심언(心彦)이고 자는 성오(星五)이다. 모친은 청주한씨(淸州韓氏)이다.

도사공은 나와 망년(忘年)의 친교가 있다. 내가 일찍이 가업을 이을 독자(獨子)를 잃고 지금까지 쇠못이 늘 마음에 박혀 있는데, 공도 또한 그러하리라. 눈물을 뿌리고 붓을 적셔서 명을 쓴다.

하늘이 사람을 사랑하지 않으면
어이하여 어진 사람을 낳았는가
하늘이 사람을 사랑한다면
어이하여 수명을 빼앗는가
어질거늘 요절하고 말았으니
믿기 어려운 것은 하늘이로다

權生偁, 權氏之良子弟也. 年二十七而夭, 其友黃德吉·趙愼行, 恐其志行
之無聞, 各記其言行, 以歸其父都事公. 公慟甚, 以二人者文, 貽書求竁誌於
余. 余於甲辰歲, 生訪余於洛邸, 一接眉睫, 已知爲端人正士矣. 又聞於趙君
所, 得見鄙撰『下學書』而悅之曰: "學問梯級在是矣." 借玩不已. 余於生, 實
有並世子雲[203]之感, 其忍辭諸? 按狀, 生字山如, 幼穎悟力學, 及長, 能貫
穿經史, 兼善程文, 藝苑輒居前列. 壬寅菊製[204]初, 命律詩試士被選, 召見
頒賞. 由是, 華聞益播, 生恥之曰: "以文致虛名, 何如懋學有實德?" 劬心經
傳, 用力於日用彝倫, 雖切問近思[205], 而歸重於踐履. 以懼名其齋曰: "吾懼

---

203 並世子雲 : 동시대에 자기 저술을 알아주는 사람이라는 말이다. 子雲은 前漢
말기의 학자인 揚雄의 자이다. 양웅이 『周易』을 모방하여 『太玄經』을 지었
는데 그 내용이 매우 어려웠다. 사람들이 "이처럼 어려운 글을 누가 읽겠는
가."라고 하였는데, 양웅은 "나는 후세의 자운을 기다린다."라고 하였다. 『漢
書 권87 揚雄傳』

204 菊製 : 節日製의 하나인 九日製를 달리 이르는 말이다. 조정에서 명절에 과
거를 베풀어 선비를 뽑는 것을 節製라 하였다. 음력 정월 초이렛날의 人日製,
삼월 삼짓날의 花製, 칠월 칠석의 梧製, 9월 9일의 菊製 등 네 가지가 있었다.
『海東竹枝 名節風俗』

其不爲人之道也." 嘗病世之行僞而徇名者, 惟以韜晦爲事, 自任甚重, 其於
世務, 皆有區畫. 或聞時政有闕, 輒慷慨泣下, 嘗曰: "事有一言而扶綱常,
一死而明義理者, 雖死亦生. 否則躬行論道, 畢命圭竇, 可無悔也." 乙巳春,
肄業北漢山寺, 寢疾而還. 疾甚, 黃君來問, 生語及西學之誤人, 歔咤良久
曰: "異端橫鶩, 惟當扶植吾道. 盍相勖哉!" 此屬纊前三日也. 衛道之心, 至
死不已, 生可謂篤信好學守死善道[206]者也. 竟以二月九日歿. 生之文辭識
解, 方日泉達, 負斯文之託, 而不幸夭折, 良可慟惜. 翌月丁丑, 葬于長湍坎
巖先塋酉坐原. 士友之相從者, 如哭親戚, 多輓誄以吊之. 娶昌原黃孝彥女,
有遺腹一女. 生性褊峻, 疾惡太甚, 晚濟以寬和, 忠信篤敬, 言行無可疵者.
事親愛敬具至, 閨閤之內, 無戲言, 平居喜怒不形, 叱咤之聲, 不及於婢僕,
家政闓闓如也. 與人交, 羣而善規, 嘗於夜會酒席, 談諧幷作, 而生斂膝, 朗
誦二典, 諸友肅然改容. 趙君嘗奔父喪於數百里外, 老母無侍養者, 生日必
造候門外, 戒童婢以善調護, 雖風雪不廢者三朔餘. 人始知朋友之義而感歎
之. 生之將斂, 黃氏持一尺牘, 泣獻都事公曰: "亡人平日誦習, 夙宵不捨,
今不忍見. 請殉棺內." 傍人取而視之, 乃都事公訓戒辭也. 其辭曰: "心者吾
人主宰, 先定其心, 戒其偏邪憤懥, 必以安靜求於浮動之時. 口爲樞機, 愼守
其口, 言語之際, 必戒其躁妄激發而求所以忍默. 身爲標準, 謹修其身, 起居
之間, 必求莊敬而戒其安肆偸惰, 毋怠毋荒, 敬承家聲." 讀此訓辭, 果是有

---

205 切問近思 : 자신에 관한 근본적인 문제를 절실히 묻고 현실에 가깝게 생각하
는 것이다. 『論語 子張』에, "널리 배우고 뜻을 돈독히 하며 절실하게 묻고
가깝게 생각하면 仁이 그 가운데 있다.〔博學而篤志, 切問而近思, 則仁在其
中矣.〕"라 하였다.

206 篤信……善道 : 『論語 太伯』에 보인다.

是父有是子也. 生之先安東人, 自高麗太師幸始. 跨歷兩朝, 多達官聞人, 爲世大族. 東興府院君常有善行, 生八世祖也. 曾祖諱執經, 祖諱世聖, 父卽都事公, 名心彦, 字星五. 母淸州韓氏. 都事公與余有忘年契, 余嘗喪克家之獨子, 至今鐵釘常在心頭, 公亦宜然. 揮淚泚筆而爲之銘曰:

天不愛人 胡生其賢 天若愛人 胡奪其年 旣賢而夭 難諶者天[207]

207 難諶者天 : 『書經』「咸有一德」에 "아아! 하늘을 믿기 어려운 것은 천명이 일정하지 않기 때문이다.〔嗚呼! 天難諶, 命靡常.〕"라 하였다.

4. 동몽교관 용담 임공 묘지명-병서-

童蒙教官龍潭任公墓誌銘-幷序- 경술년(1790, 79세)

공은 휘가 흘(屹)이고 자는 탁이(卓爾)이며 성은 임씨(任氏)이다. 시조 온(溫)은 송(宋)나라 소흥부(紹興府) 사람으로 중화의 명족(名族)이었다. 6대를 내려와 주(澍)에 이르러 송나라가 망하자 원(元)나라에 벼슬하여 공주를 모시고 고려로 왔으니, 바로 팔학사(八學士) 중 한 사람이다. 이 분이 고려에 머물러 있으면서 벼슬이 어사대부(御史大夫)에 이르고 풍주(豊州)를 관향으로 하사받았다. 이후 대대로 높은 벼슬이 이어졌다. 휘 산보(山寶)에 이르러 아조(我朝)에 들어와서 한성부윤(漢城府尹)이 되었으니 공에게 7대조가 된다. 증조 휘 유겸(由謙)은 공조판서이고 시호는 소간(昭簡)이며, 중종조(中宗朝)의 명신이다. 조부 휘 건(楗)은 함양군수(咸陽郡守)이고, 부친 휘 태신(泰臣)은 선무랑(宣務郎)이다. 모친 봉화금씨(奉化琴氏)는 현감 응종(應鍾)의 따님으로, 가정(嘉靖) 정사년(1557, 명종12)에 서울 자택에서 공을 낳았다.

공은 어릴 때부터 남다른 자질이 있고 효우가 돈독하였으며, 성장해서는 재예(才藝)가 출중하였다. 임오년(1582, 선조15)에 생원시에 합격하였다. 당시에 사론(士論)이 나뉘어 붕당의 조짐이 있었다. 공은 성품이 항직(伉直)하여 시속을 따라 부앙(俯仰)하고 싶지 않아, 부친을 모시고 안동부(安東府) 내성현(乃城縣 지금의 봉화(奉化))으로 내려와 용담(龍潭) 가에 집을 짓고 이로써 호를 삼았다. 계산(溪山)의 경치 좋은 곳에 41경(景)을 지정하고 각각 경치를 읊은 시를 지었으며, 이곳에서 날마다 문사(文史)를 즐겼다. 박소고(朴嘯皐)선생에게 왕래하며 공부를 질정했는데, 선생이 깊이 허여하였다.

임진년(1592, 선조25)에 왜놈이 대거 침입해 들어오자 영남 지방이 먼저 그 병화를 입어 여러 고을들이 와해되었다. 공은 대대로 국록을 먹은 집안의 신하로서 차마 좌시하지 못하고 비분강개하여 눈물을 뿌리면서 교서관정자(校書館正字) 유종개(柳宗介) 및 김중청(金中淸), 윤흠신(尹欽臣)·흠도(欽道) 형제와 함께 모의하여 의병을 일으켰다. 처음에 춘양(春陽)에서 병사를 일으켜 수백여 명을 모집하였으니, 이른바 '내성병(奈城兵)'이다. 유공(柳公)을 대장으로 추대하고 공이 부장이 되어, 16조목의 약속을 정하여 동지들을 격려하였으니, 다음과 같다.

근거없는 말을 퍼뜨리지 않는다.
놀라 망동(妄動)하지 않는다.
시끄럽게 떠들지 않는다.
쓸데없는 농남을 하시 않는다.
아랫사람이 윗사람을 능멸하지 않는다.
신분이 낮은 사람이 신분이 높은 사람을 능멸하지 않는다.
공로를 자랑하지 않는다.
어려운 일을 사양하지 않는다.
뜻이 서로 같거나 다르다 하여 기뻐하거나 노하지 않는다.
기뻐하거나 노하였다고 하여 가까이하거나 등지지 않는다.
나머지 6조목은 군중(軍中)의 체모에 관한 것이었다.
또 7조목의 군령으로써 사졸들을 엄하게 신칙(申飭)하였으니, 다음과 같다.

북소리를 들으면 나아가 싸우고 징소리를 들으면 물러난다.
북소리가 끊어지지 않으면 전진은 있고 후퇴는 없으니, 감히 후퇴하
는 자는 참수한다.
징소리가 두 번 들린 뒤에야 후퇴하니, 후퇴할 때 뒤쳐지는 자는 참수
한다.
군중의 기밀을 누설하는 자는 참수한다.
모이는 기한에 늦게 도착하는 자는 참수한다.
사사로이 민간의 물건을 취하는 자는 비록 작더라도 반드시 벌을 준다.
군령을 따르는 자는 상을 준다.
군령을 따르지 않는 자는 벌을 준다.

조약이 간명하고 합당하니 비록 옛날의 명장(名將)이라도 이보다
나을 수 없을 것이다. 이에 일군(一軍)이 숙연하여 감히 군령을 어
기는 자가 없었으며, 날마다 군사를 소모(召募)하고 훈련하였다.
왜군이 관동(關東)에서 넘어 들어와 곧바로 소천(小川)으로 향하자
공이 이웃 고을 및 안집사(安集使)·절도사(節度使)에게 이서(移
書)하여 구원을 요청하고, 26일에 노루재〔獐峴〕로 군대를 이끌고
가서 살부령(薩夫嶺) 아래 복병을 두고 적이 오는 것을 기다려 적병
을 조금 베어 죽이고 사로잡았다. 29일에는 적들이 병사를 더하여
오자 유공이 "우리 구원병이 이르지 않고 적의 형세가 매우 예리하
니 나라를 위하여 한 번 죽는 것이 바로 오늘에 있다."라 하고 선봉
으로 나서서 왜적 두 명을 사살하니 왜군이 조금 물러났다. 드디어

승세를 타고 왜적을 추격해 골짜기 안으로 들어가니 복병이 나오고 길이 험하여 돌진할 수 없었다. 유공과 윤흠신 형제, 김인상(金麟祥), 군관 권경(權擎) 등은 힘써 싸우다가 죽었고, 공과 김중청은 겨우 몸만 빠져나왔다.

공은 다시 흩어진 병졸을 수습하여 적을 토벌할 계획을 세웠다. 전검열(前檢閱) 김용(金涌)이 병사 100여 명을 모아서 오고 김용의 아우 김철(金澈)이 승병 50여 명을 모아 와서 합세하였다. 공이 대장이 되고 김용은 좌부장(左副將)이 되고 이화(李嶂)가 우부장(右副將)이 되었으나 병사(兵使)에게 옥죄어 군대의 기세를 떨칠 수 없었다. 당시 학봉(鶴峯) 김공(金公)이 방백으로 있었기에 공이 편지를 보내어 군사를 증원(增援)해 줄 것을 청하였으나 김공이 이미 체직된 뒤였다. 드디어 김한림(金翰林) 해(垓)의 의진(義陣)에 들어가 합세하여 적을 공략할 계획을 세웠다. 계사년(1593, 선조26)에 또 김한림이 경주(慶州) 군진(軍陣)에서 전몰하니 공이 그 군중(軍衆)을 대신 거느려 문경(聞慶)에서 전투를 벌이고 당교(唐橋)에서 재차 전투를 벌여 적병을 베고 사로잡은 바가 많있다. 이윽고 공은 부친상을 당하여 떠나고 김용은 임금의 행차를 따라 서쪽으로 가게 되어, 전공(戰功)을 이루지 못하고 말았으니, 애석하도다!

아! 공은 임하(林下)의 일개 선비로서 창졸간에 모인 오합지졸의 무리를 거느리고 한창 기세를 떨치고 저돌적으로 쳐들어오는 적을 맞았으니, 하루가 지나 무참히 패전하리라는 것은 공이 아는 바였다. 그러나 분연히 떨쳐 일어나 일신을 돌아보지 않고 나라를 위해 한 번 죽고자 하였으니, 비록 기상(旂常)에 기록할 만한 공적은 없었으나 그 충의의 간담은 밝은 일월을 꿰뚫고 푸른 하늘에 닿을 것이다.

김 의장(金義將 김인상(金麟祥))이 죽은 뒤에 아들들이 모두 어렸다. 공이 그 중 한 아들 광보(光輔)를 데려다 양육하여 성취시키니, 김씨의 자손들이 지금도 공의 집안사람을 부를 때 숙(叔)·형(兄)이라 하여 마치 친척처럼 대하니, 붕우의 의리에 독실하기가 이와 같았다.

만년에는 용담으로부터 예안(禮安)의 온계(溫溪)로 이사했다. 예안에는 나부촌(羅浮村)이란 마을 있으니, 강산이 매우 아름다워 '소금강(小金剛)'이란 이름이 있었다. 이곳의 산수와 암대(巖臺)에 각각 품제(品題)한 시가 있으니, 모두 20경(景)이다. 또 자호(自號)를 나부산인(羅浮山人)이라 하여 여기에서 여생을 마칠 뜻이 있었다. 이마을에 오래 살다가 전생서참봉(典牲署參奉)에 제수되었다. 선조(宣祖) 말년이라 조정이 소란할 때였기에 공은 조정에 나아가 숙배한 다음 권귀(權貴)를 공척(攻斥)하는 소장을 올리고 돌아왔다. 이 때 다음과 같은 시를 지었다.

피를 쏟고 간담을 꺼내 대궐에 호소하니
벼슬 버리고 가는 행색에 마음이 슬퍼라
저 나부산 아래 내 집에는 솔바람이 시원하리니
학을 짝하는 구름 같은 이 몸 누가 붙잡아 두랴

瀝血刳肝叫紫宸 掛冠行色爲傷神 松風桂樹羅浮下 誰絆孤雲伴鶴身

광해조(光海朝)에는 동몽교관(童蒙教官)에 제수되었으나 나아가지 않았으니, 대개 이이첨(李爾瞻) 등 간흉들이 반드시 나라를 그르칠 것을 알고 그렇게 했던 것이다. 이로부터는 더욱 세상에 뜻이 없어

칩거한 채 독서에 힘쓰고 한가로이 노닐며 여생을 마쳤다. 만력(萬曆) 경신년(1620, 광해군12) 11월 19일에 세상을 떠났으니 향년 64세이다. 예안현(禮安縣)의 용두산(龍頭山) 아래 분상동(汾上洞) 자좌(子坐)의 둔덕에 안장하였다.

공은 어버이를 사랑하는 마음이 천성에서 우러났다. 풍수(風樹)의 슬픔이 있어 부모를 봉양하지 못한 것을 늘 한으로 여겼다. 그리하여 제사에는 힘써 정성과 공경을 다하여 미리 목욕재계하고 제수(祭需)는 반드시 몸소 점검하고 제기(祭器)는 반드시 몸소 씻기를 연로할 때까지 그만두지 않았다.

공의 학문은 처음엔 박소고(朴嘯皐)에게서 나왔고, 뒤에는 조월천(趙月川)과 정한강(鄭寒岡)을 사사했는데, 세 선생은 모두 퇴계(退溪) 문하의 고제(高弟)이다. 세 선생이 모두 공을 큰 그릇으로 인정하였다. 예학(禮學)에 특히 조예가 깊어 관(冠)・혼(婚)・상(喪)・제(祭)에 대해 모두 문난(問難)한 것이 있는데, 한강선생이 크게 칭찬하였다. 당시의 제현으로서 김학봉(金鶴峯), 정약포(鄭藥圃)・조지산(曺芝山)・정우복(鄭愚伏)・김계암(金溪巖) 등이 공을 사우(師友)로 삼았으니, 공의 견문이 넓으며 학문이 독실하다는 것을 알 수 있다. 평소에 성현의 격언을 모아서 「정리항송(靜裏恒誦)」이라는 한 편의 글을 만들었으니, 모두 250자로 마음을 지키고 몸을 가다듬는 말이었다. 공은 밤낮으로 이 글을 외면서 자신을 경각시켰다. 당호(堂號)로는 구방(求放)・양심(養心)・주일(主一) 등의 말이 있었으니, 자신을 엄격히 다스린 것이 또한 이와 같았다.

문장은 공을 평가할 것이 못되지만 평소의 저술이 매우 많았는데 모두 화재에 산실되었고, 『임란일기(壬亂日記)』 4권도 화재에 불타고 말았다. 그래서 지금 남은 것은 약간의 글과 「용담잡영」・「나부잡영」 등의 시 약간 수 뿐이다. 공은 기자(奇字)를 퍽 좋아하여 저술한 「자설(字說)」 한 편이 있다.

진성이씨(眞城李氏)를 아내로 맞았으니, 참판 송재(松齋) 우(堣)의 증손이고, 첨정 빙(憑)의 따님으로 지아비를 섬김에 뜻을 어김이 없었다. 아들이 없어 종제인 군수 진(振)의 아들 지경(之敬)으로 후사를 삼았다. 지경은 2남 2녀를 낳았다. 아들은 헌(憲)・혜(惠)이고, 딸은 찰방 이희철(李希喆)・생원 채문징(蔡文徵)에게 각각 출가하였다. 헌은 아들이 없어 혜의 아들 세핵(世翮)으로 후사를 삼았다. 혜는 4남 2녀를 낳았다. 아들은 세익(世翼)・세핵(世翮)・세한(世翰)・세령(世翎)이고 딸은 강재발(姜再發)・신숙보(申叔簠)에게 각각 출가했다. 나머지는 다 수록하지 않는다.

공이 세상을 떠난 지 이제 230년이라 징험할 문헌이 없다. 후손 상덕(象德)과 종손 정진(鼎鎭)이 산일하고 남은 글들을 수습하여 원장(元狀)을 만들고 정진군이 북쪽으로 서울에 와서 학사(學士) 정범조(丁範祖)에게 행장을 받았고 판윤(判尹) 이헌경(李獻慶)에게 묘갈명을 청하였고 또 나에게 묘지명을 부탁하였다. 나는 노쇠하여 정신이 혼미하니 어찌 이 일을 감당할 수 있겠는가. 그러나 9대조 익헌공(翼憲公)이 공의 증조 소간공(昭簡公)과 함께 기로회(耆老會)에 들어간 것이 지금까지 성대한 일로 전해지고 있다. 두 집안의 교분이 이와 같으니, 어찌 감히 문장을 잘하지 못한다는 이유로 사양할 수 있겠는가. 삼가 원장에 의거하고 또 신빙할 만한 글들을 채택하여 이상과 같이 서술한다.

명(銘)

풍천의 세가에
공이 우뚝 빼어났도다
소간공의 증손이고
퇴계를 사숙하였어라
전장에서 용맹을 떨쳐
장차 큰일을 할 듯하더니
자벌레처럼 몸을 굽혀서
어리석은 듯 자취 거두었네
뜻은 드높아 고인을 기약하고
세태를 슬퍼하여 멀리 떠나서
벼슬을 하찮게 보아 팽개치고
산림에서 한가히 노닐었어라
도학에 깊이 침잠하였고
경전과 예실을 연구하였네
벗들은 추중하고 심복했으며
한강선생도 칭찬하였어라
「정리항송」의 글은
성현의 격언이었으며
양심재가 있고
주일헌이 있었어라
절개 굳어 정길하였으니
군자의 덕이로다

고아한 그 풍도과 운치는
백세에 길이 본받을 만하리

公諱屹, 字卓爾, 姓任氏. 始祖溫, 宋紹興府人, 爲中華名族, 六世至澍宋
亡, 任元陪公主東來, 卽八學士之一也. 留在高麗, 官御史大夫, 賜貫豊州,
歷世簪纓. 至諱山寶, 入我朝爲漢城府尹, 於公爲七代祖. 曾祖諱由謙, 工曹
判書·昭簡公, 中宗朝名臣. 祖諱楗, 咸陽郡守. 考諱泰臣, 宣務郞. 妣奉化
琴氏, 縣監應鍾之女, 以嘉靖丁巳生公于京第. 幼有異質, 篤於孝愛, 及長,
才藝超絶. 壬午中生員試, 時, 士論携貳, 有朋黨之漸. 公性高亢, 不欲隨俗
俯仰, 奉宣務公, 南下安東之奈城, 築室龍潭, 因以爲號. 粧點溪山, 爲四十
一景, 景各有詩, 日以文史自娛. 往來質業于朴嘯皐先生, 先生期許之深. 壬
辰倭奴大擧入寇, 嶺南先受兵, 列邑瓦解. 公自以世祿之臣, 不忍坐視, 慷慨
雪涕, 與校書正字柳宗介及金中淸·尹欽臣·欽道兄弟, 協謀倡義, 始自春
陽起兵, 召募得數百餘人, 所謂奈城兵也. 推柳公爲大將, 公副之, 定約束十
六條, 激厲同志曰: "無訛言. 無驚動. 無喧嘩. 無戲誕. 無以下凌上. 無以賤
凌貴. 無伐功. 無辭難. 無以異同爲喜怒. 無以喜怒爲向背." 餘六條, 軍中體
貌也. 又軍令七條, 嚴勅士卒曰: "聞鼓則戰, 聞鉦則止. 鼓聲不絶, 有進無
退, 敢退者斬. 鉦聲再聞然後退, 退而後者斬. 漏洩軍機者斬, 期會後至者
斬. 私取民間物者, 雖小必罰. 用令者賞. 不用令者罰." 條約簡當, 雖古名
將, 無以踰也. 一軍肅然, 無敢違越, 日以召募訓鍊爲事. 倭自關東蹂入, 直
向小川. 公移書鄰邑及安集節度兩使請救, 二十六日引軍獐峴, 設伏于薩夫
嶺下, 遇賊, 畧有斬獲. 二十九日, 賊添兵而來, 柳公曰: "援兵不至, 賊勢銳
甚, 爲國一死, 正在今日." 先鋒射殺兩倭, 賊稍退, 遂乘勢追逐入谷中, 伏發
地險, 不得馳突. 柳公及尹欽臣兄弟·金麟祥·軍官權擎等力戰死之, 公及

金中淸, 僅以身免. 公再收散卒, 爲討賊之計, 前檢閱金涌收兵百餘而來, 涌
弟澈收僧兵五十餘附之. 公爲大將, 涌爲左副, 李嶧爲右副, 而扼於兵使, 軍
無可振之勢. 時, 鶴峯金公爲方伯, 公投書請濟師, 而金公已遞, 遂投金翰林
垓義陣, 合兵爲進取計. 癸巳金公又戰歿于慶州陣, 公代領其衆, 一戰於聞
慶, 再戰於唐橋, 多所斬獲. 未幾丁父憂去, 金公涌隨駕而西, 功未成, 惜
哉! 噫! 公以林下匹士率倉卒烏合之衆, 當方張豕突之賊, 不日糜爛, 公所
知也. 奮不顧身, 欲以一死殉國, 雖無旂常[208]可紀之績, 其忠肝義膽, 可以
貫日月而摩蒼旻矣. 金義將死後, 諸子皆幼, 公取其一子光輔, 敎養成立. 金
氏子孫, 至今呼公家稱叔稱兄, 若親戚焉, 其篤於朋友如此. 晚來自龍潭移
居禮安之溫溪, 有羅浮村, 江山絶勝, 有小金剛之名, 山水巖臺, 各有品題,
几二十景, 又號羅浮山人, 有終焉之志. 居久之, 除典牲署參奉, 宣廟末年,
朝著不靖, 公出肅, 上疏斥權貴而歸, 有詩曰:"瀝血剖肝叫紫宸, 掛冠行色
爲傷神. 松風桂樹羅浮下, 誰絆孤雲伴鶴身?"光海朝, 除童蒙敎官, 不出.
盖知爾瞻等奸凶, 必誤國而然也. 自此益無意於世, 杜門劬書, 優遊卒歲焉.
萬曆庚申十一月十九日卒, 壽六十四, 葬于縣之龍頭山下汾上洞子坐原. 公
愛親之心, 根於天性, 痛纒風樹, 恒以不及致養爲恨, 祭祀務盡誠敬, 先期齋
沐, 奠需必親檢, 祭器必親滌, 至老不衰. 其學出於朴嘯皐[209], 後師趙月

---

208 旂常 : 旂와 常은 王侯를 상징하는 깃발로, 국가의 큰 공로를 이 깃발에 기록
하였다. 용의 형상을 서로 어긋나게 그린 것을 旂라 하고, 일월의 무늬를
그린 것을 常이라고 한다. 『周禮 春官 司常』

209 朴嘯皐 : 朴承任(1517~1586)의 호가 嘯皐이다. 그는 자는 重甫이고 또 다
른 호는 鐵津·水西翁이며, 본관은 潘南이다. 이황의 문인으로 성리학 연구
에 조예가 깊었고 柳希春이 당대의 문장으로 일컬을 만큼 문장에도 뛰어났

川・鄭寒崗, 三先生皆溪門高弟也, 三先生皆器重之. 尤深於禮學, 冠婚喪
祭, 皆有問難, 寒崗先生大加稱詡. 一時諸賢如金鶴峯・鄭藥圃・曹芝山・
鄭愚伏・金溪巖師友之, 公之聞見之廣・學問之篤, 可知矣. 平居取聖賢格
言, 名「靜裏恒誦」, 凡二百五十言, 皆持心飭身之語, 夙宵諷誦以自警. 堂號
有求放・養心・主一之語, 自治之嚴又如是. 文章不足爲公輕重, 而平生著
述甚富, 皆散佚于回祿之災, 『壬亂日記』四卷, 亦未免焉. 今所存只有若干
文・龍潭羅浮雜詠若干詩而已. 公頗好奇字, 有「字說」一篇云. 聘眞城李氏,
松齋公參判堣之曾孫, 僉正憑之女, 事夫子無違德, 無子, 以從弟郡守振子
之敬爲嗣. 之敬生二男二女, 男憲・憓, 女察訪李希喆・生員蔡文徵. 憲無
子, 以憓子世翮爲嗣. 憓生四男, 世翼・世翮・世翰・世翎, 女姜再發・申
叔簠, 餘不錄. 公之歿, 距今二百三十年, 文獻無徵. 後孫象德・宗孫鼎鎭,
收拾散佚之餘爲元狀, 鼎鎭君北走入京, 受狀于丁學士範祖, 請碣文於李判
尹獻慶, 又託甕銘于鼎福. 鼎福老泚昏耄, 何敢承當? 而鼎福九世祖翼憲公
與昭簡公爲耆社會, 尙今傳爲盛事. 契分如此, 烏敢以不文辭. 謹依元狀, 又
採傳信文字, 序次如右. 銘曰:

豊川世家 公生挺特 昭簡曾孫 溪門私淑

出而鷹揚 若將有爲 退而蠖屈 斂迹如癡

嘐嘐曰古[210] 邁邁傷今 泥塗軒冕 嘯傲山林

다. 벼슬은 공조참의, 도승지에 이르렀다. 저서로 『嘯皐集』이 있다.

210 嘐嘐曰古 : 嘐嘐(효효)는 뜻이 크고 말이 큰 것이다. 즉 뜻이 크고 높아 古人
처럼 되겠다고 스스로 기약하는 것이다. 맹자가 琴張, 曾點, 牧皮 등 狂者들
에 대해 말하면서 "그 뜻이 효효하여 '옛사람이여, 옛사람이여!'[其志嘐嘐然

沉潛道學 研經說禮 儕友推服 岡老褒詡

靜裏恒誦 聖賢格言 養心有齋 主一有軒

介石貞吉[211] 君子之德 高風雅韻 百世可則

　　曰古之人古之人！〕’한다.”하였다.『孟子 盡心下』

211　介石貞吉 : 지조가 돌과 같이 단단하여 세상에 뜻을 몸을 더럽히지 않고 물러
　　나 은거했음을 뜻한다.『周易 豫卦』六二에 “지조가 돌보다 단단한지라 하루
　　가 다 안 가서 떠나니 정하고 길하다.〔介于石 不終日 貞吉〕”라 하였다.

5. 통정대부 증 좌승지 행 어모장군 세자익위사 익찬 백불암 최공 묘지명-병서-

通政大夫贈左承旨行禦侮將軍世子翊衛司翊贊百弗菴崔公墓誌銘)-幷序- 신해년(1791, 80세)

영남은 본래 추로지향(鄒魯之鄕)으로 일컬어져 굉유(宏儒)·석사(碩士)가 대대로 끊이지 않았다. 근래에 유풍(儒風)이 조금 쇠퇴하던 차에 공과 대산(大山)·남야(南野)가 또 뒤를 이어 일어나니 세상에서 '영남삼로(嶺南三老)'라 일컬었다. 그런데 불행히 두 공이 먼저 세상을 떠나고 이제 공마저도 세상을 떠나고 말았다. 이로부터 산림에 주인이 없어졌으니 후생이 누구를 의지하리오.

갑진년(1784, 정조8) 가을에 공이 천거를 받아 계방(桂坊 세자익위사(世子翊衛司))에 들어가게 되었을 때 내가 외람되이 같은 직임을 맡았다. 그러나 공은 노병으로 부임하지 못하여 마침내 한 번 만날 기회를 잃었다. 이제 공의 조카 화진(華鎭)이 소산(小山) 이광정(李光靖)이 지은 행장과 문인·자질이 기록한 유사(遺事)를 가지고 천리 먼 길에 와서 묘지명을 부탁하였다. 내가 비록 이 일을 맡을 만한 사람은 못 되지만 평소에 사모하는 마음을 품은 지 오래였으니, 감히 사양할 수 있겠는가.

공은 휘가 흥원(興遠)이고 자는 태초(太初)이다. 선계(先系)는 월성(月城)에서 나왔으니 고려 때 평장사(平章事) 항(沆)의 후손이다. 대대로 달성(達城)의 칠계(漆溪)에 살았기 때문에 세상에서는 공을 일컬어 칠계선생(漆溪先生)이라 한다. 공의 6대조 현령 휘 계(誡)가

휘 동집(東集)을 낳았으니 호는 대암(臺巖)이이다. 이 분은 천거를
받아 대군사부(大郡師傅)에 제수되었고 숭정(崇禎) 갑신년(1644, 인
조22) 이후로 팔공산에 들어가 나오지 않았으니, 세상에서는 그 고풍
(高風)을 일컬었다. 선교랑 휘 위남(衛南) · 감찰 휘 경함(慶涵) · 통
덕랑 휘 수학(壽學) · 휘 석정(錫鼎)이 곧 공의 4대이다. 모친 함안조
씨(咸安趙氏)는 진사 숭(崇)의 따님으로, 숙종 을유년(1705) 2월 15
일에 달성부(達城府) 원북리(院北里) 외가에서 공을 낳았다.

공은 어릴 때부터 영특하고 비범하였다. 태어난 지 2, 3세에 모친이
젖에 종기를 앓아 통증으로 괴로워하자 공이 물끄러미 보고 다시는
젖을 빨지 않았다. 억지로 젖을 물리려 했으나 물려하지 않기에 죽을
먹여 길렀다. 조금 성장해서는 어른의 말을 따르고, 집안에 제사가
있으면 반드시 새벽에 일어나 어른들을 따라 참여하였다. 맛있는 음
식이나 좋은 물건이 생기면 반드시 아우들에게 미뤄 주었으며, 거지
아이가 기한(飢寒)이 심한 것을 보면 곧 자기 음식을 나누어 주고
자기 의복을 벗어 주었다. 평소 놀이를 할 때도 마을 아이들과 서로
친압(親押)한 석이 없었다. 인효(仁孝)하고 정대(正大)한 성품이 이
미 어린 시절부터 조짐을 보였던 것이다.

처음에 마을 서당 훈장에게 배웠다. 그 훈장이 가르치는 것이 모두
공리(功利)의 말이니, 공은 성현이 사람을 가르치는 도리가 아니라고
여겼다. 공이 『맹자』를 읽다가 "인(仁)하고서 자기 어버이를 버리고
의(義)롭고서 자기 임금을 뒤로 하는 이는 있지 않다."라 하는 말에
이르러 흔연히 계오(契悟)하여 인의(仁義)는 반드시 실행한 뒤에 얻
을 수 있는 것임을 분명히 알았다. 주자(周子)의 「태극도설(太極圖
說)」과 『통서(通書)』를 손수 써서 잠심(潛心) · 완미(玩味)하여 의리

의 두뇌(頭腦)을 대략 엿보아 알고는 드디어 과거 공부를 버렸다. 주자(朱子)가 정한 독서차제(讀書次第)에 따라 글을 읽어『소학』· 『가례(家禮)』·『심경』을 종신토록 수용(受用)할 실질로 삼았다. 세상에 공을 논평하는 사람들은 혹 그 경학(經學)을 추중하기도 하고 혹 그 간국(幹局)을 칭찬하기도 하는데, 지극한 행실, 순후한 덕에 이르러서는 사람들이 다 같이 인정한다.

어버이를 섬김은 매우 효성스러워 사랑과 공경이 모두 지극했고 기쁜 안색과 온화한 용모로 모시면서 어버이 곁을 떠나지 않았다. 을묘년(1735, 영조11)에 부친의 병이 위독하자 눈물을 흘리며 대변을 맛보아 병의 차도를 살폈고 상(喪)을 당하자 슬피 울부짖고 가슴을 치는 모습이 마치 살고 싶지 않은 듯하였다. 상장(喪葬)과 제사(祭祀)의 절차는 한결같이『주자가례(朱子家禮)』를 따르고 반드시 친히 점검하였다. 조석으로 궤연(几筵)에 전(奠)을 올리는 겨를에 오직 예서(禮書)를 볼 뿐 집안일은 언급하지 않았고 3년 동안 발이 동네를 벗어나지 않았다.

모친을 섬김이 엄부(嚴父)를 섬기는 것처럼 엄숙하고 공경스러우니, 비록 부녀자나 아이, 하인들도 감히 그 곁에서 시끄럽게 떠들지 못하였다. 모친이 연세가 높아 노쇠하고 병들자 공은 날마다 곁에서 모시며 옷의 띠를 풀지 않은 채 음식을 조리하고 약을 달이는 일을 몸소 점검하였으며, 음식을 올릴 때는 반드시 손을 씻고 식사를 마치면 반드시 몸소 그릇을 씻었으며, 모친을 위한 기물(器物)·베개·대자리 등을 모두 갖추어 두고 다른 곳에 쓰지 않았다. 일찍이 베갯머리에 작은 궤짝을 두고 그 안에 약간의 동전과 붓, 먹 등의 물건을 넣어 노친이 쓸 수 있도록 대비했으니, 어버이를 시봉하여 양지(養志)하는 효성이 이와 같았다. 공은 한 아들이 일찍 죽었는데 노친의 마음을 상할까 두려워 슬픈 모습을 보인 적이 없었다.

을유년(1765, 영조41)에 모친상을 당했다. 이때는 공이 회갑의 나이인데도 장사를 지내기 전에는 죽을 마시고 거적에서 잤다. 당시는 엄동(嚴冬)이었는데도 밤낮으로 초빈(草殯)한 곳 곁에서 지냈고 발인한 날 저녁에 상복을 입은 채 나와서 상여꾼들에게 절하고 위로하니, 사람들이 모두 감격하여 눈물을 흘렸다. 장사를 지내고 여막에 지내면서 채소와 과일도 먹지 않고 조석으로 묘소에 올라가 울었다. 범 발자국이 흩어져 있고 눈이 많이 내려 혹 무릎까지 빠져도 묘소에 올라가는 일을 조금도 그만두지 않았다. 3년 동안 상복을 벗지 않았고 숙환(宿患)으로 몸이 파리해졌으며 게다가 노쇠한 나이였는데도 마침내 애훼(哀毁)로 목숨을 잃지는 않았던 것은, 대개 그 심지(心志)가 굳건해서 그러한 것이고 억지로 그렇게 했던 것은 아니었다.

일찍이 말하기를,

"요순(堯舜)의 도(道)는 효제(孝悌)일 뿐이다. 『논어』에서 효(孝)를 물은 대복이 한두 곳이 아닌데, 지금 배우는 사람들은 흔히 형체와 그림자가 없는 도리만 말하고 실제 봉양은 언급하지 않으니, 몹시 개탄스럽다."

라 하였다.

제사에는 특히 정성을 다하여 제물을 깨끗하게 갖추고 상탁(床卓)을 씻고 집안을 소제하였다. 제사에는 반드시 명의(明衣)를 갖추고 기일에는 참관(黲冠)을 써서 칠일 동안 산재(散齋)하고 삼일 동안 치재(致齋)하는 것을 다 예법대로 하였으며, 제사에 참여하는 집사(執事)들과 한 곳에 모여 묵으며 말하기를, "조고(祖考)의 정신이 곧

나의 정신이니, 정성스럽고 전일하게 치재(致齋)하는 것이 신(神)을
접하는 도리이다."라 하였다. 비록 몹시 추운 날에도 깨끗이 목욕하여
재계하기를 늙어서도 그만두지 않았다. 사시(四時)의 정제(正祭), 9
월의 부친 기일, 속절(俗節)과 삭망(朔望)의 사당 참배를 모두 예법
대로 하였다. 제사를 지낼 때에는 공의 경건한 용모와 추창(趨蹌)하
는 절도가 곁에 있는 사람들로 하여금 마음이 숙연해져 지루한 줄
모르게 하였다. 철상(撤床)할 때에는 빨리 철상하지 못하게 하였고
신주(神主)가 있던 빈 자리를 향하여 단정히 앉아 나머지 공경을 다하
였다. 날마다 새벽이면 사당에 참배하였다. 혹 풍우와 우레가 크게
몰아치면 비록 밤이라도 반드시 일어나 의관을 갖추고 사당의 동쪽
섬돌 위에 서서 풍우와 우레가 진정되기를 기다린 뒤에 물러났다.
방친(傍親)의 제사에는 반드시 제물을 부조하였으며, 아우들의 기일
에는 반드시 목욕재계하고 제사에 참여했다.

　형제가 화락하여 서로 피아(彼我)의 구분이 없었다. 두 아우는 아
결(雅潔)하고 학문을 좋아하였다. 공이 날마다 아우들과 함께 독서하
고 강마(講磨)하니, 부녀자들도 절로 감화되고 사람들이 다 칭찬하였
다. 세상에서 '산남의 훌륭한 형제[山南昆季]'라 일컬었다. 멀리 시집
간 여동생의 집이 가난했는데 철마다 안부를 묻고 물품을 갖추어 보
냈으며, 여동생이 죽은 뒤에는 제수(祭需)를 꼬박꼬박 보내주었다.

　조카 항진(恒鎭)이 사마시(司馬試)에 합격하자 전답을 주어서 문
희연(聞喜宴)을 열 수 있게 하였으며, 당제(堂弟) 흥보(興溥)가 몹시
가난하여 납부하지 못한 세금이 많았는데 공이 다 갚아 주었고 조석
으로 밥 짓는 연기가 나는지 살펴서 끼니를 잇지 못하면 음식을 나누
어 주었다. 모친상을 마친 지 얼마 안 되어 두 아우가 연이어 죽으니,

공이 과도하게 애훼(哀毁)한 나머지 왼쪽 눈을 실명하기에 이르렀다.

종족들과 돈목(敦睦)하되 인애(仁愛)를 중시하여 저 사람에게 비록 과실이 있을지라도 따진 적이 없었으며, 길흉과 환난에는 더욱 성심을 다해 걱정해주었다. 남들을 대할 때에는 귀천과 친소를 따지지 않고 화경(和敬)을 다하였다. 재물을 가볍게 여기고 베풀기를 좋아하여 궁핍한 사람을 도와줄 때는 집안 형편을 따지지 않고 근심과 즐거움을 사람들과 함께 하였다. 게다가 일을 잘 헤아려 처리하는 지혜가 있었기 때문에 친지들이 일이 있을 때마다 공을 찾아와 문의하였다. 나이가 많은 사람은 아무리 비천한 신분일지라도 반드시 예모(禮貌)를 갖추었고, 선행이 있으면 반드시 몸소 찾아가 예(禮)를 다하였다. 사수(辭受)의 절도에 신중하여, 사람들이 혹 물품을 주면 반드시 의리(義理)에 어긋난 것은 아닌지 헤아려본 뒤에 받았다.

공은 소싯적부터 간국(幹局)이 있었다. 10세에 조부 감찰공이 운봉(雲峯)의 적소에서 세상을 떠나자 공이 집에 있으면서 반장(返葬)에 필요한 물품을 준비하니, 사람들이 모두 신통하다고 칭찬했다. 성장해서는 봉선(奉先)과 거향(居鄕)에 대해 요량(料量)하고 구획하어 모두 먼 앞날을 내다보는 계획을 세웠다. 을축년(1745, 영조21)에 부친의 제사를 지낸 뒤에 아우들과 함께 서로 약속하고 재물을 내서 제전(祭田)을 마련하여 조제고(助祭庫)를 만들었다. 세월이 오래 흘러 조제고의 자산이 넉넉해지니, 위로 고조에 이르고 곁으로 백숙부모에 이르기까지 크고 작은 제사에 모두 조제고의 자산을 가져다 썼다.

대암공(臺巖公)의 신주를 조매(祧埋)하게 되자 별묘(別廟)를 세우고 보본당(報本堂)이라고 명명하여 제사를 받들었다. 현령공이 일찍이 학사(學舍)를 두어 자제들을 가르쳤다. 공이 그 유의(遺意)를 본받아 효제당(孝悌堂)을 세우고 선현의 격언(格言)을 뽑아서 『봉선제의(奉先祭儀)』를 만들었다. 해마다 중양절(重陽節)이면 종족들과 화목을 다지는 모임을 가지는 한편 학규(學規)를 만들어 문중의 자제들을 훈도하였다. 외가가 매우 가난하니, 제전을 마련해 주었다. 사람이 비록 조상을 받드는 정성은 있을지라도 남보다 매우 뛰어난 자품이 없다면 이와 같이 할 수 있겠는가.

팔공산(八公山) 아래 동네가 있으니, 부인동(扶仁洞)이다. 기미년(1739, 영조15) 봄에 공은 동네 사람들과 동계(洞契)를 만들고 선공전(先公田)을 두어서 민세(民稅)를 충당하는 한편 휼민고(恤民庫)를 두어서 곤궁한 백성들을 도와주었다. 당(堂) 하나를 세우고 봄가을로 일제히 모여 『여씨향약(呂氏鄕約)』을 강론하여, 부모에게 효도하고 형제와 우애하며 친족 간에 화목하고 외척과 친밀하게 지내는 의리 및 농사를 짓고 집안을 경영하는 도리를 거듭 밝히니, 이 동네에 사는 사람들은 한 해가 다하도록 세리(稅吏)를 보지 못하고 흉년이 들어도 초췌한 기색이 없어 생업에 안락하여 완연히 삼대(三代 하(夏)·은(殷)·주(周))의 유풍이 있었다. 아! 명도(明道)와 횡거(橫渠) 같은 대현(大賢)으로도 학교를 일으켜 교육하고 정전법(井田法)을 시행하여 옛 제도를 회복하고자 했으나 할 수 없었거늘 공은 조용히 실행했으니, 어려운 일이 아니겠는가!

공은 조행(操行)이 매우 높았다. 늘 말하기를, "천리를 회복하지 못하는 것은 기욕(嗜慾)이 이를 해치기 때문이다."라 하고, 통렬히 극기(克己) 공부를 하여 음식·여색·의복·완물(玩物)에 담박(淡泊)하여 욕심이 없었다. 17세에 혼인을 했다. 이 때 복식이 화려하니,

이공(李公) 주항(柱恒)이 보고 "좋은 의복은 절사(節士)의 몸에 가까이하지 않는다.〔好衣不近節士體〕"는 시구를 외니, 공이 몹시 부끄럽게 여기고 돌아와 면포(綿布)로 갈아입었다. 이후로는 명주로 만든 옷은 가까이하지 않았다.

공은 어릴 때부터 이미 남녀의 분별에 엄격했다. 젊을 때 모종의 일로 감영에 들어간 적이 있었다. 감영의 요속(僚屬)이 공의 아름다운 풍모를 사랑하여 어린 기녀로 하여금 시침(侍寢)하게 하였다. 공은 밤새도록 기녀를 가까이하지 않으니, 부중(府中)이 경탄하였다. 36세에 상처(喪妻)한 뒤로 재혼하지 않았고 첩도 들이지도 않은 채 홀아비로 산 것이 거의 50년이었다.

의복과 음식은 남들은 견디지 못할 정도로 조악(粗惡)해도 편안히 여겼다. 만년에는 사람들에게 말하기를, "밥 먹을 때에 자신도 모르게 수저가 생선과 고기에 먼저 가는 것이 인지상정이니, 이는 인욕(人慾)이다. 내가 중년 이후에야 마음과 손이 서로 통한다는 것을 깨닫고 생선과 고기에 먼저 손이 가지 않도록 오래 노력했더니 지금은 생선과 나물에 구별이 없다."라고 하였다.

비록 관직에 오르지는 못했지만 임금을 사랑하고 나라를 걱정하는 마음은 천성에서 우러나와 정령(政令)의 득실(得失)을 보면 근심과 기쁨이 안색에 나타나곤 하였다. 신유년(1741, 영조17)에 상(上)이 간곡한 내용의 윤음(綸音)을 내리니, 공이 탄식하기를, "크도다! 왕의 말씀이여!"라 하고, 동약(洞約)을 맺은 사람들을 불러 남녀를 구분하여 앉히고 임금의 말씀을 자상하게 설명해 주고는 이어서 임금의 은혜에 보답할 도리로써 노래를 지어 부르며 춤추게 하니, 감격하여 눈물을 흘리는 이도 있었다. 전후로 국상이 있을 때에는 인산(因山)

전에는 소식(素食)하고 문효세자(文孝世子)의 상(喪)에도 그렇게 하였다.

국가의 법령을 근외(謹畏)하여 정역(征役)과 납곡(納穀)을 반드시 하호(下戶)보다 먼저 냈고, 금주령이 내렸을 때는 사당에 고할 때 단술을 썼으며 비록 약용일지라도 술을 사용하지 않았다. 소를 도살하는 것은 국가가 금지했기 때문에 제사에 쓸 고기는 반드시 관포(官庖)에서 샀다.

공은 본래 산수(山水) 유람을 좋아했으나 어버이를 떠나 멀리 유람하는 것을 어렵게 여겼다. 대암공(臺巖公)의 정자 터가 농연(聾淵) 가에 있어서 수석(水石)의 경치가 좋기에 재목을 모아 집을 지었다. 헌(軒)은 세심(洗心), 재(齋)는 탁청(濯淸)이라 하고 농연서당(聾淵書堂)이라는 편액을 걸고서 자제와 문생들로 하여금 이곳에서 공부하게 하고, 때때로 지팡이를 짚고 왕래하며 소요자적(逍遙自適)하였다. 후일에 북쪽으로는 도산(陶山)에 이르고 남쪽으로는 섬진강을 지나고 서쪽으로는 가야산을 유람하고 돌아왔다.

가정을 다스리는 것은 엄격하고 법도가 있었다. 규문(閨門) 안에서는 부부가 마치 손님을 대하듯이 서로 공경하였다. 고손(孤孫) 식(湜)을 비록 매우 애지중지했지만 그렇다고 하여 좋은 안색과 말로 각별히 대해 준 적이 없었고, 어릴 때부터 매우 바르게 길러 조석으로 어머니의 안부를 살피는 일 외에는 내실(內室)에 들어가 있지 못하게 하였다. 비복들을 거느림에는 은혜와 위엄을 병행하여 일을 시킬 때는 반드시 그들이 굶주리지나 않는지 추위에 떨지나 않는지 살펴 돌보아주니, 그들이 모두 감격하고 기뻐하여 차마 속이지 못하였다. 이리하여 집안에 법도가 정연하였다.

평상시에는 장경(莊敬)으로 자신을 지키고 사물(四勿)로 마음가짐을 삼고 구용(九容)으로 몸가짐을 삼아 종일토록 엄연(儼然)하여 나태한 모습을 보인 적이 없었으니, 이러한 위의(威儀)와 거동(擧動)의 법도를 70년 동안 하루같이 지켰다. 초년에는 기상과 용모가 장엄했는데 중년, 만년 이후로는 관평(寬平)해져 후덕한 기상이 일신에 넘쳐 화기(和氣)가 가득하였다.

공은 은거하며 행실에 돈독할 뿐 남이 알아주기를 바라지 않았건만 명성이 멀리 퍼져 젊어서부터 경학(經學)에 밝고 행실이 훌륭하다는 것으로 누차 도백(道伯)과 어사의 천거에 올랐다. 무술년(1778, 정조2) 봄에 경모궁(景慕宮) 수봉관(守奉官)에 제수되었고, 임인년(1782, 정조6) 가을에 대신의 천거로 발탁되어 장악원주부(掌樂院主簿)에 임명되었다. 계묘년(1783, 정조7) 봄에 내린 전교에,

"최홍원은 행의(行誼)가 칭찬할 만할 뿐 아니라, 듣자하니 선공전(先公田)과 휼빈고(恤貧庫)를 만들어서 고을 사람들로 하여금 세금의 고충을 모르게 하였으며, 이어서 마을의 선비들에게 학문을 권과(勸課)했다고 하니, 이런 사람은 꼭 만나 봐야겠다."

라 하고, 해조(該曹)로 하여금 직급을 올려 서울로 올라오게 하였다. 여름에 또 도백에게 명하여 사서(四書)를 인급(印給)하였다. 겨울에 공조 좌랑으로 승진하였다. 이듬해 봄에 세자를 책봉하고 다시 계방(桂坊)을 설치하여 경술(經術)에 능한 선비를 찾았는데, 이에 도신(道臣)과 경재(卿宰)가 번갈아 공을 천거하여 익찬(翊贊)이 되었다. 병오년(1786, 정조10) 여름에 여든이 넘은 연세로서 통정대부(通政大夫)에 올랐다. 공은 초야의 선비로서 은우(恩遇)가 융숭하였으나 이미 연로한지라 훌륭한 재덕(才德)을 품고도 세상에

펴지 못하고 마침내 봉필(蓬蓽)에서 일생을 마치고 말았으니, 애석하도다!

이 해 8월, 친기(親忌)에 평소처럼 목욕재계하다가 약간의 감기가 든 뒤로 기력이 날로 쇠진해갔으나 정신은 맑았다. 공은 일찍이 경자패(敬字牌)를 새겨서 벽에 걸어 두고 늘 살펴보면서 반성하였다. 임종할 때 경자패 위에 옷이 걸려 있는 것을 보고 손을 내저어 옷을 치우게 한 다음 경자패를 주시하더니 손수 의관을 정제하고는 평안히 세상을 떠났으니, 곧 22일이었다. 참으로 이른바 "숨이 끊어지기 전까지 조금도 해이하지 않는다."는 것이 아니겠는가. 이 해 10월 임술(壬戌)에 칠계(漆溪)의 동쪽 간좌(艮坐)의 둔덕에 안장했다. 이 때 장례에 모인 사람이 수백 명이었다. 후에 효행(孝行)으로 정려를 받고 좌승지에 추증되었다.

공은 학문이 끊어진 후세에 태어나 개연히 도(道)를 구할 뜻을 가졌다. 그 학문은 오로지 자기 내면에 마음을 써서 궁행실천(躬行實踐)을 위주로 하였고, 독서하여 궁리(窮理)한 것은 반드시 몸에 체득하고 일에 징험하여 반드시 성인이 말씀한 본의(本意)를 찾았다. 이욕(理欲)·의리(義利)·왕패(王覇)·공사(公私)의 구별에 이르러서는 반드시 자세히 살피고 정밀하게 가렸다. 만년에는『주역』을 좋아하여 잠심(潛心) 완미(玩味)하고 경의(經義)를 논난(論難)하여 자득(自得)한 탁견(卓見)이 많았다. 날마다「경재잠(敬齋箴)」·「구방심재명(求放心齋銘)」·「존덕성재명(尊德性齋銘)」·「심경찬(心經贊)」을 어김없이 외기를 연로할 때까지 그치지 않았다. 의리상 마땅히 해야 할 일에는 용감하게 앞으로 나아가 터럭만큼도 주저하는 바가 없었다. 이와 같이 공부를 오래 지속하니 마음과 이치가 융회(融

會)하여 매사에 막힘없이 실행할 수 있었다.

공은 말하기를,

"도의 큰 근원이 하늘에서 나와 사람에게 깃드니, 흩어지면 만사(萬
事)에 있고 수렴하면 방촌(方寸 마음)에 있다. 학문의 요체는 이
마음을 벗어나지 않는다. 마음은 만사(萬事)의 골간(骨幹)이고 경
(敬)은 일신의 주재(主宰)이니, 마음이 아니면 만사를 관장할 수
없고 경이 아니면 일심을 주재할 수 없다."

라 하였고, 학문의 차제(次第)를 논하기를,

"고인(古人)의 학문은『소학』으로부터 함양(涵養)하고 성취한다.
이런 까닭에『대학』에서는 다만 격물치지(格物致知)로부터 시작
했던 것이다. 그런데 지금 사람들은『소학』공부는 없고 다만 격물
치지만을 우선한다. 그러므로 아득히 종잡을 수 없어 실지(實地)가
없으니, 이것이 바로 주자(朱子)가『대학혹문』에서 경(敬) 한 글자
를 끄집어내어 성학(聖學)의 시종(始終)을 이루는 공부로 삼았던
것이다. 그렇지 않다면 자사(子思)가 어찌하여 "덕성(德性)을 높이
고 문학(問學)을 말미암는다."고 했으며 정자(程子)가 어찌하여
"함양(涵養)은 모름지기 경(敬)으로써 해야 하고, 학문을 향상시키
는 것은 치지(致知)에 달려 있다."고 했겠는가. 학문을 하되『소학』
과『대학』을 통하지 않으면 학문이 아니요, 사람을 가르치되『소학』
과『대학』을 통지 않으면 가르침이 아니다."

라 하였다.

공은 또 말하기를,

"'박문약례(博文約禮)'의 박(博)은 다만 일상생활의 이륜(彝倫)의
법칙이니, 시서(詩書)・육예(六藝)의 글이 모두 이러한 이치가 깃

들어 있는 것이다. 여기에 나아가서 그 이치를 몸에 돌이키고 마음에 징험하면 이것이 바로 약(約)이니, 어찌 후세에 문장이나 짓고 글이나 외면서 범범하게 백가(百家)에 드나들면서 스스로 '박(博)' 이라고 하되 자신의 몸과 마음에는 전혀 관계가 없는 것과 같겠는가. 박은 범박(泛博)해서는 안 되고 약은 경약(徑約)해서는 안 된다. 범박하면 허탄한 데로 돌아가고 경약하면 비루한 데 빠지게 되니, 그 폐단이 같다. 성인이 사람을 가르치는 것은 단지 하학(下學)에 있으니, 상달(上達)의 경우는 오직 공부를 어떻게 하는가에 달려 있을 따름이다."

라 하였다. 매양 "지사(志士)는 죽어서 구학(溝壑)에 버려질 것을 잊지 않는다."라는 말을 외며 이르기를,

"사람은 모름지기 등뼈에 힘이 있어야 무거운 짐을 질 수 있다. 지금 큰 길 맨땅에 누워서 닷새 동안 먹지 못했고 게다가 풍상(風霜)과 빙설(氷雪)이 함께 내린다면, 이러한 때에도 내 마음이 능히 변하지 않을 수 있겠는가. 이러한 지경에까지 점검해야 비로소 진보할 수 있다."

라 하였다. 또 "아침에 도(道)를 들으면 저녁에 죽어도 좋다."라는 말을 외며 이르기를,

"사람이 도를 듣지 못하면 다만 옷을 입은 금수(禽獸)에 불과하니, 금수로서 살 바에야 어찌 사람으로 죽느니만 하겠으며 금수로서 부귀할 바에야 어찌 사람으로서 빈천하느니만 하겠는가. 이러한 정신을 꼿꼿하게 세우면 곧 조금의 심력(心力)이 있을 것이다."

라 하였다. 이는 모두 실제 자득한 데서 나온 말이니, 본말(本末)과 체용(體用)이 모두 구비한 군자라 할 수 있다.

게다가 천문(天文)·지리(地理)·복서(卜筮)·역수(曆數)에 두루 능통했으며, "어버이를 섬김에 의술(醫術)을 알지 못해서는 안 된다."라 하고 의술에 특히 관심을 두었다.

공은 겸양(謙讓)이 지나쳐 비록 사도(師道)로 자처하지는 않았지만, 후생들 중 혹 뜻 있는 사람이 있으면 자상하게 이끌어 권면하고 격려하여 자질을 따라 가르치되, 항상 과거 공부가 학자의 뜻을 빼앗는 것을 우려하여 내외(內外)·경중(輕重)의 구별을 늘 일깨워주었다. 또 제자들에게 이르기를,

"너희들은 자신의 허물을 듣거든 절대로 변명하려고 하지 말라. 허물을 둘러대며 잘못을 계속하는 것이 사람들의 공통된 병통이니, 만약 요(堯)임금이 비방목(誹謗木)을 세웠던 일과 공자가 '남들이 알아주지 않아도 성내지 않는다.'고 말한 뜻을 보면, 얼마나 쾌활했던가? 성인이 어찌 일찍이 밖에서 오는 명리(名利)를 가지고 자신에게 기뻐하고 성내는 바가 있었겠는가. 이것이 자로(子路)가 백대의 스승이 되는 까닭이며, 학봉선생(鶴峯先生)이 '나의 허물을 지적하는 사람이 바로 나의 스승이다.'라고 한 말씀이 자신의 허물을 들으면 기뻐했던 자로에 손색이 없다고 할 만하다."

라 하였다. 일찍이 서로 싸우는 사람을 보고 말하기를,

"이는 단지 자기는 옳다 하고 남은 그르다 하는 데 그 까닭이 있는 것이다. 옳은 것을 옳다 하고 그른 것을 그르다 하는 것은 어질거나 어리석은 사람이 다 알지만 자기를 용서하는 마음으로 남을 용서하고 남을 책망하는 마음으로 자기를 책망하지 못하는 탓에 그 본연의 성품을 상실하는 것이다. 남의 허물을 잘 보는 사람은 이 이치를 보면 또한 무엇을 경계로 삼아야 할지 알 것이다."

라 하였다. 또 병든 닭이 우는 때를 잃지 않고 그 소리가 실올처럼 가늘게 이어지는 것을 듣고 말하기를, "누가 가르쳐서 하늘이 부여한 직분을 지키게 하는가. 사람으로서 이 닭만도 못해서야 되겠는가."라 하였다. 또 아이들이 과자를 서로 먹으려 다투는 것을 보고 말하기를,

"이러한 습성을 없애지 않으면 유폐(流弊)가 장차 국가에 화를 끼치는 데 이를 것이다. 지금 당인(黨人)들이 다투는 것은 하나의 큰 과자에 불과하다. 종래에 극기(克己) 공부를 한 적이 없고 늙은 나이에 이르러서도 여전히 이러하니, 경계하지 않아서야 되겠는가."

라 하였으니, 사물을 보고 잘 비유하는 것이 대개 이와 같았다.

공은 주자(朱子)가 "백 가지를 알지 못하고 백 가지에 능하지 못하다.〔百弗知, 百弗能.〕"라 한 말을 취하여 자기 집을 백불암(百弗庵)이라 명명하였다. 평소에 스스로 문장에 능하지 못하다고 하여 저술을 하지 않았고, 또한 일찍이 주해(註解)하는 글을 쓰지 않으며 말하기를,

"내가 보건대, 세상 사람들이 조금 아는 바가 있으면 문득 저술하고자 하니, 이는 자신을 속이고 남을 속이는 데 가깝지 않겠는가."

라 하였다. 지금 공이 지은 시구(詩句)・지구(知舊)와 주고 받은 서찰・일록(日錄) 등 약간 편이 집에 보관되어 있다.

부인 일직손씨(一直孫氏)는 절도사(節度使) 명대(命大)의 따님으로, 정숙하고 유순하여 지아비를 섬김에 뜻을 어김이 없었다. 공보다 47년 먼저 죽었다.

1남 1녀를 두었다. 아들 주진(周鎭)은 일찍 죽었고, 딸은 이경록(李經祿)에게 출가했다. 주진은 1남 5녀를 두었다. 아들은 식(湜)이고

딸들은 이종우(李宗愚)·박한탁(朴漢倬)·김창운(金昌運)·손응로(孫應魯)·김준광(金俊光)에게 각각 출가했다. 이경록은 3남 2녀를 두었다. 아들은 시행(時行)·시엽(時曄)·시상(時常)이다. 한 딸은 권유(權燠)에게 출가하였고, 한 딸은 아직 어리다.

아! 나는 공에게 동성(同聲)·동기(同氣)의 감응이 있기에 공의 언행을 차마 소략하게 서술할 수 없어 나도 모르게 말이 많아지고 말았으니, 보는 사람이 양해하기 바란다. 이에 명(銘)을 붙인다.

공은 남방에서 굴기하여
스스로 힘써 학문하였으니
이미 사승이 없었고
초연히 홀로 자득했어라
말학은 학문이 얕아서
오직 구이만 일삼거늘
공은 근본으로 돌아가
오로지 실천에 힘썼어라
기욕이 마음에 일어나면
못과 쇠를 자르듯 끊었고
응당 해야 할 일이 있으면
분육도 그 뜻 빼앗기 어려웠지
한 번 후려치면 한 손바닥 핏자국
한 몽둥이 치면 몽둥이 자국인 양
오래 오래 공부를 하니
좌우에서 그 근원을 만났네

가르침이 집안에서 이루어졌으니

그야말로 한 부의 내칙이었고

교화가 향리에 두루 베풀어졌으니

여씨향약을 미루어 넓혔어라

행실은 표리를 다 갖추었고

도는 체용이 잘 구비하였으니

골짜기의 난초 향기가 절로 퍼지고

구고의 학 울음이 위로 들리는 듯

임금의 부름이 누차 내렸으나

병들고 늙었음을 어이하리오!

우리 백성들 복이 없는 탓에

공의 덕화를 널리 베풀지 못했네

팔공산은 드높이 솟았고

칠계는 질펀히 흐르는데

넉 자 높이 이 봉분은

군자가 묻힌 곳이로세

아득한 옛날 하마릉과

천고의 뒤에 아름다움이 같으라

우뚝한 행실과 은일의 덕은

후일의 좋은 사관 기다리노라

嶺南素稱鄒魯之鄕, 宏儒碩士, 代不乏人. 挽近來儒風小衰, 公及大山·南野又能繼武而起, 世稱嶺南三老.[212] 不幸二公先逝, 而今公又歿. 從此山林無主, 後生安放? 甲辰秋, 公薦入桂坊, 鼎福忝簉同任, 公老病不赴, 竟失一晤. 今公從子華鎭持李小山光靖所撰行狀及門人子侄所記遺事, 千里來托幽堂之銘. 鼎福雖非其人, 平日之嚮慕久矣, 其敢辭諸? 公諱興遠, 字太初, 系出月城, 麗平章沆之後. 世居達城之漆溪, 故世稱公爲漆溪先生. 公六代祖縣令諱誠, 生諱東㫉, 號臺巖, 薦授大君師傅, 崇禎甲申後入八公山不出, 世高其風. 宣敎郞諱衛南監察・諱慶涵通德郞・諱壽學・諱錫鼎, 卽公四世也. 妣咸安趙氏, 進士寮之女, 以明陵乙酉二月望生于府院北里之外家. 公幼穎秀不凡, 生數歲, 母夫人患乳腫痛楚, 公熟視之, 不復吮, 强之不肯, 遂以粥養. 稍長, 惟長者言是從, 家祭必晨起隨參, 得美味玩好之物, 必推與諸弟, 見丐兒寒餓甚, 乃推食脫衣而與之. 尋常戲弄, 未嘗與村童相狎, 仁孝正大之性, 已兆於幼穉之時矣. 初從塾師學, 所敎皆功利之說, 公疑其非聖賢敎人之道, 及讀『孟子』, 至未有仁而遺親義而後君之語, 欣然契悟, 決知仁義之必可行而後得. 周子『圖說』・『通書』, 手寫潛玩, 畧窺義理頭腦, 遂棄擧業, 依朱子讀書次第而讀之, 以『小學』・『家禮』・『心經』, 爲終身受用之實. 世之論公者, 或推其經學, 或稱其幹局, 而至於至行醇德, 則人無異辭. 事親至孝, 愛敬備至, 愉色婉容, 不離親側. 乙卯, 先君病革, 涕泣嘗糞, 及遭變, 哀號攀擗, 如不欲生. 喪庀葬祭, 一從『家禮』, 而必親監視. 几筵之暇, 惟考『禮書』, 言不及家事, 足不出洞門三年. 事先妣, 肅敬如嚴父, 雖婦孺僕隸, 不敢謹謹於其側. 先妣年高衰病, 公日侍左右, 不解帶, 烹飪藥餌, 躬自檢攝, 進食必盥手, 食已必親滌器, 器用枕簟之屬, 皆具而不他用. 嘗於枕頭置小櫃, 貯若干銅及筆墨等物, 以備老親手用, 其承歡養志如此. 公有

212　嶺南三老 : 大山 李象靖(1710~1781)・百弗庵 崔興遠(1705~1786)・南野 朴孫慶(1713~1782) 세 학자를 가리킨다.

一子早夭, 而恐傷親意, 未嘗爲悲慽之容. 乙酉遭內艱, 公花甲周矣, 葬前啜粥枕苫. 時當嚴冬, 晝夜在殯側, 發軔之夕, 以衰絰出拜擔軍以勞之, 人皆感泣. 旣葬守廬, 不食蔬果, 朝夕哭墓, 虎跡縱橫, 雪或沒膝, 而不少廢焉. 三年不脫衰絰, 宿抱羸疾, 又當衰年, 而終免毀滅, 盖其心志一定, 不出强爲而然也. 嘗曰:"堯舜之道, 孝悌而已. 『論語』問孝非一二, 今之學者多說無形影底道理, 未嘗言及奉養, 甚可慨也."尤謹於祭祀, 務盡誠敬, 品物蠲潔, 洗滌床卓, 灑掃庭宇, 祭必具明衣, 忌用黲冠, 三七散致之齋, 罔不如禮, 與參祭諸執事, 會宿一處曰:"祖考之精神, 卽我之精神, 致齋誠一, 卽接神之道."雖當寒沍, 沐浴澡潔, 至老不已. 四時正祭, 九月之禰, 忌日俗節朔望之參, 皆依禮行之. 將事之際, 敬謹之容‧趨蹌之節, 令傍人肅然忘倦. 將撤, 命勿亟撤, 而向虛位端坐而致餘敬. 逐日晨謁祠堂, 或大風雨大雷霆, 雖夜必起, 具衣冠立於阼堦上, 定而後退. 旁親之祭, 必以物助, 諸弟之忌, 必齋沐與祭. 兄弟湛樂, 物我不形. 二弟雅潔好學, 公日與讀書講磨, 婦女薰化, 人無間言. 世稱山南昆季. 一妹遠嫁家貧, 時節問遺, 歿後祭需無闕. 從子恒鎭登司馬, 給田使辦聞喜宴.[213] 堂弟興溥貧甚有積逋, 公盡償之, 昕夕視其炊烟有無, 分飯饋之. 免喪未幾, 二弟連歿, 公過毀, 至於左眼失明. 敦睦宗族, 主於仁愛, 彼雖有失, 未嘗或校, 吉凶患難, 尤致軫念. 待人接物, 勿論貴賤疎戚, 致其和敬. 輕財好施, 周窮濟乏, 不問家之有無, 憂樂與人同. 又有料事之智, 故親故有事, 輒就問之. 年高者雖賤隷, 必禮貌之, 有善行, 必

---

213 聞喜宴 : 과거에 급제한 사람을 축하하는 잔치이다. 唐나라 때 과거에 급제
   한 사람들이 曲江의 정자에 모여 크게 잔치를 벌였던 고사에서 연유한다.
   이를 당나라 때는 曲江會 혹은 曲江宴이라 하였고, 송나라 때에 聞喜宴이라
   하였다.

躬造致禮焉. 謹於辭受之節, 人或有遺, 必商度而受之. 公自少有幹局, 十歲, 王考監察公沒於雲峯謫所, 公在家以應返葬之需, 人咸異之. 及長, 於奉先居鄕, 料理區畫, 皆爲經遠之圖. 乙丑禰祭後, 與諸弟相約出物, 營置祭田, 建助祭庫, 歲久用裕, 上及高祖, 旁逮伯叔父母大小祭祀, 咸取用焉. 臺巖公當祧, 立別廟, 名報本堂以祀. 縣令公嘗置學舍課子弟, 公體其遺意, 建孝悌堂, 取先賢格言, 爲『奉先諸儀』. 每歲重九, 爲講睦之會, 又爲學約, 以率門中子弟. 外家寠甚, 又置祭田. 人雖有享先之誠, 如無絶人之才, 能如是乎? 公山下有洞, 名曰扶仁. 己未春, 與洞人結稧置先公田, 以應民賦, 又置恤民庫, 以助窮民. 立一堂, 春秋齊會, 講『呂氏鄕約』, 申之以孝友睦婣之義・治田營家之道, 居是洞者, 終歲不見吏, 荒年無菜色, 安生樂業, 宛然有三代遺風. 噫! 以明道・橫渠之大賢, 欲興學設敎[214]畫井復古[215]而不可得.

---

214 興學設敎 : 송나라 때 明道 程顥가 熙寧 원년(1068)에 「請修學校尊師儒取士箚子」를 올렸는데, 그 내용은 덕업을 갖추어 師表가 될 만한 사람을 추천하게 한 다음 학식이 높은 사람을 스승으로 삼고, 다른 사람들은 그의 교육을 받게 한 뒤에 성적이 우수한 사람은 太學의 스승으로 삼고 다른 사람들은 전국의 학교에 나누어 보내 학생을 가르치게 하며, 선비를 뽑아 가르치되 縣學은 우수한 사람을 추천하여 州學에 보내고, 주학은 또 우수한 사람을 추천하여 태학에 보내도록 하자는 취지다. 『二程文集 권2 請修學校尊師儒取士箚子』

215 畫井復古 : 宋나라 때 학자 橫渠 張載가 王道 정치를 당대에 구현할 수 있다고 하면서 "仁政은 반드시 井田에서 시작된다. 빈부가 고르지 않고 교육에 법도가 없으면 비록 왕도정치를 말한다 해도 모두 구차할 뿐이다. 세상에서 정전법은 시행하기 어렵다고 걱정하는 사람들은 항상 맨 먼저 부자의 땅을 갑자기 뺏어야 한다는 것으로 핑계를 댄다. 그러나 이 법을 시행하면 기뻐하는 사람들이 많을 터이니, 진실로 방법을 가지고 처리하면 몇 년 내에 한

公能從容行之, 不其難乎? 公制行甚高, 常言: "天理之不復, 嗜慾害之." 痛下克己之工, 其於食色服玩, 淡然無累. 十七新婚, 服餙華鮮, 李公柱恒見之, 爲誦好衣不近[216]之句, 公愧汗而歸, 換着縣布, 自是不近紬紈之屬. 自幼已嚴於男女之別, 少時因事入府, 營僚愛公丰標, 使少妓伴寢, 公終宵不近, 一府驚歎. 三十六喪偶, 不再娶, 亦不卜姓, 鰥居幾五十年. 奉身調度, 人有不堪, 而處之怡然. 晚來嘗語人曰: "人情當食, 不覺匙著先下魚肉, 是亦慾也. 某自中年後始覺得心手相語, 使不先下, 用力旣久, 今則魚蔬無別." 雖窮而在下, 愛君憂國之心, 根於天性, 見政令之得失, 憂喜形于色. 辛酉, 上有綸音, 辭旨懇惻. 公歎曰: "大哉王言!" 招約中洞人, 男女分坐, 曉諭諄複, 仍以報效之道, 作歌頌舞之, 人有感泣者. 前後國恤, 因山前行素, 文孝[217]之喪亦然. 謹畏法令, 征稅納糴, 必先下戶, 酒禁之時, 告廟用醴, 雖藥用, 亦不以酒. 屠牛有禁, 故祭用必貿於官庖. 公雅好山水, 而以離親遠遊爲難. 臺巖公亭址在聾淵上, 有水石之勝, 鳩材置屋, 軒曰洗心, 齋曰濯淸, 而

사람도 처벌하지 않고 회복시킬 수 있다. 다만 걱정은 주상이 실행하지 않는 것일 뿐이다.〔仁政必自經界始. 貧富不均, 敎養無法, 雖欲言治 皆苟而已. 世之病難行者, 未始不以亟奪富人之田爲辭. 然茲法之行, 悅之者衆. 苟處之有術, 期以數年, 不刑一人而可復. 所病者, 特上未之行爾.〕라 하였다. 『張子全書 권15 附錄 行狀』

216 好衣不近 : 작자 미상인 古人의 시에 "좋은 옷은 절사에게 가까이하지 않고, 좋은 쌀밥은 뱃속의 글을 두렵게 하네.〔好衣不近節士體 梁穀似怕腹中書〕"라 한 데서 온 말이다. 이 시를 北宋 때 名臣 呂公著가 병풍이 써두었다는 기록이 있다. 『宋名臣言行錄 後集 권8』

217 文孝 : 正祖의 맏아들인 文孝世子이다. 정조 6년(1782) 宜嬪 成氏의 소생으로 태어나 정조 8년 왕세자로 책봉되었고 정조 10년(1786) 5월에 病死하였다. 孝昌園이 그의 묘소이다. 『朝鮮王朝實錄 正祖 10年 5月』

扁曰聾淵書堂, 使子弟門生, 肄業其中, 有時杖藜往來, 逍遙自適. 後北至陶
山, 南過蟾江, 西遊伽倻而還. 治家嚴而有法, 閨閤之內, 相敬如賓. 孤孫
澶, 雖甚愛重, 而未嘗假以色辭, 蒙養甚正, 定省之外, 不使入處於內. 御婢
僕, 恩威幷行, 授任命役, 必察其飢飽寒燠, 人皆感悅, 不忍欺瞞, 門庭斬斬
焉. 平居莊敬自持, 四勿[218]處心, 九容[219]持身, 終日儼然, 不見有惰慢之容,
威儀容止之則, 七十年如一日. 初年氣貌莊嚴, 中晩以後, 濟以寬平, 晬面盎
背, 渾然一團和氣矣. 公隱居篤行, 不求人知, 而聲聞播騰, 自少以經明行
修, 屢登道伯繡衣之薦. 戊戌春, 除景慕宮守奉官, 壬寅秋, 大臣薦擢拜掌樂
主簿. 癸卯春, 傳曰: "崔興遠非惟行誼可稱, 聞有先公·恤貧之庫, 使鄰里
不知常賦, 因以勸課洞儒. 此等人必欲見之." 令該曹陞職上來. 夏又命道臣
印給四書, 冬陞工曹佐郎. 翌年春建儲, 復設桂坊, 命求經術之士. 於是, 道
臣卿宰迭薦公爲翊贊. 丙午夏, 以大耋陞通政. 公以草野之士, 恩遇隆重, 而
公已老矣, 蘊玉未售, 竟終蓬蓽, 惜哉! 是歲八月親忌, 齋沐如平日, 因添微
感, 氣力日就漸盡而精神不亂. 公嘗刻敬字牌揭壁觀省. 臨絶, 見牌上掛衣,

---

218 四勿: 顔淵이 仁을 실천하는 조목을 묻자 孔子가 "예가 아니면 보지 말며,
예가 아니면 듣지 말며, 예가 아니면 말하지 말며, 예가 아니면 움직이지
말라.〔非禮勿視, 非禮勿聽, 非禮勿言, 非禮勿動.〕라 한 데서 온 말이다.
『論語 顔淵』

219 九容: 군자가 갖추어야 할 아홉 가지 容儀로, 『禮記』「玉藻」에 "발 모양은
무겁게 하며, 손 모양은 공손하게 하며, 눈 모양은 단정하게 하며, 입 모양은
그치며, 소리 모양은 고요하게 하며, 머리 모양은 곧게 하며, 숨 쉬는 모양은
엄숙하게 하며, 서 있는 모양은 덕스럽게 하며, 얼굴 모양은 莊敬하게 해야
한다.〔足容重, 手容恭, 目容端, 口容止, 聲容靜, 頭容直, 氣容肅, 立容德,
色容莊.〕"이라 한 데서 온 말이다.

揮手使去之, 注目視之, 手整冠, 悠然而逝, 卽二十二日也. 眞所謂一息尙

存, 不容少懈²²⁰者歟! 十月壬戌, 葬于漆溪東艮坐原, 士林會葬者數百人.

後以孝行旋閭, 贈左承旨. 公生於絶學之餘, 慨然有求道之志, 其學專用心

於內, 以躬行實踐爲主, 讀書窮理, 必體之身而驗於事, 必求聖人立言之本

意, 至於理欲·義利·王伯·公私之別, 必審察而精擇之. 晚來喜『易』, 潛

心玩味, 論難經義, 多獨到之語. 日必吟誦「敬齋箴」·「求放心」·「尊德性

齋銘」·「心經贊」, 至老不掇. 義所當爲, 勇往直前, 無一毫自恕意, 積累之

久, 心與理會, 沛然而行. 其言曰: "道之大原, 出於天而寓於人, 散之在萬

事, 斂之在方寸. 爲學之要, 不出此心. 心爲萬事之榦, 敬爲一身之主, 非心

無以管萬事, 非敬無以宰一心." 其論爲學次第曰: "古人之學, 自『小學』中涵

養成就, 所以『大學』只從格致上做起. 今人無『小學』工夫, 但以格致爲先,

茫茫蕩蕩, 未有實地, 此朱子所以於『大學或問』抽出敬之一字, 爲聖學成始

成終之功. 不然, 子思何以曰: "尊德性而道問學." 程子何以曰: "涵養須用

敬, 進學在致知. 爲學, 不由『小學』·『大學』, 非學也; 教人, 不由『小學』·

『大學』, 非教也." 又曰: "博文約禮博, 只是日用彝倫之則, 『詩』·『書』六藝

---

220 一息……少懈: 曾子가 선비는 弘毅하지 않아서는 안 되니, 책임이 무겁고
길이 멀다. 仁을 자기 임무로 삼으니 또한 무겁지 아니한가. 죽은 뒤에야
그만두니 또한 멀지 아니한가.〔士不可以不弘毅, 任重而道遠. 仁以爲己任,
不亦重乎? 死而後已, 不亦遠乎?〕라 하였는데, 朱熹의 注에 "인이란 사람
마음의 온전한 덕이니, 반드시 몸으로 체득하여 힘써 행하고자 해야 하니,
임무가 중하다고 할 만하다. 숨이 끊어지기 전까지 이 뜻이 조금도 해이해져
서는 안 되니 길이 멀다고 이를 만하다.〔仁者, 人心之全德, 而必欲以身體而
力行之, 可謂重矣. 一息尙存, 此志不容少懈, 可謂遠矣.〕라 하였다. 『論語集
註 泰伯』

之文, 皆理之所寓也. 卽此而反之於身, 驗之於心, 便是約. 豈如後世詞章記
聞, 汎濫百家, 自以爲博, 而其於身心, 全無交涉者哉? 博不可以泛博, 約不
可以徑約, 泛博則歸於誕, 徑約則陷於陋, 其弊一也. 聖門敎人, 只在下學,
若上達則惟在用工如何爾." 每誦志士溝壑²²¹之語曰: "人須有脊梁, 能擔夯
重任. 今露臥衢路, 五日不食, 風霜氷雪, 又從而交下, 此時吾心能不變乎?
點檢到此, 始有進步處." 又誦朝聞夕死²²²之語曰: "人不聞道, 則特襟裾之
禽獸. 禽獸而生, 豈若爲人而死? 禽獸而富且貴, 豈若爲人而貧且賤? 以此
竪起, 便有一分心力." 此皆自得實際之語, 可謂本末兼擧體用具備之君子
也. 又能旁通天文地理卜筮曆數之術, 又謂事親不可不知醫, 尤加意焉. 公
過於撝謙, 雖不以師道自居, 而後生輩或有有志之人, 則諄諄接引, 勉進激
厲, 隨才誘敎, 而恒以擧業之奪志爲憂, 恒諭以內外輕重²²³之別. 又謂門人
曰: "爾輩聞過, 愼勿分疏, 文過遂非, 人之通患. 若以堯之立謗木²²⁴·夫子

---

221 志士溝壑 : 溝壑은 도랑과 산골짜기로 上古에 사람이 죽으면 내다 버리는
곳이다. 『孟子』「滕文公下」에 "지사는 구학에 버려질 것을 잊지 않는다.〔志
士不忘在溝壑.〕"라 하였다. 즉 지조를 잃지 않고 곤궁하게 살다 죽겠다는
의지를 뜻한다.

222 朝聞夕死 : 『論語』「里仁」에 "아침에 도를 들으면 저녁에 죽어도 좋다.〔朝聞
道 夕死可矣〕"라 하였다.

223 內外輕重 : 內外는 本末과 같다. 근본이 되는 자기 德性을 함양하는 공부가
중요하고 명성을 얻거나 과거에 급제하는 외부의 일은 枝末이라 중요하지
않다는 말이다.

224 堯之立謗木 : 誹謗木의 준말로 누구나 임금의 과실을 지적하여 적을 수 있도
록 다리 위에 세워 두었다고 하는 나무이다. 비방목은 舜임금이 세웠다고
하니, 여기서 堯임금이라 한 것은 착오일 듯하다. 『淮南子 主術訓』

不知不慍²²⁵之意觀之, 則多少快活? 聖人何嘗以自外至者有所喜慍乎?"此
子路所以爲百世師²²⁶, 而鶴峯先生攻吾過是吾師之訓, 可謂無愧於喜聞²²⁷
矣. 嘗見相鬪者曰: "此只在於是己非彼. 是之爲是, 非之爲非, 無賢愚皆知,
但不能以恕己之心恕人, 責人之心責己, 失其本然之性, 善觀人者觀於此,
亦可以知所戒矣." 又聞病鷄鳴不失時, 其聲如縷曰: "誰能敎之而不廢天賦
之職? 可以人而不如乎?" 又見兒曹爭菓子歎曰: "此習不除, 流弊將至禍人
國家. 今黨人所爭, 不過一大菓子. 從來不曾下克己工夫, 到老大猶然. 可不
戒哉?" 其觀物善喩, 多類此. 公取朱子百弗知百弗能之語, 名其庵曰百弗.
平生自以短於文詞, 不著述, 亦未嘗註解文字曰: "吾觀世人少有所見, 輒欲
立言, 是不幾於自誣而誣人乎? 今有詩句·知舊往復書疏·日錄若干藏于
家. 夫人一直孫氏, 節度使命大之女, 貞淑婉嫕, 事君子無違意, 先公四十七
年而歿. 有一男一女, 男周鎭早歿, 女適李經祿. 周鎭一男五女, 男渲, 女李
宗愚·朴漢偉·金昌運·孫應魯·金俊光. 經祿三男二女, 男時行·時曄·
時常, 女權燧, 一女未行. 噫! 鼎福於公有聲氣之感²²⁸, 序公言行, 不忍踈

---

225 夫子不知不慍 : 공자는 "사람들이 알아주지 않아도 화내지 않으면, 또한 군
자가 아니겠는가.〔人不知而不慍, 不亦君子乎?〕"라고 하였다. 『論語 學而』

226 子路……世師 : 程子가 "자로는 사람들이 그에게 허물이 있다는 사실을 말해
주면 기뻐하였으니, 또한 백세의 스승이 될 만하다.〔子路, 人告之以有過則
喜, 亦可爲百世之師矣.〕"라 하였다. 『孟子集註 公孫丑上』

227 喜聞 : 자신의 과오를 듣기를 좋아하는 것은 맹자가 "자로는 남이 자기에게
과오가 있음을 말해주면 기뻐하였다.〔子路, 人告之以有過, 則喜.〕"라 하였
다. 『孟子 公孫丑上』

228 聲氣之感 : 『周易』「乾卦 文言」에 "같은 소리가 서로 호응하고 같은 기운이
서로 찾는다.〔同聲相應 同氣相求〕"라 한 데서 온 말로 서로 기질과 意氣가

略, 不覺詞繁, 觀者諒之. 遂爲之銘曰:

公起南服 自勵爲學 旣無師承 超然獨得

末學譾薄 惟事口耳²²⁹ 公乃反本 專務踐履

嗜慾之來 斬釘截鐵 事有當爲 賁育²³⁰難奪

一摑掌血 一棒條痕²³¹ 積累之久 左右逢原²³²

맞음을 뜻한다.

229 口耳 : 口耳之學의 준말이다. 얕은 지식을 뜻하는 말로, 마음속으로 체득하려 하지 않고 들은 것을 곧장 남에게 말하여 자랑하는 공부를 말한다. 『荀子』「勸學」에 "소인이 공부하는 것을 보면, 귀로 듣고는 곧바로 입으로 내 놓는다. 입과 귀의 거리는 불과 네 치일 따름이니, 일곱 자나 되는 이 몸을 어떻게 아름답게 할 수가 있겠는가.〔小人之學也, 入乎耳出乎口. 口耳之間則四寸耳, 曷足以美七尺之軀哉.〕"라 한 데서 온 말이다.

230 賁育 : 戰國시대 齊나라의 용사인 孟賁과 周나라의 力士인 夏育의 병칭이다. 맹분은 맨손으로 쇠뿔을 뽑았다고 하고, 하육은 1000鈞의 무게를 들어 올렸다고 한다. 漢나라 汲黯의 節義를 칭송하여 "'분육이라 하더라도 자신의 절조를 뺏을 수 없다.'라 하였다.〔自謂賁育不能奪之矣.〕"라 하였다. 『漢書 권50 汲黯傳』

231 一摑……條痕 : 원래 禪家에서 온 말로 禪師가 學人을 통렬하게 가르치는 수단인데, 여기서는 공부를 痛烈하게 한다는 뜻으로 썼다. 朱熹가 程頤의 「四勿箴」에 대해 "이른바 '한 번 몽둥이로 치면 한 줄기의 멍 자국이 생기고 한 번 손바닥으로 치면 핏빛 손자국이 남는다.〔一棒一條痕, 一摑一掌血.〕'라는 것이다."라 하였다. 『晦庵集 권45 答楊子直』

232 左右逢原 : 孟子가 "군자가 학문의 방도에 따라 깊이 나아가는 것은 자득하고자 해서이니, 자득하면 거기에 처함이 편안하고, 처함이 편안하면 자뢰함이 깊고, 자뢰함이 깊으면 좌우에서 취함에 그 근원을 만나게 된다.〔君子深造之以道, 欲其自得之也. 自得之, 則居之安; 居之安, 則資之深, 資之深, 則取

教行閨闈 一部內則 化洽鄕井 推廣呂約

行全表裏 道備體用 谷蘭播芬 皐鶴上聽[233]

旌招屢降 其奈病耄 生民無福 德施未普

公山峩峩 漆溪洋洋 四尺之墳 君子攸藏

蝦蟆之陵[234] 千古齊美 卓行隱逸 以待良史

之左右逢其原.〕"한 데서 온 말로, 학문이 깊어져 일상생활 중에서 도의 근원
을 알게 됨을 뜻한다. 『孟子 離婁下』

233 皐鶴上聽 : 『詩經』「小雅 鶴鳴」에 "학이 구고의 늪에서 우니, 그 소리가 하늘
에 들린다.〔鶴鳴于九皐, 聲聞于天.〕"라 한 대목을 인용하였다. 崔興遠이 산
림에 은거해 있어도 그 명성이 널리 퍼져 임금에게까지 알려졌음을 말한다.

234 蝦蟆之陵 : 漢나라 학자 董仲舒의 무덤으로 중국 長安縣 城南에 있다. 동중
서의 제자들은 무덤이 보이면 멀리서 말에서 내렸다고 하며, 한나라 武帝가
宜春苑에 갈 때마다 이 무덤에 이르면 말에서 내렸기 때문에 下馬陵이라
일컬었다고 한다. 蝦蟆陵은 후세에 독음이 訛傳된 것이라 한다.

6. 망자 성균생원 묘지명-병서-

亡子成均生員墓誌銘-幷序- 신해년(1791, 80세)

광주(廣州) 후인(後人) 광성군(廣城君) 안정복이 한 아들 경증(景曾)을 두었으니, 자는 노수(魯叟)이다.

어릴 때부터 명수(明粹)하고 영특하여 겨우 말을 배우자 천여 글자를 알았다. 어른이 시험해 보니, 글자를 따라 손가락으로 가리키는 것이 마치 나는 듯이 빨랐으니, 사람들이 모두 신통하다고 하였다. 6세에 글을 배우기 시작하여 몇 해 안 되어 문리를 빨리 깨우쳤다. 어떤 사람이 생기법(生氣法)을 가르치는데 곁에 있다가 한 번 듣고는 마음속으로 깨달아 손가락을 꼽아 괘(卦)를 만드니, 좌중의 사람이 경탄하였다.

12세에 사서삼경의 정문(正文)을 외웠다. 성장해서는 학문에 힘쓰고 문장을 쌓는 한편 자제로서의 행실에 특히 치력(致力)하여 밤낮으로 공근(恭謹)하여 혹시라도 태만한 적이 없있다. 종족들 사이에서는 돈목(敦睦)하고 빈객을 정성으로 접대하여 비패(鄙悖)한 말을 입에서 내지 않고 질타(叱咤)하는 소리가 남에게 미치지 않았다. 성품이 겸손하고 신중하여 자신의 재덕(才德)을 애써 감추니, 향리의 위아래 사람들이 모두 좋아하였다.

임오년(1762, 영조38) 봄에 성균생원으로 뽑혔다. 때로 혹 성균관에 들어가 지내면 성균관 유생들이 좋아하고 공경하지 않는 이가 없었다. 동배(同輩) 사이에는 오로지 정성과 성신(誠信)으로 대하니 비록 희학(戲謔)하여 남을 함부로 대하는 사람일지라도 모두 공경하고 무례하게 굴지 못하였다. 대개 단정한 조행(操行)이 남들에게 인정을 받아 그러했던 것이었다. 혹 실정을 벗어난 말을 하는 사람이 있으면 그와 따지지 않았고 또한 해명하지도 않았다.

나는 병든 몸이고 집이 가난했다. 그래서 집안일을 나 대신 맡아 보는 동안 비록 몸은 약했으나 자질구레한 일들을 퍽 잘하였다. 우리 집 옥사(屋舍)가 기울고 기초가 무너져 거주할 곳이 없게 되자 몸소 먹줄을 잡고 재목을 켜서 옥사를 지어 정착하여 살 곳을 마련했다. 이러한 것들은 비록 작은 일이지만 재간이 모두 배우지 않고도 능했던 것이다.

생계가 궁색하여 기한(飢寒)이 몸에 사무쳤으나 마치 천성으로 그러한 듯이 편안하게 여겼고, 위로하여 묻는 사람이 있으면 웃기만 하고 대답하지 않았다. 내가 성품이 거칠고 급하여 공부를 가르칠 때 심한 경우가 있어도 일찍이 터럭만큼도 원망하는 마음이 없었으니, 효순(孝順)한 성품은 타고난 것이었다.

어릴 때 학질을 앓은 뒤로 괴벽(塊癖)이 생겼다. 계사년(1749, 영조49) 겨울에 처음 병세가 나타나기에 치료했지만 효험이 없었다. 을미년(1775, 영조51) 정월에 모친상을 당하여 집상(執喪)이 예제(禮制)를 지나치니 병세가 더욱 도져서 위독해졌다. 병신년(1776, 영조52) 겨울에 나를 따라 목천(木川)의 임지로 가서는 병세가 날이 갈수록 더욱 심해져서 이듬해 3월 27일에 마침내 손을 쓸 수 없게 되었으니, 향년 46세이다. 아, 슬프다!

5월에 상여가 고향으로 돌아와 10월에 우리 집 뒤 사간공(思簡公) 묘소 위 왼쪽 계좌(癸坐)의 둔덕에 임시로 매장했다가 경술년(1790, 정조14) 5월 3일에 익헌공(翼憲公)의 묘소에서 동쪽으로 몇 보(步)

떨어진 거리 간좌(艮坐)의 둔덕에 이장하였다.

전실(前室)은 파평(坡平) 윤동열(尹東說)의 딸로, 지아비보다 10년 앞서 정해년(1767, 영조43)에 세상을 떠나 합장하였다. 후실은 밀양(密陽) 박지종(朴志宗)의 딸이다. 윤씨는 한 아들을 낳았으니 철중(喆重)이고, 두 딸은 남영(南泳)·이기성(李基誠)에게 각각 출가했다. 박씨는 한 아들을 낳았으니 필중(弼重)이고, 두 딸은 권선(權僎)·한치건(韓致健)에게 각각 출가했다.

명(銘)

네가 살아 있을 때는
가정에 울타리가 있었더니
네가 떠나가고 없으니
종족이 무너지려 하는구나
마침 때가 되어 왔다가
마침 때가 되어 돌아갔으니
때를 편안히 여기 순응하였거늘
너에게야 무슨 슬퍼할 게 있으리오
집안을 걱정하고 종족을 염려하니
나에게 깊은 슬픔이 있단다
너의 운명이 곤궁하니
저 하늘을 보매 몽몽하구나

廣州後人廣成君安鼎福有一子, 曰景曾, 字魯叟. 幼明粹穎異, 纔學語, 能解千餘字. 長者試之, 逐字指點, 手捷如飛, 人皆異之. 六歲入學, 不數歲, 文理驟達. 有客以選擇生氣法[235]教人, 在傍一聞心解, 屈指作卦, 座客驚歎. 十二誦四書二經正文, 及長, 勤學績文而尤致力於子弟之行, 夙夜敬謹, 毋或怠忽, 敦睦宗族, 款接賓客, 鄙悖之言, 不出於口, 叱咤之聲, 不及於人. 性謙愼務韜晦, 鄕里上下, 皆得歡心. 壬午春, 選國子生員, 時或居泮, 泮儒莫不愛敬. 儕輩間一以誠信, 雖或有詼諧慢侮人者, 皆敬之而不能狎, 盖其端勅之操見重而然也. 人或有情外之言, 不與之較, 亦不分解. 余病廢家貧, 替當冗幹, 雖稟質脆弱, 而多能鄙事. 屋傾基頹, 安巢無地, 躬集繩墨, 造成屋舍, 因有奠居之所. 此雖細事, 才幹皆不學而能之者也. 計濶窘束, 飢寒切身, 而安之若性, 人有慰問, 笑而不答. 余性粗暴, 勸課之際, 或有過度之事, 而未嘗有一毫怨懟之意. 孝順之性, 盖其天植也. 自幼患鼈瘤, 因成塊癖. 癸巳冬, 始作孽, 醫治無效. 乙未正月, 丁母憂, 執制踰節, 病益添㞃. 丙申冬, 隨余往木川任所, 病日益加, 至翌年三月二十七日, 終不救, 年四十六. 嗚呼痛哉! 五月返柩, 十月權葬于家後思簡公墓上左邊癸坐, 庚戌五月初三日, 移窆于翼憲公墓東數步艮坐之原. 前室坡平尹東說女, 先十年丁亥歿, 合窆, 後室密陽朴志宗女. 尹生一子喆重, 二女南泳・李基誠. 朴生一子弼重, 二女權㒖・韓致健. 銘曰:

爾之生也 家有衛 爾之歸也 宗欲弊

---

235 生氣法 : 陰陽家가 사람의 그날 운수를 보는 법의 일종으로, 그 날 日辰과 나이를 八卦에 맞추어, 上中下의 세 爻의 변화로 판단한다. 변화의 순서는 一上 生氣, 二中 天宜, 三下 絶體, 四中 遊魂, 五上 禍害, 六中 福德, 七下 絶命, 八中 歸魂이라 한다.

適來時也 適去順也 安時處順[236] 在爾何愁

憂家恤宗 於我隱痛 命之窮矣 視天夢夢

---

236 適來……順也 : 『莊子 養生主』에 "마침 그 때에 태어난 것은 선생이 올 때가
된 것이고 마침 이 때에 세상을 떠난 것은 선생이 갈 때가 된 것이다. 때를
편안히 여기고 도리를 알아 순순히 처하면, 슬픔과 기쁨이 마음 속에 들어올
수 없을 것이다.〔適來, 夫子時也; 適去, 夫子順也. 安時而處順, 哀樂不能入
也.〕"라고 한 것을 인용하였다.

7. 가선대부 병조참판 겸 동지의금부사 임하당 신공 묘지명-병서-
嘉善大夫兵曹參判兼同知義禁府事林下堂申公墓誌銘-幷序- 신해년
(1791, 80세)

공은 휘가 후명(厚命)이고 자는 천휴(天休)이며 호는 임하당(林下堂)이다. 그 선조는 평산(平山) 사람이니, 고려조의 공신 장절공(壯節公) 숭겸(崇謙)의 후손이고 우리 세종조의 명재상 문희공(文僖公) 개(槩)의 9대손이다. 증조 휘 여길(汝吉)은 증좌승지(贈左承旨)이다. 조부 휘 상철(尙哲)은 호조정랑 증이조참판(贈吏曹參判)이다. 부친 휘 형구(衡耉)은 부호군 증호조참판(贈戶曹參判)이다. 모친 증정부인(贈貞夫人) 창녕성씨(昌寧成氏)이니 참의(參議) 시헌(時憲)의 따님이다.

공은 숭정(崇禎) 무인년(1638, 인조16)에 상주(尙州) 영순리(永順里) 자택에서 태어났다. 어릴 때부터 단아하고 후중(厚重)하여 기국(器局)과 도량이 있었으며, 문사가 숙성(夙成)하였다. 14세에 동당시(東堂試)에 들어가 대책(對策)을 작성할 때 마치 미리부터 구성했던 것처럼 능숙하니, 목재(木齋) 홍공(洪公) 여하(汝河)가 보고 칭찬하기를, "나도 이만큼 짓지는 못한다."라고 하였다.

현종(顯宗) 병오년(1666)에 별시 문과에 급제하고 정미년(1667, 현종8)에 승문원에 들어가 부정자(副正字)가 되었다. 기유년(1669, 현종10)에는 외직으로 나가 율봉도찰방(栗峯道察訪)이 되었다. 신해년(1671, 현종12)에는 전적(典籍)으로 승진했다가 곧이어 예조·병조·호조의 좌랑 겸 춘추관기사관(春秋館記事官)이 되었다. 임자년

(1673, 현종13)에는 외직으로 나가서 무장현감(茂長縣監)이 되었다가 계축년(1673, 현종14)에 전주판관(全州判官)으로 옮겨서는 번다한 업무를 잘 처리하고 옥사를 막힘없이 처결하였다. 병진년(1676, 숙종2)에 벼슬을 버리고 향리로 돌아왔다가 병조정랑이 되고 직강(直講)으로 옮겼다.

정사년(1677, 숙종3)에는 정언 겸 지제교(知製教)에 임명되었다가 이윽고 지평에 임명되었다. 당시 동석(同席) 한모(韓某)는 일찍이 매우 탐욕스러운 자로 알려졌다. 공은 격장(隔帳) 박론(駁論)하여 사적(仕籍)에서 그의 이름을 삭제할 것을 주청하니, 주상이 종신토록 서용(敍用)하지 말 것을 명하였다. 상서(尙書) 오정위(吳挺緯)가 예전에 한모(韓某)를 벼슬길로 이끌어주었기 때문에 한모의 죄를 벗어 주고자 도모하였다. 이에 한모가 "이는 다만 나의 견벌(譴罰)을 무겁게 할 뿐이다."라 하고 힘써 만류하였으니, 공이 공정하고 정직함으로써 남을 심복시켰던 것을 알 수 있다.

겨울에 외직으로 나가서 해운판관(海運判官)이 되었다가 나주목사(羅州牧使)로 옮겼다. 나주는 본디 다스리기 힘들다고 이름난 고을이라 처리해야 할 부첩(簿牒)이 구름처럼 많이 쌓였다. 비리를 저질러 배척을 당한 자가 1년 후에 이름을 바꾸어서 다시 소송을 제기했는데 공이 그 간특한 정상을 적발하니, 아전과 백성들이 놀라고 감탄하여 감히 기만하지 못하고 고을이 크게 다스려졌다. 고마(雇馬) 40여 필을 세움으로써 늑정(勒定)한 쇄마(刷馬)의 폐단을 제거하였으며, 또 자신의 봉급 수천 석(石)을 덜어서 기민(飢民)을 구휼하고 세역(稅役)에 보충하였다. 이에 어사와 도백이 연이어 포장(褒獎)하는 장계(狀啓)를 올리니, 주상이 의복 표리(表裏) 1습(襲)을 하사하여 장려

하였다.

　기미년(1679, 숙종5)에 부수찬으로 소명을 받았으나 논핵(論劾)을 받아 가지 않았다. 장악원정(掌樂院正)이 되었다가 장령으로 옮겨서는 자주 입시하여 계복(啓覆)하였다. 당시에 사람을 죽인 세 건의 큰 옥사가 있었는데, 공이 평반(平反)의 도리로써 아뢰니 주상이 가납하였다. 이윽고 수찬으로 승진하였다.

　경신년(1680, 숙종6)에 사간(司諫)에 승진하고 동부승지로 발탁되었다가 이윽고 병조참지(兵曹參知)로 옮겼다. 당시 영상(領相) 허적(許積)이 주상으로부터 궤장(几杖)을 하사받고 잔치를 여니, 친지들이 다 모였지만 공은 홀로 참석하지 않았다. 당시 공이 대궐 안에서 입직하고 있었는데, 이 날 밤에 허영상(許領相)의 서자 견(堅)의 옥사가 일어나니, 잔치에 참여했던 이들 중에 연루된 사람이 많았다. 허영상은 곧 공의 계모(季母) 허씨의 아우였으니 본디 정의(情誼)가 매우 돈독했는데, 그의 서자 견이 호횡(豪橫)할 때부터 공이 점점 멀리하였다. 이때에 허영상이 동문(東門) 밖에서 대명(待命)하고 있기에 공이 입직하던 도중에 가서 문후하였다. 허영상이 놀라고 기뻐하며 말하기를, "지금이 어느 때인데 자네가 와서 문안하는가?"라 하였다. 이 일을 들은 사람들이 공을 두고 훌륭하다고 하였다. 공은 시사(時事)가 많이 위태한 것을 보고 힘써 외직을 청하여 충주목사(忠州牧使)가 되었다. 신유년(1681, 숙종7)에 어사 김두명(金斗明)의 무고로 체직되었는데, 주상이 무고임을 살펴서 특명으로 방면하였다. 이윽고 울산부사에 임명되고, 임술년(1682, 숙종8)에 청주목사에 임명되었으나 모두 어버이가 연로하다는 이유로 부임하지 않았다.

　계해년(1683, 숙종9) 봄에 연이어 부모상을 당하였고, 을축년

(1685, 숙종11)에 복(腹)을 벗고 안주목사(安州牧使)에 임명되었다
가 이듬해에 파직되어 향리로 돌아왔다. 무진년(1688, 숙종14)에 강
릉부사(江陵府使)가 되었고, 기사년(1689, 숙종15)에 강원도 관찰사
로 승진했다가 얼마 되지 않아 체직되어 돌아와 은대(銀臺)에 들어가
연이어 승진하여 좌승지에 이르렀다가 이윽고 병조참의로 옮겼다.

경오년(1690, 숙종16)에 청나라 칙사가 올 때 평양연위사(平壤延
慰使)가 되었다. 어명으로 그대로 평양에 머물러 있다가 칙사가 돌아
갈 때 별문안사(別問安使)로 의주까지 가서 어첩(御帖)을 드리고 돌
아와 병조참지·병조참의를 역임했다. 외직으로 나가 장단부사(長湍
府使)가 되어서는 치적이 크게 드러났다.

이듬해 7월에 주사(籌司)의 천거로 가선대부(嘉善大夫)에 오르고
관서절도사(關西節度使)에 임명되어 군졸을 위무(慰撫)하고 갑옷과
병기를 수선하니, 군정(軍政)이 크게 정비되었다. 공은 강변(江邊)의
제치(制置)가 조밀하지 못하다고 여겨 상소하기를,

"청컨대 창성(昌城) 좌방영(左防營)을 내지(內地)로 옮기소서. 강
계(江界) 우방영(右防營) 이하로 적이 오는 길목은 적유령(狄踰
嶺)·우현(牛峴)·차령(車嶺)·완항령(緩項嶺)·막령(幕嶺)·
계반령(谿盤嶺)에 불과합니다. 이 6령(嶺)이 모두 험준하니, 이곳
을 잘 방수(防守)하면 적의 편갑(片甲)도 돌아가지 못하게 할 수
있을 것입니다. 지금 창성은 강 가에 병영(兵營)을 설치했으니,
적의 기병이 밤중에 얼어붙은 강을 넘어 일순간에 습격할 수 있을
것입니다. 주진(主鎭)이 먼저 패하면 누가 열진(列鎭)을 지휘할
수 있겠습니까? 창성의 옛 치소(治所)는 완항령 안에 있으니, 마땅
히 이곳으로 방영(防營)을 옮겨야 합니다. 만약 읍을 옮기는 것이

난처하면, 구성(龜城)은 계반령 안에 있으니 옮겨서 구성으로 방영 (防營)을 삼는 것도 또한 하나의 방도일 것입니다."

라 하고, 또,

"이산(理山)의 고리산(古理山)과 창성의 당아성(螳蛾城)은 매우 험준하니, 마땅히 성을 쌓고 양식을 비축함으로써 변방의 백성이 병란(丙亂)를 피할 장소로 삼아야 할 것입니다."

라 하였고,

"성 안의 민정(民丁)은 군역에 종사하지 않는 사람이 없는 폐단을 청컨대 혁파하소서."

라 하였고, 또,

"변방 백성이 맡아 전송(傳送)하는 문보(文報)는 각 진보(鎭堡)와 군읍(郡邑)의 번졸(番卒)을 시키거나 혹은 파발마로 차례차례 교 대하여 전송하게 함으로써 변방 백성의 힘을 쉬도록 해야 합니다."

라 하였으니, 건의한 일이 모두 착착 실정에 맞았다. 그런데 당시에 재상 민정중(閔鼎重)이 벽동(碧潼)에 안치(安置)되어 있고, 판서 (判書) 이언강(李彦綱)과 참의(參議) 박태손(朴泰遜)은 모두 본도 에 귀양 와 있었다. 이 세 사람은 모두 공과 오랜 친구라 공이 순찰 하는 길에 이들을 두루 방문하였고 이어서 음식을 보내준 일이 있었 다. 이 때문에 상신(相臣)의 뜻을 거슬러 공은 체직당하고 이 소장은 미처 올라가지 못했으니, 식자(識者)들이 한스럽게 생각하였다.

임신년(1692, 숙종18)에 부총관(副摠管)이 되었고, 판결사(判決 事)로 옮겨서는 적체한 의안(疑案)을 결재하는 것이 마치 물 흐르듯 하여 얼마 지나지 않아 원중(院中)이 조용해졌다. 겨울에 한성우윤 (漢城右尹)이 되었고, 이듬해 계유년에 공조참판으로 승진하였다. 이 때 청나라가 조선에서 해마다 바치는 공물 중 황금 100냥과 목면 600필을 감면해 주었다. 5월에 공이 호조참판으로서 사은부사(謝恩副使)가 되어 연경(燕京)으로 갔다. 당시 사행(使行)은 으레 사상(私商)을 금지하여 압록강을 건너는 날에 반드시 휴대하는 물품을 살피고 점검했었는데 금망(禁網)이 점차 느슨해졌다. 공은 의주(義州)에 머물면서 수역(首驛)을 시켜 사행 중의 물품들을 서장관 및 부윤(府尹)에게 들여보내 봉표(封標)하여 점검하게 하고 이 때 봉표가 없는 것은 관물로 귀속시키니, 현장에서 2천여 냥을 적발하였다. 공은 이 사행에서 한 물건도 몰래 거래한 것이 없고 한 사람도 더 데려가지 않았으니, 뒷사람의 본보기가 될 만하다 하겠다. 11월에 복명(復命)하고 병조참판이 되었다. 이윽고 외직을 자청하여 청풍부사(淸風府使)가 되었다. 갑술년(1694, 숙종20) 가을에 벼슬을 버리고 돌아와 양근(楊根) 백운봉(白雲峯) 아래 우거(寓居)하였다.

병자년(1696, 숙종22) 봄에 동추(同樞)에 임명되고 또 부총관이 되었으며, 두 차례 특진관으로 경연(經筵)에 입시하였고 형조에 들어갔다. 당시 도봉서원(道峯書院)에 우암(尤菴) 송시열(宋時烈)을 병향(並享)하는 일로 쟁집(爭執)하는 팔도의 유생이 천여 명이라 시론(時論)을 크게 거슬렀다. 연명(聯名)한 유생들 중에서 소두(疏頭)는 유배하고 나머지는 과거에 응시할 자격을 박탈하고 홀로 상소한 사람은 곤장을 치려 하였다. 공은 장차 상소하여 이들을 구원하려 했는데 형조판서 민진장(閔鎭長)이 급급하게 처결하여 공의 상소는 미처 올라가지 못하였다. 이듬해 한재(旱災)가 있자 다시 심리(審理)하라는 어명이 있었다. 공이 수당(首堂) 이세화(李世華)와 함께 의논이 맞지 않자 곧 상소하여 선비들을 폐고(廢錮)한 잘못을 힘써 말하였다. 그리하여 소장을 아홉 번 올려 아홉 번 기각되었다. 마지막에는 후원(喉院)이 주상의 이목을 막은 정상을 아울러 진달하니, 소장이 비로소 봉입되었고, 얼마 안 되어 앞서 상소했던 유생들을 풀어주니, 사림이 칭찬하였다.

3월에 호서관찰사(湖西觀察使)가 되어서는 집법(執法)이 분명하여 정도를 지키고 굽히지 않았다. 이에 고관의 권세에 빌붙었던 당로자(當路者)들이 많이 폄출(貶黜)되었으니, 바로 공주목사(公主牧使) 조지정(趙持正)・대흥군수(大興郡守) 김만준(金萬埈) 같은 이들이다. 공이 사직소에서,

"세도가는 하나도 아랑곳 할 것이 없으니, 뭇사람들의 비방이 일어나는 것은 신이 떠맡겠습니다."

라 했으니, 대개 실제의 일이었던 것이다.

도민(道民) 손창호(孫昌浩)라는 자가 백성의 밭을 빼앗아 궁가(宮家)에 팔았는데, 궁노(宮奴)가 농지의 세금 너무 과도하게 거두었다. 공이 손창호를 잡아 가두고 상소하여 간쟁하니, 주상이 특별히 명하자 궁가가 굴복하였다. 겨울에 작은 일로 좌의정 윤지선(尹趾善)의 비위를 거슬러 파직되어 돌아왔다.

무인년(1698, 숙종24)에 거듭 기근이 들어 청나라에 곡식을 요청했다. 4월에 청나라에서 이부(吏部), 호부(戶部)의 시랑(侍郞)을 보내 수로와 육로로 5만 석의 쌀을 운반하여 의주(義州) 중강(中江)에 정박하였다. 이 때 공은 좌윤(左尹)으로서 접반사가 되고 우의정 최석정(崔錫鼎)이 총사사(總使事)가 되었다. 호부시랑 도대(陶大)는 성격이 사납고 무례했지만 공이 일을 따라 선처하니, 두 청나라 사신이 경탄(敬憚)하였다. 화매(和賣)할 때에 이르러 쌀값을 갑자기 올리기

에 공이 도대에게 글을 올려 공평하지 못하다는 것을 밝히니, 일이
모두 순조로이 이루어졌다. 도대가 한 봉서(封書)를 최우상(崔右相)
에게 주어서 주상에게 바치게 했다. 최우상이 받아 와서 공과 연명(聯
名)으로 아뢰고자 했다. 공이 말하기를, "서신의 뜻을 알지도 못하면
서 갑자기 올리겠습니까?"라 하여, 드디어 뜯어서 보니 서신에 '권제
(眷弟)'라고 한 말이 있었다. 최우상이 크게 놀라 어쩔 줄을 모르고
공에게 간청하여 서신을 돌려주자고 했다. 공이 사양하지 않고 즉시
서신을 가지고 도대에게 가서 말하기를,

  "예(禮)에 인신(人臣)은 밖으로 교제하는 법이 없으니, 중국의 사
  신이 와서 사사로운 서신을 우리 임금에게 드린 일은 듣지 못하였
  습니다. 이 일은 노야(老爺)에게 있어서도 아마 대조(大朝)의 시비
  가 있을 듯하고, 배신(陪臣)도 또한 감히 사사로운 서찰을 우리
  군부(君父)에게 전달할 수 없습니다."

라 하고, 그 서찰을 꺼내어 돌려주니, 도대가 웃으며 사과하였다.
조정에서 이 사실을 듣고 훌륭하다고 여겼고, 양사(兩司)에서는 최
우상을 파직시켜야 한다고 논죄하였다. 공은 일을 마치고 돌아와
여주(驪州)의 원형리(元亨里)로 물러나 있다가 또 우윤(右尹)에 임
명되자 상소하여 붕당과 과거의 폐단을 말하니, 주상이 우악(優渥)
한 비답을 내렸다. 이에 사람들이 봉황이 조양(朝陽)에 울었다고 하
였다.

　기묘년(1699, 숙종25)에 다시 부탁지(副度支)가 되었고, 이윽고
동지의금부사(同知義禁府事)를 겸대하였다. 당시 회양부사(淮陽府
使) 유신일(兪信一)이 자신이 탄 말 앞을 막아섰다는 이유로 유생
이우백(李友白)을 곤장으로 때려서 죽게 하였다. 주상이 반드시 이

사건을 법으로 처결하고자 하였다. 유신일은 요로를 거쳐 권세가 있었다. 그 아우 득일(得一)이 공이 주상의 신임을 받고 있다고 여겨 참판 권환(權瑍)에게 요구하여 자기 형을 구해달라고 공에게 빌도록 하였으나 공이 그 청을 들어주지 않았다. 이 일이 노승경(魯承經)에게 관계되기에 유득일이 또 그를 유인하여 공사(控辭)를 뒤집게 했다. 이에 공이 품지(稟旨)하고 노승경을 엄중히 심문하여 옥사의 정상을 밝히니, 유신일이 마침내 옥중에서 죽었다.

겨울에 대신(臺臣) 이탄(李坦)이 과거(科擧)에 부정한 짓을 한 사람을 적발하여 아뢰었는데, 모두 고관의 자제들이라 옥사가 장차 무산될 형세였다. 공은 상소하여 송성(宋晟)의 시권(試券)에 제축(第軸)이 서로 틀리고 이성휘(李聖輝)의 문장에 부표(賦表)가 서로 바뀐 사실을 말하고, 국문하여 간사한 관리를 징계할 것을 청하니, 주상이 엄명을 내려 정상을 조사하게 하여 과거에 부정한 짓을 한 사람 8인을 차례로 적발하여 밝혀냈다. 그 중에 김인지(金麟至)는 공의 가까운 인척이었으나 공은 조금도 두둔하지 않고 사실을 적발하여 마침내 그 옥사를 이루니 공의(公議)가 통쾌하게 여겼다. 그러나 공은 이 일로 당로자의 미움을 크게 받게 되었다.

경진년(1700, 숙종39) 봄에 좌천되어 안동부사(安東府使)에 제수되었다. 공이 이미 임지로 떠났는데, 또 공을 탄핵하여 내직과 외직 어디에도 편하게 있을 수 없게 하였다. 공은 이에 충주(忠州) 가호(嘉湖)에 우거하였는데, 이윽고 서추(西樞)에 들어갔다. 12월에 삼척부사(三陟府使)에 제수되어 장차 숙배하러 가는 길에 오갑(烏甲) 선산 아래 이르러, 미질(微疾)로 당제인 정랑 후식(厚軾)의 집에서 세상을 마치니, 곧 신사년(1701, 숙종27) 1월 16일이요, 향년은 64세이다.

공은 도량이 굉원(宏遠)하고 기국이 준정(峻整)했으며 특히 내행 (內行)에 돈독하였다. 어버이를 섬길 때는 안색을 살피고 봉양하는 것이 모두 지극하여 오직 어버이의 뜻을 따랐다. 벼슬을 할 때에 이르러서는 출처(出處)를 반드시 품고(稟告)하고 갔으며 감히 자기 마음 대로 하지 않았다. 거상(居喪)할 때는 집상(執喪)이 예제에 지나쳤다. 여동생들에게는 은혜와 사랑이 지극히 도타웠다. 권씨 집안으로 시집간 맏누님이 후사가 없고 다만 전실(前室)에 어린 손자만 있었다. 공이 그 손자를 데려다가 성장할 때까지 자기 자식처럼 길러 주었다.

조정에서 임금을 섬길 때는 오로지 충실(忠實)하였다. 현종(顯宗)의 상(商) 때에 공은 전주판관(全州判官)을 맡고 있었다. 공은 애훼 (哀毀)하여 눈물을 줄줄 흘렸고 공제(公除) 이전에는 소식(素食)하였다. 낮은 관직에 있을 때부터 현종의 지우(知遇)가 매우 각별하였다. 승정원에서 품계가 오르고 형조와 호조의 참판이 된 것은 모두 말의(末擬)에서 나온 것이었다. 상주(上奏)할 때마다 상(上)이 장려하여 채택하였고 봉사(奉事)를 올리면 반드시 온비(溫批)를 내렸으며, 사람들이 혹 공격하고 탄핵하면 상이 젖혀두어 불문(不問)에 부치고 혹 대신의 요구가 있으면 마지못해 따라주었다가 곧바로 풀어주었으니, 모두 상의 특별한 우대였다.

공은 본디 청백(淸白)으로 자신을 가다듬어 아홉 차례 고을 수령이 되고 세 차례 관찰사·절도사 등의 직책을 맡았으나 돌아올 때는 거주할 집이 없었고, 집안에는 양식이 없어 미음과 죽조차도 혹 잇지 못할 때가 있었지만 궁핍한 사람을 도와줄 때는 오직 자기 심력(心力)을 다하였다. 어떤 곤궁한 친척이 공을 찾아와 아무 농토를 빌려서 농사를 짓고 살기를 원하니, 공이 말하기를, "이 땅은 나에게 있어도 그만 없어도 그만이다."라 하고는, 땅문서를 주었다. 일찍이 성묘하러 문경으로 가는 길이었다. 밤중에 어떤 사람이 뵙기를 청하고 말하기를 "어머님의 병환이 바야흐로 위독하여 서각(犀角 물소뿔)을 써야 하는데 구하기 어렵다."라 하였다. 공이 지닌 패도(佩刀)의 자루가 서각으로 된 것이라 그 패도를 풀어서 주었다. 친소를 막론하고 곤궁한 사정을 돌보아주는 의리가 이와 같았다.

집안에서는 작은 녹봉이라도 자매와 함께 나누었고, 밖에 나가서는 고을에서 얻은 것을 친척에게 나누어주었다. 흉년이 든 해를 만나면 인척이나 벗들의 식구들을 모두 집에 데려다 보살펴주었고 때로는 금권(金圈)·장복(章服) 등속을 전매(典賣)하여 조석의 끼니를 대었다.

남의 혼례나 상사(喪事)가 때를 넘기는 것을 보면 자신의 일처럼 걱정하였다. 강릉부사로 있을 때의 일이다. 객지를 떠돌다가 강릉에 와서 거주하던 선비 홍기연(洪基衍)이 모친상을 당하자 관가에서 그 치상(治喪)을 돕고 새 상여를 주어서 서울의 집으로 반장(返葬)하게 하였다. 또 서울 집 이웃에 두 규수가 과년(過年)한 나이에 출가하지 못하고 있으니, 공이 백금(百金)을 마련해 몰래 그 집에 주어서 혼사를 이루게 하였다. 공은 이러한 일들을 끝내 남에게 말하지 않았다. 이들은 모두 공이 평소 알지 못하던 사람들이다.

그러나 남의 형편이 어떠한지를 보아 베풀어주고 베풀어주지 않는 기준이 매우 분명하였다. 관서절도사로 있을 때 감사(監司) 권중경(權重經)이 딸의 혼사를 정해놓고 공에게 말안장을 달라고 청하였고, 도사(都事) 권적(權迪)이 또한 딸의 혼사를 위하여 가죽신을 달라고 청했다. 공은 가죽신은 주고 말안장은 주지 않으며 말하기를, "감사야 누군들 도와주지 않겠는가. 도사는 몹시 가난하니, 도와주지 않을 수 있겠는가."라 하고, 가죽신 안에 명주 10여 필을 채워 넣고 명주 안에 또 가벼운 보배를 싸서 보내 주었다. 그 집에서 열어 보고 기대 밖이라 너무도 놀라고 기뻐하였다. 감사가 이 사실을 듣고 감탄하기를, "그 취사(取捨)가 참으로 옳다."라 하였다.

공은 마음가짐이 화평하여 과격한 말이나 유별난 행실이 없었고 오직 직도(直道)를 자임하였다. 강릉부사로 있다가 관찰사로 승진하였을 때 조정의 의논이 장차 대사간으로 바꿔 임명하고자 하여 경신년(1680, 현종6)의 일을 다시 아뢰려고 하였다. 당시에 공은 장차 숙배하기 위하여 서울에 들어왔다. 이공(李公) 담명(聃命)이 공을 찾아와 울면서 말하기를, "원컨대 맨 먼저 발의하여 우리 원수를 아뢰어 밝혀 주시오."라 하였다. 이에 공은 "선공(先公) 귀암(歸巖) 이원정(李元禎))의 천고에 지극히 원통한 누명이야 누군들 알지 못하리오. 그러나 이렇게 함으로써 영화를 탐내는 것은 어찌 감히 할 수 있겠소."라 하였으니, 여기에서 공이 의리에 따라 처신하는 것이 분명함을 볼 수 있다.

늘 붕당(朋黨)이 국가에 화를 끼치고 사람의 마음을 병들게 하는 것을 통탄하여 친분이 두텁다고 하여 더 잘 대하지도 않고 추향(趨向)이 다르다고 하여 배척하지도 않았다. 갑인년(1674, 현종15)과 기사년(1689, 숙종15)에 공이 홀로 공평하고 관서(寬恕)한 의론을 견지하니, 시의(時議)가 공을 배척하여 누차 청환(淸宦)에 오르는 길이 막혔다. 공은 도리어 다행으로 여겨, 무릇 뜻밖의 탄핵이 오면 여유롭게 받아들이고 자질구레하게 해명하지 않았다.

안주목사(安州牧使)로 있을 때 순찰사 이세백(李世白)이 중군(中軍) 이광한(李光漢)을 공의 자리에 대신 앉히고자 하여 아사(亞使) 유집일(兪集一)을 사주하여, 고을의 재상(灾傷)을 가지고 무고(誣告)하여 공을 파직시켰다. 후일에 공이 강원도 관찰사가 되었을 때 유집일은 금성현령(金城縣令)으로 와 있으면서 스스로 부끄러운 마음을 가졌다. 공이 안색에 서운한 기미를 나타내지 않고 한결같이 대우하니 유집일이 그 덕량(德量)에 감복하였다.

내외의 관직을 두루 역임하였는데 관직에 있을 때에는 직분을 다하여 삼가 국법을 지켰다. 성품이 비록 관화(寬和)하고 순근(醇謹)했으나 언로(言路)를 세우거나 왕옥(王獄)을 평의(評議)하거나 사명(使命)을 받들거나 사송(詞訟)을 판결하거나 출척(黜陟)을 맡을 때에는 늠름하여 범하지 못할 기상이 있었다. 외직으로 나가 다스릴 때에는 은혜와 위엄을 병행하니, 아전들은 두려워하고 백성들은 사랑하여 치적이 성대하게 드러났다. 율우(栗郵)・무장(茂長)・강릉(江陵)에 모두 거사비(去思碑)가 있고, 관서절도사를 마친 뒤에는 청북(清北)의 일곱 고을 백성들이 동비(銅碑)를 주조하여 삭주(朔州)에 세우기도 하였다.

공은 평소에 사람을 알아보는 감식안이 남달리 뛰어났다. 처음에 이홍발(李弘)과 민원보(閔元普)를 보고 "두 사람은 좋은 인물이 아닐 듯하니, 가까이해서는 안 된다."라고 했는데, 후일에 이 두 사람이 다 제 명(命)에 죽지 못하였다. 일찍이 막내아들에게 말하기를, "너의 장인이 민씨(閔氏)와 혼사를 맺었으니, 민씨의 화(禍)가 갑술년에 그치지 않을까 두렵구나."라고 했는데, 과연 신사년(1701, 숙종27)과 무신년(1728, 영조4)에 연이어 죄로 처형되니, 사람들이 그 감식안에 모두 탄복하였다.

아아! 공의 포부로써 능력을 자랑하는 세상에서는 자신의 재능을
감추고 오로지 질투하는 때에는 핑계를 만들어서 회피하느라 그 포부
를 크게 펼치지 못하여 혼탁한 세상의 완인(完人)이 되는 데 그치고
말았으니, 어찌 애석하지 않겠는가!

배(配) 정부인(貞夫人) 선산김씨(善山金氏)는 판결사 증판서(贈判
書) 하량(厦樑)의 따님으로, 공과 같은 해에 태어났고 여사(女士)의
풍모가 있어, 공의 아우 대사간 원섭(元燮)과 담론하면 대사간이 늘
굴복하였다. 공보다 4년 뒤에 세상을 떠났다. 처음에는 여주(驪州)
원형리(元亨里)에 안장했다가 후에 충주(忠州) 형천(衡川)에 배장
(配葬)하였고, 계묘년(1723, 경종3)에 원주(原州) 애안(崖岸)으로
이장하였으며, 갑술년(1754, 영조30)에 또 충주 개천동(開川洞) 을좌
(乙坐)의 둔덕에 이장하였다.

3남 4녀를 두었다. 아들 통덕랑 필훈(弼勛)·생원 필문(弼文)은
모두 문행(文行)이 있었으나 다 일찍 죽었고, 막내는 진사 필인(弼
仁)이다. 참봉 권응경(權應經)·승지 권부(權孚)·진사 홍만창(洪萬
昌)·좌랑 이찬(李㯆)이 그 사위들이다. 통덕랑은 1남 3녀를 두었다.
아들은 사적(思迪)이고 딸들은 허해(許海)·강진휴(姜震休)·김복
렴(金復濂)에게 각각 출가했다. 생원은 1남을 두었으니 사술(思述)
이다. 진사는 4남 2녀를 두었으니 아들은 사손(思遜)·사수(思邃)·
사우(思遇)·사억(思億)이고 딸은 황기중(黃器重)·권정균(權正均)
에게 각각 출가했다. 권참봉은 2남 4녀를 두었다. 아들은 진사 세전
(世銓)·세현(世鉉)이고 딸은 홍중겸(洪重謙)·이만정(李萬鼎)·
직장 오필운(吳弼運)·참봉 이달중(李達中)에게 각각 출가했다. 권

승지의 양자는 탐(耽)이고, 세 딸은 유경유(柳慶裕)·심집(沈濂)·승지 홍량보(洪亮輔)에게 각각 출가했다. 홍진사는 1남 1녀를 두었다. 아들은 중희(重熙)이고 딸은 권보경(權輔經)에게 출가했다. 이좌랑은 3남 1녀를 두었다. 아들은 현감 만협(萬協)·참판 만회(萬恢)·만희(萬憙)이고, 딸은 정미(鄭埃)에게 출가했다. 3대와 4대는 다 기록하지 않는다.

공의 현손 치봉(致鳳)이 손수 공의 행장(行狀)을 써서 나에게 와서 부탁하기를, "선조께서 돌아가신 지 지금 거의 90년인데 언행과 사적을 차마 그대로 민멸하게 둘 수 없습니다. 덕을 기술한 글이 하나도 없으니, 원컨대 묘지명을 얻어서 후손에게 알리도록 하고자 합니다." 라고 하였다. 나는 이 일을 맡을 만한 사람이 아닐 뿐더러 비루하고 노쇠하다는 이유로 사양했더니, 신군(申君)이 두세 차례나 돌아갔다가 다시 찾아왔다. 이에 돌이켜 생각하건대 묘지명을 짓는 일은 사실을 기록하는 데 불과하니, 어찌 문장으로 수식할 필요가 있으리오. 이에 그 행장에 의거하여 내용을 정리하여 서문을 쓰고 명(銘)을 붙인다.

옛사람이 말하기를
선비는 기국과 식견이 중요하다 했지
아아, 아름다워라 신공이여
우뚝히 서서 미혹하지 않았어라
세상은 바야흐로 분주히 치달리거늘
공은 능히 발을 멈추었으며
사람들은 모두 상대편을 배척하거늘

공은 어느 쪽에 치우친 적이 없었네
저 쪽에도 미워하는 마음이 없고
이 쪽에도 싫어하는 마음이 없어
그 마음 저울대처럼 공평하였으니
어찌 남에게 휘둘려 부려지리오
말과 행실이 서로 일치하여
흠을 잡을 것이 없었건만
시운이 맞지 않은 탓에
재능을 크게 펴지 못하였네
공에게야 무슨 아쉬움 있으랴
이 백성들이 복이 없는 것이지
환로의 바다 풍파 속에서
외로운 배 평온히 정박했으니
기국이 크지 않고
식견이 높지 않았다면
어찌 이와 같을 수 있으랴
나의 명은 부끄럽지 않다오

公諱厚命, 字天休, 號林下堂. 其先平山人, 麗祖功臣壯節公崇謙之後, 我世
宗朝名相文僖公檃之九世孫也. 曾祖諱汝吉, 贈左承旨. 祖諱尙哲, 戶曹正
郞・贈吏曹參判. 考諱衡耉, 副護軍・贈戶曹參判. 妣贈貞夫人昌寧成氏,
參議時憲之女也. 公以崇禎戊寅生于尙州永順里第, 自幼雅重有器度, 文辭
夙達. 十四, 入東堂試對策, 如宿搆, 木齋洪公汝河見而稱賞之曰: "吾不如
也." 顯廟丙午, 登別試科. 丁未, 入槐院爲副正字. 己酉, 出丞栗峯. 辛亥,

陞典籍, 旋爲禮兵戶佐郎・兼春秋舘記事官. 壬子, 出爲茂長縣監. 癸丑, 移判全州, 剸煩理劇, 聽斷無滯. 丙辰棄歸, 爲兵曹正郎, 遷直講. 丁巳, 拜正言・兼知製教, 俄拜持平, 同席韓某曾號巨贓, 公隔帳駁論, 請削仕籍. 上命終身不叙. 吳尙書挺緯嘗引進韓, 欲圖免. 韓曰:"是適足以重吾謫." 力止之. 公之以公直服人, 可見矣. 冬, 出爲海運判官, 轉任羅州牧使. 羅素號劇邑, 簿牒雲委. 有非理被斥者, 一年後換名改訴, 公發其奸, 吏民驚歎, 莫敢欺, 邑大治. 立雇馬[237]四十餘匹, 以除勒定刷馬[238]之弊, 又捐俸數千石, 賑飢民補稅役. 繡衣道伯連上褒啓, 上賜表裏以獎之. 己未, 召爲副脩撰, 被論不行, 爲掌樂正, 遷掌令, 數入侍啓覆.[239] 有三殺獄, 進以平反[240]之道, 上嘉納之. 尋陞修撰. 庚申, 陞司諫, 擢拜同副承旨, 尋移兵曹參知. 時, 許相積設賜几杖宴, 親知畢集, 公獨不赴. 時入直禁中, 是夜堅獄起, 與宴者多坐累. 許相卽公季母許氏弟也, 契誼甚篤, 自其孼子堅之豪橫, 轉疎外之. 時, 許相待命東門外, 公自直中往候之. 許相驚喜曰:"此何時而君來問耶?" 聞者韙之. 公見時事多危, 力求外爲忠州牧使. 辛酉, 被繡衣金斗明誣告被遞,

---

237 雇馬 : 조선조 때 지방 官衙에서 백성에게 徵發는 말이다.

238 刷馬 : 조선조 때 사신・外官 등의 왕래와 迎送 때에 타거나 짐을 싣기 위해 지방 관아에서 雇用하여 대기하는 말이다.

239 啓覆 : 사형수에 대해서 임금에게 아뢰어서 다시 審理하는 것이다 승정원에서 秋分 뒤에 곧바로 啓稟하여 9월과 10월 중에 날짜를 정해서 시행하고, 12월에 사형을 집행하였다.

240 平反(번) : 억울한 죄를 다시 조사하여 무죄로 처리하거나 減刑해 주는 것이다. 漢나라 때 雋不疑의 모친이 아들에게 "오늘은 평번해서 몇 사람이나 살렸느냐?"라고 묻고는, 많은 사람을 구제했다는 대답을 들으면 기뻐서 웃곤 했다는 고사가 있다. 『漢書 권71 雋不疑傳』

上察其誣, 特放. 俄拜蔚山府使, 壬戌, 拜淸州牧使, 皆以親老不赴. 癸亥
春, 荐遭內外艱, 乙丑服闋, 拜安州牧使, 丙寅罷歸. 戊辰, 爲江陵府使, 己
巳, 陞本道觀察使, 未幾遞歸, 入銀臺, 連陞至左承旨, 尋移兵刑參議. 庚午
勑行, 爲平壤延慰使, 有命仍留平壤, 勑還時, 以別問安使進義州, 呈御帖而
歸, 爲兵曹參知·參議. 出守長湍, 治績大著. 翌年七月, 以籌司薦陞嘉善,
拜關西節度使, 撫軍卒繕甲兵, 戎政大修. 公以江邊制置踈濶, 上章: "請移
昌城左防營于內地, 自江界右防營以下賊來之路, 不過狄踰嶺·牛峴·車
嶺·緩項嶺·幕嶺·谺盤嶺, 六嶺皆險阻, 此中防守得宜, 可使賊片甲不廻.
今昌城臨江設營, 賊騎之夜襲氷渡, 在於一瞬. 主鎭先敗, 誰能指揮列鎭?
昌城舊治, 在緩項嶺內, 當移營于此. 若以移邑爲難, 則龜城在谺盤嶺內, 移
爲防營, 亦一道也." 又言: "理山之古理山·昌城之螳蛾城絶險, 當築城峙
粮, 以爲邊民避兵之所." 又言: "城丁無人不從軍之弊, 請罷之. 邊民文報去
來, 使各鎭堡郡邑番卒, 或撥騎次次遞傳, 以休邊民之力." 事皆鑿鑿中竅.
時, 閔相鼎重安置碧潼, 李判書彦綱·朴參議泰遜, 皆謫配本道, 三人皆舊
交也. 公巡到歷訪, 續有饋問. 以此忤相臣意被遞, 疏未及上, 識者恨之. 壬
申, 爲副揚管, 移判決事, 積滯疑案, 裁決如流, 不月日, 院中寂然. 冬, 爲
漢城右尹, 癸酉, 進工曹參判. 時, 大國蠲歲貢黃金百兩·木縣六百疋. 五
月, 公以戶曹參判, 爲謝恩副使赴燕. 使行例禁私商, 渡江日, 必搜檢物貨,
禁網漸弛. 公留義州, 令首驛使納行中物種于書狀及府尹, 封標搜驗, 時無
標者屬公, 現捉二千餘兩. 是行無一物潛貨, 無一人加率, 可謂後法云. 十一
月復命, 爲兵曹參判, 尋求外爲淸風府使. 甲戌秋棄歸, 寓楊根白雲峯下. 丙
子春, 付同樞, 又副摠管, 再以特進官入侍經筵, 入秋曹. 時, 以道峯幷享尤
庵宋時烈事, 八路儒生爭之者千餘人, 大忤時論. 疏頭編配, 疏下停擧, 獨疏
決杖. 公將疏救, 而秋判閔鎭長急急勘律, 公疏無及矣. 翌年旱灾, 有審

理[241]之命, 公與首堂李世華議不合, 乃上疏力言多士廢錮之非, 九呈九却, 末乃兼陳喉院壅蔽狀, 始捧入. 未幾, 放解疏儒, 士林多之. 三月, 爲湖西觀察使, 執法畫一, 守正不撓, 當路倚勢者多貶黜. 若公牧趙持正·大興守金萬埈之流是也. 公辭職疏, 有曰: "形勢之家, 一不顧藉. 衆謗之起, 臣固任之." 蓋其實事也. 道民孫昌浩者, 奪民田, 賣于宮家, 宮奴收稅甚橫, 公囚昌浩, 上章爭之. 上特命宮家落屈. 冬, 以微事忤左相尹趾善罷歸. 戊寅, 以荐饑請糴于大國, 四月, 淸遣吏戶部侍郞, 水陸運五萬石米, 泊於義州中江. 公以左尹爲接伴使, 崔右相錫鼎揚使事, 戶部陶大性暴無禮, 公隨事善處, 二使敬憚之. 及和買, 米價翔踊, 公呈書於陶, 辨其不平, 事皆順成. 陶以一封書授崔相, 令獻于上, 相受來, 欲與公聯名啓之. 公曰: "不知書意而遽上之乎?" 遂坼視之, 書中有眷弟字. 相大駭, 莫知攸爲, 懇公還書. 公不辭, 卽持書往見陶曰: "禮人臣無外交, 中朝使行, 未聞以私書致我王. 此於老爺, 恐有大朝是非, 陪臣亦不敢以私書達君父." 出其書還之, 陶笑而謝. 朝廷聞而韙之, 兩司論崔相罷職. 公竣事還, 退于驪州元亨里, 又除右尹, 拜疏言朋黨科制之弊, 上下優批. 人謂鳳鳴朝陽.[242] 己卯, 還副度支, 俄兼同義禁. 時, 淮陽倅兪信一以犯馬, 棍打北儒李友白致死, 上必欲置法. 兪當路有權勢,

241 審理 : 국가에 재앙이 있을 때 죄인을 다시 심리하여 억울한 죄인을 伸寃해 주는 것이다.

242 鳳鳴朝陽 : 과감한 直諫을 뜻하는 말이다. 唐나라 韓瑗과 褚遂良이 誣告를 입어 억울하게 죽었는데, 두려워서 아무도 말하는 이가 없었다. 高宗이 奉天宮에 거둥하였을 때 李善感이 처음으로 상소하여 극언하니, 당시 사람들이 '鳳鳴朝陽' 즉 '봉이 조양에서 운다'라 하였다. 조양은 봉황이 깃들이는 곳인데, 여기서는 도성의 문인 朝陽門을 가리킨다. 『舊唐書 권80 韓瑗傳』

其弟得一以公爲上所信, 要權參判瑍, 欲乞公救解, 公不聽. 事干魯承經, 兪
又誘使之反辭, 公稟旨嚴刑承經, 得獄情, 信一竟斃獄中. 冬, 臺臣李坦發啓
科賊, 而皆執袴子弟, 獄將解. 公進疏言宋晟之券, 第軸相左, 李聖輝之文,
賦表相換, 請鞫問行奸吏. 上命嚴覈得情, 科賊八人, 乃次第現出. 其中金麟
至, 公切姻也, 公不容護, 終成其獄. 公議快之, 公以此大忤當路. 庚辰春,
左除安東府使, 旣啓行, 又劾罷之, 使不得安於內外也. 公仍寓忠州嘉湖, 尋
付西樞. 十二月, 除三陟府使, 將肅命, 行抵烏甲先山下, 以微卒于堂弟正郎
厚軾家, 卽辛巳正月十六日也. 壽六十四. 公宇量宏遠, 器局峻整, 而尤篤於
內行, 事親色養備至, 惟親意是從, 至於仕宦, 出處必稟告而行, 不敢自專,
居喪執制踰禮. 於羣妹恩愛篤至, 伯姊權氏無后, 只有前室稨孫, 公取養若
己出, 以至成立. 立朝事君, 一於忠實, 顯廟之喪, 時任全判, 公哀毀漣如,
至公除前行素. 自在下僚, 知遇殊絶, 銀臺陞品, 刑戶亞卿, 皆由末擬.²⁴³ 奏
言輒獎用, 封事必溫批, 人有攻劾則置而不論, 或大臣有請則勉從而旋釋,
皆異數也. 公素以淸白自勵, 九佩外紱, 三按藩閫, 而歸無居宅, 室如懸磬,
饘粥或不繼, 而賙恤窮乏, 惟恐不及. 有窮戚來見公, 願爲佃客於某庄, 公
曰: "此土於我不足爲有無." 仍擧券與之. 嘗省楸往聞慶, 方夜有客請謁, 告
以母病方劇, 將用犀角而難得, 公刀柄犀角, 解而投之. 無論親疎, 急困之義
如此. 在內則斗祿與姊妹共之, 出外則鄕穡分於親戚. 若値荒歲, 則姻舊諸
眷, 幷畜於家, 有時典賣金圈章服之屬, 以供朝夕. 見人婚喪過時, 悶若在

---

243 末擬 : 末望으로 注擬하는 것이다. 조선조에 관리를 임명할 때 銓衡을 맡은
衙門이 합당하다고 여기는 세 사람의 후보자로 三望을 갖추어 올린다. 삼망
의 끝자리에 추천된 사람을 末望이라 한다.

己. 任江陵時, 流寓士人洪基衍喪母, 官庀其喪, 給新轝返葬. 京第比鄰有兩閨秀年過未行, 公備百金, 密投其家以成其婚, 終不向人言, 是皆素昧也. 然視人饒乏, 施與不施, 較若畫一. 在西閫時, 權監司重經定女婿求馬鞍, 權都事廸亦爲女婿求靴. 公施靴不施鞍曰: "權令旣不副之. 權友貧甚, 可不副乎?" 靴內充表紬十餘匹, 紬內又齎輕寶以送之. 其家垳視, 驚喜過望. 權令聞之歎曰: "其取捨誠然矣." 公秉心和平, 無矯激之言·崖異之行, 惟以直道自任. 自江陵陞拜道伯, 朝議將換拜大諫, 發啓庚申事. 時, 公將肅命入京, 李公聊命來見公泣曰: "願首發吾黨人啓." 公曰: "先公之千古至寃, 孰不知之? 因此叨榮, 何敢焉?" 此可見處義之明也. 常痛朋黨之禍人家國, 痼人心術, 不以親厚而有加, 異趣而斥之. 甲寅己巳之際, 公獨持論平恕, 時議譏斥之, 屢枳淸望, 公反以爲幸, 凡於橫劾之來, 處之裕如, 亦不屑屑分解. 其在安州, 巡使李世白欲以中軍李光漢代公, 嗾亞使兪集一, 誣以灾傷啓罷. 後公按關東, 兪除金城, 自懷慙愧, 公無幾微見於色, 遇之如一, 兪服其德量. 歷敭內外, 當官盡職, 謹守三尺. 性雖寬和醇謹, 至於立言路讞王獄, 奉使命判詞訟任黜陟, 凜然有不可犯之氣. 其治外, 恩威幷行, 吏畏民懷, 治績茂著. 栗郵·茂長·江陵, 皆有去思碑, 西閫則淸北七邑, 鑄銅碑立於朔州. 公平日藻鑑出人, 初見李弘渧·閔元普曰: "兩人似非令器, 不可近." 後皆不得其死. 嘗謂季子曰: "汝岳丈與閔氏結婚, 吾恐閔禍不止於甲戌." 果於辛巳戊申, 連被罪戮, 人皆服其鑑識. 噫! 以公之抱負韜晦於衒能之世, 規避於顯妒之時, 不大展布, 而不過爲濁世之完人而止. 豈不惜哉! 配貞夫人善山金氏, 判決事贈判書廈樑之女, 生與公同年, 有女士風, 與弟大諫元燝談論, 大諫常詘. 後公四年卒, 公初葬驪州元亨里, 配葬忠州衡川, 癸卯, 幷遷葬原州崖岸, 甲戌, 又遷窆于忠州開川洞乙坐. 有三男四女, 男通德郎弼勛·生員弼文俱有文行, 幷早沒, 進士弼仁, 參奉權應經·承旨權孚·進士洪萬昌佐郎李潔, 其壻也. 通德一男三女, 男思迪, 女適許海·姜震休·金復濂. 生員一男思述. 進士四男二女, 男思遜·思邃·思遇·思億, 女適黃器重·權正均. 權參奉二男四女, 男世銓進士·世鉉, 女適洪重謙·李萬鼎·吳弼運直長·李達中參奉. 權承旨系子耽, 三女適柳慶裕·沈堞·洪亮輔承旨. 洪進士一男一女, 男重熙, 女適權輔經. 李佐郎三男一女, 男萬協縣監·萬恢參判·萬憶, 女適鄭埃. 三世四世不盡錄. 公之玄孫致鳳手搯公狀錄來屬鼎福曰: "先祖之喪, 今幾九十年. 言行事蹟, 實有不忍沒者, 無一狀德之文, 願得鼇文以詔後昆." 鼎福不惟非其人, 愚陋老泐而辭之. 申君去而復來, 至再至三焉. 旋思之, 此不過記實, 何以文爲? 遂依其本狀, 隳括而爲之序, 又爲銘曰:

古人有言　士先器識　於休申公　挺特不惑
世方奔騖　公能駐足　人皆傾戞　公無適莫
在彼無惡　在此無斁　我心如秤　肯爲人役
言行相顧　無可疵摘　時有不契　厥施未博
在公何恤　斯民無福　宦海風波　孤棹穩泊
非器之弘　非識之卓　曷其如此　我銘無怍